普通高等教育"十一五"国家级规划教材

数字媒体非线性编辑技术 第2版

○ 王志军 王 旭 主编

中国教育出版传媒集团
高等教育出版社·北京

内容提要

本书是普通高等教育"十一五"国家级规划教材。全书共分13章，主要内容包括数字媒体非线性编辑技术概述，认识非线性编辑软件平台，项目、序列与素材的创建与管理，视音频编辑工作窗口，视音频剪辑操作，过渡效果的应用，视频效果的应用，关键帧动画的应用，键控合成的应用，调色的应用，文字的应用，音频编辑和应用以及作品预览与输出。本书由浅入深，从理论到实践，有利于读者深入了解数字媒体非线性编辑技术，并提高技术应用能力。

本书用途广泛，可作为高等学校多个专业本科及研究生课程教材使用，诸如数字媒体技术、影视艺术、广告艺术、教育技术、计算机应用等多种相关专业；也可作为中小学教师数字教学资源制作与应用能力培训用书；还可作为数字媒体及相关从业人员培训用书、自学用书。

图书在版编目（CIP）数据

数字媒体非线性编辑技术 / 王志军，王旭主编. 2版. --北京 : 高等教育出版社，2025. 7. -- ISBN 978-7-04-063954-4

Ⅰ. TP317. 53

中国国家版本馆CIP数据核字第2025LL9378号

Shuzi Meiti Feixianxing Bianji Jishu

策划编辑 刘 艳　责任编辑 武林晓　特约编辑 李成都　封面设计 李卫青 张 志
版式设计 童 丹　责任绘图 裴一丹　责任校对 刁丽丽　责任印制 耿 轩

出版发行	高等教育出版社	网　　址	http://www.hep.edu.cn
社　　址	北京市西城区德外大街4号		http://www.hep.com.cn
邮政编码	100120	网上订购	http://www.hepmall.com.cn
印　　刷	山东临沂新华印刷物流集团有限责任公司		http://www.hepmall.com
开　　本	787mm×1092mm　1/16		http://www.hepmall.cn
印　　张	19.75	版　　次	2005年8月第1版
字　　数	480千字		2025年7月第2版
购书热线	010-58581118	印　　次	2025年7月第1次印刷
咨询电话	400-810-0598	定　　价	48.00元

本书如有缺页、倒页、脱页等质量问题，请到所购图书销售部门联系调换

物 料 号　63954-00

新形态教材网使用说明

数字媒体非线性编辑技术
第 2 版

王志军　王　旭　主编

1　计算机访问https://abooks.hep.com.cn/63954或手机微信扫描下方二维码进入新形态教材网。

2　注册并登录后，计算机端进入“个人中心”，点击“绑定防伪码”，输入图书封底防伪码（20位密码，刮开涂层可见），完成课程绑定；或手机端点击“扫码”按钮，使用“扫码绑图书”功能，完成课程绑定。

3　在“个人中心”→“我的学习”或“我的图书”中选择本书，开始学习。

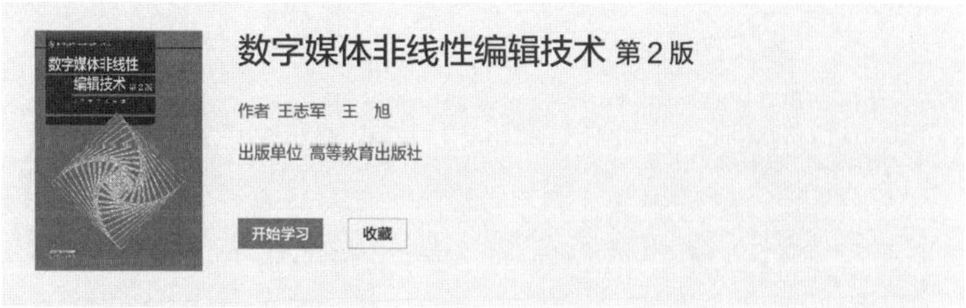

受硬件限制，部分内容可能无法在手机端显示，请按照提示通过计算机访问学习。

如有使用问题，请直接在页面点击答疑图标进行咨询。

https://abooks.hep.com.cn/63954

前　言

本书是普通高等教育“十一五”国家级规划教材第2版，集合了近年来教育技术专业本科生和研究生课程中的教授经验，编者经过几次内容的更新和归纳整理，完成了此书。

数字媒体非线性编辑技术是一门综合性技术，它涵盖了电视技术、数字媒体技术和计算机技术的主要领域，随着其关键技术的不断发展以及教育信息化进程的不断深入，非线性编辑技术成为越来越多专业人士以及影视爱好者瞩目的中心和焦点。非线性编辑系统不但在电视台、电影厂和自媒体平台得到了广泛的应用，而且还在多媒体资源库建设、网络流媒体开发等教育传媒领域得到了越来越多的应用。

近年来，随着国家大力发展融媒体建设和自媒体的兴起，为适应数字教育传媒技术的快速发展和贴近人才市场的需求，越来越多的高校开设了数字媒体非线性编辑技术课程，特别是现代教育技术学和传媒类学科等本科专业，已将其列为主干课程。这不但促进了数字媒体技术的应用和普及，而且也带来了对非线性编辑技术课程试用教材的需求。教育部教育技术学教育指导委员会专门组织编辑了本书。

由于非线性编辑技术涉及的内容比较广泛，学习者的知识水平跨度也很大，所以编者对本书内容的取舍、知识深度的把握和内容结构的编排，都进行了周密的考虑。本书基于Adobe Premiere软件，系统地阐述非线性编辑的相关技术。全书共13章，分别讨论数字媒体基础、非线性编辑软件平台、项目的创建、素材的管理、视音频剪辑的技巧、视音频效果的应用、数字合成技术的结合、调色的应用、文字的设计以及作品的输出等等。

本书由浅入深，从理论到实践，可以让读者深入到创新思路和软件的高级用法中。本书包含了编者长期的实践经验，读者可以从中学习到与时俱进的技巧方法，来提高自己的能力。本书不仅具有较高的学习价值，也有助于教师开展教学。

本书建议教授60课时，包括理论的讲解、学生的操作练习以及综合实践等。

本书由王志军和王旭共同担任主编，其中王志军编写了第1章和第2章，王旭编写了第3、5、7、8、9、10、11章，王丽蕊编写了第4、6、12、13章。最后，由王旭统稿。

本书参阅了大量的著作、刊物和网站，同时通过包图网等多个网络资源平台购买了一定的音视频素材，在此对这些文献的作者和资源的提供者表示衷心的感谢。限于编者的学识和水平，书中难免存在不当和疏漏，还望广大读者批评指正（作者邮箱：army.w@163.com）。

作　者
2024年3月

目　录

第1章　数字媒体非线性编辑技术概述

本章学习要点

① 了解数字媒体的基础知识。

② 了解非线性编辑与合成的基本概念。

③ 了解非线性编辑系统的功能与作用。

数字媒体非线性编辑技术是一门综合性技术，它涵盖了电视技术、数字媒体技术和计算机技术的主要领域，其中的关键技术主要包括电影与电视编辑技术、数字视频与音频处理技术、数字图形与图像处理技术、数据压缩技术、数字存储技术、多媒体网络技术以及计算机硬件技术等。随着这些关键技术的不断发展，非线性编辑系统不但在电视台、电影厂和自媒体平台得到了越来越广泛的应用，而且还在各种线上线下的数字化传媒领域得到了广泛的应用。

数字媒体非线性编辑技术名称中的"数字媒体"，反映了它基于数字技术的本质。本章仅从数字技术的角度对非线性编辑技术进行综合性介绍，以便于从事相关行业的读者了解具有数字化、网络化和交互性的影视编辑与多媒体资源制作的工作流程，深入理解非线性编辑系统的机理。

1.1　数字媒体基础

在非线性编辑（也可以简称为"非线编"）系统中，最本质的一点就是其处理的对象都是数字媒体。任何其他形式的对象媒体都必须转化成数字媒体后再进行处理。因此，了解数字媒体技术是了解非线性编辑系统的一个前提。

数字媒体技术包括数字图形与图像技术、数字视频与数字音频技术以及数字压缩编码技术等。本节将结合这些技术在非线性编辑系统中的应用来展开讨论。

1.1.1　数字图形与图像

图形与图像是人类视觉所感受到的一种形象化的媒体，它可以形象、生动、直观地表现出大量的信息，是人类最早交流信息的重要形式之一，因而编辑处理数字图形与图像自然也成为非线编工作的重要组成部分。数字媒体中的图形与图像主要是指静态的数字媒体形式，它不仅包含诸如形、色、明、暗等外在的信息显示属性，而且从产生、处理、传输、显示的过程来看还包含诸如颜色模型、分辨率、像素深度、文件大小、真 / 伪彩色等与计算机技术有关的内在属性。

1. 图形与图像的区别与联系

从本质上讲，数字图形和图像虽有区别，但并不是数字化图像性质上的区别，而是从图像显示内容类别的角度加以区分的，与图像的内容形式有直接关系。一般来说，图像所表现的显示内容是自然界的真实景物，或利用计算机技术形象地绘制出的带有光照、阴影等特性的自然界景物，而图形实际上是对图像的抽象表现。组成图形的画面元素主要是点、线、面或简单立体图形等，这与自然界景物的真实感相差很大。

数字技术进入到图形、图像领域后，使图形与图像的含义有了很大变化。人们对数字化图形与图像的区别与联系有了更深入的认识。有时为了更好地利用计算机数字化的特性，如简化运算提高显示速度、减少存储空间提高动态显示的灵活性等，图像也可以抽象提取特征转化为图形来表示（这种抽象过程，会使原型图像丢失一些显示信息），如图 1–1 所示。

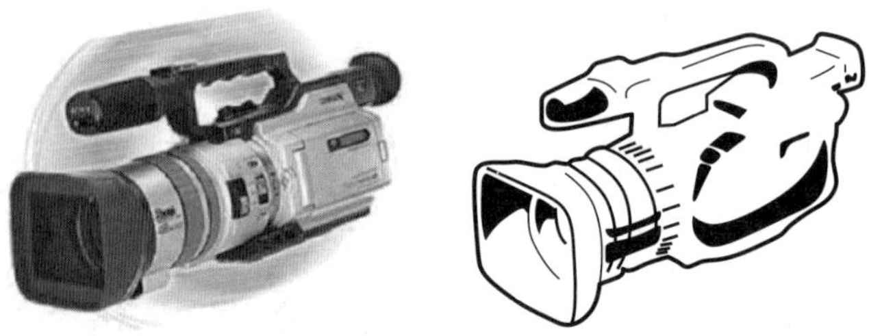

(a) 真实物体图像　　(b) 抽象提取特征转化成图形

图 1–1　图像与图形的区别与联系

非线性编辑中，经常会因为需要而将图形与图像相互转换或取其转换的过渡效果。当然，这种编辑中的实时转化会使计算机承担更多的计算工作量。

2. 像素

像素是数字图形与图像中能被单独处理的最小基本单元。

从像素的视觉属性看，它是一个最小可视单位。一幅图像可以看成是由许多很小的可视点组成的，这个点就是像素。每个像素点都有确定的颜色和亮度，这个颜色是由互相独立的红、绿、蓝三基色按不同的比例混合而成的。

从像素的量值属性看，它的数据结构应同时包含显示地址、色彩、亮度等数据信息，这些数据被称为像素值。把每个像素值按照图像中该像素所对应的位置进行排列，可以构成一个像素矩阵，矩阵中的每一个元素对应图像中的一个点。因此数字图形与图像的非线性编辑正是对这个像素矩阵的数据采用一定的算法进行有目的的运算处理。

3. 颜色模型

要将现实世界中的对象在计算机中表现出来，必须依靠不同的定量颜色的方法来实现，这种定量颜色的方法就是颜色模型。其中包括以下几种模型。

（1）RGB 模型

RGB 模型也称为加色法混色模型。它是以 RGB（红、绿、蓝）三基色按这三个颜色通道互相叠加来实现混色的方法，因而适合显示器等发光体的显示。物体的颜色是丰富多彩的，任何一种颜色和三基色之间的关系可用下面的配色方程来描述：

F（物体颜色）=R × （红色的百分比）+G × （绿色的百分比）+B × （蓝色的百分比）

当三基色等量相加时，就会得到白色。

三基色中的每一种都有一个 0~255 的取值范围，可以通过对这三个颜色通道的数值进行调节，来改变图像的颜色。在数字媒体中，RGB 颜色模型是最基本的模型。

（2）CMY 模型

CMY 模型（cyan magenta yellow）是采用青、品红、黄色 3 种颜色按一定比例合成颜色的方法。CMY 模型又称为减色法混色模型，因为这种模型中的颜色显示不是直接来自光线的颜色，而是光线被物体吸收掉一部分之后反射回来的剩余光线所产生的颜色。光线都被吸收时成为黑色，当光线都被反射时成为白色。这种模型适合于彩色打印机等用彩色墨水或颜料进行混合显示的情况。

(3) YUV 与 YIQ 模型

在彩色电视系统中一般不采用 RGB 颜色模型，而是采用 YUV 颜色模型表示彩色图像。其中 Y 是亮度信号，U 和 V 则是两个色差信号，分别传送红基色分量、蓝基色分量和亮度分量的差值信号。YIQ 与 YUV 很相似，只是应用范围不同。YUV 适用于 PAL 和 SECAM 彩色电视制式，而 YIQ 适用于 NTSC 彩色电视制式。

(4) HSI（HSL）颜色模型

HSI（HSL）（hue-saturation-intensity（lightness））颜色模型用 H、S、I（L）三参数描述颜色特性。其中 H 定义颜色的波长，称为色调；S 表示颜色的深浅程度，称为饱和度；I（L）表示颜色的明度或亮度。HSI 正是颜色的三要素。HSI 模型更接近人对彩色的认识，符合人眼对颜色的感知方式。无论是从事艺术绘画的画家，还是数字媒体设计师，都习惯使用这种描述色彩的方法。HSI 比 RGB 模型使用更方便，能减少彩色图像处理的复杂性，提高图像处理速度。一般的数字图像处理软件都提供了这种定量色彩的颜色模型。

提示：由于所有的显示器都需要 RGB 值来驱动，所以无论采用什么颜色模型来表示彩色图形与图像，在显示每个像素之前，必须要把彩色分量值转换成 RGB 值，才可以通过显示器显示出来。

4. 图形与图像的基本属性

一幅彩色图像可以看成是二维连续函数 $f(x,y)$，其色彩参数是位置 (x,y) 的函数。数字媒体技术从其图像的生成、显示、处理和存储的机制出发，需要对彩色图像数字化。数字化一幅彩色图像就是要把连续函数 $f(x,y)$ 在空间的坐标和色彩参数进行离散和量化。空间坐标 (x,y) 的离散化通常以分辨率来表示，而色彩参数的离散化则由像素的颜色深度来表示。

(1) 分辨率

分辨率是一个统称，分为显示分辨率和图像分辨率。

显示分辨率是指某一种显示方式下，显示屏上能够显示出的像素数目，以水平和垂直的像素数表示。例如，显示分辨率为 720 × 576，表示显示屏分成 576 行，每行显示 720 个像素，整个显示屏就含有 414 720 个像素。显示器的最大分辨率越高，说明其能够显示的最大像素数目越多，显示出来的图像也就越细腻和清晰。显示屏上的每个彩色像素点由代表 R、G、B 三种颜色信号的相对强度决定，由这些彩色像素点构成一幅彩色图像。

图像分辨率是指组成数字图形与图像的像素数目，以水平和垂直的像素数表示。组成图像的像素数目越多，说明图像的分辨率越高，看起来就越清晰，因此在一定程度上，图像分辨率也决定着图像的显示质量。

注意：放大一幅图像（非矢量图）指的是放大组成图像的像素块，而并非放大图像分辨率。即使通过软件提高了图像分辨率，也只是基于组成图像的原有像素块进行复制增殖，并不能真正改善图像的质量。

提示：图像分辨率与显示分辨率是两个不同的概念。图像分辨率是确定组成一幅图像的像素数目，而显示分辨率是显示屏幕的像素密度。前者是图像本身的尺寸参数，后者可理解为显示图像用的屏幕窗口的宽高数值。两者中的“像素”不一定是同样的大小尺度和基准。

⑵ 颜色深度

颜色深度是指图像中每个像素的颜色（或亮度）信息所占的二进制数位数，记作“位/像素”（bits per pixel，bpp）。屏幕上的每一个像素都占有一个或多个“位”，用于存放与之相关的颜色信息。颜色深度决定了构成图像的每个像素可能出现的最大颜色数，因而颜色深度值越高，显示的图像色彩越丰富。反之，颜色深度值太低，会影响图像的显示质量。常见颜色深度种类有以下几种。

4 位：这是 VGA 标准支持的颜色深度，包含 2 的 4 次方共 16 种颜色。

8 位：这是数字媒体应用中的最低颜色深度，包含 2 的 8 次方共 256 种颜色。

16 位：在 16 位中，用其中的 15 位表示 RGB 三种颜色，每种颜色 5 位，用剩余的一位表示图像的其他属性，如透明度。所以，16 位的颜色深度实际可以包含 2 的 15 次方，即 32 × 32 × 32 共 32 768 种颜色，称为 HI-Color（高彩色）。

24 位：用三个 8 位分别表示 RGB 三个颜色通道，可生成的颜色数为 2 的 24 次方，即 256 × 256 × 256 共 16 777 216 种，约 16M 种颜色，称为真彩色。

32 位：同 24 位颜色深度一样，也是用三个 8 位分别表示 RGB 三个颜色通道，剩余的 8 位用来表示图像的其他属性，如透明度。

虽然像素的颜色深度值越大，图像色彩越丰富，但由于设备显示能力和人眼识别能力的限制，不一定要追求特别高的颜色深度。一般来说，32 位的颜色深度已足够使用。此外，像素颜色深度越高，图像所占用的存储空间越大。

⑶ Alpha 通道

使用 32 位颜色深度时，除 RGB 三个颜色通道各占 8 位以外，剩余的 8 位一般用来表示图像的透明度信息，这个 8 位通道被称为 Alpha 通道。

Alpha 通道分为两种类型：straight 和 premultiplied。

straight Alpha 通道将像素的透明度信息保存在独立的 Alpha 通道中，它也被称为不带遮罩的 Alpha 通道。它可以适应需要较高标准和精度颜色要求的数字电影的非线性编辑操作。

premultiplied Alpha 通道不但保存 Alpha 通道中的透明度信息，而且同时保存 RGB 通道中的相同信息，因此它也被称为带有背景色遮罩的 Alpha 通道。它具有广泛的兼容性，可以适应大多数非线性编辑操作。

5. 图形与图像的基本类型

数字图形与图像从其生成、显示、处理和存储的数据运算机制角度看，一般分为两种类型：位图和矢量图。

位图是由许多的像素组成的平面点阵图。其中每个像素的颜色、亮度和属性是用一组二进制像素值来表示的。如果把其中的每个像素值按照图像中该像素所对应的位置排列，就可以构成一个数学上的空间像素值二维矩阵，矩阵中的每一个元素（像素）与显示器上的显示点一一对应。

矢量图是通过一系列计算机命令集合的形式来描述或处理的一种图，描述的对象包括图中所包含的各个元素的位置、颜色、大小、形状、轮廓和其他一些特性，也可以用更为复杂的形式表示图像中的曲面、光照、阴影、材质等效果。矢量图在放大显示或提高图像分辨率时，计算机会绘制出新的像素用于补充，因此矢量图是可以通过提高分辨率来提升画质的，并不会由于放大而失真。

一般来说，图形更多地由矢量图来描述，图像则更多地由位图来描述，这样它们就分别具有了矢量图和位图的特性，处理它们的时候可以更好地利用计算机数字化的特性。

提示： 有时为了某种需要，图形也可以用位图来表示，图像也可以抽象提取特征转化为矢量图。

6. 图形与图像的处理

(1) 数字图形处理

数字图形处理包括二维平面及三维空间的图形处理两种。现今的研究重点集中于三维真实感图形技术的研究以及对三维图形对象赋予运动属性后生成连续画面(动画)效果的研究。实际上为了显示的需要，特别是三维动画处理的需要，计算机三维图形处理技术最终还要将用计算机数据描述的三维空间信息通过计算转换成二维图形并输出到显示器上。在实现这一转换的过程中，显示卡中的图形加速芯片起到了至关重要的作用。

(2) 数字图像处理

数字图像处理是指将客观世界中实际存在的物体映射成数字化图像，然后在计算机上用数学的方法对数字化图像进行处理。

图形处理与图像处理的区别在于：图形处理着重研究怎样将数据和几何模型变成可视的图形，这种图形可能是自然界中根本不存在的，即是人工创造的画面；图像处理侧重于将客观世界中原来存在的物体映像处理成新的数字化图像，关心的问题是如何压缩数据、如何识别及提取特征、三维重建等内容。随着计算机技术的发展，两者的联系越来越紧密。利用真实感图形绘制技术可以将图形数据变成图像；利用模式识别技术也可以从图像数据中提取几何数据，把图像转换成图形，两者的区别也越来越模糊。

提示： 实际上，图形与图像虽然在处理与存储时均按各自的特定格式和方法进行，但在屏幕上显示时，它们都是以一定的分辨率和颜色深度在屏幕上以点阵的形式显示出来。因此，非线性编辑系统软件在使用者的外部操作方法上对图形与图像的编辑处理是没有什么区别的。

1.1.2 数字视频与音频

数字视频与音频是非线性编辑系统最主要的处理对象，是一种动态的时基媒体形式。数字视频和音频信号是基于模拟信号转化而来的，其标准、属性、参量和显示方式无不显现着模拟信号的印迹，因此模拟视音频信号的基本原理也是数字视音频技术的重要基础。

1. 动态图形与图像的视觉原理

经过科学的实验证明，人眼具有“视觉暂留”的时间特性，就是说人眼对光像的主观亮度感觉与光像对人眼作用的时间并不同步。一个光像对人眼的作用消失后，视觉对这个光像亮度与颜色的主观感觉在 Δt(大约 1/20~1/10) 秒之内不会完全消失，主观感觉亮度是逐渐下降的，动态图形与图像正是利用人眼的这一视觉暂留特性制作的。照此推断，如果图形与图像的画面刷新率为每秒 24 幅以上，则前后两幅之间在视觉亮度上就有重叠时间(如图 1-2 所示)，亦即前一幅画面还没有完全消失前就出现下一幅画面，这使得本来在时间上和空间上都不连续的画面会给人以真实连续的感觉。

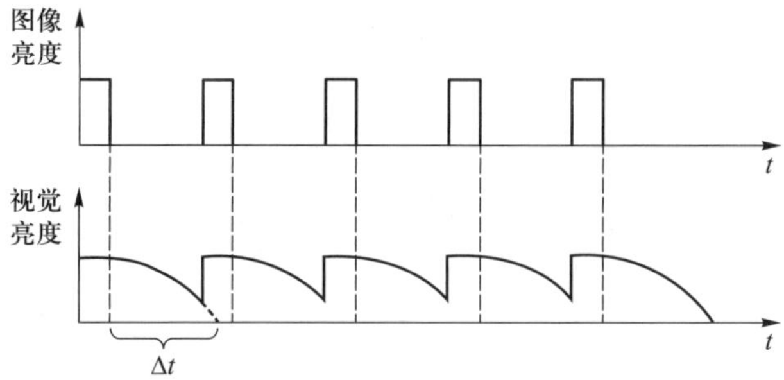

图 1-2　动态图像之间在视觉亮度上的时间重叠特性曲线

提示：动态图形与图像的画面之间如果在内容上没有任何相关性，在连续播放时便失去了其动作的连续性，因而不能形成真正意义上的动态图形与图像。

由此可见，动态图形与图像是由多幅连续的、内容相关而又彼此独立的画面序列构成的一种离散型时基媒体形式。非线性编辑系统也正是利用了动态图形与图像序列的这种离散时基特性对序列进行剪切、抽取、插入等操作，并且仍然保持新序列的图像之间在视觉上的时间重叠特性，从而完成新的序列编辑。

2. 动画与视频

动态图形与图像序列根据每一幅画面的产生形式，分为两种不同的类别。当每一幅画面是人工绘制或计算机生成的画面时，称之为动画；当每一幅画面为由影像采集设备实时获取的自然界景物图时，称为动态影像视频，简称视频。也就是说，动画与视频是从画面产生的形式上来区分的。动画方面着重研究怎样将数据和几何模型变成可视的动态图形，这种动态图形可能是自然界中根本不存在的，即是人工创造的动态画面；视频方面侧重于研究如何将客观世界中原来存在的实物影像处理成数字媒介上的动态影像，研究如何压缩数据、还原播放。因此在某种意义上说，动画是图形在时间线上的延伸，视频是图像在时间线上的延伸。

随着计算机技术的发展，利用真实图形绘制技术也可以将一些三维动画图形数据直接转变成动态影像视频，从而可以以视频形式存储与播放，而视频也越来越多地利用数字编辑与合成技术，将一些三维特效文字和三维动画叠加在视频画面上，以增强视觉效果，并拓宽了视频表现手法，成为一种动画视频混合形式。从发展的趋势看，动画与视频的区别越来越模糊，使用者在非线性编辑系统软件上对视频与动画的编辑处理也基本趋于一致。因此，为叙述方便起见，以下主要以视频作为讨论的对象。

3. 视频信号的描述

视频信号的描述是基于电视信号标准的。由于在电视技术发展早期标准的不统一，造成目前世界上存在三种互不兼容的彩色电视信号制式，即 PAL 制、NTSC 制和 SECAM 制，其中，PAL 和 SECAM 制式采用 YUV 颜色模式，NTSC 制式采用 YIQ 颜色模式。尽管制式和颜色模式有所不同，但它们所遵循的基本原理是一致的。

数字视频是在模拟视频基础上发展起来的，因而它的描述也与模拟视频的描述相近。

(1) 视频扫描特性

视频信号是采用了一种扫描技术来进行传输与呈现的。

实际上，每秒 24 幅图像的刷新率虽不会出现停顿现象，但仍会使人眼感到画面的闪烁，这是因为前后幅之间仍然有视觉亮度明显降低的一段时间（见图 1-2），要消除明显的闪烁感就要使画面刷新率提高一倍，即每秒 48 次以上（如图 1-3 所示）。在电影的放映过程中有一个不透明的遮挡板每秒遮挡 24 次，这样，每秒 24 幅加上每秒 24 次遮挡，电影画面的刷新率实际上是每秒 48 次，这样就能有效地消除视觉闪烁感。

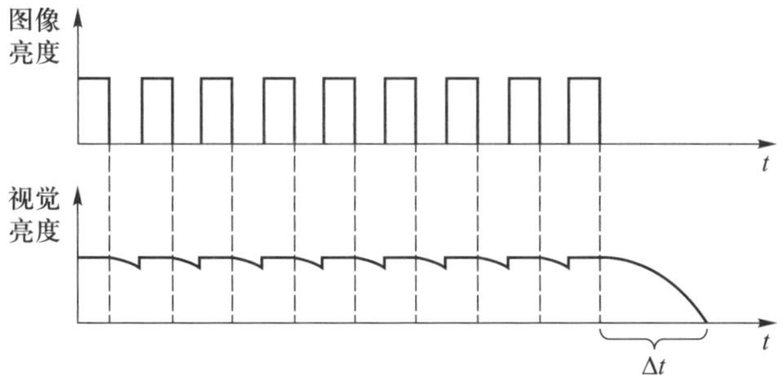

图 1-3　画面刷新率每秒 48 次以上的视觉亮度上的时间重叠特性曲线

电视视频信号采用了类似于电影放映活动图像的技术，PAL 制视频信号在 1 秒内传送 25 幅（又称 25 帧）图像，以达到播放连贯活动图像的效果。与电影技术不同的是电视技术中不是把整幅的图像一次传输，而是把一帧图像的每一个像素按从左到右、从上到下的顺序逐点扫描传送的。在 PAL 制中 1 帧图像分 625 个扫描行，为使活动图像的闪烁频率超过每秒 48 次，消除视觉闪烁感，又将原来一帧 625 个扫描行的图像按奇数、偶数扫描行分离为“奇”和“偶”两幅（又称为场）画面，这样，每场画面采用隔行交织扫描方式，共 312.5 行，画面像素密度降低了一半。信号发送时先发送奇数场，然后再发送偶数场，在接收端先接收到奇数场光栅，将整幅图像大致呈现（如图 1-4（a）所示），然后再接收偶数场（如图 1-4（b）所示），并将偶数场图像镶嵌在奇数场图像中，从而得到了精细的整幅图像（如图 1-4（c）所示）。

(a) 奇数场图像　　(b) 偶数场图像　　(c) 奇、偶数场镶嵌在一起的图像

图 1-4　隔行扫描图像示意图

除了以上所述隔行扫描的方式之外，还有逐行扫描的方式，它是计算机屏幕画面显示的基础，具有更好的动态显示效果。但由于早期电视工业技术的限制，采用逐行扫描方式将大大提高电视接收机的技术难度和生产成本，因此一直以来各国选定隔行扫描作为电视显示格式的基础。这种方式在显示静止画面时存在明显的缺陷，有轻微的闪烁和爬行现象，但由于多数时候电视图像都是动态画面，隔行扫描的缺点并不明显。随着社会的进步和数字技术的发展，人们逐渐对高清晰的静止画面显示也提出了需求，直接导致了电视技术与计算机技术的融合，作为计算机显示基础的逐行扫描方式也被吸纳到数字高清晰度电视标准中来，电视第一次在大动态运动画面和高清晰静止画面两方面的显示都达到了较好的平衡。

(2) 视频扫描格式

视频的上述扫描特性可以用扫描格式来描述,它主要是指图像在时间和空间上的抽样参数,包括每帧图像扫描的行数、每行的像素数、每秒的帧数或每秒的场数以及隔行扫描或逐行扫描方式等。其中每秒的帧数又称为帧频或帧速率,每秒的场数又称为场频或场速率。

需要注意的是,目前数字视频技术领域内,高清标准中同时存在隔行扫描和逐行扫描两种不同的类别,这与当前数字技术发展的水平有关。从清晰度的角度来看,高清数字电视根据扫描线的不同又可以分为 1080i 和 1080p 两类。针对当前的现状,各种非线性编辑软件系统中仍然具有针对两种不同扫描方式和标准的视频素材的不同参数设置和协调功能,以达到最佳的编辑与合成效果。

(3) 像素与帧的宽高比

像素与帧的宽高比是判别一种视频标准的重要参量,不同标准的视频使用不同的像素与帧的宽高比。像素宽高比简称像素比,是指图像中的一个像素的宽度和高度之比,帧宽高比则是指视频图像一帧的宽度和高度之比。

帧的宽高比的设置与人眼的视觉习惯有关。早期模拟视频标准的帧宽高比都为 4∶3(或 1.33∶1);计算机图像以及 SDTV 数字视频的帧宽高比也为 4∶3;HDTV 的帧宽高比是 16∶9(或 1.78∶1),通过研究发现这是更符合人眼视野范围规律的画面宽高比;电影画面的宽高比也由早期的 1.33∶1 发展到宽银幕的 2.35∶1。

在非线性编辑工作中建立新项目时根据最终作品的要求都需要设置项目视频画面的帧宽高比,当导入的视频素材使用了与项目设置不同的帧宽高比时,就必须确定如何协调这两个不同的参数值。

像素的宽高比为 1 时是方形像素,其他类型是矩形像素,这主要取决于不同标准的视频图像的水平与垂直像素数目的比值与其帧宽高比是否相同。表 1–1 所示的是几种经典视频标准的由图像的帧尺寸和帧宽高比决定的像素比值。

表 1–1　几种经典视频标准的像素比

视频标准	帧尺寸	帧频(fps)	帧宽高比	像素比
NTSC DV	720 × 480	29.97	4∶3	0.9
NTSC D1	720 × 486	29.97	4∶3	0.9
NTSC D1	720 × 540	29.97	4∶3	1
PAL D1/DV	720 × 576	25	4∶3	1.066 6
PAL D1/DV	768 × 576	25	4∶3	1
HDTV	1 280 × 720	29.97	16∶9	1
HDTV	1 920 × 1 080	25	16∶9	1

在非线性编辑系统中,当输入素材的像素与帧的宽高比与所设置的作品输出文件规格不同时,在编制的节目作品中自然就会发生变形,例如,在方形像素比的监视器窗口上显示矩形像素比的视频,就会发生图像变形,但当将其输出到也是使用矩形像素比的电视上观看时,就又会正常显示了。因而,各种非线性编辑系统都设置了自动检查和补偿视频素材的像素与帧的宽高比的功能,或者设置手工修改的功能。与修改帧宽高比相比,修改与协调像素比更重要,因为不适宜的帧宽高比往往是素材不适宜的像素比导致的。

在非线性编辑中只有当一个作品中所有素材的像素比都被正确地调整，才能将不同像素比的视频素材编辑合成在一起，输出为不变形的作品。

(4) 场及其顺序

视频素材从扫描的形式上看，可以分为隔行扫描和逐行扫描两种类型，从场与场之间的关系看，也可以称为交错式和非交错式视频两种类型。

如前所述，在交错视频中，每一帧由两个场构成，称为奇场和偶场，在非线性编辑软件 Premiere 中称为上场和下场。上场和下场各自隔行扫描线的相对位置是交错排列的（如图 1–4 所示），两场依次显示时正好重叠排列完成一整帧动态图像的显示。

在非交错式视频中，场与帧的概念已经没有什么区别，每场都是全帧逐行扫描的图像，帧与帧之间扫描线的位置完全相同，不再交错排列。计算机媒体软件生成的视频以及高清数字视频标准就是以非交错方式显示的。电影胶片类似于非交错视频，每次显示全帧图像。

在非线性编辑系统中，如果要使用交错式视频素材，必须使用分离场的方法才能得到理想的结果。这是因为非线性编辑系统不是只对视频素材进行捕获和回放等简单工作，而是要对输入的视频图像进行如变速、缩放、旋转、特效、合成和转换输出格式等复杂加工，为了尽可能保存源素材中的全部数据并得到理想的输出结果，系统最好是基于非交错全帧图像来进行工作，而对于解决交错式视频素材问题的最佳方案就是分离场。系统利用两个场之间的关系，从每个场产生一个完整的帧，通过对交错式场的分离，精确地将视频中两个交错场转换为非交错帧，并最大限度地保留原图像信息以保证最好的质量，然后再进行编辑加工。一般非线性编辑系统中对于视频素材都有场分离的手动设置。如未对交错式视频素材进行场分离，生成的作品画面中就有严重的毛刺或闪烁等问题，质量明显下降。

显然，在非线性编辑系统中，由计算机生成的或高清数字视频标准的非交错式视频素材，在编辑与合成中节省了分离场的操作和运算，能够最大限度地保持图像的质量。

在分离场时，交错式视频有场的优先显示顺序问题。先显示上场后显示下场称为上场优先，反之称为下场优先。不同的视频标准和编辑系统使用的优先场顺序是不同的，若选择错误的场优先顺序来分离场，则不能流畅平滑地播放视频，会出现跳动现象。因而在非线性编辑系统中手动设置场分离时也要同时选择场优先顺序。当某视频标准的场优先顺序不清时，可以尝试选择一种场优先顺序，观察视频播放是否平滑，如果出现跳动现象，则说明选择的场优先顺序不对。表 1–2 所示的是几种主要视频标准的场优先顺序。

表 1-2　几种主要视频标准的场优先顺序

视频标准	场优先顺序
640 × 480 NTSC	上场
640 × 480 NTSC Full	下场
720 × 480 NTSC DV	下场
720 × 480 NTSC D1	下场
720 × 576 PAL DV	下场
720 × 576 PAL D1	上场
DV	下场
HDTV	上场或下场或无场

非线性编辑系统对视频源素材进行编辑加工后，还需要根据作品的最终用途考虑是否对输出的视频产品添加场的设置。

（5）SMPTE 时间码

为了描述视频素材的时间长度及其开始、结束帧以至于其中的每一帧的时间位置，以便精确到帧地控制捕获、编辑和广播等过程，国际上采用一种被称为 SMPTE 时间码的单位和地址来度量。在非线性编辑中这种时间码以“H：M：S：T”也就是“小时：分钟：秒：帧”的形式来确定每一帧的地址，也可以说是给视频的每一个帧编号，从而可在编辑时方便精确地找到每一帧，进而完成各种帧编辑及其声音元素的同步设置。

针对视频标准中的几种不同的帧速率，SMPTE 时间码有几种不同的标准。PAL 制采用的是 25 fps 的帧速率标准，而 NTSC 制由于广播电视的技术原因，目前采用 29.97 fps 的帧速率，但在进行非线性编辑时，为了便于操作使用，SMPTE 时间码仍采用 30 fps 的帧速率标准。

但是，由于 NTSC 电视制式下 SMPTE 时间码仍采用 30 fps 的帧速率计时，其结果会造成实际播放（29.97 fps 的帧速率）和测量的时间长度有 0.1% 的差异。因此，为了能够补偿这种差异，NTST 制式下 SMPTE 时间码还使用一种掉帧的标准，即在每分钟的记数中自动忽略两帧的计算，而每 10 min 有一分钟不进行忽略计算，从而在较长时间范围内有效地弥补了差异。而采用 30 fps 帧速率计时的 SMPTE 时间码标准就是非掉帧标准，时间位置不够精确，随着时间的延长，这种差异会越来越大，因而不适宜较长时间视频片段的编辑。当然，后者的编辑质量较前者会更好一些。

一般视频编辑系统或非线性编辑系统既可以使用掉帧也可以使用不掉帧的时间码标准。但为记录与编辑计时的方便，无论使用哪种标准，都应当注意记录视频资料与编辑同一视频资料的时间码标准要统一，以便知道两者时间码所对应的真实时间。

4. 数字音频技术

能够被人的听觉感知并且被人们接受的声音信号是一种模拟信号，因为它在时间上和幅值上都是连续（不间断）变化的信号。同模拟视频处理一样，想要将模拟音频在计算机内进行编辑处理，也要通过数字化转换把模拟信号转换为数字音频信号。数字化转换过程同样由采样、量化和编码构成。由于人耳能听到的声音最高频率为 20 kHz，也就是音频的最大带宽为 20 kHz，因而根据采样定理要想不失真地重构音频信号，则采样频率必须高于被采样信号所含最高频率的两倍，即采样率只要高于 40 kHz 即可，这与视频采样速率比较起来低得多。

1.1.3 数字压缩编码

数字化后的视音频信号由于其还具有庞大的信息量，还难于直接用在非线性编辑的实时处理工作中，因此数字化后的视音频信号还必须要经过编码压缩。

1. 数字视频的压缩编码

数字视频只有在保持信号质量的前提下，设法降低码率及数据量，才能使标准得到应用。而这种降低码率的过程被称为压缩编码或信源压缩编码。

信源之所以可以压缩，是因为视频图像信息内各样值之间存在着大量的规律性，或称相关性。这种相关性可分为三种类型，即空间相关性、时间相关性和频率相关性，这些相关性决定了视频图像信息内存在着大量的冗余信息，而正是由于这些冗余信息的存在使得压缩成为可能。例如，由于图像是以块和轮廓组成的，在同一帧内（帧内）或相邻帧之间（帧间）存在着大量的相同的块信息内容（即空间相关性）；在传输的前一个样值或前一帧中也包含了后一个样值或后一帧中存在着的大量的相关性样值内容（时间相关性）；另外，图像的相关性不仅表现在时间域或空间域中，在其他域中，如频率域内也表现了很强的相关性，而且这种相关性又与图像的复杂程度无关。因此人们总是设法利用这些不同的相关特点，设计出各种不同的压缩算法，以求得从不同角度（域）中，获得较彻底的去除图像信号冗余代码的方法，使各代码样值独立，从而提高代码熵值，降低信息数据码流。

另一方面，可以采用一些特殊的编码方法，使平均比特数降低，从而可进一步降低信息码率。也可以利用特殊方法进一步去除人眼对视频图像中不能辨别的多余信息，例如，将视频图像的亮度与色度分别处理，利用人眼对色度的不敏感，可以进一步压缩色度所占的数据量。

最常用的压缩编码技术是国际标准化组织推荐的 JPEG 和 MPEG。

JPEG 是 joint photographic experts group（联合图像专家组）的缩写，于 1990 年通过了标准草案。它是一种针对静止的连续色调的图像压缩方法，它属于帧内压缩（只在本帧范围内去除冗余量），是用于静态图像压缩的标准。它可按大约 20∶1 的比率压缩图像，而不会导致图像质量和彩色数据的太大误差，它的压缩和解压是对称的，这样压缩和解压可以使用相同的硬件或软件，而且压缩和解压时间大致相同。

MPEG 是 moving picture experts group（活动图像专家组）的缩写，1991 年成为国际标准。它是一种针对活动的连续色调的视频图像压缩方法，它属于帧内与帧间压缩（在前后帧之间去除由空间、时间和频率相关性产生的冗余量）相结合的方式。帧间编辑采用三种方式，有 I 帧、P 帧和 B 帧。I 帧就是参考帧，作为其他帧的基准；P 帧是预测帧，它是根据当前帧的变化预测出的帧；B 帧是双向预测帧，它根据前后的 I 帧和 P 帧双向预测而产生。MPEG 编码按不同的用途可划分为 MPEG–1、MPEG–2 和 MPEG–4，它们有不同的图像质量和压缩比，压缩过程也略有差异。MPEG–l 能将图像和伴音的总码率压缩到 1.5 MBPs，应用于对图像质量要求不太高的 VCD 领域。MPEG–2 是针对能提供满足广播质量要求的视频的编码标准，应用于 DVD、高清晰电视等领域。MPEG–4 是一个适用于低传输速率应用的方案，是为了播放流式媒体的高质量视频而专门设计的。MPEG 是一种不对称的压缩算法，压缩的计算量比解压缩大得多，所以压缩常用硬件来执行，而解压缩则用软件、硬件均可执行。

H.264 是 ITU–T 国际电联与 ISO 国际标准化组织联合制定的视频编解码技术标准，是一种高性能的视频编解码技术，也是目前市场上主流的视频编码标准。H.264 是在 MPEG–4 技术的基础之上建立起来的，其最大的优势是具有很高的数据压缩比率，在同等图像质量的条件下，H.264 的压缩比是 MPEG–2 的 2 倍以上，是 MPEG–4 的 1.5 至 2 倍。

H.265 技术是 ITU–T VCEG 继 H.264 之后所制定的新的视频编码标准。H.265 标准围绕现有的视频编码标准 H.264，保留原来的某些技术，同时对一些相关的技术加以改进。新技术用以改善码流、编码质量、延时和算法复杂度之间的关系，达到最优化设置。H.264 由于算法优化，可以低于 1 Mbps 的速度实现标清数字图像传送，H.265 则可以利用 1 Mbps~2 Mbps 的传输速度实现 720 P 普通高清音视频传送。

2. 数字音频的压缩编码

数字音频也需要采取压缩处理，以降低数据码率。音频数据压缩的方案可以有三方面的考虑，一是降低采样频率，二是降低量化位数，三是去除音频编码中的冗余信息。

数字音频的压缩可以从量化方面入手，可以减少每位样本所需要的量化位数，然而这种量化位数的降低应是建立在确保音频质量的基础之上的，过于低的量化位数会导致信息的损失，降低音频质量。

更多的考虑是去除音频编码中的冗余信息。数字音频的压缩可以考虑两个心理声学模型，一个是绝对听阈，另一个是掩蔽效应，以此来确定哪些成分在音频信号内可能是冗余的。由于绝对听阈的存在（如图 1–5 所示），人耳对频域中绝对听阈曲线（图 1–5 中声音响度级为 0 方的等响度曲线）以下部分的声音无法察觉，这就是说大量的在绝对听阈曲线以下的音频信号对人耳来说是毫无意义的，因此不必记录或传输。又因为掩蔽效应的存在（如图 1–6 所示），被强音掩蔽了的弱音（图 1–6 中频率为 1 kHz 处的强音掩蔽了附近的弱音，使绝对听阈曲线发生了变化）也无法被人耳察觉，因此同样不必记录或传输。另外，可以将音频信号中那些对人耳较不敏感的频率段用较粗的量化步长量化，以便舍去一些次要信息，而对于人耳听觉较敏感的频段则设立较小的量化步长，使用较多的码位来传送，以确保必要的声音信息。这就是音频压缩的基本思想。

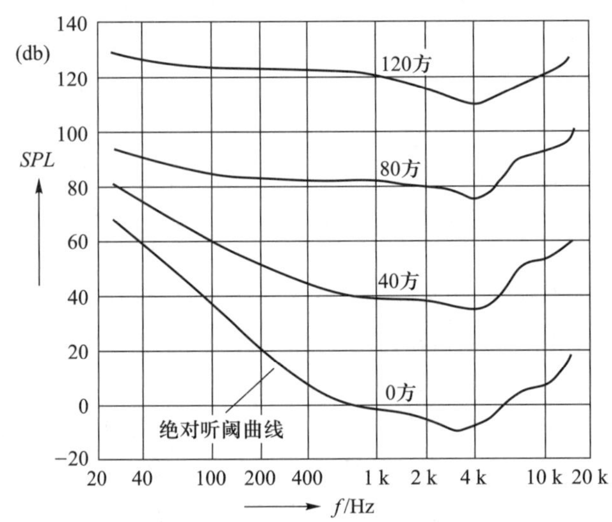

图 1–5　等响度曲线

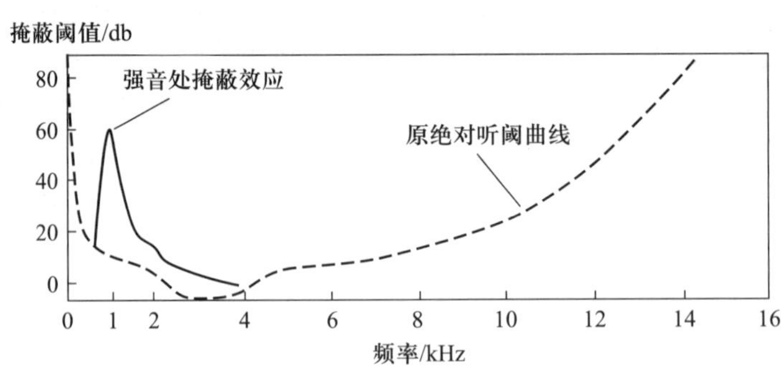

图 1–6　1 kHz 声音的掩蔽效应

与视频信号相比较而言，由于音频信号结构信息缺乏更多的相关性，数字音频的压缩较为困难，更多的是利用了人耳的音频掩盖特性，进行了数字音频压缩。例如，MPEG 音频压缩的基本方法是，将音频频域划分成 32 个子带，把音频信号样本变换到频域中的 32 个对应的子带内，由心理声学模型控制单元，根据阈值特性和掩蔽特性所形成的一个控制对照表，去控制频域中各个子带内分量的量化步长，从而保留主要信号而舍去对听觉实际效果影响很小的成分，达到声音压缩的目的。

根据脉冲编码方式，数字音频的压缩编码可以采用线性脉冲编码调制（PCM）、差分脉冲编码调制（DPCM）和自适应差分脉冲编码调制（ADPCM）等方式。这些编码方式都有各自的优缺点，用于不同的情况。

数字压缩编码技术是实现非线性编辑的基石。当前的非线性编辑系统中核心的部分就是视音频的压缩与解压缩硬件和软件子系统，它在进行非线性编辑的过程中，自始至终担当着对视音频信号的压缩与解压缩工作，以达到令人满意的、实时处理的视频画面和听觉效果。

1.2 非线性编辑基础

非线性编辑严格意义上说应该称为数字媒体非线性编辑，是数字媒体技术进入广播电视领域的表征。数字媒体技术给传统影视制作带来的变化是巨大的，这不仅表现在技术手段的数字化上，而且也表现在新的理论和概念上，非线性编辑概念的出现，就是这一变化的体现。

本节将以非线性编辑的基本概念为讨论的重点内容。

1.2.1 影视编辑的发展历程

影视编辑的发展经历了多个时期，或者说经历了多次飞跃，每一次飞跃都与当时的科学技术的发展紧密相关。技术的发展带动了编辑理念的发展，带动了编辑方式的发展，而编辑方式的发展又反过来促进了编辑专业技术与专业设备的发展，这就形成了一个科学技术—编辑方式—专业设备—科学技术螺旋式良性周期发展的趋势，在这里科学技术的发展是首位的。对发展历程的回顾可以使我们加深对非线性编辑的理解，对发展规律的探讨可以使我们预测编辑技术的发展方向，超前规划远期项目。

1. 物理剪辑方式

1956 年，在技术上由于发明了磁带录像机，剪辑好的电视节目可以利用电视来观看了，这是一次技术上的飞跃。电视的发明和发展，就是一个对电影模仿、借鉴的过程。在这之前，电影节目的剪辑就是剪刀加胶水的物理方式，因而电视节目也沿用了电影的这种剪辑方式。与电影胶片直接观看图像来定位有所不同，磁带编辑是借助放大镜观察磁带上的磁迹来定位的，然后根据剧情需要利用剪刀和胶带切割磁带、重新黏接磁带。由于磁带的这种定位方式很难精确定位编辑点，编辑时也无法实时查看画面，只能凭借经验或度量尺来大致估算，所以磁带的剪辑精度远不及电影胶片的剪辑精度高。与电影胶片相同，这种物理剪辑方式对磁带有永久性损伤，节目磁带不能复用，因此难以复制大量高质量的电视节目。由于当时技术上的稚嫩，还难于实现真正意义上的节目编辑，只能说是节目片段的剪辑。

2. 电子编辑方式

1961 年，在技术上由于录像技术和录像机功能产生了一个质的飞跃，编者可以利用先进的录像和显像设备构成标准的对编系统，从而实现从素材到节目的转录，这标志着电视编辑进入了电子编辑时代。电子编辑方式可以在编辑过程中利用显示器查看编辑情况，帮助确定编辑点,便于编辑和修改。这种编辑方式避免了对磁带的永久性损伤,编辑好的磁带可以作为节目源素材母带,进行大量的转录复制,从而得到较高质量的节目磁带。由于当时的设备还无法逐帧重放,因而电子编辑还不能达到精确到帧的编辑精度,并且由于设备都是手动调控、磁带启动和停止时带速不匀,难以与磁带放像机的走带同步,从而造成编辑的磁带接点处出现跳帧现象。

3. 时码编辑方式

1967 年,美国电子工程公司研制出了 EECO 时码系统,1969 年,使用 SMPTE/EBU 时码对磁带位置进行标记的方法实现了标准化,因而出现了大量基于时码的控制设备,编辑技术和编辑手段也产生了一次质的飞跃。当时的设备可以实现同步预卷编辑、预演编辑、自动编辑、脱机编辑等新功能,而且带速的稳定性也有了很大改进,从而使编辑精度和编辑效率有了大幅度的提高。但是由于磁带的固有缺陷无法弥补,实时编辑点定位问题仍难于控制,磁带复制造成的信号损失也没有彻底解决。

4. 非线性编辑方式

1970 年,技术上出现了世界上第一台非线性编辑系统,从而揭开了非线性编辑时代的序曲。这是一种记录模拟信号的非线性编辑系统,它将图像信号以调频方式记录在磁盘上,可以随机访问磁盘,使得编辑点定位问题得到了很大改善。但其功能还只限于记录与复制,处理速度的限制也使得编辑中难以叠加复杂的特技。随着计算机处理速度的提高以及计算机图像理论的发展,20 世纪 80 年代出现了纯数字计算机非线性编辑系统,真正开始了非线性编辑时代。编辑者在使用计算机进行编辑与合成操作过程中强烈感受到数字编辑与合成技术极大的便利性和手段的多样性,因而以更大的热情投入到这一研究领域中,使得非线性编辑技术开始了突飞猛进的发展。早期的数字非线性编辑系统受当时硬件压缩技术和磁盘存储容量的影响,视频信号并不是以压缩方式记录的,系统也仅限于制作简单的广告和片头,影视节目的主体内容仍由电子对编设备处理。20 世纪 90 年代以后,随着数字媒体技术和存储技术的发展、实时压缩芯片的出现、压缩标准的建立以及相关软件技术的发展,非线性编辑系统进入了高速发展时期。现有的非线性编辑系统已经实现完全数字化以及与模拟视频信号的高度兼容,广泛地应用于电影、电视、广播、网络等传媒领域。

1.2.2 非线性编辑的概念

从以上影视发展的历程中可以看到,非线性编辑概念的出现不是偶然的,是数字媒体技术与影视编辑需要发展到一定阶段的必然产物。因此,对于非线性编辑基本概念的理解要与技术的发展紧密结合。

1. 线性编辑与非线性编辑

非线性概念首次用于影视编辑系统中是在 NAB'93 展览会上,ImMix 公司的 Turbo Cube 影视编辑系统首次被称为非线性编辑系统。这使得“线性”(linear)与“非线性”(non-linear)的含义在影视编辑中发生了重大变化,已与一般物理与数学中的线性变化、线性关系、非线性变化、非线性关系的含义有了本质的不同。

在影视编辑领域,“线性”与“非线性”的概念主要是从视音频信息存储的方式出发来区别的,一般来说,将存储信息的顺序与接受信息的顺序相关或一致的方式称为“线性”,将存储信息与接受信息的顺序不相关或不一致的方式称为“非线性”。因此,人们用“线性”这个词描述磁带存储视音频信号的方式，这是因为磁带存储信息的顺序与接收信息的顺序相关，亦即开始的信息存储在磁带开头，结尾的信息存储在磁带的末端，中间部分的信息按照先后顺序存储在磁带的开头和末尾中间，因而人们也就将基于磁带存储的编辑方式称为线性编辑方式。人们用"非线性"这个词描述数字硬盘、光盘等介质存储数字化视音频信息的方式，这是因为数字化存储信息的位置是按照盘操作系统规则（software routine，一个软件程序）进行分配的，位置关系可以理解为是并列平行的、没有顺序的，因而可以对存储在硬盘中的数字化视音频信息进行随意的抽取组编，存储信息与接受信息的顺序可以完全不相关。这样，基于数字硬盘或光盘存储的编辑方式也就被称为非线性编辑方式。

2. 实现非线性编辑过程的基本条件

非线性编辑过程之所以可以在计算机中实现，主要是由视音频素材存储的优异的数字化特性和合理的码率压缩方式所决定的。

（1）数字化存储特性

如前所述，视音频信息存储的不同特性从根本上决定了线性与非线性不同的编辑方式。

为了对非线性编辑过程有更清晰的认识，首先需要了解线性编辑过程。基于磁带存储介质进行编辑时，要受到磁带存储特性的制约。磁带存储器属于顺序存储设备，它的数据保存在一个个块中，要找数据必须从头一个块一个块地读出再找，因而数据存取需要花费较多时间。编辑时首先要在各素材带上对所需的素材片段以时间码的编号分别顺序寻找，然后将找到的各个素材片段按时间码的顺序分别记录在录像机节目磁带上，形成成品带，这就是线性编辑过程。显然，线性编辑过程就是一个内容复制的过程，而且这个复制过程很烦琐。

以两个素材带为例（如图 1–7 所示），各素材带上所需的多个片段的顺序与复制到节目带上的顺序并不相同，根据场景与剧情排列顺序的需要，必须反复进行正走带 4 次、倒带 3 次、磁带间转换 5 次和复制 7 次，耗费了大量的时间。这种方式也带来了对已编好的节目进行修改或插入新片段的困难，例如，将素材带 1 中的素材片段 D 插入到节目带 C′ 与 G 之间，那么节目带中 C′ 片段之后的节目内容将要全部再重复进行一次素材复制过程，工作量之大可想而知。而且反复复制也会使节目带画面质量有所下降。

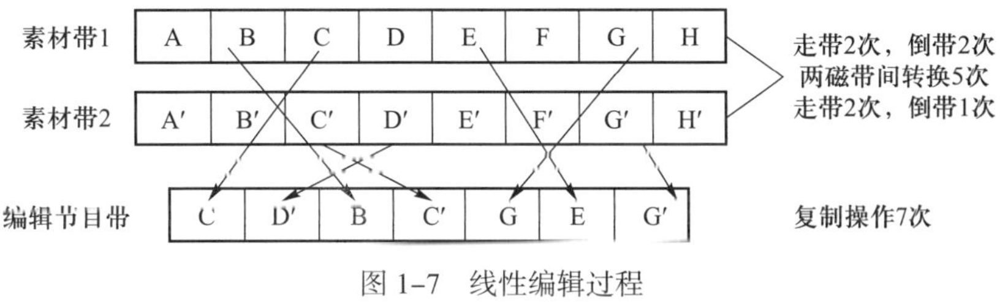

图 1–7　线性编辑过程

数字硬磁盘的优异的存储特性决定了视音频素材的非线性编辑方式。数字硬磁盘具有容量大、存取速度快、可靠性高、复用次数不限和存储信息质量不变等特点。硬磁盘属于数字化直接存储设备，它保存的所有数据都有地址，如磁盘的磁头号、磁道号和扇区号等，因而数据的存取可在操作系统规则下按地址直接进行，与数据的排列顺序无关，而且其按已知地址寻找数据所用的时间之短，几乎可以忽略不计。所以，硬盘中素材片段相互位置的关系可以理解为是并列平行的、没有顺序的，所编辑的素材片段之间的转换也可以视为不需时间的、直接跳跃的。

下面还以两个素材带为例，来分析非线性编辑的工作过程，其中所需的素材片段与前例相同。如图 1–8 所示，将素材带上所需的视音频素材数字化后，压缩并存储到磁盘上，形成一系列 AVS（audio/video subsystem）文件，这个过程称为素材上载或视音频捕获过程（图 1–8 中虚线箭头所示的过程）。从图 1–8 中可以看出，上载时两个素材磁带只需依次正走带，不需反复倒带，素材带之间只需转换一次，也不需考虑素材片段存储到硬盘中的位置和顺序。系统可以利用记录上载到磁盘中的 AVS 文件进行有目的的非线性编辑，并用 EDL 文件引导硬磁盘在编辑中跳转，跳转过程如图 1–8 中实线箭头所示，跳转的顺序也与前例线性编辑的节目带中素材片段顺序相同。

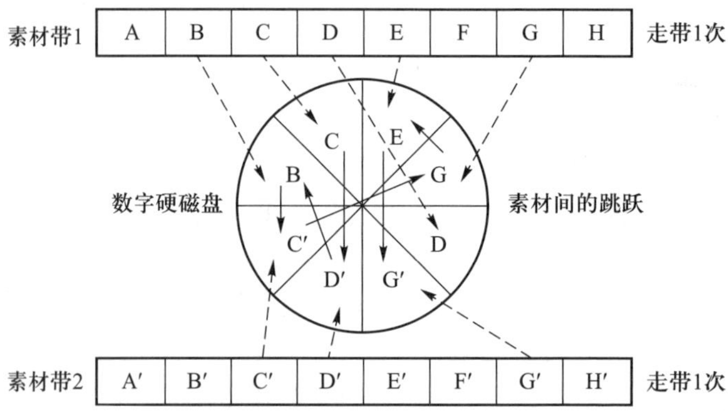

图 1–8　非线性编辑过程

显然，非线性编辑的全过程实质是对各素材片段地址指针移动顺序的编排过程，编辑时可以随意改变素材片段地址指针而与其存储的物理位置无关，因而素材片段间的连接在地址指针的指引下是以一种跳跃方式进行的，而且这种跳跃所用的时间几乎为零。跳跃转换是非线性编辑的重要特点，从而也带来了容易修改的优点，假如，将素材片段 D 插入到跳转顺序 C′ 与 G 之间，那么非常容易地修改地址指针移动的编排顺序，立即就可形成新的素材片段跳转顺序，与线性编辑相比节省了大量时间。其实，编辑过程中并不需要生成视音频成品，可以随时利用 EDL 文件按编辑顺序引导实时读取硬盘中素材片段数据，同时在计算机屏幕上实时显示编辑效果，这与线性编辑相比可谓是简单易行。最终的视音频作品可以在实时读取硬盘中的素材片段数据时按一定压缩格式同步生成，生成后的视音频节目数据可以存储到硬磁盘中新的位置，或直接输出记录到节目磁带上保存。

（2）合理的码率压缩方式

选择合理的码率压缩方式是实现非线性编辑过程的又一基本条件。这不仅是因为数字化后的高质量视音频信号仍然具有非常高的传输与存储码率，容易超过当前计算机的运算能力，更重要的是非线性编辑过程为了达到令人满意的视频画面质量和听觉效果，需要做到精确到帧的编辑以及对视音频信号叠加转场、关键帧动画、滤镜等复杂的特效，需要合成字幕、合成图形和合成动画，需要进行效果的渲染显示等等。这些工作无一不需要对视音频信号进行精确的实时处理，而实现实时处理的首要任务就是解决计算机系统对巨大的视音频数据的传输和存储问题。那么，当前解决这一问题的最主要方法就是对视音频信号的合理码率压缩。

对于一个非线性编辑系统来说，选择合理的码率压缩方式，首先需要考虑的是采用的压缩方式必须满足对视音频信号的非线性编辑精确到帧的工作要求,不适于采用那种帧间压缩过大的码率压缩方式。其次要考虑采用的码率压缩方式生成的视音频压缩文件应是流行的标准化文件,应具有很好的兼容性。再需考虑的是采用的码率压缩方式要有合适的算法和硬件压缩编码处理器的支持,否则难以实现视音频信号的快速实时处理,因此,承担大工作量的非线性编辑系统都应考虑装备视音频压缩编辑硬件,以完成非线性编辑过程中全部的压缩和解压缩任务。

早期的非线性编辑系统开发商只是独立地开发主要压缩硬件处理器以及配套的系统软件,因而基于不同视频压缩硬件的非线性编辑系统压缩方式并不统一、数字媒体文件格式也不统一,媒体文件互换共享比较困难。随着计算机技术的发展,非线性编辑硬件平台走向彻底开放是一大趋势,各个平台开发商不同的数字媒体文件格式终会走向统一的互换共享模式。

一般非线性编辑工作中常用的方法是,首先以该非线性编辑系统中视频压缩硬件所支持的格式捕获原始视音频素材,然后将其他已存有的各种素材利用系统全部转换生成为该视频压缩硬件所支持的格式,这样在统一的格式下利用系统的软硬件平台进行节目的编辑制作,最后的作品再根据需要生成为一种当前最常用的视音频通用文件格式。

1.2.3 数字合成的概念

随着数字影视技术的不断发展,数字合成技术在影视制作中扮演着丝毫不比数字编辑技术逊色的角色,数字合成技术与数字编辑技术已经成为非线性编辑技术中的两个重要组成部分。

1. 数字合成的基本概念

合成技术是指将多种源素材混合成单一复合画面的处理过程。

在数字技术进入影视领域之前很长时间,合成技术就已在影视制作中得到较为广泛的应用,其合成效果也达到了较高水平。早期的影视合成技术主要是在胶片、磁带的拍摄过程以及冲洗过程中实现的,例如,从摄影的方面看,可以利用多次曝光、叠印拍摄,利用效果镜拍摄,利用特殊工具、器具、材料、附件拍摄等等。又如,从传统摄影暗室加工技术来看,利用修描底片,放大曝光环节控制处理(含曝光遮挡、中途曝光、多次曝光、影调、色调分离等),合成(含剪接、单底重放、多底拼放、多底套放、多底叠放、反复印制正负底片等),着色、染色,旋转放大,加滤镜、反光镜、网纹镜,变焦放大等方法。工艺虽然较为落后,但诸如“抠像”“叠加”等合成手法,都得到了较为广泛的应用,效果也是很不错的,其中最有代表性的、运用传统合成技术最为成功的电影当属《星球大战》。然而,传统合成技术由于受到技术上的限制,很难再有新的突破,例如,用传统的光学方式进行影像合成,合成的影像越多,画面质量越差。

随着数字媒体技术的高速发展,数字合成技术得到了日益广泛的应用。相对于传统合成技术,数字合成技术有了质的飞跃,它主要是指运用先进的数字媒体技术的原理与方法,将多种数字化素材混合成单一复合图像的完整处理过程。

数字合成技术的运用也使电影的表现力得到很大的提高。例如,可以通过两个毫不相干的视频影像的合成,诞生出一个让人信以为真的故事。经典电影《阿甘正传》中扮演阿甘的演员跟肯尼迪总统握手的逼真场面正是这种合成应用的典型案例。

数字合成技术给影视制作带来的巨大的变化是难以估量的,其操作方法的极大的便利性,应用手段的多样性以及工作过程的高效性,使得影视合成作品的效果比传统合成技术更加精美，更加不可思议，使得创作人员在技术与艺术的结合方面引发出超出常人的想象力，迸发出更大的潜能。1991 年，ILM 公司在《终结者Ⅱ》一片中创造的千变万化的、无所不能的“液态金属人”数字角色，就充分地运用了数字合成技术，将真实拍摄的人物与特技效果合成，开创了数字合成技术应用的新篇章。

数字合成技术使得影视片的呈现产生了质的飞跃。例如，在电影《奇幻森林》中，创作者运用计算机动画技术制作了一个极真实的森林动物世界，并且将其与真实拍摄的主角男孩合成，展现了一幕幕极具感染力的震撼场景。又如，在电影《末日崩塌》中，创作者利用计算机动画技术展现了一次重大的地震灾害对城市造成的破坏，其中海啸爆发的镜头令人惊叹。

2. 数字合成基本过程

与数字编辑过程相同，数字合成过程也需要利用强大的数字合成工具来完成，这些工具均包括硬件和软件两个方面，而且数字合成过程对硬件也有较高的要求。

数字合成技术也是基于数字媒体技术的，与数字编辑技术相比只是处理数字媒体的内容和过程有所不同。

从处理内容的角度来说，数字合成技术更倾向于对图像画面中的元素进行各种变形、调色、跟踪、抠像、修饰等处理；对不同的元素进行逻辑关系的调整、叠加、组合、替换等处理；对不同的图像画面完成绘图、拼接、融合、模拟各种自然效果（烟雾、雨雪、火光、闪电等）等处理；在图像画面中加入文字动画；等等。近年来，现代的影视特别是广告制作越来越重视图像画面特技和效果，因而特技效果叠加也成为数字合成技术的重要方面。

从处理过程的角度来说，数字合成技术是通过以上各种操作把两个以上的源图像（视频）合并为一个单独的图像（视频）。下面仅介绍一些常见的合成过程。

(1) 图像的调整

在图像合成之前，要对图像进行调整操作，使之适合于合成。

① 校色。一般指的是修改图像中各个像素的颜色。合成前的校色，主要是对前景和背景画面校色，以保持色调的一致，便于合成。校色时可以对画面的各颜色通道进行同样的校色，也可以分别对各个通道单独校色。校色操作主要包括修改画面亮度、修改偏移量、Gamma 值调整、对比度调整、颜色或部分颜色调整等。

② 几何变换。几何变换指的是移动像素在图像画面中的位置。为了在合成时使画面以合适的大小出现在合适的位置上，可以在平面上对画面进行平移、旋转、缩放，如果是在三维空间中进行，就会出现透视变形以及镜像变换。有时为了效果的需要，还要进行不均匀的变形或扭曲变形。

③ 滤镜特效。滤镜特效实质上是利用画面一定范围内相邻的像素进行计算，得出新的像素值，从而产生画面的变化。滤镜的种类繁多，用途十分广泛，是数字合成技术的重要内容。

(2) 图像的合成

图像调整后，就可以实现各源图像的合成。

图像的合成有很多常见的方式，有的合成软件可以提供数十种合成两个画面的方式，高档的软件还允许创作者自己写一个简单的数学表达式来控制对两个画面的合成操作，一般可以用以下几个符号来表示运算中的变量。

A 表示合成前景；B 表示合成背景；M 表示单独的 Alpha 通道值；O 表示合成的结果；Am 表示 A 自带的 Alpha 通道；Bm 表示 B 自带的 Alpha 通道。

例如，覆盖是一种最常用的合成方式，其合成表达式可以写为

$$0=A\times M+B\times(1-M)$$

数字合成工具根据该表达式进行计算合成后的画面就成为，凡 M 为 1（白色）的地方，画面结果为 A；凡 M 为 0（黑色）的地方，画面结果为 B；M 为 0<M<1（灰色）的地方，画面结果为 A 与 B 的混合，其中 M 越接近 1（白色）的地方，A 所占的比例越大，合成结果如图 1–9 所示。

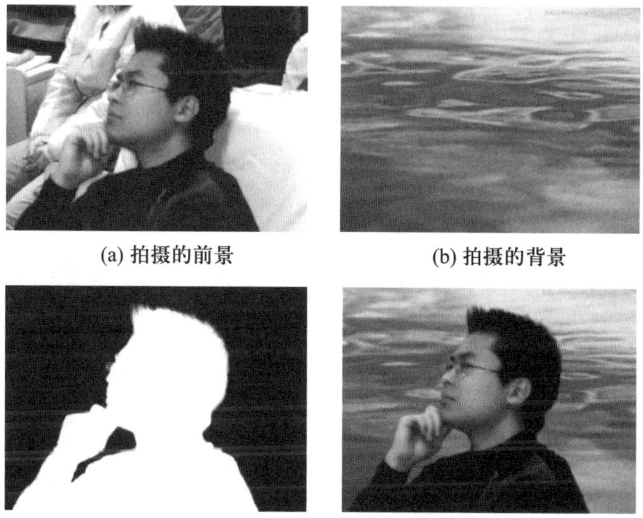

(a) 拍摄的前景　(b) 拍摄的背景

(c) 绘制的Alpha通道　(d) 合成的结果

图 1–9　覆盖合成效果

混合也是一种最常用的合成方式，其合成表达式可以写为

$$0=A\times mv+B\times(1-mv)$$

混合是直接把两个图像画面按一定的比例混合在一起。式中数值 mv（$0\leqslant mv\leqslant 1$）就是用来表示混合比例的。mv 为 1 时，画面结果为 A；mv 为 0 时，画面结果为 B；0<mv<1 时，画面结果为 A 与 B 整幅画面按 mv 数值比例的混合。这里的 mv 与覆盖公式中的 M 不同，mv 是一个创作者可控的数，对整个图像画面是相同的；M 是 Alpha 通道值，在 Alpha 通道图像中每个像素都可能具有不同的 M 值。图 1–10 所示的就是 0<mv<1 时两个图像画面按 mv 的比例混合在一起的结果。

(a) 拍摄的前景　(b) 拍摄的背景　(c) 混合的结果

图 1–10　图像画面的混合效果

(3) 通道提取

实际拍摄的图像画面是没有 Alpha 通道的，为了合成的需要，就要利用计算机技术从图像画面中提取通道，这是数字合成的重要功能。从合成结果的角度来说，又可以将通道提取称为抠像。

抠像技术是指在单色背景前拍摄物体等前景内容，然后利用色度的区别，把单色背景抠掉，这种技术在数字合成软件中称为色度键。通常允许用户指定一个颜色范围，颜色在这个范围之内的像素被当作背景处理，其 Alpha 通道值取 0，其他的像素被当作前景，其 Alpha 通道值取 1。这样就可以将该图像作为前景与任何作为背景的图像合成，其 Alpha 通道值取 0 的部分就被背景图像所取代，实现了被摄物体与背景的合成(如图 1–11 所示)。一般在拍摄人物时最常用的单色背景是蓝背景和绿背景，因为人体颜色中不包括这两种颜色，抠像效果好。

图 1–11　抠像合成效果

(4) 复制合成

数字复制合成也是常用的数字合成方法。有时由于作品内容的需要，图像画面的某些部分可能需要与画面的另一部分取相同的、近似的、镜像的或旋转的内容，这在真实拍摄上是比较困难的。通过数字复制合成以及辅助一些其他图像调整的方法，就可以实现这一目标。如图 1–12 所示，船行水面由于污浊显得效果不理想，通过数字复制合成和其他一些调整方法就可以制作出有清澈倒影效果的船行景色。可以先复制图像画面中船以上的部分，然后将复制好的画面素材镜像翻转，将其与源图像画面覆盖合成到船的下部位置，再对复制后的素材部分添加模糊、波纹、亮度对比度等滤镜效果，就可以模拟水面的倒影，形成新的画面效果。

(a) 源图像画面

(b) 镜像复制合成

(c) 对复制部分添加滤镜效果

图 1–12　复制合成效果

(5) 运动跟踪与稳定

数字合成图像画面是由几个来源不同的影视画面叠加而成的，当需要表现摄影机镜头运动的情景时，需要这些图像画面有完全一致的镜头运动效果，否则合成效果很不真实，数字合成中的跟踪技术可以在一定程度上解决这个问题。

跟踪是这样一个过程：选择合成前一个主要源图像画面上的一个跟踪点(一般是选择一个小矩形特征区域)，由合成工具软件自动分析在这个活动画面的每一帧上这个跟踪点随时间推移发生的位置变化情况，这会得到一系列的移动数据。然后把另外一个源图像画面中的主要物体(特征物体)按照这一系列的移动数据贴到源跟踪点的画面上，使得这个物体与跟踪点画面同步运动，从而产生两个合成画面有完全一致的镜头运动效果，就像同一镜头拍摄下来的一样。

另外，也可以反向利用这一系列的移动数据，把跟踪图像画面反向移动相应距离，以抵消源画面镜头的运动，使得镜头好像是与物体相对静止的一样，这种方法被称为“稳定”。

目前，高档的合成软件都已出现了多点跟踪的功能，通过对大量跟踪点的运动分析，可以准确地得出镜头真实的三维运动轨迹，从而使多画面合成的镜头运动效果更趋完美。这种三维运动轨迹数据也可以用来控制三维动画软件的虚拟摄影机，使生成的动画图像与实拍镜头的运动较好地吻合，从而使动画图像与实拍图像合成的效果更真实。

(6) 手工修补与增强

数字合成图像画面之后，总会有些无法用合成软件自动处理的问题，因而手工修补和增强就是不可避免的了。当然，对活动的影视画面的手工修补工作将是工作量极大、极为细致的工作。

手工修补是与自动处理相对应而言的，这些工作大都可以在计算机中手工完成，其主要工作就是数字绘景和抹除工作。数字绘景是对已拍摄的图像画面内容的补充，或者需要进一步修补美化场景，尤其是在实拍时很难拍到的背景或危险的场景等情况下，绘景补充就显得更为重要。尽管绘景有计算机的辅助，但仍对作者有很高的技术与艺术的要求。抹除工作是抹除一些图像画面中不该出现的东西，例如，拍摄时所必须用到的保险钢丝绳、长杆、支架，或不适宜在当时的场景中出现的建筑、阴影、杂物、动物等，或拍摄时造成的画面上的划痕、污点、毁迹等。

随着数字技术的发展，手工修补的自动化程度也在不断提高，甚至会成为一种附加特效的手段。

从发展的角度看，数字媒体非线性编辑的概念已被进一步扩展，它已具有了数字编辑与数字合成的双重含义。数字编辑与数字合成软件和谐地统一于数字媒体非线性编辑系统之内也已成为一种趋势，两者完美地结合使用，发挥各自的优势与特长，实现最佳效果，这是将数字影视媒体制作推向一个新境界的良好方式。

思考与练习

1. 数字媒体技术包括哪些内容?
2. 图形与图像有哪些基本属性?
3. 图形与图像的基本类型有哪些?

4. 视频与动画有什么区别与联系?
5. 显示分辨率与图像分辨率有什么区别?
6. 叙述视频扫描原理与扫描格式。
7. 图像的像素比与帧宽高比是什么? 有哪些规格?
8. 什么是视频扫描的交错式和非交错式形式?
9. 时间码是如何定义的? 有什么作用?
10. 简述数字视频信号的压缩编码技术。
11. 简述数字音频技术。
12. 什么是线性与非线性?

第 2 章　认识非线性编辑软件平台

本章学习要点

① 了解 Premiere 的系统需求。
② 掌握 Premiere 的安装与启动。
③ 熟悉 Premiere 的主要工作窗口。
④ 熟悉 Premiere 的菜单结构。
⑤ 熟悉 Premiere 的主要菜单命令。

Premiere 是 Adobe 公司于 1991 年推出的一款专业非线性编辑软件，经过多年的版本升级，成为了能够提供强大、高效音视频处理功能的专业工具，包括音视频剪辑、合成、动画和特效制作、色彩调节等功能，并专门针对多处理器和超线程进行了优化，提供了能够自由渲染的编辑体验。本书就以 Premiere 为代表来介绍非线性编辑的软件平台，采用的版本为 Premiere Pro 2020 版。

2.1　Premiere 的系统需求

面对大众手中媒体设备的迅速普及，人们对非线编的需求也越来越多。对于入门级用户来说，Premiere 作为一款专业级非线性编辑软件的同时，也是一款操作方便、上手容易的非线性编辑软件。

软件在处理视频、音频和多媒体动画时，往往对计算机有较高的要求，以下是 Premiere 的基本系统需求。

操作系统：Microsoft Windows 10（64 位）1703 版或更高版本。

处理器：支持 64 位的多核处理器。

RAM：4 GB。

RAM- 硬盘空间：4 GB 可用硬盘空间用于安装；加上安装期间所需的额外可用空间（无法安装在可移动闪存设备上）。

显示器分辨率：1 920 × 1 080 或更大分辨率的显示屏。

OpenGL：支持 OpenGL 2.0 的系统。

声卡：与 ASIO 协议、WASAPI 或 Microsoft WDM/MME 兼容的声卡。

可选：Adobe 认证 GPU 卡，用于实现 GPU 加速性能。

该软件使用前需要激活。必须具备宽带互联网连接并完成注册，才能激活软件、验证订阅和访问在线服务。

2.2　Premiere 的安装与启动

Premiere 的安装文件通常都是存放在光盘中交给用户，或是从官方网站购买下载电子版。安装 Premiere 的流程如下。

① 将 Adobe Premiere 的光盘放入光盘驱动器，之后打开光驱盘符，寻找 Setup.exe 文件，双击该文件后将进入 Adobe Premiere 的安装界面，可以选择安装的语言和位置，如图 2–1 所示。

② 安装中，界面顶部会出现进度条，耐心等待其安装完成即可，如图 2–2 所示。

图 2–1　安装程序窗口

图 2–2　安装过程

③ 安装完成后，Premiere 即可以启动运行，如图 2–3 所示。

如果用户经常使用 Premiere，建议在桌面创建 Premiere 的快捷启动图标，如图 2–4 所示。

图 2–3　软件启动界面

图 2–4　软件快捷方式图标

2.3　Premiere 的主要工作窗口

Premiere 的软件工作界面如图 2–5 所示。本界面基本包含 6 个窗口，分别是 4 个主要工作窗口：项目窗口、源窗口、节目窗口、时间线（时间轴）窗口；还有 2 个辅助窗口：工具窗口和音量电平窗口。其中，项目窗口和源窗口都是复合窗口状态，即该窗口中同时包含多个其他窗口。

提示：Premiere 的工作窗口也被称为“面板”。

2.3.1　主要工作窗口介绍

在 Premiere 的初始工作界面中，包含如下几个主要窗口。

(1) 项目

该窗口中可以以链接的形式导入和放置编辑影片所需的媒体素材，如图像、视频、音频等。同时也放置序列、字幕等其他编辑所需元素。可以通过建立素材箱的方式来收纳各类素材，类似 Windows 下的文件夹，可以嵌套管理。

(2) 媒体浏览器

该窗口可以方便用户查找计算机中存储的媒体素材，并进行快速预览以及随时导入。尤其适合查找摄像机、照相机等摄录设备中的媒体素材。

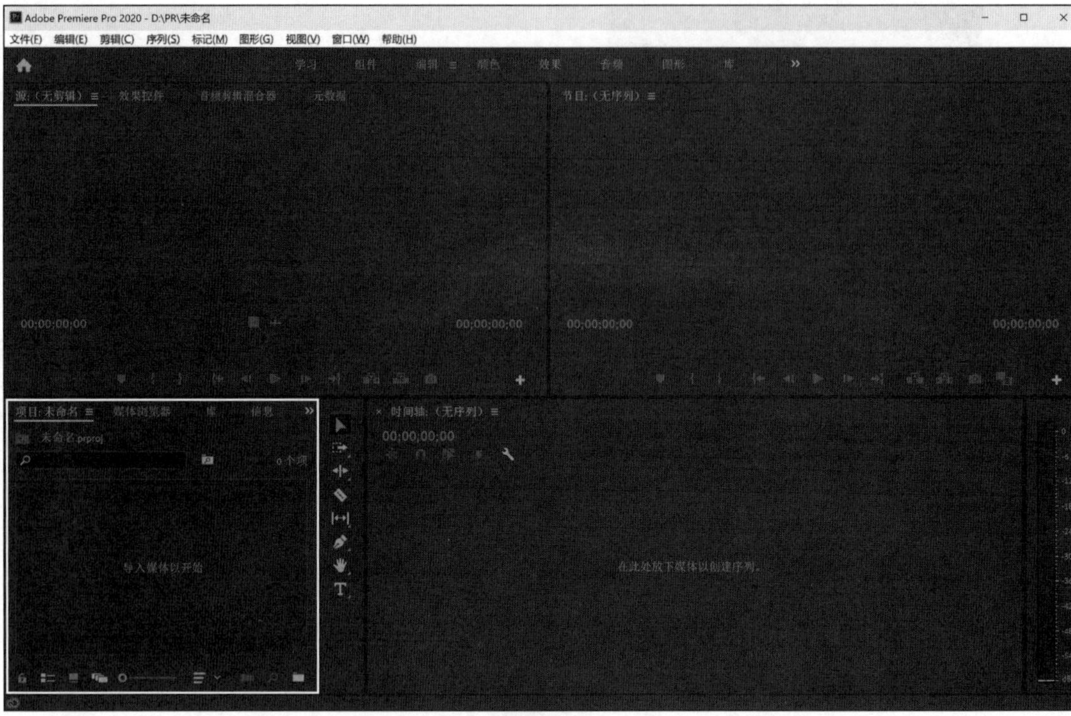

图 2-5 Premiere 的软件工作界面

(3) 信息

该窗口可以显示被选中的媒体素材以及编辑中的片段和过渡效果等元素的相关信息。

(4) 效果

该窗口包含可以在编辑中使用的各种效果,包括预设效果、音频效果、音频过渡、视频效果和视频过渡几个组。另外,该窗口上方设置了搜索框,可以按效果名称模糊查找所需的效果。

(5) 历史记录

该窗口可以列出在操作过程中所执行的操作步骤。编辑过程中,可以随时回到前面的任何操作步骤节点,相当于一次或多次“撤销”命令。注意,如果选择前面的步骤继续进行编辑,则该步骤之后的所有操作步骤将被取消。

(6) 源

该窗口可以查看媒体素材的具体内容。可通过双击项目窗口中或时间轴窗口中的素材,或拖动它们至源窗口中以观看内容。另外,该窗口也包含对素材进行入点、出点的设置和插入、覆盖等基本剪辑操作功能。

(7) 效果控件

该窗口可以显示并设置时间轴窗口中被选中的素材上使用的各种效果的参数,包括音视频效果和音视频过渡。在没有添加额外效果的情况下,该窗口显示被选中素材的音视频基本参数。此外,关键帧动画一般在本窗口进行设置。

(8) 音频剪辑混合器

该窗口模仿音频制作的硬件外观,通过滑块和旋钮等,控制调整时间轴窗口中的各条音频轨道的输出效果。

(9) 节目

该窗口可以观看时间轴窗口中正在进行编辑的当前序列的影片呈现。此外,该窗口也包含对序列进行入点、出点的设置和提升、提取等基本剪辑操作功能。

(10) 时间线(时间轴)

该窗口是非线性编辑的主要工作窗口。在其中可以对序列进行查看和处理以及对各个剪辑片段进行操作。本窗口一般情况下与节目窗口的时间码是一致的,可以结合使用。

(11) 工具

该窗口包含一系列工具图标。各个工具都可以在时间轴窗口或节目窗口中发挥不同的处理功能。

(12) 音量电平

该窗口可以在编辑中播放音频部分时,体现播放时音频音量的电平情况。

2.3.2 工作区布局

Premiere 中的各个窗口都可以改变自身的位置,移动到与其他窗口并排的位置或进入其复合窗口中。例如,可以把项目窗口拖动放入源窗口所在的复合窗口中,如图 2-6 所示。

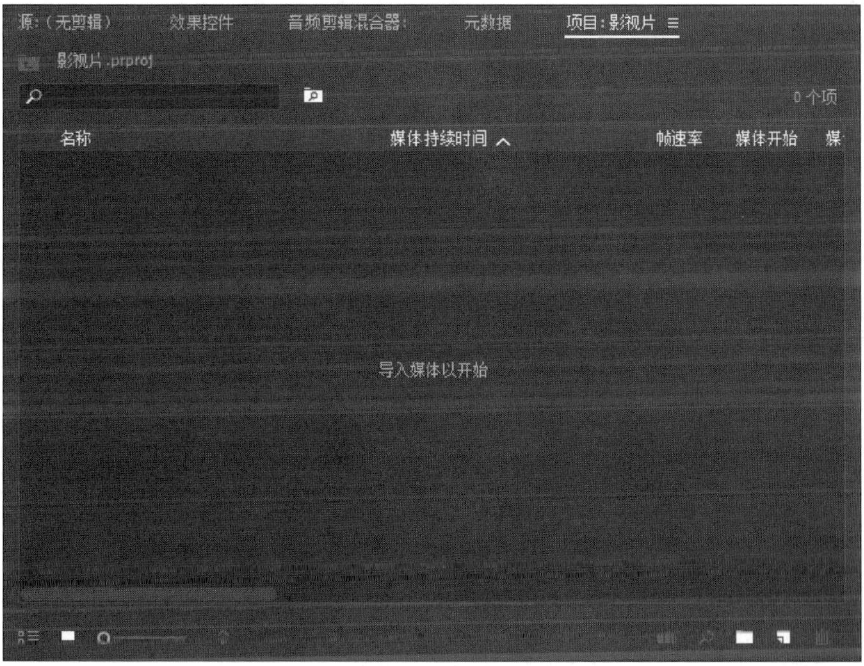

图 2-6 移动一个窗口至其他位置

为了能够方便用户在编辑影片的工作中,可以快速找到所需的功能窗口和相应控件,Premiere 提供了“工作区”这个概念来产生多种窗口布局。工作区的几种基本形式切换框在软件界面的顶部,如图 2-7 所示。

图 2-7 多种工作区布局类型

用户也可以根据自身工作需要自定义工作区布局。当改变各窗口布局后，通过选择“窗口”→“工作区”→“另存为新工作区”命令来保存自定义工作区布局，如图 2-8 所示。

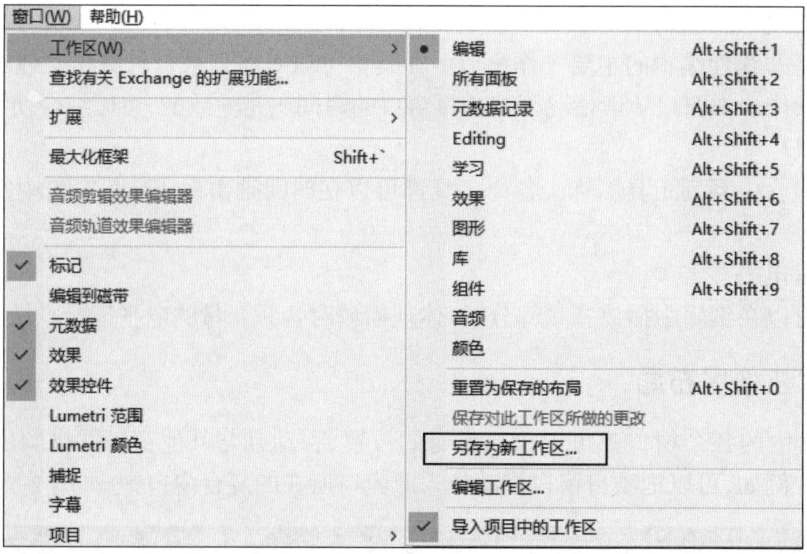

图 2-8　自定义工作区

提示：如果不小心将工作区布局弄乱，或误关掉某些窗口，可以通过选择“重置为保存的布局”命令进行工作区的快速复位。

2.3.3　菜单结构

在计算机中，无论使用哪种软件做什么工作，通常都是通过选择菜单命令来实现的，要想深入掌握 Premiere 软件的使用，熟悉该软件的菜单结构十分重要。在 Premiere 软件顶部的菜单条上排放的是供用户使用的主菜单，共有 9 个，它们分别是文件、编辑、剪辑、序列、标记、图形、视图、窗口和帮助。软件中的所有操作命令都包含在这些下拉式菜单及其子菜单中。下面首先对这几个主菜单的基本作用进行介绍。

（1）文件

“文件”菜单主要用于各种格式的文件的新建、打开、保存、导出和程序的退出操作。另外，还提供了视频、音频捕捉和批处理等实用工具。

（2）编辑

“编辑”菜单在软件中主要用于对软件中要处理的对象进行选择、复制、粘贴、删除和恢复等操作。

（3）剪辑

“剪辑”菜单是 Premiere 中比较重要的菜单，它的主要功能是对时间轴窗口中导入的各种素材进行编辑和处理。

（4）序列

“序列”菜单用于对时间轴窗口进行操作。

(5) 标记

“标记”菜单主要用于对素材进行标记的设定、清除和定位等。

(6) 图形

“图形”菜单主要用于在 Premiere 中添加各种图形类素材及对素材进行调整。

(7) 视图

“视图”菜单主要用于对预览画面调整显示方面的各个参数。

(8) 窗口

“窗口”菜单的主要功能是在程序中打开各项窗口以及部署工作区的布局安排。此外，“窗口”菜单还可以在已经打开的几个不同的窗口中进行切换或者设置当前窗口的显示状态。

(9) 帮助

“帮助”菜单的主要功能是为用户提供多种形式的联机帮助。用户在软件的使用过程中遇到问题时，“帮助”菜单中提供的信息往往可以帮助找到答案。

2.4 Premiere 的主要菜单命令

为了使读者明确地理解本书中后续章节对操作步骤的描述，下面对书中提到的命令的含义和对使用命令时的描述方法做简要说明。

① 所谓的命令是指主菜单或者浮动的快捷菜单中的某个选项。

② 在执行一个命令时，如果给出如下的文字描述，例如，执行“文件”→“新建”→“序列”命令。这句话的含义是先从主程序窗口中选择“文件”菜单，再从文件的下拉菜单中选择“新建”子菜单，再从“新建”子菜单中选择“序列”命令。在上例中，命令是由三层结构组成的，在不同级别的菜单中使用“→”隔开。实际上只有最后一个“→”号后面的才是要使用的命令，而在这个“→”号前面的是主菜单或者前一级子菜单。有时为了对一组命令进行说明，也会把个别子菜单称为命令。

本节将对 Premiere 各菜单中的主要命令进行介绍。

2.4.1 “文件”菜单

“文件”菜单的各项子菜单如图 2–9 所示。

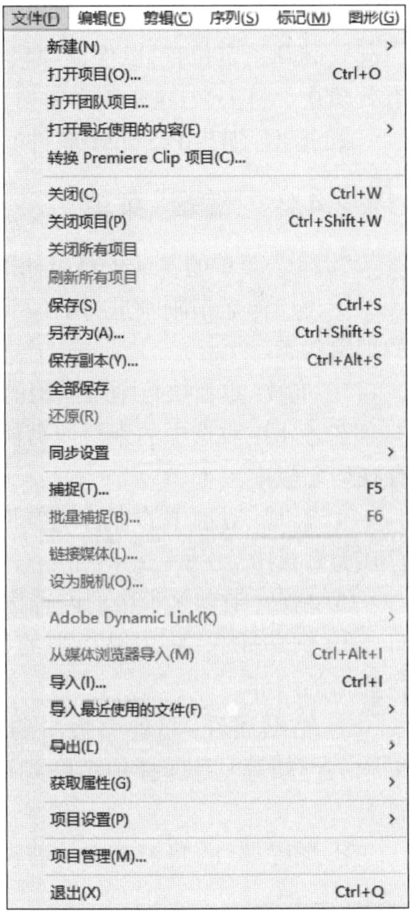

图 2–9 “文件”菜单的各项子菜单

① 新建：用于创建 Premiere 所需的各类文件。

② 打开项目：打开一个已经存在的项目。

③ 打开最近使用的内容：出现最近编辑过的项目文件列表，以供选择打开。

④ 关闭：关闭当前操作的窗口。

⑤ 关闭项目：关闭当前正处于编辑中的项目。

⑥ 保存：将当前正在编辑的项目以原先的文件名进

行存储。

⑦ 另存为：将当前正在编辑的项目以新的文件名进行存储。

⑧ 保存副本：为正在进行编辑的项目创建一个备份文件，当前编辑的项目保持不变。

⑨ 还原：放弃对当前项目的编辑，恢复到最近一次保存的状态。

⑩ 捕捉：从外部视频、音频源采集视频和音频文件素材。

⑪ 批量捕捉：从外部视频、音频源进行视音频的批量采集。

⑫ 链接媒体：为选中的脱机文件链接本地媒体文件。

⑬ 设为脱机：将选中的素材脱离本地媒体文件，形成脱机文件。

⑭ 从媒体浏览器导入：将媒体浏览器窗口中选中的素材导入到项目窗口中。

⑮ 导入：将外部素材文件导入当前的项目中，以供编辑处理。

⑯ 导入最近使用的文件：有选择地导入最近一段时期内导入过的外部素材文件。

⑰ 导出：将编辑好的项目输出成可以直接观看的影片文件或其他形式，其具体的设置将在后续的章节中进行详细讲解。

⑱ 获取属性：获取外部媒体素材或已导入的选中素材的媒体信息，包括文件的大小、视频和音频的轨迹数目、长度、平均的速率、音频的各种指标和有关的压缩设置等。

⑲ 项目设置：设置本项目的视频渲染模式、音视频显示格式、暂存盘位置等内容。

⑳ 项目管理：常被称为“项目打包”，一般用来将本项目所用到的媒体文件以及项目文件，一起复制到指定位置，以保证项目的完整性。此方法有效防止素材丢失，也常用来备份整个项目和素材。

㉑ 退出：退出 Premiere 软件。

2.4.2 “编辑”菜单

“编辑”菜单的各项子菜单如图 2-10 所示。

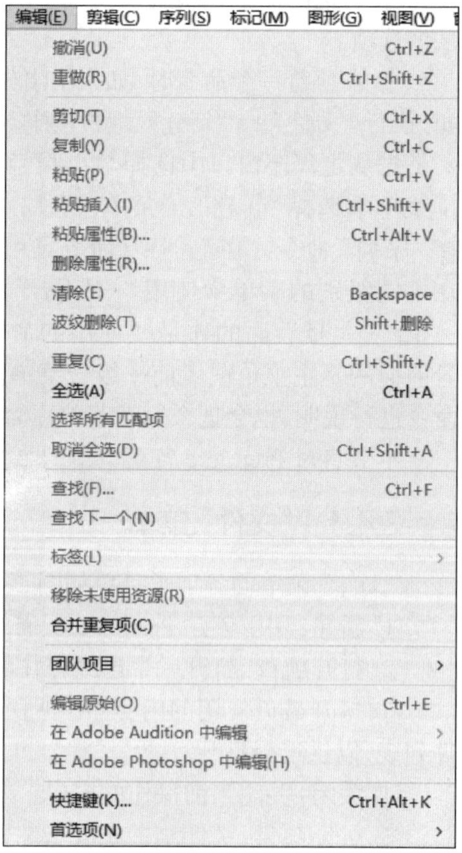

图 2-10 “编辑”菜单的各项子菜单

① 撤销：撤销刚刚进行的编辑操作，返回上一步的编辑状态。

② 重做：重新执行刚刚撤销的操作。

③ 剪切：对选中的素材或剪辑执行剪切操作，保存在剪贴板中。

④ 复制：对选中的素材或剪辑执行复制操作，保存在剪贴板中。

⑤ 粘贴：对剪贴板中的内容执行粘贴操作。

⑥ 粘贴插入：将剪贴板中的剪辑粘贴到一段整体剪辑的内部。

⑦ 粘贴属性：将剪贴板中剪辑的属性（包括效果和关键帧等），有选择地粘贴到序列中被选中的剪辑上。

⑧ 删除属性：将被选中的剪辑已有的属性，有选择地删除掉。

⑨ 清除：将选中的素材或剪辑删除，剪辑原先所

占用的位置不保留。

⑩ 波纹删除：将时间轴窗口中选中的素材删除，素材原先所占用的位置不保留。

⑪ 重复：为选中的素材制作一个副本，本操作不占用剪贴板空间。

⑫ 全选：选择所有素材或剪辑。

⑬ 取消全选：取消选择所有素材或剪辑。

⑭ 查找：按照素材的名称、卷标、备注、标记或出入点在项目窗口中寻找指定符合查找条件的素材对象。

⑮ 标签：给指定的标签更换颜色。

⑯ 移除未使用资源：删除已导入的但未移入序列中的素材。

⑰ 编辑原始：打开选中素材的默认编辑软件进行编辑。

⑱ 在 Adobe XXX 中编辑：将选中的素材用 Adobe 的相应软件进行编辑。

⑲ 快捷键：设置 Premiere 中各项操作的快捷键。

⑳ 首选项：对 Premiere 软件的一些参数进行设置。具体内容将在后续章节中进行详细讲解。

2.4.3 “剪辑”菜单

“剪辑”菜单的各项子菜单如图 2-11 所示。

① 重命名：对选中的素材和剪辑进行重新命名。

② 制作子剪辑：根据在源窗口中编辑的素材创建附加素材。

③ 编辑子剪辑：编辑附加素材的入点和出点。

④ 编辑脱机：进行脱机编辑素材。

⑤ 源设置：对素材源对象进行设置。

⑥ 修改：修改音频的声道或者时间码，还可以查看或修改素材的信息。

⑦ 视频选项：设置帧定格、场选项、帧混合或者缩放为帧大小。

⑧ 音频选项：设置音频增益、拆分为单声道、渲染和替换或者提取音频。

⑨ 速度 / 持续时间：设置剪辑的速度或持续时间。

⑩ 捕捉设置：可以设置捕捉素材的相关参数。

⑪ 插入：将素材插入到时间轴窗口中的当前时间指示处。

⑫ 覆盖：将素材放置在当前时间指示处，覆盖已有的素材片段。

⑬ 替换素材：使用磁盘上的文件替换时间轴中的素材。

⑭ 替换为剪辑：用源窗口或项目窗口中的素材替换时间轴窗口中选中的素材片段。

⑮ 自动匹配序列：将素材快速组合粗剪或将剪辑添加到现有序列中。

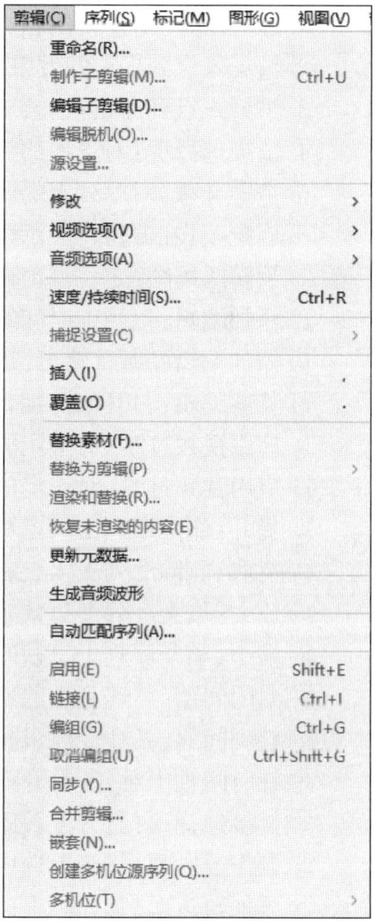

图 2-11 “剪辑”菜单的各项子菜单

⑯ 启用：激活或禁用时间轴窗口中的素材。禁用的素材不会显示在节目窗口中，也不能被导出。

⑰ 链接：链接选中的音视频轨道的素材，形成同步的剪辑。

⑱ 编组：将时间轴窗口上的剪辑组合以便整体操作。

⑲ 取消编组：将组合好的剪辑解开编组。

⑳ 同步：根据素材的起点、终点或时间码在时间轴窗口上排列素材。

㉑ 合并剪辑：将时间轴窗口中的一段视频和音频合并为一个剪辑，添加到素材库中，并不影响时间轴窗口上原来的编辑状态。

㉒ 嵌套：可以将当前序列中选中的剪辑转移到新序列中，以新序列取代原位置，在新序列中保持原始剪辑和轨道布局。

㉓ 创建多机位源序列：将具有通用入点、出点或重时间码的剪辑合并为一个多机位序列。

㉔ 多机位：在节目窗口中显示多机位编辑界面。用户可以从使用多个摄像机从不同角度拍摄的剪辑中或从特定场景的不同镜头中创建立即可编辑的序列。

2.4.4 “序列”菜单

“序列”菜单的各项子菜单如图 2–12 所示。

① 序列设置：对序列的相关参数进行重新设置。

② 渲染入点到出点的效果：展示序列中从入点到出点的节目效果。

③ 渲染入点到出点：后台对序列从入点到出点的节目进行预渲染。

④ 渲染选择项：对选中的片段进行预渲染。

⑤ 渲染音频：对序列上的音频进行预渲染。

⑥ 匹配帧：在源窗口展示序列上的当前帧所在的原素材对应帧。

⑦ 反转匹配帧：定位源窗口素材当前帧的序列上所在的帧。

⑧ 添加编辑：以当前时间线为基准剪断序列上选定的素材。

⑨ 添加编辑到所有轨道：以当前时间线为基准，剪断所有轨道上的素材。

⑩ 修剪编辑：打开修剪编辑窗口。

⑪ 应用视频过渡：对选定的视频片段添加上默认的视频过渡效果。

⑫ 应用音频过渡：对选定的音频片段添加上默认的音频过渡效果。

⑬ 提升：删除序列上入点和出点之间的片段，但保留该片段原先的空间。

⑭ 提取：删除序列上入点和出点之间的片段，并去掉该片段原先的空间。

⑮ 放大：增大序列上每帧时间码所占长度。

⑯ 缩小：减小序列上每帧时间码所占长度。

⑰ 封闭间隙：将序列上的所有片段之间的空白间隙删除。

⑱ 转到间隔：按命令要求将当前的时间线跳转到空白间隙的对应位置。

⑲ 在时间轴中对齐：打开或关闭对齐功能。

⑳ 链接选择项：打开或关闭链接选择项功能。

㉑ 制作子序列：将当前选中的片段复制到一条新的序列中进行制作。

㉒ 添加轨道：增加序列上的轨道。

㉓ 删除轨道：删除序列上的轨道。

2.4.5 “标记”菜单

“标记”菜单的各项子菜单如图 2-13 所示。

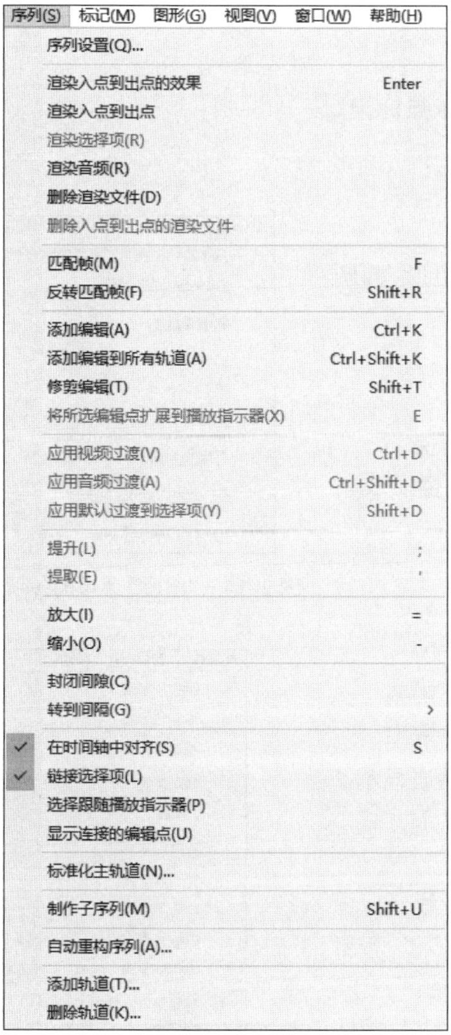

图 2-12 “序列”菜单的各项子菜单

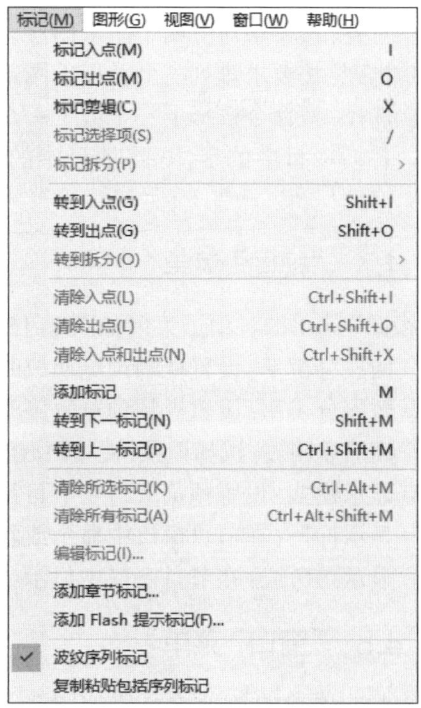

图 2-13 “标记”菜单的各项子菜单

① 标记入点：在时间指示处添加入点标记。
② 标记出点：在时间指示处添加出点标记。
③ 标记剪辑：设置与剪辑入点和出点匹配的序列入点和出点。
④ 标记选择项：设置序列入点和出点将与选择项的入点和出点匹配。
⑤ 清除入点：清除素材的入点。
⑥ 清除出点：清除素材的出点。
⑦ 清除入点和出点：清除素材的入点和出点。
⑧ 添加标记：在子菜单的指定处设置一个标记。

⑨ 转到下一标记：跳转到素材的下一个标记。

⑩ 转到上一标记：跳转到素材的上一个标记。

⑪ 清除所选标记：清除素材上的指定标记。

⑫ 清除所有标记：清除素材上的所有标记。

⑬ 编辑标记：编辑当前标记的时间及类型等。

⑭ 添加章节标记：为素材添加章节标记。

⑮ 添加 Flash 提示标记：为素材添加 Flash 提示点标记。

2.4.6 “图形”菜单

“图形”菜单的各项子菜单如图 2–14 所示。

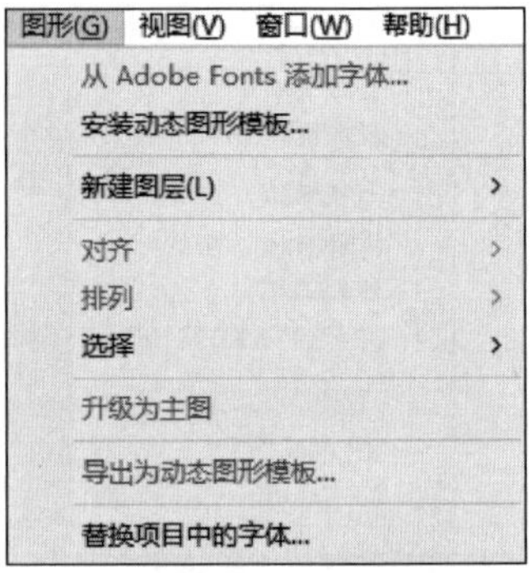

图 2–14 “图形”菜单的各项子菜单

① 新建图层：直接在节目窗口中创建文本、矩形、椭圆等图形图层。

② 对齐：按要求对齐两个图形图层。

③ 排列：按要求排列三个及以上图形图层。

④ 选择：按命令选择上一个或下一个图形或图层。

⑤ 替换项目中的字体：将项目中的某种字体替换成指定字体。

2.4.7 “视图”菜单

“视图”菜单的各项子菜单如图 2–15 所示。

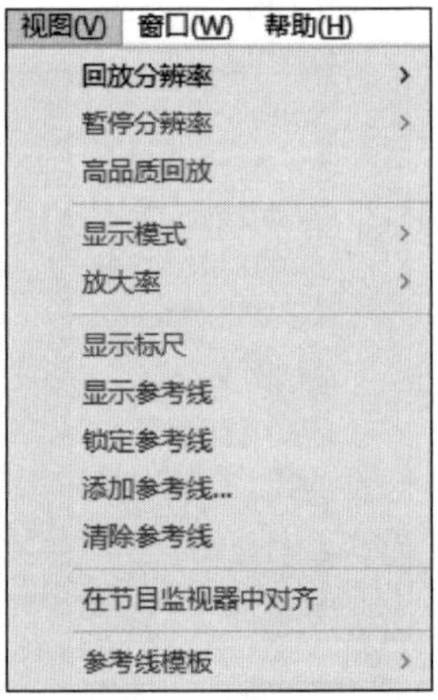

图 2–15 “视图”菜单的各项子菜单

① 回放分辨率：设置视频预览回放时画面的分辨率。

② 暂停分辨率：设置视频预览暂停时画面的分辨率。

③ 高品质回放：选择该项，视频回放时将以高品质显示。

④ 显示模式：设置预览素材在节目窗口中的显示方式。

⑤ 显示标尺：在节目窗口中显示或隐藏标尺。

⑥ 显示参考线：在节目窗口中显示或隐藏参考线。

2.4.8 “窗口”菜单

“窗口”菜单的各项子菜单如图 2–16 所示。它主要是用来管理工作区域的各个窗口的，主要包括工作区的设置和每个工作窗口的显示。各个窗口将在本书后面章节详细介绍。

2.4.9 “帮助”菜单

“帮助”菜单的各项子菜单如图 2–17 所示。

“帮助”菜单包含 Premiere 软件应用的帮助命令、在线教程、管理账户、更新软件以及 Premiere 的版权信息等内容。

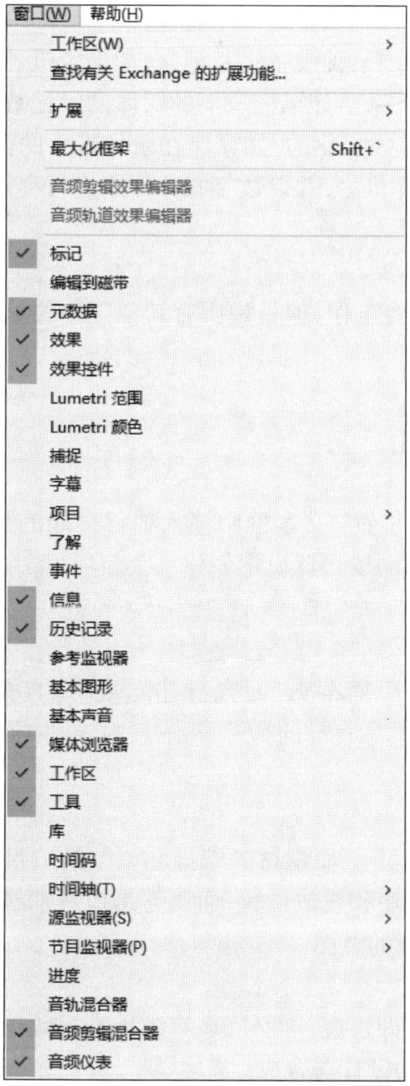

图 2-16 “窗口”菜单的各项子菜单

图 2-17 “帮助”菜单的各项子菜单

2.5 Premiere 编辑工作的一般过程

本节的主要目的是想让读者对于利用 Premiere 进行编辑工作的基本步骤有一个初步的了解。基本步骤大致如下。

① 收集所需的数字媒体素材。

② 创建项目。

③ 导入素材。

④ 编排和调整素材。

⑤ 添加特效和过渡以及关键帧动画。

⑥ 导出影片。

1. 收集所需的数字媒体素材

大量的原始媒体素材都来源于真实世界，需要用某种设备将其记录，如摄像机、照相机等。同时需要存储介质，如录像带、硬盘等将内容存储下来。如果记录下的媒体已经是数字媒体形式，则可以直接进行编辑使用。如果媒体数据是非数字化的，如存储在录像带中的内容，并不能直接应用于计算机编辑。这时需将其转入到计算机中，并以数字媒体形式进行存储，这个过程即是“捕捉”或“采集”。

2. 创建项目

建立项目是利用 Premiere 完成节目制作的首要工作，项目是所有其他工作的基础。可以通过以下步骤完成项目的建立。

① 启动 Premiere。

② 在初始的欢迎界面上选择“新建项目”选项。

③ 设置接下来出现的新建项目对话框。

④ 在“名称”文本框中输入项目的名字，在“位置”文本框中输入项目存储的路径，都设置完毕后，可以单击“确定”按钮，则 Premiere 会自动按预置设定创建一个新项目，并在工作区中显示相应的窗口。

3. 导入素材

Premiere 是一个视音频后期编辑软件，重在后期编辑，而自身建立素材的功能非常有限。这样就要求用户在开始制作节目之前，将所需编辑的数字媒体素材文件导入到项目窗口。

4. 编排和调整素材

导入素材后，就可以着手进行节目的编辑工作了。而素材的编排和调整是节目编辑的开始工作，编排是指编辑素材在时间轴窗口的先后顺序和叠放位置，而调整是指对素材的播放时间、速度以及内容进行相应的调整，以符合节目编辑的意图。

5. 添加特效、过渡和关键帧动画

接下来的工作是对剪辑添加镜头之间的转换，即过渡。此外，还有各种音视频特效以及关键帧动画的动态展示等。另外，还包括图形、字幕的设计与合成。

6. 导出影片

完成制作后，最终要导出一个影片媒体文件，才能够用于观看和传播。导出影片所需要的时间长短，既取决于非线编过程的复杂度，也取决于计算机的性能。

提示：导出也常被称作“输出”“渲染”“生成”“编码”等。

思考与练习

1. 如何进行 Premiere 的安装？
2. Premiere 的主要工作窗口有哪些？
3. 简述 Premiere 的菜单结构。
4. 简述 Premiere 的工作流程。

第 3 章　项目、序列与素材的创建与管理

本章学习要点

① 了解项目创建的基本设置。
② 了解首选项的基本设置。
③ 掌握序列的设置与创建的基本方法。
④ 掌握素材导入的基本方法。
⑤ 掌握利用项目窗口管理素材的基本方法。
⑥ 了解项目管理的基本方法。

项目，是指具有一定目标、规模和规定形式的工作任务总体，完成后的项目包含制作者创建作品的所有参考信息和素材管理信息，诸如数字编辑与合成的工作模式设定、转场和特效的细节设定、素材管理的方式设定等，项目完成的标志是最终影视作品的输出。项目的创建只是影视作品创作工作的开始，是为以后的工作搭建一个符合既定目标的工程平台。

序列，是项目中至少要创建的基本重要元素。它将一系列剪辑片段连续播放，并可以加上特效、字幕和声音，以形成一段影片。序列也可以被当作素材来使用。

素材，通常被认为是尚未进行编辑加工的数字媒体，是项目中的工作对象。其实，编辑加工后的数字媒体仍然可以作为项目的另一个素材进行循环加工，这在非线性编辑中是常用的工作方法。

项目操作平台与工作对象是不可分割的一个整体，因此，素材的导入以及对素材管理的设置是项目创建同时要完成的一个重要任务，这已被视为项目创建工作中的一部分。本章将讨论如何创建新作品项目、序列以及如何进行素材的导入与管理。

3.1　项目创建准备

新项目的创建需要进行几方面的准备工作，诸如新项目中各类文件存储的合理规划、所用素材的准备以及相关软件或插件的准备等。从收集好媒体素材，到一个新项目的创建，这个过程中的准备工作是很必要的。本节主要讨论项目创建前，关于素材文件的整理和文件存储的合理规划。

3.1.1　整理素材文件

在新项目创建之前，首先应该根据作品的需要进行素材文件的整理和规划，其作用类似于影视创作中的分镜头脚本。对素材文件的整理可以使制作者在编辑工作中做到有条不紊、掌握进度、提高效率、减少失误和保证质量。并且，根据作品进度的要求采集与制备诸如视频、音频、动画、图形、图像以及文本或字幕等所用的素材，准备必需的软、硬件平台和特殊的设备。特别是对于多人分工合作的大型作品来说，良好的素材整理规划方案更成为制作者相互间联

系、协作和最终合成的根本依据。

在素材的整理方案中，应该包括作品的主要情节、主要场景及其音效配置、时段安排的简单描述，包括转场、特效、动画和合成等特技效果的技术要求，甚至包括每个片段开头和结尾的处理方案等。这个方案的内容越详细，制作者后面的工作就越轻松。

素材整理方案的文案部分通常可以制成表格，配以简单的截图、示意性图画和文字描述，将整个作品的制作流程记录下来，这种表格被称为“故事板”。之后素材的整理将要按照此案本，将素材以文件夹的形式分别存储并且命名。在其内部可以更加细致地将素材的类型加以区分，例如视频、音频、图片、动画等。

实际上，素材整理方案因人而异、因作品而异，是一个作品创作需要与制作者个人习惯相结合的产物。随着每个制作者经验的不断积累，一个巧妙的、有着个性化特点的方案结构自然会形成于创作工作之中。

3.1.2 项目文件存储规划

合理的项目文件的存储规划，在许多初学者看来似乎并不那么重要。但当项目完成过程中，文件频繁地报错、系统不时地中断，这才使得初学者感到问题的严重性。其实这主要是因为没有认真地规划出一个合理的文件存储结构，导致出现项目文件与相关的素材文件或附加文件之间搜索路径混乱、存储空间出现拥塞、捕捉与存储不同步、系统盘剩余空间过小等情况。因此，在利用非线编系统编辑一个项目时，首先要做好项目各类文件存储的规划。

实际上，文件存储的规划主要是为项目各类文件指定硬盘空间。

一个项目包括多种类型文件，包括表征总体编辑信息的项目文件、准备好的素材文件、临时捕获的视音频文件、编辑中不断生成的暂存文件以及最终输出的作品文件等。显然，一个项目需要占用相当大的存储空间。另外，编辑中有些文件对计算机硬盘的读取速度有相当高的要求，普通硬盘难以满足。因此，为不同类型的项目文件指定不同的硬盘空间是非常必要的。

注意：由于视频素材文件往往容量较大，因此也要注意单个文件的大小是受计算机硬盘盘符文件格式的限制的。FAT32 格式下单个文件的大小不能大于 4 GB，NTFS 格式下单个文件的大小不受限制。

非线性编辑系统是编辑与生成视频作品的专用系统，项目指定存储的硬盘中一般不再存储其他与本项目无关的文件，因此，一个项目各类文件的存储规划应该在全系统范围内考虑。一般来说，存储规划可以从以下几方面考虑。

1. 平台系统文件

非线性编辑平台的系统文件可以安装在操作系统所在的逻辑硬盘，同时该硬盘还可安装与项目和素材制作或作品播放相关的工具软件及第三方插件。除此之外，尽量不再安装任何其他同类软件，也不再存储任何项目文件，以防止软件间相互干扰，从而保证系统工作稳定。这样也可使逻辑系统盘安装系统后留有足够的工作存储空间，以应对素材制作、编辑与合成工作中动态占用系统盘存储空间以及随时出现的临时文件占用系统盘存储空间的情况。需要注意的是，Premiere 在项目创建时，各类项目文件默认的指定存储路径就在 C 盘，这显然不适合大型项目的制作，应该重新指定存储路径。

2. 项目文件与素材文件

项目文件一般包含一个项目的各项参数设置、素材管理和素材的剪辑、特效、运动和合成的应用等信息,是一个项目的主体文件。它在编辑状态时与硬盘的交互信息量不大,只是在保存文件时与硬盘发生较大的信息交互作用,但时间短暂。尽管在编辑过程中它会逐渐增大存储量,但由于它实际上包含的只是项目总体参数设置、各类素材的索引路径和素材的时基序列编辑状态的安排等一系列计算机指令性数据,所以它的存储量也不是很大。显然,它对硬盘的速度与存储空间没有特殊的要求,可以指定存储在一个普通的硬盘上,而不必与系统文件放在一起。

素材文件一般是占用空间相当大的一类文件,而且类型繁多,对文件管理有较高的要求。它与项目文件的联系最为紧密,项目文件中的大多数命令和索引路径都与素材文件相关。

综合考虑,通常都将素材文件与项目文件指定存储在存储量较大的同一硬盘中,并为所有素材文件建立一个便于管理的文件夹结构,编辑工作开始后就不要再变更素材文件的指定路径,以免出现文件索引的混乱。

3. 暂存文件

非线性编辑工作中会出现大量的暂存文件,其中包括实时捕获的视频和音频文件、实时生成的预览视频和音频文件以及在导入音频素材时转换成的符合高质量回放的 Premiere 规格的音频等。一旦为暂存文件指定了硬盘空间,它在生成后会自动地保存在指定的位置。

实时生成预览视频和音频暂存文件在编辑过程中是随时进行的,而且可以根据需要有不同预览质量的设定。与实时捕获视频和音频暂存文件相比,工作状态时它的数据码率要小一些,但实时高质量的视频预览文件生成也仍对硬盘的运行速度有较高的要求。预览文件是数量不断增多的一组文件,每一次文件的预览都是由众多的预览子文件自动联接完成的。全部预览子文件存储量的总和要比项目当前所调用过的素材存储量的总和大很多,因此,必须要为这种暂存文件单独指定一个高速硬盘空间,而且要充分考虑存储的冗余量。

音频素材被导入 Premiere 的项目窗口时,都将被自动转换成符合高质量回放的、采样率达到 32 位质量规格的暂存音频文件。这是音频文件的预先一致性转换,经过转换的音频文件成为一种暂存文件,能够以高质量即时播放,这样可以在进行音频的编辑与合成工作时减小系统在执行预览音频文件时的运算量。这种暂存文件的生成并不影响源音频素材文件,只是它自身的存储量大大超过源音频素材的存储量。因此,也必须要为这种暂存文件指定一个硬盘空间,而且要充分考虑存储的冗余量。

4. 作品文件

非线性编辑系统可以将最终作品以多种形式输出。常见的作品一般输出为计算机多媒体软件可解码格式的视音频文件。也可以将项目输出为 EDL 编辑列表,供其他制作者联机编辑使用。应为这些作品文件指定一个硬盘空间。一般来说,尽管不同格式作品文件的存储量差别很大,但存储量最大的文件也只是与高质量预览视音频文件的存储量相当。输出作品时要注意文件大小的相应信息和提示,以选择合适的存储位置。

在项目创建之前预先了解最终作品的这些信息,有利于选择项目创建的预览设置、压缩方式设置以及输出设置,有利于素材的制作与筛选。

综上所述,各类文件存储的指定实质上是一种优化措施,从而获得更好的工作性能。在进行文件存储指定时,可以归纳为以下几点原则。

① 文件存储性能优化的前提是计算机硬盘拥有多个物理意义上的分隔硬盘,在同一个硬盘上的分区对于优化是不起作用的。

② 选择高转速的硬盘作为保存暂存文件以及采集素材的目录硬盘,选择较慢转速的硬盘保存项目文件。

③ 一般使用本地存储。如使用网络存储或移动存储设备,要确保网络存储设备和移动存储设备的文件传输速度。

3.2 项目创建设置

新项目的创建,实际上是以项目的准备为依据,利用非线性编辑系统软件为作品创作工作设置一个极具个性化特点的操作平台。

项目创建的主要内容就是新项目文件的建立和参数的初始设置。项目参数的初始设置对于一个新作品的创建来说是至关重要的,但对于初学者来说,如果对参数的设定没有很大的把握,也可按照 Premiere 默认的预设开始新的项目,它基本上可以满足一般用户在编辑过程中对技术指标的要求。

3.2.1 项目的创建

启动 Premiere 后,会出现一个主页界面,也常被称为欢迎界面,如图 3–1 所示。其中主要展示最近编辑过的项目文件列表。在左侧有新建项目和打开项目的命令按钮。在 Premiere 的某些版本中出现了可以供多人制作选择的团队项目。本书只介绍个人项目的使用情况。单击“新建项目”按钮,进入新建项目对话框,如图 3–2 所示。

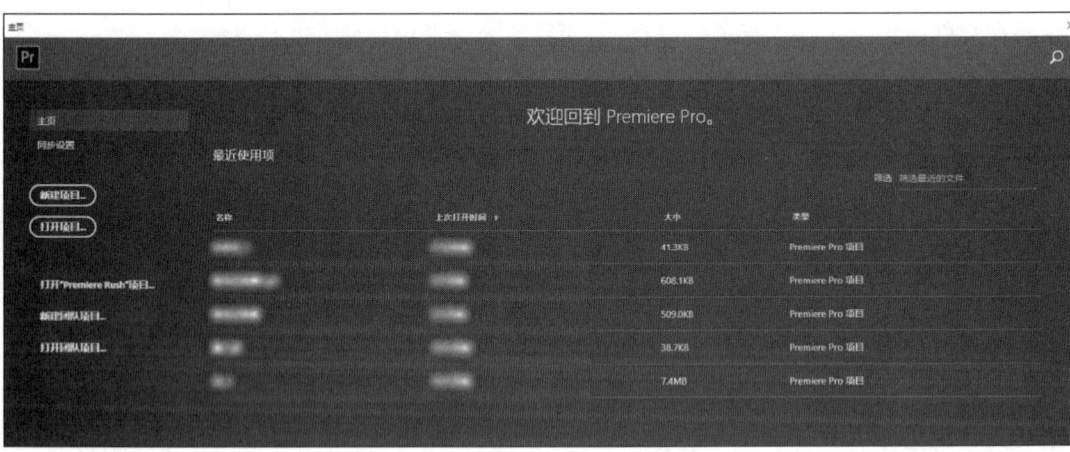

图 3–1　Premiere 主页界面

在参数设置默认的情况下可以直接命名自己的项目名称以及选择合适的保存位置来完成新建项目的工作。

注意: 一般情况下,非线性编辑所用到的媒体素材,建议都放置于项目所在的文件夹中。所以在选择新建项目的位置时,要格外注意空间的容量是否满足要求。

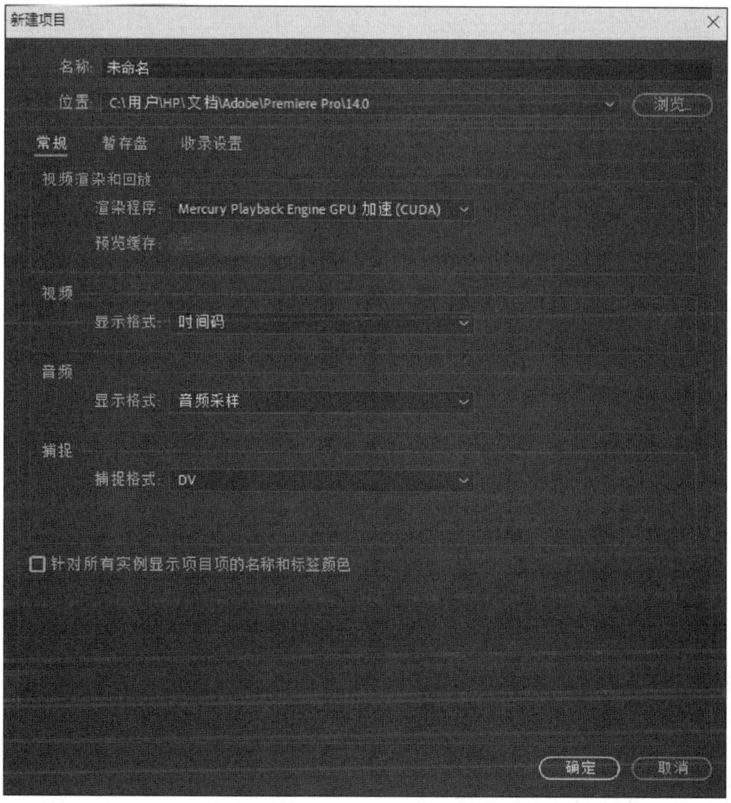

图 3–2 “新建项目”对话框

3.2.2 项目的初始设置

在“新建项目”对话框中有三个选项卡，分别是“常规”“暂存盘”和“收录设置”，一般情况下保持其默认设置即可。

1. 视频渲染和回放

在制作视频剪辑的过程中，会应用到一些特效。为了能够直接看到特效合成后的节目效果，就需要进行实时播放，这就需要非线性编辑系统进行渲染工作。

“渲染”是视频制作的专有名词。在作品的制作过程中，如果某一个视频片段需要添加一个特效，作为制作者，最希望的是直接看到特效合成后的节目效果。因此非线性编辑系统将会在后台创建一个临时视频文件，即原始视频和特效合成后的视频，这个过程就被称为渲染。在预览节目时，非线性编辑系统将会将渲染后的视频和其他未加特效的原始视频无缝连续播放，以达到在整体节目中融合进去已加上特效的视频的连贯播放效果，这个播放的过程就称为实时播放。

实时播放对计算机的性能有一定的要求，因此渲染程序可以有两种选择，如图 3–3 所示。

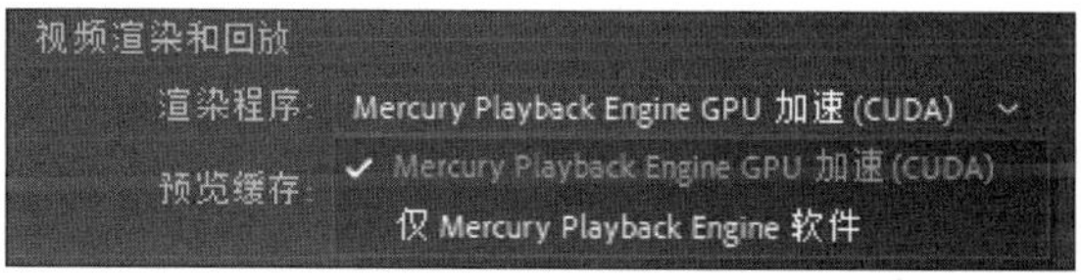

图 3–3 渲染程序选项

Mercury Playback Engine GPU 加速：计算机中有适用于 GPU 加速的图形硬件，Premiere

将会利用计算机图形硬件完成很多的渲染任务,可以轻松连续播放制作中的各种视频剪辑。

仅 Mercury Playback Engine 软件:如果计算机没有适用于 GPU 加速的图形硬件,则只能选择此选项。它可以充分调用计算机的所有可用能力以获得出色的渲染性能。

注意:一般制作者都会选择 GPU 加速以得到更高性能的制作能力。但是也有在 GPU 加速时遇到稳定性不佳的问题,这时也可以随时转换选择使用第二个选项。

2. 视频和音频的显示格式

视频显示格式包括 4 个选项,默认是“时间码”,如图 3–4 所示。

时间码:时间码是对视频的时间计数通用标准,包括小时、分钟、秒和帧 4 个数值。全球的摄像机、录像机和非线性编辑系统均使用此标准。

英尺 + 帧 16 mm 和英尺 + 帧 35 mm:如果需要剪辑的素材来自胶片,那么就会用这种标准方式来测量时间,统计胶片的英尺数以及最后剩余的帧数。同时还提供了 16 mm 胶片和 35 mm 胶片两个选项。

画框:实际上英文是 Frames,即“帧”。选择此选项,则仅统计视频的帧数。

音频显示格式包括 2 个选项,如图 3–5 所示。

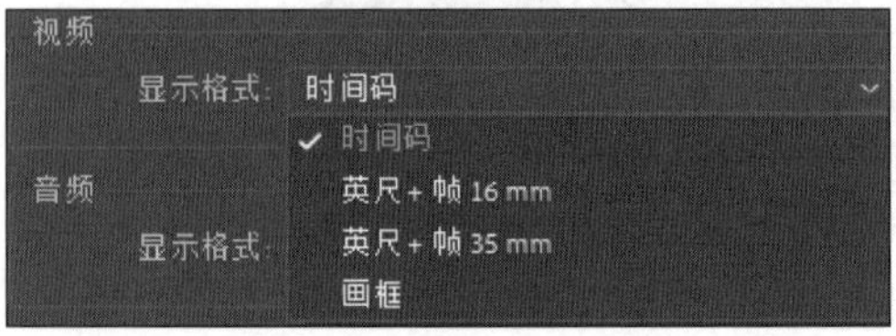

图 3–4 视频显示格式

图 3–5 音频显示格式

音频采样:在录制数字音频时,需要捕捉声音样本,即采样。通常为 48 千次每秒。此选项将会以小时、分钟、秒和采样数来显示时间。

毫秒:以小时、分钟、秒和毫秒来显示时间。

3. 捕捉的显示格式

捕捉显示格式包括 2 个选项,如图 3–6 所示。

非线性编辑使用的都是数字媒体,有时候需要从录像带进行视频捕捉。Premiere 包含从 DV 和 HDV 两种模式的摄像机进行捕捉的功能。不过由于现在很少需要从磁带机进行捕捉,所以本书不涉及捕捉相关的内容。

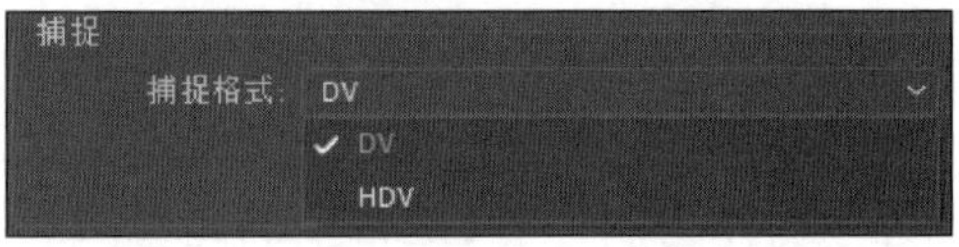

图 3–6 捕捉显示格式

4. 暂存盘的设置

非线性编辑过程中,无论是从磁带捕捉视频或者后台渲染特效,都需要额外的硬盘空间来放置新产生的临时媒体文件。这些额外的文件在作品完成以后就可以清除掉了,所以只是在制作的过程中暂时占用一定的空间。每个功能的暂存盘包括 3 个选项,如图 3–7 所示。

文档:将暂存的文件放置在 Premiere 默认的文档路径下。由于该路径位于 C 盘,所以一般不建议选择该项。

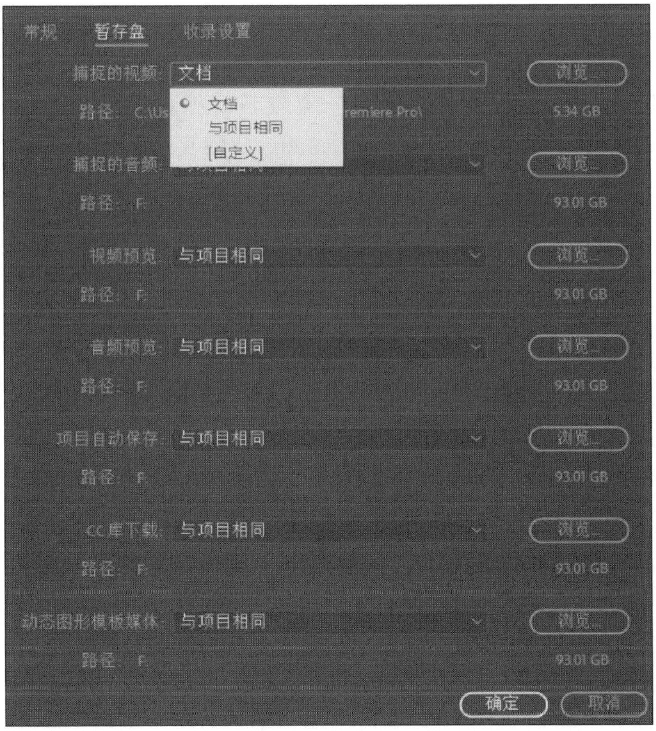

图 3-7　暂存盘选项

与项目相同: 默认选择项。会将暂存的文件放置在与项目相同的文件夹下。这种选择会增加项目所在硬盘的存储空间量,在空间足够的情况下可选择。

自定义: 选择一个自己定义的位置来放置暂存的文件,可选择有足够空间且不影响项目所在位置的盘符。

5. 收录设置

收录设置与代理工作相关,具体内容请参见 3.4.3 节。

3.2.3　项目的保存与打开

项目的保存与打开是项目创建后经常进行的操作。

1. 项目的保存

对非线性编辑的阶段性结果进行存储、对原始素材的操作信息以及对工作区域进行保存的过程被通称为项目保存。在完成一项工作时经常进行保存有利于保护编辑的进程,可以避免不必要的意外损失。

对于项目来说,有 4 种保存方式,如图 3-8 所示。

① 选择“文件”→“保存”命令,保存当前正在编辑的项目文件。

② 选择“文件”→“另存为”命令,保存当前项目文件的副本,保存完成后在副本文件中继续进行编辑工作。

③ 选择“文件”→“保存副本”命令,保存当前项目文件的副本,保存完成后在原项目文件中继续进行编辑工作。

④ 选择“文件”→“全部保存”命令，保存当前打开的所有项目文件。

2. 项目的打开

Premiere 可以打开当前安装版本前任意一个版本的项目文件，但无法打开此版本以后的更新版本的项目文件。近年来的各版本中，Premiere 开始支持同时打开多个项目，并允许项目之间进行交互操作。

项目的打开有三种方式，如图 3–9 所示。

图 3–8　保存方式

图 3–9　打开已有项目文件

① 选择“文件”→“打开项目”命令，可以浏览并选择编辑过的项目。

② 选择“文件”→“打开最近使用的内容”命令，可以通过弹出的下级列表，打开最近编辑过的项目文件。

③ 在打开 Premiere 软件后的欢迎页上，可以单击“打开项目”按钮来选择项目文件。

注意：在编辑项目的过程中，同时再打开另一个项目文件，以获取其内部资源，在 2018 版以后的 Premiere 中是可以实现的。同时使用多个项目，还有另一种传统方法，就是直接导入其他项目文件。相关内容请参见 3.4.1 节。

3.2.4　首选项设置

创建一个项目之后，应该先进行首选项的设置。选择主菜单的“编辑”→“首选项”→“常规”命令，弹出“首选项”对话框。左侧列表中有多个选项可供选择，每个选项均会切换右侧的设置区内容。首选项中的各项设定对 Premiere 的使用规则有着一定的影响。下面介绍首选项的重点常用内容，后面章节中有涉及应用首选项中功能的情况会再次提起。

1. 常规

选择左侧列表的“常规”选项，“首选项”对话框如图 3–10 所示。

其中常用功能如下。

启动时：可选择在启动 Premiere 时显示主页，即欢迎页，或打开最近使用的项目。

打开项目时：可选择在打开项目时显示打开的对话框，或显示主页。

素材箱：对项目窗口中素材箱各种操作的打开形式，可选择在新窗口中打开、在当前处打开、打开新选项卡。

项目：对项目窗口中项目文件各种操作的打开形式，可选择在新窗口中打开、打开新选项卡。

2. 外观

选择左侧列表的“外观”选项，“首选项”对话框如图 3–11 所示。

其中常用功能如下。

亮度：更改 Premiere 软件界面的亮度，即外观颜色变深或变浅。

加亮颜色：更改 Premiere 高亮显示的控件外观，变深或变浅。

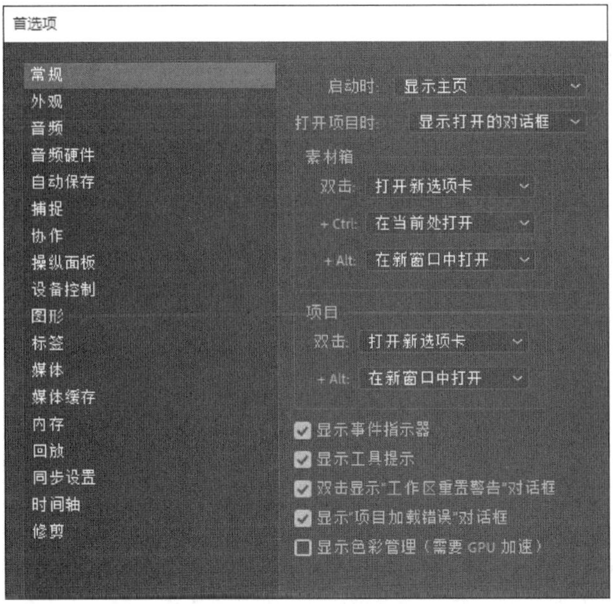

图 3-10 “常规”选项

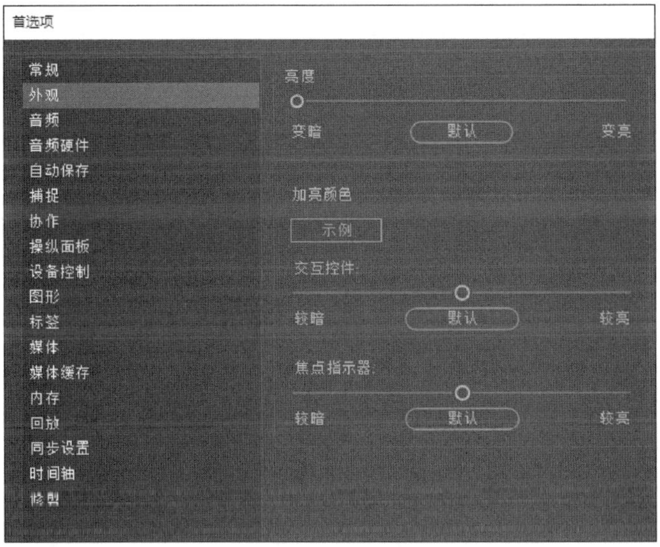

图 3-11 “外观”选项

3. 音频硬件

选择左侧列表的“音频硬件”选项，“首选项”对话框如图 3-12 所示。

其中常用功能如下。

默认输入：选择音频相关功能用到的输入用硬件，如麦克风、线路输入等。

默认输出：选择音频相关功能用到的输出用硬件，如耳机、扬声器、声卡等。

4. 自动保存

选择左侧列表的“自动保存”选项，“首选项”对话框如图 3-13 所示。

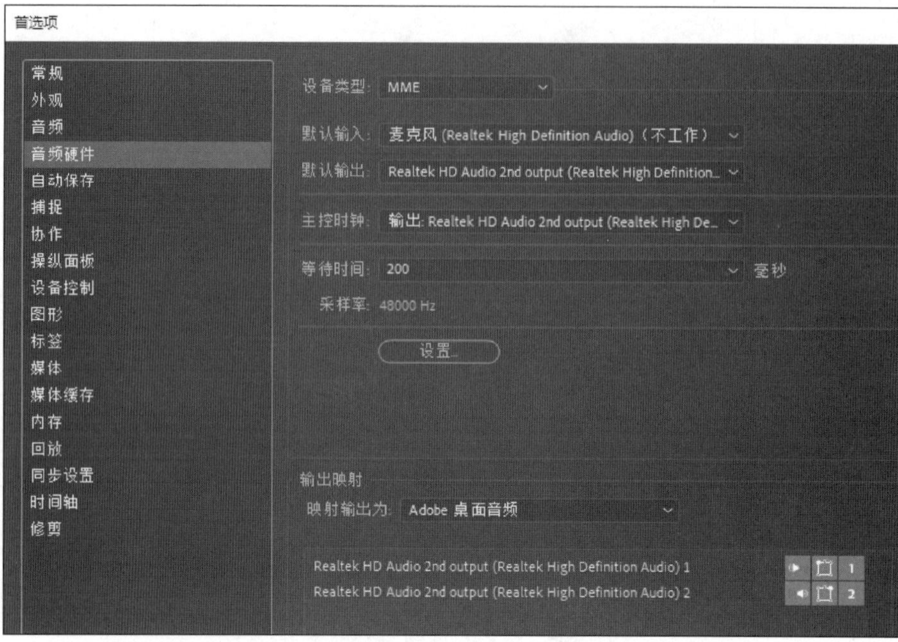

图 3–12 “音频硬件”选项

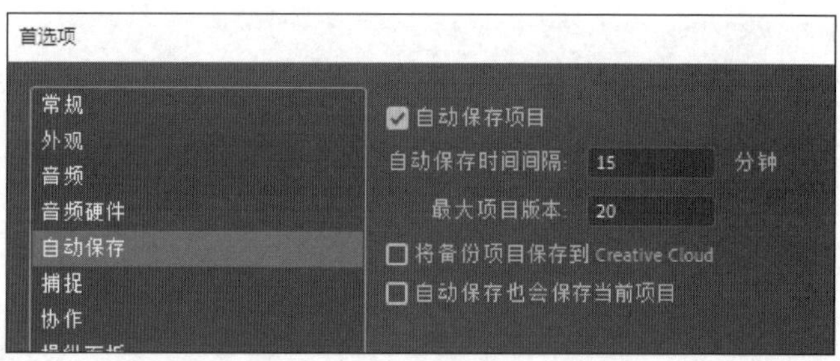

图 3–13 “自动保存”选项

其中常用功能如下。

自动保存项目：勾选时，Premiere 可开启自动保存项目的功能。

注意：自动保存只是隔一段时间产生一个当前项目的副本，并不是保存了当前项目。自动保存只是作为一个保障，手动保存才能保存住当前项目文件。

自动保存时间间隔：每隔多长时间自动生成一个自动保存项目文件。

最大项目版本：生成自动保存项目文件共计多少个，数量到达最大值后，从第一个开始覆盖保存，循环执行。

提示：建议开启自动保存功能，并将自动保存时间间隔适当减少，降低自动保存项目的差距。自动保存的项目文件默认保存于项目文件夹，即项目所在的路径下，名为“Adobe Premiere Pro Auto–Save”的文件夹。

自动保存也会保存当前项目：每次自动保存时，都会将当前项目文件一并进行保存。

5. 标签

选择左侧列表的“标签”选项，“首选项”对话框如图 3–14 所示。

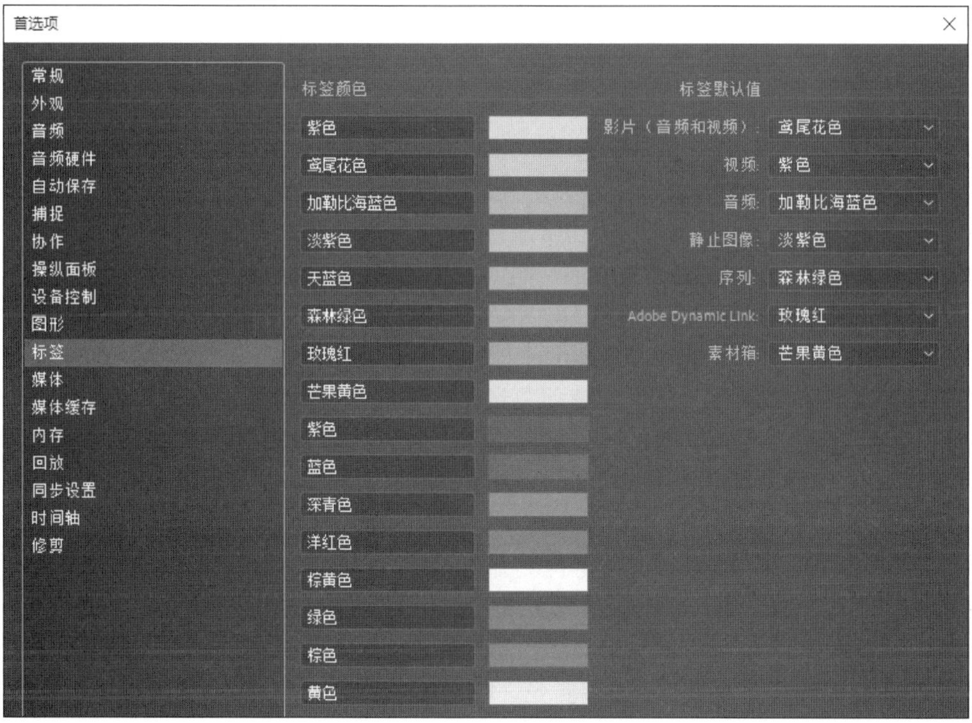

图 3-14 “标签”选项

此选项主要用来更改 Premiere 中各种标签的对应颜色，便于制作中分类识别与编排。

6. 媒体

选择左侧列表的“媒体”选项，“首选项”对话框如图 3-15 所示。

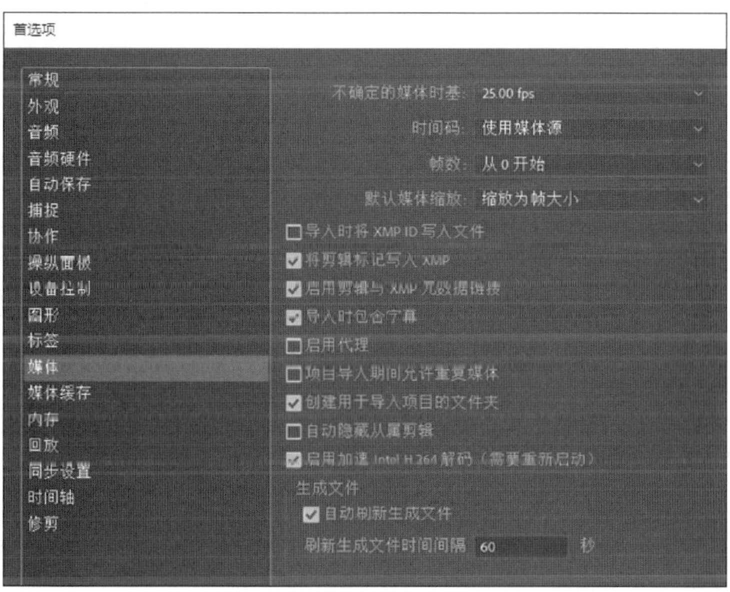

图 3-15 “媒体”选项

提示：建议选择"缩放为帧大小"选项，这样将素材置入序列中时，画面会自动缩放至当前序列的帧大小，以尽量铺满屏幕的大小展示。但这种缩放并不会改变图像分辨率，因此要注意失真的情况。

不确定的媒体时基：可为导入的静止图像序列指定帧速率。

时间码：用来指定 Premiere 是显示所导入剪辑的原始时间码，还是为其分配新时间码。

帧数：指定 Premiere 是为所导入剪辑的第一帧分配 0 或 1，还是按时间码转换分配编号。

默认媒体缩放：可在下拉列表中设置"缩放为帧大小"或"设置为帧大小"选项。

导入时将 XMP ID 写入文件：要将 ID 信息写入 XMP 元数据字段，则勾选该复选框。

将剪辑标记写入 XMP：要指定 Premiere 保存剪辑标记的位置，则勾选该复选框，此时剪辑标记将随媒体文件一并保存。在不勾选该复选框的情况下，剪辑标记会保存在 Premiere 项目文件中。

启用剪辑与 XMP 元数据链接：勾选该复选框，剪辑元数据将与 XMP 元数据链接，以方便相互传递变更。

导入时包含字幕：勾选该复选框，可检测并自动导入某个嵌入式隐藏说明性字幕文件中的嵌入式隐藏说明性字幕。若取消勾选该复选框，可不导入嵌入式说明性字幕，有助于在导入时节省时间。

项目导入期间允许重复媒体：如果要允许在导入项目时复制媒体，则勾选该复选框；如果不希望导入时出现多个副本，则取消勾选该复选框。

自动隐藏从属剪辑：勾选该复选框后，从其他项目拖入某个序列时，Premiere 会隐藏主剪辑。

启用加速 Intel H.264 解码（需要重新启动）：勾选该复选框后，可使用系统中的硬件解码器加快编辑速度。

生成文件：通过该参数选项，用户可以选择 Premiere 是否在文件生成期间自动刷新，并可以对刷新频率进行设置。

7. 媒体缓存

选择左侧列表的"媒体缓存"选项，"首选项"对话框如图 3-16 所示。

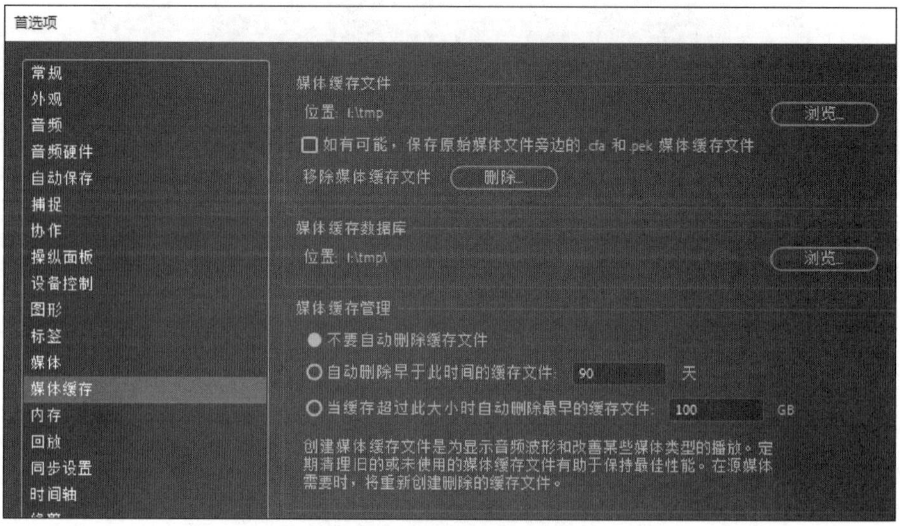

图 3-16 "媒体缓存"选项

其中常用功能如下。

媒体缓存文件：可更改 Premiere 编辑过程中产生的媒体缓存文件的存储路径。

媒体缓存数据库：可更改 Premiere 编辑过程中产生的媒体缓存数据库文件的存储路径。

媒体缓存管理：可更改 Premiere 的媒体缓存文件的清理规则。

提示：Premiere 在编辑过程中，为了达到提高媒体素材的使用效率、实时预览节目效果等目的，会自动生成一些媒体缓存文件长期存储保留。媒体缓存文件的大小与导入素材的大小成正比，往往占空间较多。初始时，媒体缓存文件存储于 C 盘默认路径下，如果清理不及时，长此以往会占据大量 C 盘空间，导致计算机运行速度缓慢。因此建议更改媒体缓存位置到空间较大的盘符下。

注意：媒体缓存文件与正在编辑的项目息息相关，因此在当前项目没有结束编辑之前，并无必要清理该项目的缓存文件。可以待项目编辑完毕，影片导出后，再对该项目的缓存文件做清理工作。

8. 时间轴

选择左侧列表的“时间轴”选项，“首选项”对话框如图 3-17 所示。

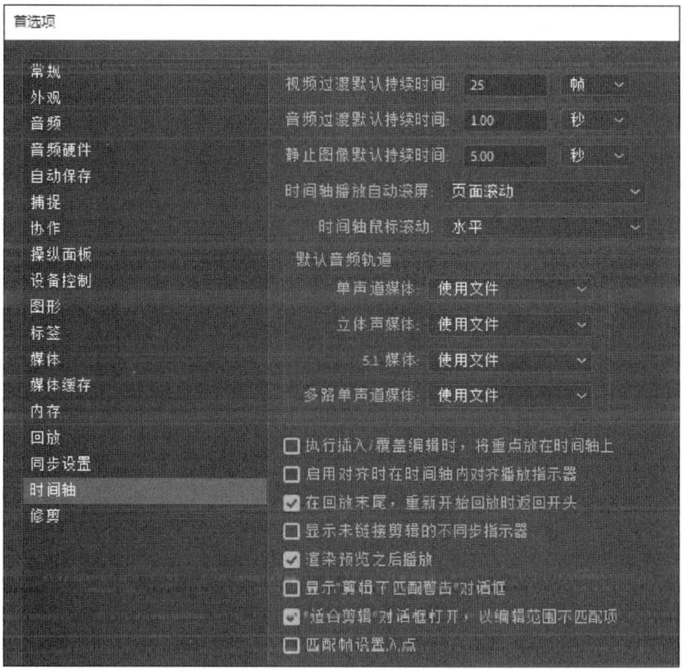

图 3-17 “时间轴”选项

其中常用功能如下。

视频过渡默认持续时间：视频过渡效果的默认持续时长。

音频过渡默认持续时间：音频过渡效果的默认持续时长。

静止图像默认持续时间：静止图像一般包括导入的图片素材以及 Premiere 自建的字幕、图形素材等。默认持续时长为 5 秒，可在此修改。

时间轴播放自动滚屏：当某个序列的时长超过可见时间轴长度时，在回放期间，用户可以选择不同的选项来自动滚动时间轴。选择“页面滚动”选项，可在播放指示器移出屏幕后，将时间轴自动移动至新视图，该选项可确保回放连续且不会停止；若选择“平滑滚动”选项，可将播放指示器保持在屏幕中间，而时间标尺会发生移动。

时间轴鼠标滚动：用户可以选择鼠标垂直或水平滚动。

默认音频轨道：定义在剪辑添加到序列之后用于显示剪辑音频声道的轨道类型。

执行插入/覆盖编辑时，将重点放在时间轴上：如果需要在进行编辑后显示时间轴画面而不是源监视器画面，可勾选该复选框。

在回放末尾，重新开始回放时返回开头：通过该选项，可控制在达到序列末尾并重新开始回放时将会进行的操作。

显示未链接剪辑的不同步指示器：当音频和视频断开链接，并变为不同步状态时，显示不同步指示器。

渲染预览之后播放：如果想要 Premiere 在渲染后从头开始播放整个项目，可勾选该复选框。

显示“剪辑不匹配警告”对话框：在序列中置入与该序列设置参数不匹配的视频素材时，会弹出“剪辑不匹配警告”对话框。如果手动关闭后，仍需此对话框显示，在此开启。

“适合剪辑”对话框打开，以编辑范围不匹配项：勾选该复选框后，在源窗口和节目窗口中的入点和出点设置不同时，会显示“适合剪辑”对话框，在其中可选择要使用的入点和出点。

匹配帧设置入点：勾选该复选框后，Premiere 会在源窗口中打开主剪辑，并在当前播放指示器位置添加一个点，而不是显示剪辑的入点和出点。

3.3 序列创建设置

非线性编辑过程中，序列的创建是必不可少的。用户需要在一个项目中创建至少一个序列，有时候需要创建多个序列。在序列中，可以将视频、音频、图形图像等数字媒体文件进行编辑制作。每一个序列就相当于一部影片，也可以被当作素材使用。同时，序列也可以被看作一种容器，可以与其他序列进行嵌套。

在同一个项目中不同的序列，其设定也不同。序列的预设非常重要，将决定一部影片的制作基准。

3.3.1 序列的创建

通过菜单“文件”→“新建”→“序列”命令可以创建新的序列，也可以通过项目窗口中的“新建项”按钮，选择“序列”选项来创建新序列，如图 3–18 所示。

创建序列后将弹出序列的设置对话框。

3.3.2 序列的设置

“新建序列”对话框，即序列设置对话框，如图 3–19 所示。

本对话框包括 4 个选项卡。

1. 序列预设

序列应选择最能够匹配原始媒体的设置，这样不仅可以提高工作效率，也可以提高影片的制作质量。

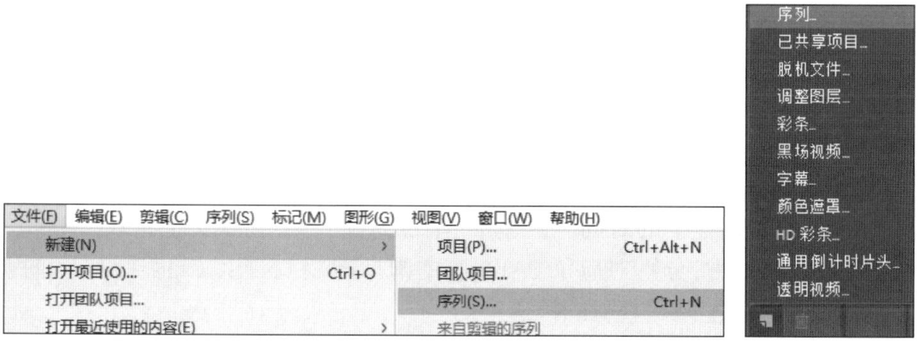

图 3-18　创建序列

在序列预设中，Premiere 提供了多种类别以及适合多种摄像设备的相应参数预设，制作者可以按照自己的素材来选择合适的预设。每种预设各自包含了视频与音频的各种标准，其中包括序列的时基、视频的帧大小、帧速率、像素宽高比、场、音频的采样率和序列轨道设定等信息。

序列预设的选择，将直接影响本序列中编辑操作环境的基本模式。

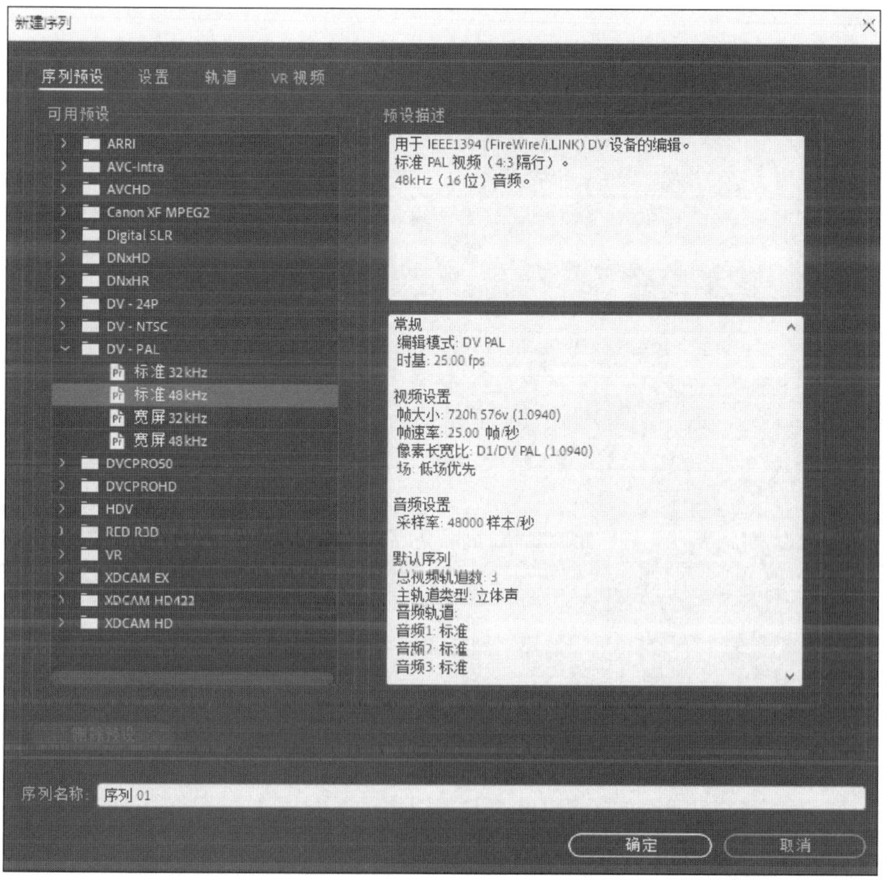

图 3-19　“新建序列”对话框

2. 设置

选中某一预设后，进入“设置”选项卡可以继续修改其参数设定，如图 3–20 所示。

编辑模式：编辑模式决定了编辑序列的视音频和预览方案，它的选择要尽量符合原始素材的规格设置，与最终作品输出设置没有直接的关系。一般在此选择“自定义”模式，可以开启自由设定之路。

时基：时基是编辑过程中的时间间隔基准，单位为帧 / 秒，也可以理解为“帧速率”。时基通常选择 25 和 29.97 两种，分别对应了 PAL 制（中国标准）和 NTSC（北美标准）。时基可有很多种选择，最佳选择是匹配原始素材的帧速率。

帧大小：帧大小是以像素作为视频文件的最小单位设定帧的大小，可以理解为作品画面的尺寸，即分辨率。序列的帧大小应该与视频素材的帧大小相匹配。对于视频文件来说，帧大小越大，帧内包含的画面细节就越多。因此选择分辨率高的素材进行编辑，是提高作品帧大小的最佳方法。

提示：常见帧大小的设定如下。

标清：720 × 576（PAL 制）或 720 × 480（NTSC 制）。

高清：1 280 × 720 和 1 920 × 1 080 两个级别。

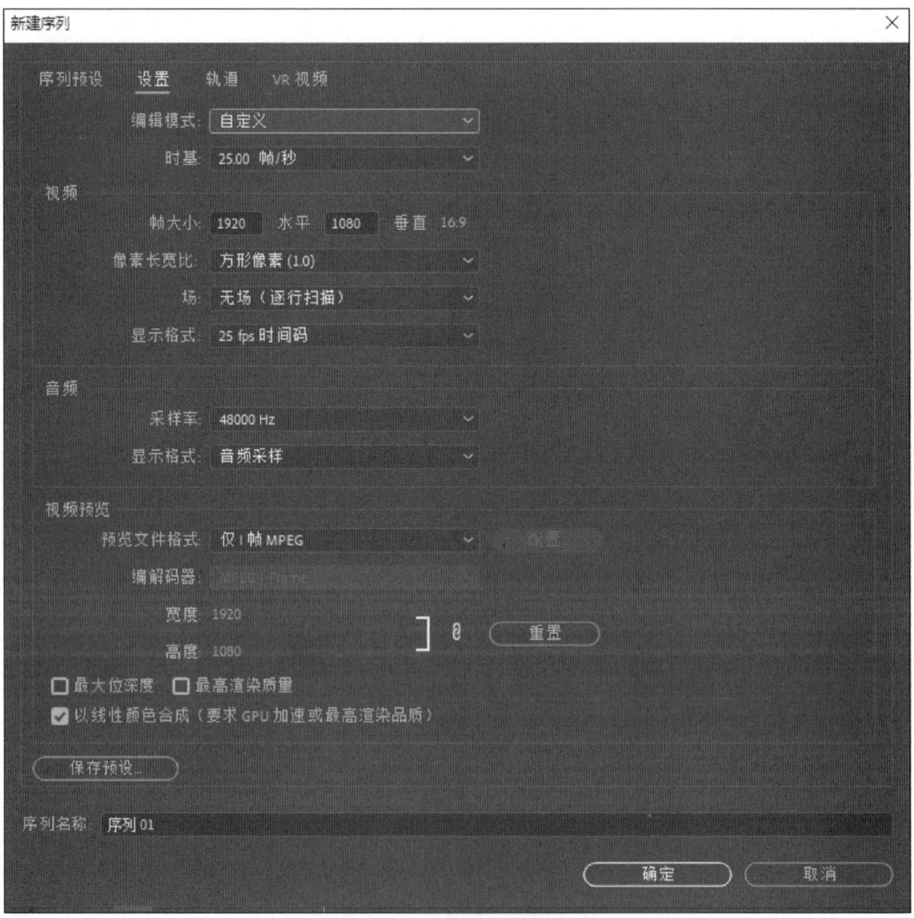

图 3–20 “设置”选项卡

像素宽高比：像素宽高比是对组成视频画面最小单位，即像素进行的设置。序列设定的像素宽高比应该与视频素材一致，如不一致，在画面播放或渲染时就可能出现画面比例变形的情况。

提示：常见像素宽高比的设定如下。

标清：DV PAL（1.094），即 1.094∶1；DV NTSC（0.909 1），即 0.909 1∶1。

高清：方形像素（1），即 1∶1。

原始素材为数字媒体一般选择“方形像素”。

场：在电视系统中均采用交错场，即采用两个垂直扫描场表示一个完整帧。其中，一个垂直扫描场扫描帧的全部奇数行，被称为奇数场，在软件处理中也被称作上场或高场；另外一个垂直扫描场扫描帧的全部偶数行，被称为偶数场，在软件处理中也被称作下场或低场。这里可以根据素材进行相应的选择。

提示：数字媒体素材的画面扫描方式均为“逐行扫描”，场的概念被淡化，为了达到画面最好表现效果，一般选择“无场”为最佳。

视频显示格式：参见 3.2.2 节“视频和音频的显示格式”部分。

采样率：采样率决定了在项目中采用音频的音质，采样率越高，音质就越好，相应的，占用的系统资源就越多。通常情况下，对于广播级播出质量来说，48 kHz 的采样率已经达到标准了。

音频显示格式：参见 3.2.2 节“视频和音频的显示格式”部分。

视频预览：设置预览节目时，后台创建的渲染文件格式、帧大小和渲染质量等，一般选择默认选项即可。

注意：“最大位深度”和“最高渲染质量”两个选项对计算机的性能有要求，选择该选项会提高播放性能，但降低实时性能，因此请酌情选择。

保存预设：单击“保存预设”按钮，将弹出对话框。输入名称与描述内容后，单击“确定”按钮就会存储当前的设定到“序列预设”选项卡中。再新建一个序列时，序列预设中会出现自定义文件夹，包含这个已存储的自定义预设。

3. 轨道

轨道是一个序列的重要组成部分，音频或视频剪辑添加到序列中时是存放在轨道上的。“轨道”选项卡可以为新建的序列选择轨道的类型，如图 3-21 所示。

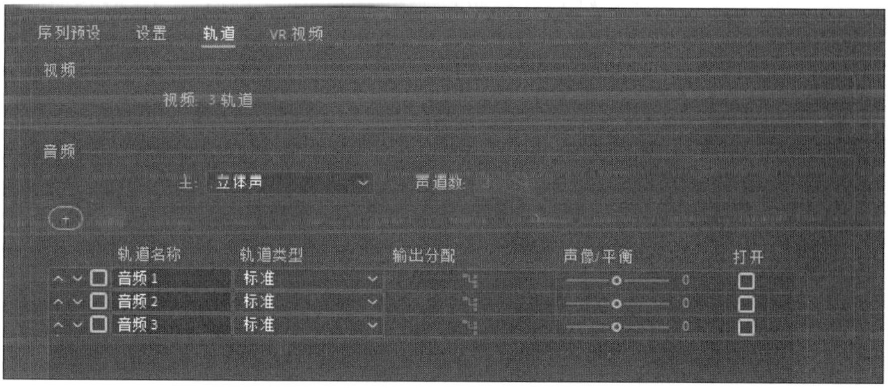

图 3-21 “轨道”选项卡

默认情况下，视频准备了 3 条轨道，在此可以增加或减少，但至少要有 1 条。

默认情况下，音频准备了 3 条轨道。增加和减少的原则与视频一致。音频的常用轨道类型有以下几种。

标准：适用于单声道和立体声的音频剪辑。

5.1：适用于具有 5.1 环绕立体声的音频剪辑。

自适应：适用于需要精确控制音频通道的音频剪辑。一般在广播电视的多语种播放情况下常用。

单声道：只适用于单声道音频的剪辑。

注意：一般情况下，"轨道"选项卡不必修改参数，在编辑工作中，序列上的轨道管理和调整是很方便的，并且可以在加入音频文件时自动生成新轨道，同时匹配相应的轨道类型。

4. VR 视频

适用于创建原始素材为 VR 视频的序列。在此从略。

练习操作：

通过"菜单"→"新建"→"序列"命令，打开"新建序列"对话框。进入"设置"选项卡，将"编辑模式"设为"自定义"，时基设为"25 帧 / 秒"，帧大小设为水平 1 920、垂直 1 080，像素宽高比设为"方形像素"，场设为"无场"。至此已经设定好一个标准的"1 920 × 1 080"分辨率的高清影片序列，单击"保存预设"按钮，输入"1080p25"作为名称进行存储。在"序列预设"选项卡中会出现"自定义"组，其中包含刚刚存储的预设名称，如图 3–22 所示。以后可以在创建序列时，随意调用此预设作为序列设置。选择该预设，并单击"确定"按钮，创建自己的第一个序列。

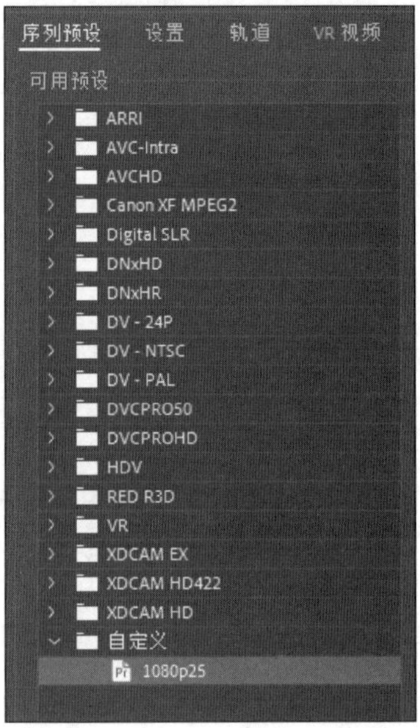

图 3–22　自定义序列预设

3.3.3　创建自适应序列

有时候制作者不太确定选择哪种序列设置最为合适，或者希望以原始素材为参照创建一个可以直接与之适配的序列，这时可以选择创建自适应序列。

提示：所谓与素材适配的序列，指的是新建的序列在帧大小、帧速率等设定上，与原始素材的相关参数相同。

创建自适应序列有以下几种方法。

方法 1：在时间轴窗口没有打开任何序列的情况下，会有提示说明"在此放下媒体以创建序列"，如图 3–23 所示。可以将素材直接通过鼠标拖动到时间轴窗口中以自动建立适配该素材的序列。

方法 2：将素材拖动到项目窗口右下角的"新建项"按钮上，可以直接创建适配该素材的序列。

方法 3：在项目窗口的素材上右击，选择"从剪辑新建序列"命令，可以直接创建适配该素材的序列。

图 3–23　无序列时间轴窗口

注意：这些方法的使用前提是要先导入素材，再根据素材来创建序列。关于导入素材的方法请参见 3.4 节。

3.4　导入素材

在项目中导入素材是进行非线性编辑工作的大前提。

3.4.1　导入外部素材

导入素材的基本操作是选择“文件”→“导入”命令，也可以重新导入最近曾经导入过的素材，如图 3–24 所示。

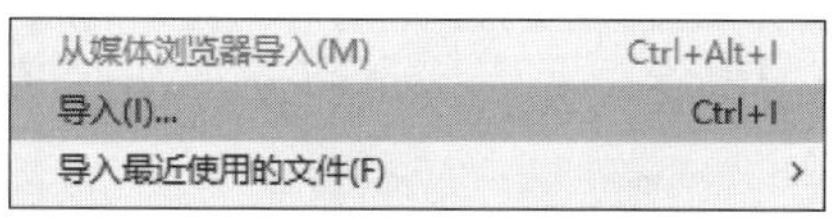

图 3–24　“导入”命令

提示：在项目窗口的空白区域(即单击鼠标时无选中元素效果的区域)，双击鼠标左键，可以快速打开“导入”对话框。

不同类型的素材在导入的过程中，也有相应的区别。

1. 一般类型素材的导入

一般类型的素材指 Premiere 支持的常用数字媒体文件格式的素材，Premiere 支持大部分市面上的数字媒体格式。如果有无法导入的格式，请利用转换格式软件提前对文件格式进行转换，另外建议在计算机中安装对应的解码器。

2. 静帧序列素材的导入

静帧序列素材是按序号排列的一组静态图片，相邻序号图片内容之间类似于动画片每帧内容之间有着时间延续上的联系。这种素材的导入有其特殊的导入方法。

选择菜单“文件”→“导入”命令，弹出“导入”对话框，找到静帧序列文件，如图 3–25 所示。图中每个静帧文件都有相同的文件名和扩展名，并且文件名的尾部都有相同位数的连续的序号。选中一张图片，然后勾选“图像序列”复选框，单击“打开”按钮，那么从选中图片开始之后的所有图片就会被作为一个可以连续播放的视频素材导入到项目中。在编辑中，对该素材的使用可以等同于视频。

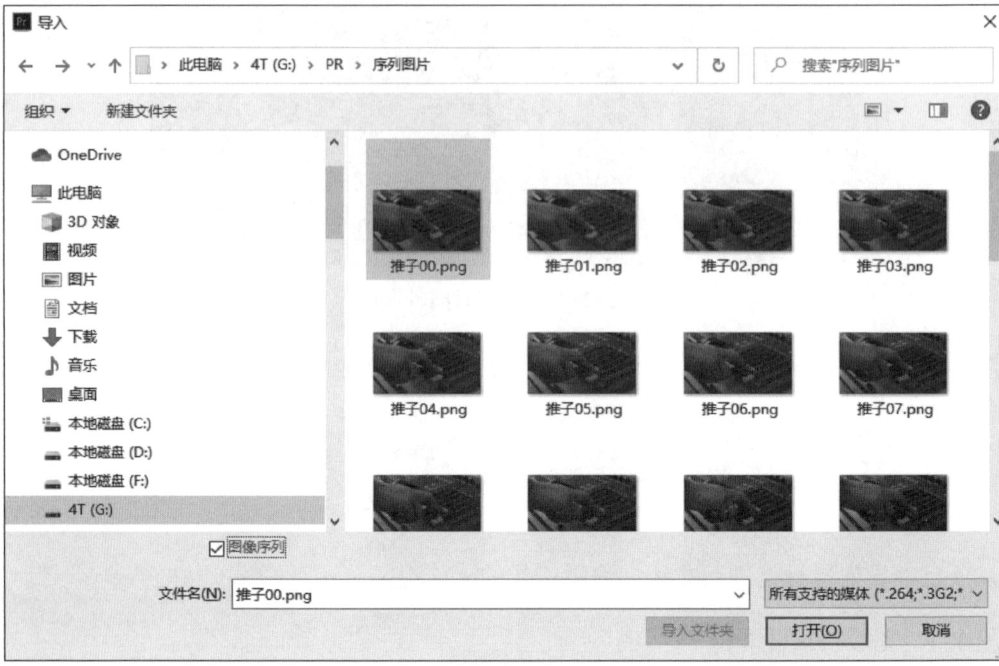

图 3-25　导入静帧序列素材

3. 导入 Premiere 项目文件

Premiere 支持在一个项目中以素材的形式导入另一个项目文件(后缀为 prproj 或更早版本的 ppj),这种方式也被称作嵌套导入。该项目文件的版本必须等于或先于当前使用的 Premiere 软件版本。

选择“文件”→“导入”命令,弹出“导入”对话框,选择一个 Premiere 项目文件,单击“打开”按钮,弹出“导入项目”对话框,如图 3-26 所示。

可以选择导入整个项目或选择其中的某些序列导入。该项目的素材文件将被放置在项目窗口中,其所编辑的所有内容可以被当前项目所使用。

导入的子项目不但可以作为总项目的素材使用,同时还可以独立进行修改。这样做的好处在于可以分别对每个子项目进行编辑,最终嵌套在总项目中完成节目制作。

提示: CC2018 及之后版本的 Premiere 中,可以并列打开多个项目,共享使用多个项目中的编辑内容。其方式与导入项目有所不同,请选择合适的方式来利用其他项目中的编辑内容。

4. 特殊格式素材的导入

Premiere 可以导入 Adobe 公司其他一些软件的项目文件和一些非数字媒体格式的素材。在此主要介绍导入 Photoshop 中文件的情况。

选择“文件”→“导入”命令,在“导入”对话框中选择一个 Photoshop 文件(后缀为 psd),单击“打开”按钮后弹出“导入分层文件”对话框,如图 3-27 所示。导入 PSD 文件有 4 种选择。

合并所有图层: 所有图层将被合并,导入一张合成好的单一图片。

合并的图层: 可以自主选择列表中的任何图层进行合并,导入一张合成好的单一图片。

各个图层: 可以自主选择列表中的任何图层,并分别把每一图层当作单一图片导入。

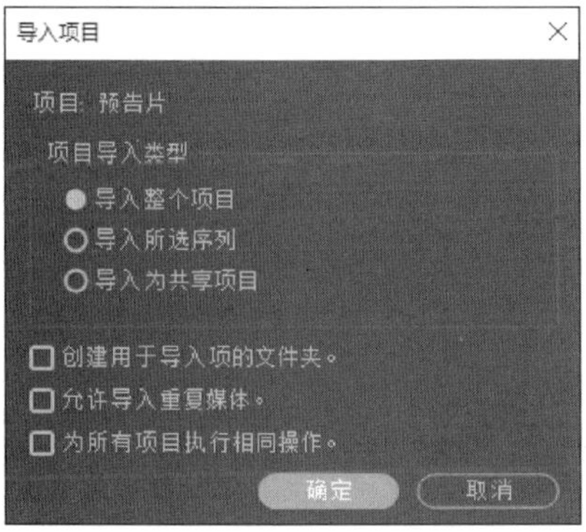

图 3–26 “导入项目”对话框

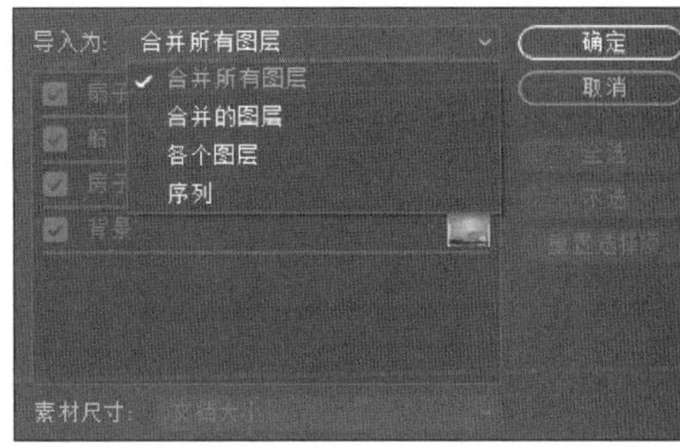

图 3–27 导入 PSD 分层文件对话框

序列：自动创建一个新的序列，在其中把所有图层分别放在不同轨道上，按原来层次排列，并同时将每一个图层当作单一图片导入，如图 3–28 所示。

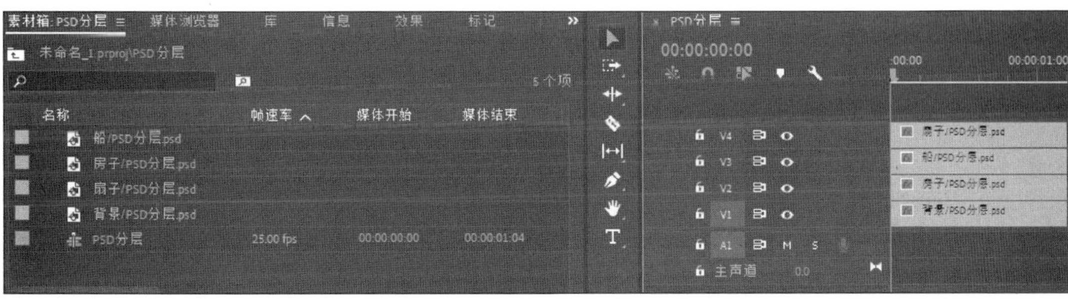

图 3–28 以序列方式导入分层素材

3.4.2 导入内建素材

Premiere 内部可以创建一些特殊用途的素材，主要是通过项目窗口右下角的“新建项”按钮来进行，如图 3–29 所示。另外也可以通过选择菜单“文件”→“新建”命令进行。以下对常用的几种素材进行介绍。

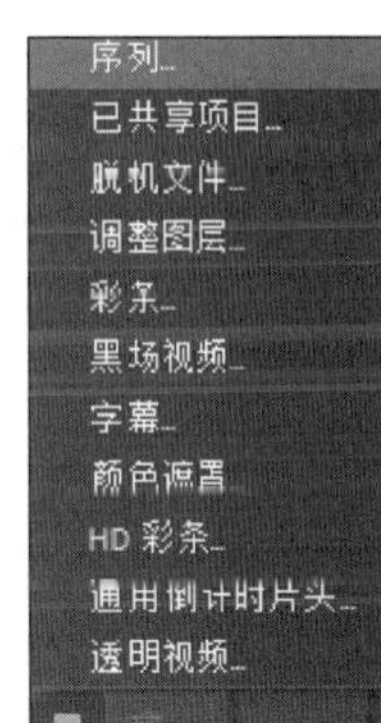

图 3–29 内建素材

1. 序列

序列本身是编辑容器，同时也作为一个成型的影片素材进行嵌套利用。在此处可以直接创建。

2. 脱机文件

导入素材时，实际是将原始媒体文件建立一个位于本项目中的链接，作为剪辑使用的素材文件。实际上原始文件并不会被编辑或修改。当原始文件的文件名和存储路径发生改变时，项目中的链接将会失效，相对应的素材文件将会变为脱机文件。

在此处可以直接建立一个未有链接的纯脱机文件，待之后链接到一个媒体文件上，形成可供使用的素材文件。具体使用方法请参见 3.5.4 节。

3. 调整图层

调整图层是一个静帧的特殊素材，它本身是没有任何具体影像的，但是将它放置在时间轴窗口的轨道上以后，它就会影响它所在轨道之下的所有轨道上与它时间段重叠的编辑内容。影响效果就是加载在调整图层上的特效。在它上面的特效会实时反映到其之下各轨道合成的画面内容上，相当于对其之下的合成画面添加上了同样的特效。具体使用方法请参见 7.3.3 节。

提示：打个比方，就好像在画面上附上了一层玻璃，虽然只是在玻璃上添加了特效，但是却让其下层的画面显示成添加了特效的样子。想去掉特效时，只需要去掉或关闭调整图层即可，非常方便。

4. 黑场视频

黑场视频是一个静帧的黑色图片。它的作用主要是在画面背景既需要是黑色，又需要有具体的剪辑影像时，填补位置。

5. 字幕

在 Premiere 中有两种字幕，这里新建的字幕实际上英文为“caption”，是制作电视广播时常用的视频流式字幕。另一种字幕英文为“title”，也被称为“标题”，是一种传统的字幕形式。在 Premiere 中，一般提起字幕时，指的是“标题”。具体的使用方法请参见 11.2 节。

6. 颜色遮罩

颜色遮罩是一个静帧的图片，可以自主选择为任意单一颜色。

7. 通用倒计时片头

倒计时片头在早期的电影片中经常可以看见。倒计时主要起到了提醒观众电影正片即将开始的作用。Premiere 为编辑人员提供了倒计时文件模板，制作人员可以很方便地创作出丰富多样的倒计时文件，以便帮助制作人员检查设备是否工作正常以及音视频是否同步。

8. 透明视频

透明视频是一个静帧的透明图片。一般在需要为透明通道素材添加特效时，充当占位素材。

3.4.3 通过代理导入素材

随着媒体素材的分辨率和画质越来越高，非线编软件的负担也会增加。尤其是在计算机性能不够时，编辑工作也显得吃力。在观看素材和预览节目时，会产生卡顿不畅的情况。此时利用“代理”完成工作，是一个很好的办法。

所谓的代理，指的是将高质量高分辨率的原始素材，转码变为低质量低分辨率的代理素材。在编辑工作中，处理的是代理素材，以降低性能负担。在编辑完成，最后输出影片时，换回高质量的素材，以输出原始品质的影片。这种用代理素材替换原始素材的方法，就是代理工作流。

如果利用代理功能，需要在“项目设置”对话框的“收录设置”选项卡中进行设定。“项目设置”对话框在新建项目操作时会打开，也可以通过选择菜单“文件”→“项目设置”→“收录设置”命令打开，如图 3–30 所示。

提示：要勾选“收录”复选框，才可以开启此功能。默认是关闭状态。

注意：此功能只对开启后再导入的素材生效，之前已经导入的素材不受影响。

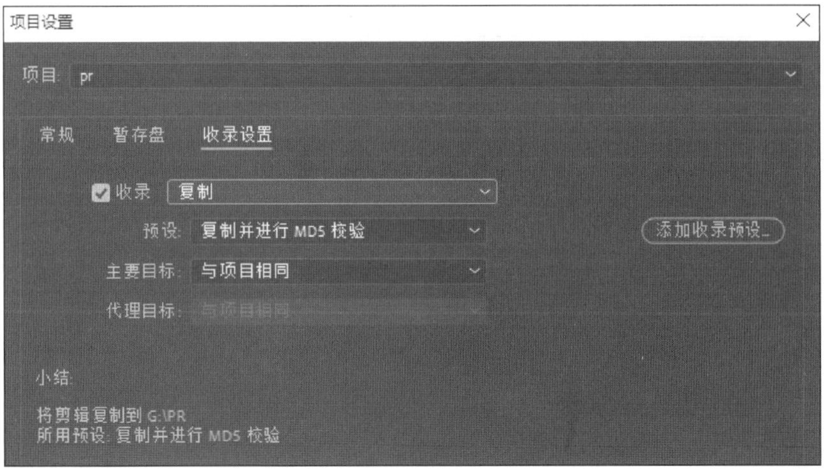

图 3–30 “收录设置”选项卡

1. 收录方式

“收录”下拉列表如图 3–31 所示。

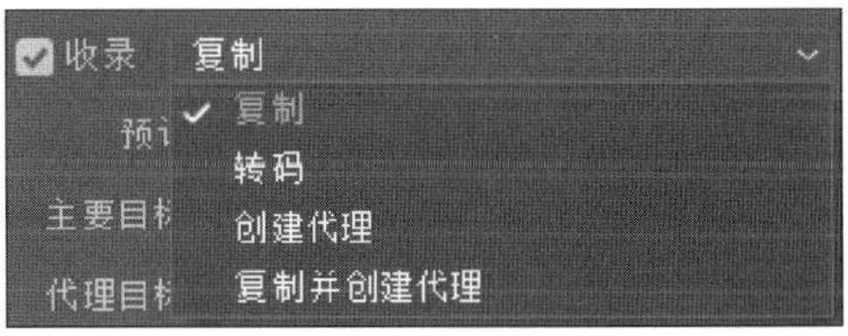

图 3–31 “收录”下拉列表

复制：导入素材时，Premiere 将原始素材复制到“主要目标”的位置。

转码：导入素材时，Premiere 会基于所选预设，把素材转码为新文件，存储于“主要目标”的位置。

创建代理：导入素材时，Premiere 会基于所选预设，创建低质量素材副本，即代理文件，存储于“代理目标”的位置。

复制并创建代理：导入素材时，Premiere 将原始素材复制到“主要目标”的位置，并创建代理文件，存储于“代理目标”的位置。

提示：源窗口和节目窗口的控件按钮中有一个“代理切换”按钮，可以快速切换观看原始素材和代理素材。此按钮默认不在基础控件按钮中，需要自定义添加，按钮编辑器相关内容请参见 4.2 节。

2. 预设

选择收录方式后，“预设”下拉列表会出现不同的可选预设，表示创建代理素材的转码设定，如图 3–32 所示。

提示：选择不同的选项，此对话框左下位置的“小结”会对此选择做出解释。

此时可以选择合适自己编辑环境的代理预设，便于提高编辑效率。

3. 主要目标和代理目标

主要目标和代理目标即复制原始素材的存储位置和创建代理文件的存储位置，默认与项目位置相同，也可以自己自定义位置。

提示：创建代理文件时，Premiere 会自动打开另一个软件“Adobe Media Encoder”来进行编码。有关“Adobe Media Encoder”的使用请参见 13.2.2 节。

代理工作流主要是通过原品质的素材与低品质的素材在编辑中切换使用的方式，来提高编辑工作效率，降低硬件负担。在硬件环境不佳，需要编辑的素材品质又偏高时，不妨选择代理工作流。

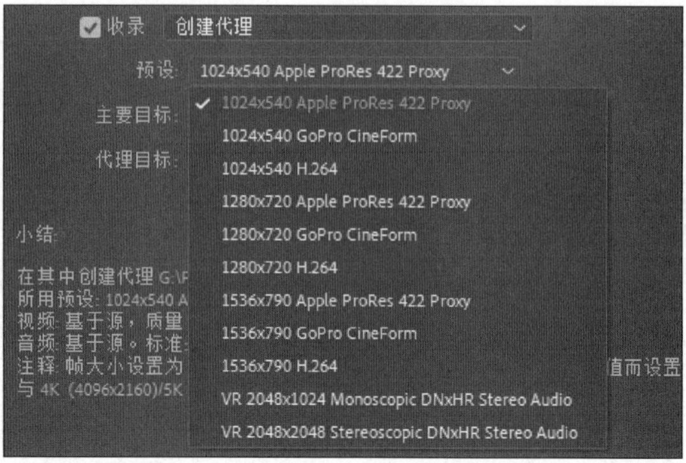

图 3-32　收录预设

提示: 在使用代理工作流的情况下,直接导出节目时,是会自动使用原品质素材进行导出的。

3.5　利用项目窗口管理素材

对素材进行良好的管理是非线性编辑工作中的一个重要环节,素材管理得当会给编辑工作带来事半功倍的诸多益处。这里主要利用到项目窗口。

项目窗口是 Premiere 工作界面中重要的工作窗口,如图 3-33 所示。它是项目中素材的管理器,其主要功能是导入、管理、预览素材,展示素材文件的信息等。

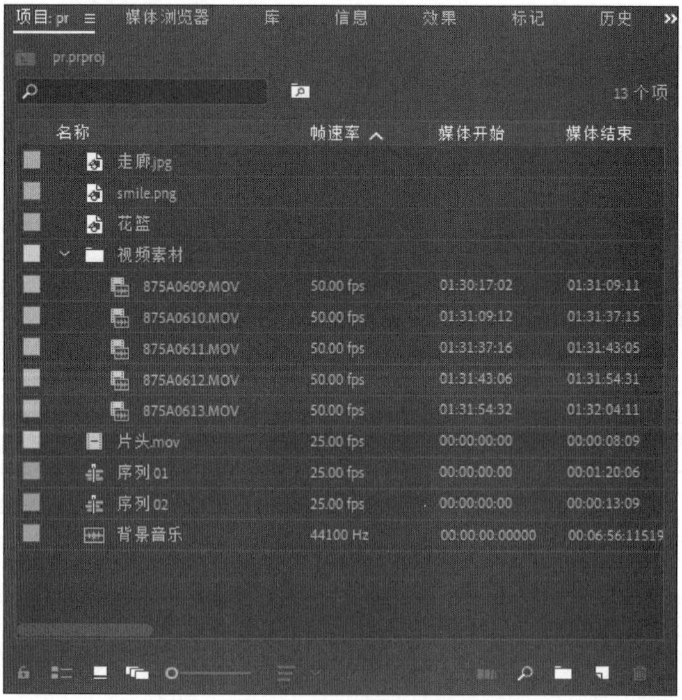

图 3-33　项目窗口

提示：序列也是素材的一种形式，凡是出现在项目窗口列表中，并可以置于轨道上进行编辑的元素，都可以将其视为一个素材。

3.5.1 浏览素材

1. 素材列表

项目窗口中部最大的区域是一个素材列表，用于列出已经导入的素材、文件夹以及Premiere内建的序列、字幕等文件。需要编辑时，将素材从这里拖入时间轴窗口的轨道上进行处理。

项目窗口中的素材展示视图有三种，分别是列表、图标和自由。通过项目窗口最下方的按钮、和分别切换。图标视图情况下，项目窗口如图3-34所示。图标视图可以直观地将素材中的视频部分展现出来，供用户快速预览辨识。

图3-34 图标视图

自由视图情况下，项目窗口如图3-35所示。自由视图可以通过鼠标挪动各个素材，放置到自己认为合适的位置上，这样便于构建素材关系图。

一般来说，为了便于根据特定属性快速评估、定位和管理素材，列表视图是最常用的。素材的这种显示形式便于编辑者全面地掌握素材的有效信息，便于查看素材的分类和嵌套管理情况。

2. 预览素材

在图标视图情况下，素材的视频部分是可以直接预览观看的。无须选中素材，只需要将鼠

图 3–35　自由视图

标在缩略图上从左至右移动，即可正向快速浏览该视频内容。如选中素材，其缩略图下方会出现进度条，可以用鼠标拖动进度条快速浏览内容，也可以直接按 Space 键播放观看。

提示： 素材有音频部分时，直接滑动鼠标观看是没有声音的，选中情况下观看可以听到声音。

3. 素材标识帧

在图标视图情况下，视频素材的缩略图默认显示其第一帧画面，作为其标识帧。标识帧作为每个视频素材的辨识要素，对快速定位所需素材是很重要的。不过由于很多素材的第一帧并无代表性，甚至有黑屏或白屏作为开场的情况，因此标识帧往往需要更换为更有辨识性的画面。

选中视频素材后，滑动鼠标、直接播放或拖动进度条任一方法都可以改变视频进度到某个合适的画面，右击，选择“设置标识帧”命令，即可将当前画面设定为标识帧。之后该素材的缩略图会显示该帧画面，如图 3–36 所示。

图 3–36　设置标识帧

4. 缩放图标

项目窗口最下面有一个滑块控件,将圆形滑块左右移动,可以更改图标视图下素材缩略图的大小,也可更改列表视图下素材的行距,如图 3-37 所示。

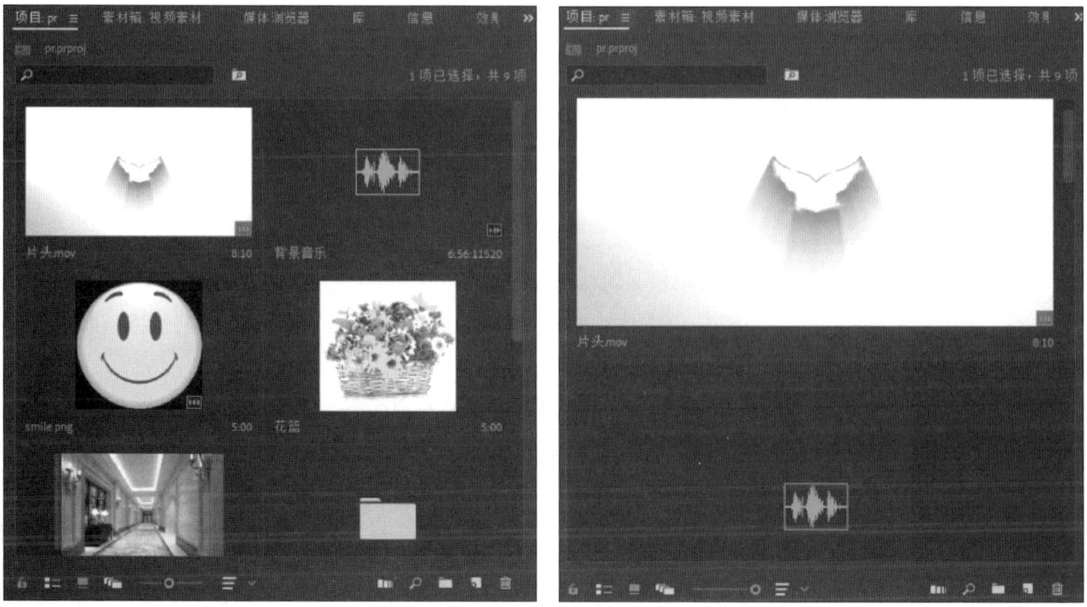

图 3-37　缩放缩略图

5. 音视频标志

在列表视图下,通过素材文件前的图标标志,可以判断该素材的类型。常见类型如下所示。

: 影片类型,包含视频和音频。

: 音频类型,只包含声音。

: 视频类型,只包含图像,且非静帧。

: 静止图像,只包含图像,且静帧。

: 序列类型,即 Premiere 内建的序列。

: 脱机类型,即脱机文件,是没有实质内容的素材。

在图标视图下,素材文件的类型需要参照缩略图右下方的标志,如图 3-38 所示。

图 3-38　音视频标志

无标志:只包含图像,不包含声音。可以是图片或视频或其他静帧素材,且尚未使用。

提示：只要该素材已经有内容被置入序列上就算“使用”，与之是否已进行编辑没有关系。

：此素材包含音频部分，且尚未使用。

：此素材是序列类型。

：此素材包含视频部分，且已经使用，鼠标指针停留于此标志上，会显示已使用次数。

：此素材包含音频部分，且已经使用，鼠标指针停留于此标志上，会显示已使用次数。

3.5.2 管理素材

如果素材散布在项目窗口，寻找定位就会很麻烦。因此需要对其进行良好的管理，才能让素材有序存放，提高编辑效率。

1. 素材箱的创建

项目窗口中的素材箱类似于操作系统中的文件夹，它可以包含各种 Premiere 所支持的素材文件和其他素材箱。它的主要用途在于对项目窗口中的各种素材文件进行分类、分层管理，特别是当素材很多时，更需要素材箱来分别管理。

项目窗口最下方的图标就是素材箱的创建按钮，单击即可在项目窗口中出现新的素材箱，可以在名称栏中输入素材箱的名称。

素材箱也可以采用嵌套的方式进行创建，即在素材箱内创建子素材箱。这种情况下，为方便起见，项目窗口最好选择列表视图形式，在选中一个素材箱的情况下，创建新素材箱，会自动成为其子素材箱。也可用鼠标拖动的方法改变任意一个素材箱的位置。

查看素材箱中包含的内容时，在列表视图形式下，可以单击素材箱左侧的小三角形，尖端朝下即可，这样可方便地查看任意级别中素材箱的内容，如图 3–39 所示。

在图标视图形式下，可以打开素材箱，以显示该项素材箱中的内容。要回到上一级素材箱时，单击项目窗口左上角的按钮即可，如图 3–40 所示。

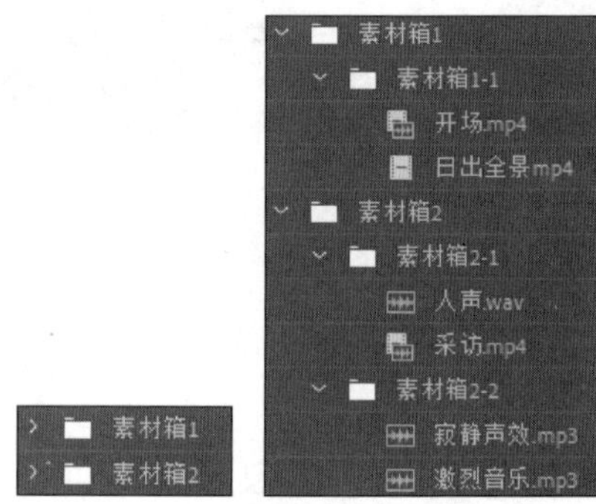

图 3–39 列表视图查看素材箱内容

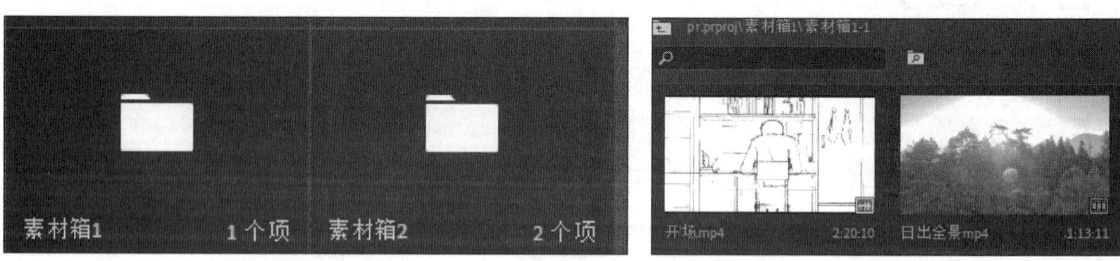

图 3–40 图标视图查看素材箱内容

提示：打开素材箱的操作形式有数种，通过选择菜单“编辑”→“首选项”→“常规”命令可以了解和修改，如图 3–41 所示。

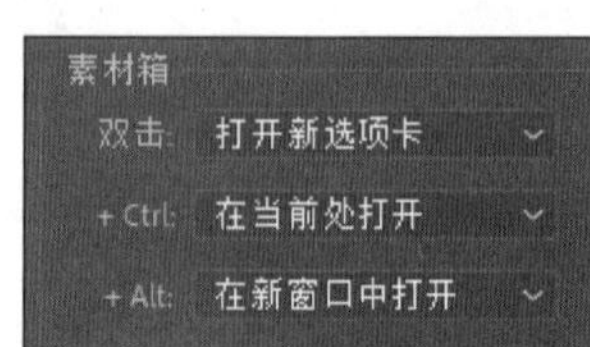

图 3–41 素材箱相关首选项

2. 素材箱的利用

对于素材来说，可以将不同类别的素材分别放置到素材箱中，对素材箱进行重命名，便于编辑过程中对素材的寻找和使用。素材箱的主要意义在于分类和分层,也可以综合利用。

(1) 分类管理素材

将同类型素材,如视频、音频、图片、序列等放置于同一个素材箱中,这样便于按素材的类型来集中保存管理,方便查找,如图 3–42 所示。

(2) 分层管理素材

按编辑的工作流程创建素材箱,如场景、幕级、进度等。通过嵌套素材箱的方式,将整个影片按照故事发展层级,分出多个素材箱放置每个层级所需的素材。这样便于根据作品情节的需要导入各层的不同素材,提高编辑效率。树状体系也有助于对整体影片架构一目了然,如图 3–43 所示。

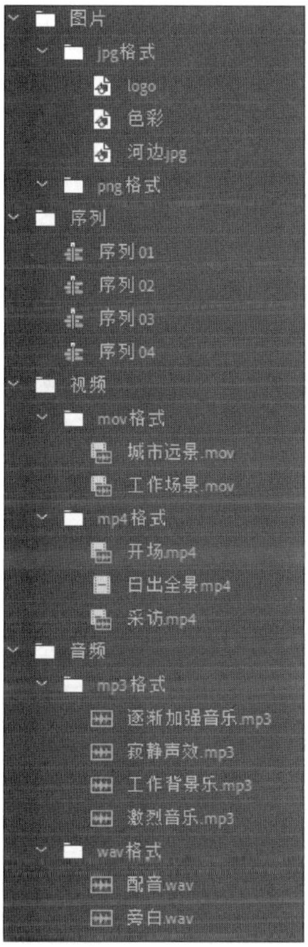

图 3–42　素材的分类管理

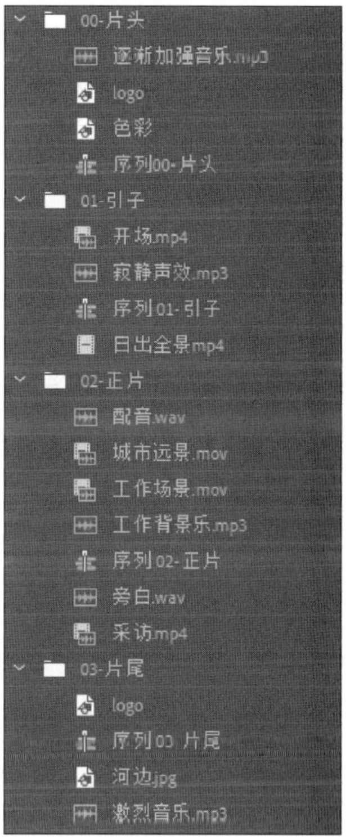

图 3–43　素材的分层管理

提示: 分类和分层可以综合使用,要善于结合利用多种管理素材的方式。在操作系统中先做好文件夹对素材进行分类和分层管理,再导入整个文件夹,Premiere 会保留之前的文件夹架构,转换为素材箱架构。

3.5.3　替换素材

对于已经导入的素材,有时候在编辑中才发现并不合适,需要更换,此时就要利用“替换素材”的方法。

提示：替换素材方法一般适用于已经在序列中进行编辑加工的素材，或已经在项目中整理好的素材。其实删除不需要的素材并再导入所需的素材，也是可以的。不过新导入的素材是全新的，需要重新整理和编辑，如果替换素材，则会保留之前旧素材的所有加工痕迹。

1. 有合适素材供替换

需要更换素材时，如果已经准备好了可代替的其他素材，可以直接进行素材替换。

在需要替换的素材上右击，选择“替换素材”命令，如图 3–44 所示。可在弹出的文件对话框中，选择合适的素材直接替换。

2. 没有合适的素材供替换

需要更换素材时，如果还没有准备好可代替的其他素材，可以先使用原素材或转化为脱机文件。之前介绍 Premiere 内建素材时，谈到过脱机文件。脱机文件也被称为离线文件，它是没有任何内容的素材文件的占位符，可视为一种特殊的素材，可以记录丢失的源素材的信息，也可以记录已经进行过的编辑信息，甚至可以与其他素材一样进行编辑加工。

将素材转化为脱机文件，可在素材上右击，选择“设为脱机”命令，弹出对话框如图 3–45 所示。

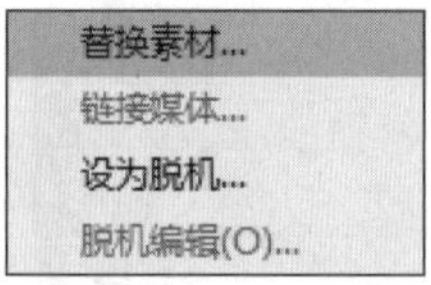

图 3–44 “替换素材”命令

图 3–45 “设为脱机”对话框

在磁盘上保留媒体文件：建议选择，只脱去素材链接，保留原始素材文件。

媒体文件已删除：脱机的同时，将原始素材删除，无法再利用。

当准备好合适的素材时，可以在脱机文件上右击，选择“替换素材”命令直接替换，或选择“链接媒体”命令重新链接到一个素材，以产生实质影像内容。链接媒体的方法参见 3.5.4 节。

3.5.4 脱机和链接媒体

每个导入的素材，实质上是以“链接”形式存在的，其链接地址依据存放该素材本体的路径和文件名决定。如果对素材的文件本体进行更改链接形式的操作，如重命名、删除、移动位置等，会导致 Premiere 中的素材失去与原始素材文件的链接，即产生“脱机”。

注意：脱机文件的出现，并不一定是因为主动创建或主动转化的。一般最常出现脱机文件的情况，是因为找不到原始素材文件导致的被动脱机。

脱机文件在节目的合成中没有实际内容，如果放到时间线上，从节目窗口可以看到的效果如图 3–46 所示。

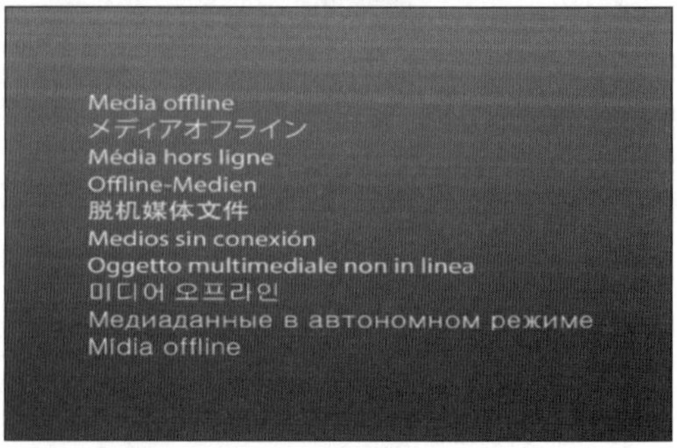

图 3–46 素材脱机的显示信息

注意：在最终输出作品之前，一定要检查在已使用的素材中是否包含脱机文件。脱机文件则没有实质内容，只能被输出成黑屏。一般来说，输出时，Premiere 也会自动检测并提示输出片段中是否含有脱机内容。

发生被动脱机的情况时，Premiere 会自动弹出“链接媒体”对话框。主动将素材设为脱机的情况下，也可以通过右击素材，选择“链接媒体”命令，打开“链接媒体”对话框，如图 3–47 所示。

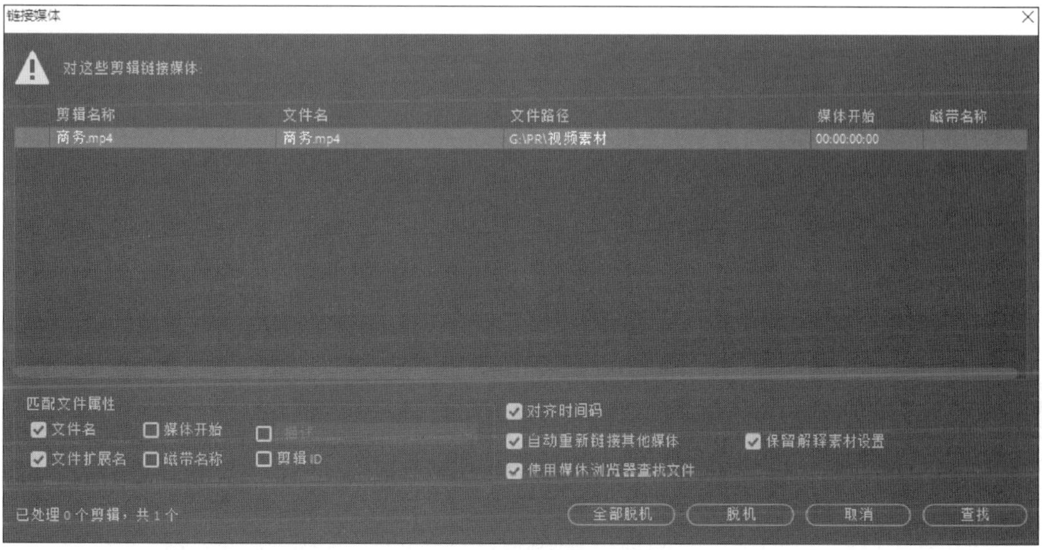

图 3–47　“链接媒体”对话框

此时如果并不想链接媒体，可以单击“全部脱机”按钮将列表中所有脱机文件全部保持脱机状态，或单击“脱机”按钮让列表中当前选中的脱机文件保持脱机状态。

需要链接媒体时，单击“查找”按钮，弹出“查找文件”对话框，默认打开当前项目文件夹，如图 3–48 所示。

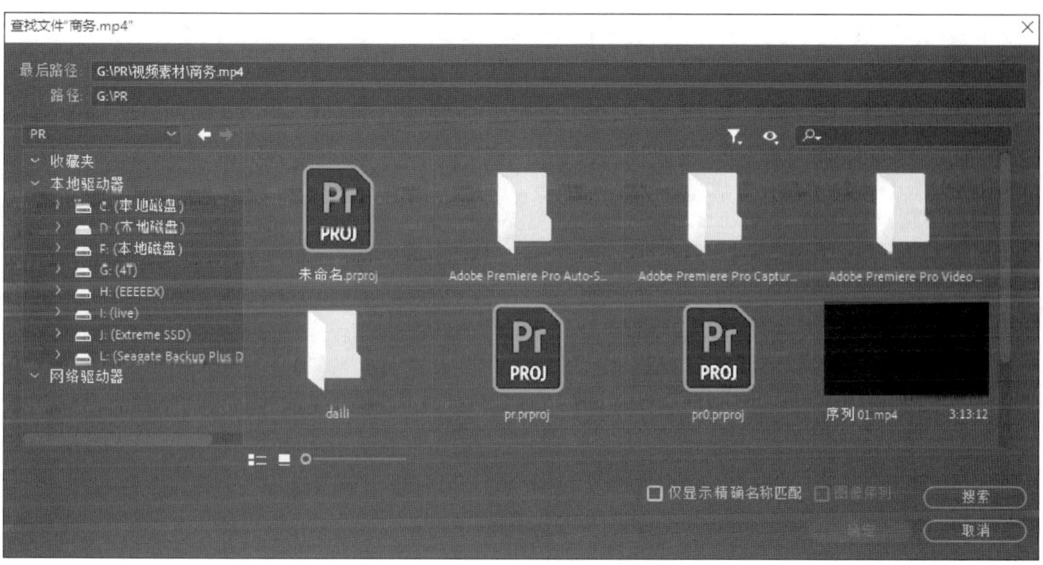

图 3–48　“查找文件”对话框

单击“搜索”按钮,可以在左侧列表选中的目录中自动对当前文件名进行搜索,以定位素材(如果原文件已改名则无从搜索)。或手动定位素材,选中该素材并单击“确定”按钮即可。

提示: 也可以利用重新链接的机会,将当前的脱机文件链接到其他素材,等同于替换素材。

如果脱机文件列表中有多个文件,在这些文件的存储相对位置关系没变的情况下,只要定位到一个文件,即可自动批量定位,达成多个文件的自动重新链接。

3.6 项目管理

一个项目中,可能会包含大量的素材,有的已经进行了编辑,而有的还没有开始使用。素材在项目窗口可以利用素材箱进行管理。而在软件外部,对素材进行良好的组织也非常重要。尤其是在对项目和素材进行归档备份或者整体迁移时,项目管理就不可或缺了。利用 Premiere 的“项目管理”功能,可以解决这种需求。通过选择菜单中的“文件”→“项目管理”命令打开“项目管理器”对话框,如图 3–49 所示。

图 3–49 “项目管理器”对话框

项目管理最常用的功能是“生成项目”一栏中的“收集文件并复制到新位置”,即项目整体迁移。

① 在“序列”选项组中勾选所需的序列名称。

② 在“目标路径”框中选择想备份或转移的存储位置。

③ 单击“计算”按钮计算出目标位置“可用磁盘空间”,“原始项目大小”即目前项目中素材占据的空间容量,“生成项目大小(估计)”即目标位置生成新项目和复制素材所需的空间容量。

④ 一般建议取消勾选默认勾选的“排除未使用剪辑”复选框。否则在复制转移中,会排除已导入本项目但还未放置于序列中编辑的那些素材,注意不要误造成文件丢失。

⑤ 单击“确定”按钮,即可在目标位置创建一个当前项目的副本,并把所有本项目包含的素材收集复制到目标位置进行存储。

需要归档项目或分享项目时,项目管理是必不可少的。此种做法也被通俗地称为“项目打包”。

思考与练习

1. 如何理解项目?
2. 首选项中一般需要先设置哪些选项?
3. 如何优化媒体缓存与存储空间?
4. 选择序列预设的依据是什么?
5. 如何自定义序列的预设?
6. 导入素材有哪些类型和方式?
7. 导入一个 Photoshop 的分层 PSD 文件时,有哪几种方式?
8. 如何采用代理方式导入素材?
9. 一般如何利用素材箱对素材进行整理?
10. 脱机是什么? 应该怎么处理?
11. 如何进行素材的替换?
12. 项目打包时应该如何进行操作?

第 4 章　视音频编辑工作窗口

本章学习要点

① 了解源窗口的结构。
② 了解节目窗口的结构。
③ 了解时间轴窗口的结构。
④ 掌握轨道的基本概念和操作方法。

视音频编辑工作窗口是非线编操作系统中直接承载着视音频呈现和加工的操作平台，对这些工作窗口的设置与操作是综合编辑与合成工作的基础。本章围绕视音频编辑所需的工作窗口：源窗口、节目窗口和时间轴窗口的基本操作来讨论视音频素材组织与预览的基本方法。

提示：一直以来影视制作领域都离不开实时预览的设备，即监视器。因此源窗口和节目窗口也被统称为“监视器窗口”，源窗口也常被称为“源监视器”，节目窗口也常被称为“节目监视器”。

4.1　源　窗　口

源窗口的主要作用是查看导入素材的视音频内容，也就是未加工的原始状态。很多简易的非线性编辑软件并没有单独开设源窗口，Premiere 则提供了源窗口供查看素材使用。

在源窗口中，素材保留原始规格，即以获取时的分辨率、帧速率、场序、音频采样率等参数直接播放。之前介绍过在项目窗口中素材可以直接以缩略图的形式预览，但更佳的方式是在源窗口进行预览，如图 4–1 所示。

图 4–1　源窗口

1. 源窗口预览素材

有两种方式可以将导入的素材在源窗口播放。

① 拖动项目窗口的素材文件至源窗口中，即可在源窗口中显示播出。

② 双击项目窗口的素材文件，将直接在源窗口中显示播出。

提示：一些特殊的素材文件无法使用双击的方式导入源窗口。如序列，双击时会直接在时间轴窗口打开；如字幕，双击时会直接开启字幕编辑器等等。但是素材均可以拖动至源窗口进行查看。

2. 源窗口控件

源窗口的下方有着可以控制播放和显示效果的控件，如图 4–2 所示。

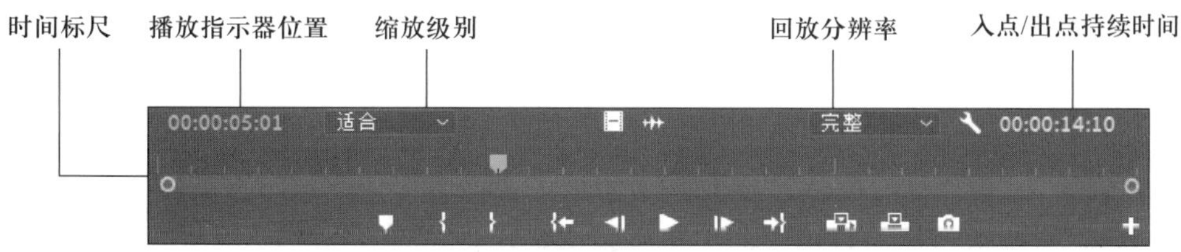

图 4–2　源窗口控件

播放指示器位置：显示当前时间指示器正在播放的时间码。

提示：时间码由 4 组数字构成，以半角冒号分隔。4 组数字分别代表小时、分钟、秒、帧。前 3 组数字的进位形式按标准时间进位处理，帧与秒的进位标准需要参照当前素材的帧速率参数。

缩放级别：默认为“适合”，即显示画面随源窗口大小而改变，以完整画面显示。也可以选择素材帧大小的 10% 至 400% 的多个缩放级别。

仅拖动视频：单击▣按钮，可以查看源窗口中素材的视频部分，按住此按钮并拖动到序列中，可以直接将素材的视频部分抽离出来，并置入序列中进行下一步编辑处理。

仅拖动音频：单击▣按钮，可以查看源窗口中素材的音频部分(音波)，按住此按钮并拖动到序列中，可以直接将素材的音频部分抽离出来，并置入序列中进行下一步编辑处理。

提示：通过这两个按钮，可以单独调用素材的视频或音频部分，这也是分离素材视音频链接的常用方法。

回放分辨率：源窗口播放影像时采用的分辨率。以素材的原始分辨率为“完整”，另有“1/2”“1/4”“1/8”“1/16”几个级别。

提示：在素材分辨率较高，或计算机性能不佳的情况下，直接播放素材会有卡顿现象。此时应降低回放分辨率的比例，虽然在观看上分辨率较低、清晰度不够，但是可以保证播放的流畅度。

注意：在影像上右击，可以看到“暂停分辨率”命令。此命令与“回放分辨率”命令原理相同，但是“暂停分辨率”命令针对的是暂停播放时静止影像的呈现分辨率，而“回放分辨率”命令针对的是播放时动态影像的呈现分辨率。要区分此两者的不同用处。

设置：源窗口的设置选项弹出控制按钮▣。

入点 / 出点持续时间：素材当前的时间长度。入点和出点指素材的起始点和终止点，相关知识请参见 5.2.1 节。

时间标尺：显示当前素材从头至尾的全部时间长度，随播放进度，时间指示器从左至右正向移动。用鼠标拖动其两端的圆形控件，可缩放时间标尺的尺度标准。

源窗口最下方有一行快捷按钮。

：添加标记，在当前时间指示器的位置添加一个标记。标记相关知识请参见 5.4.1 节。

：标记入点，手动定义素材的起始时间点，放入序列中编辑时以此为准，一段素材只能添加一个入点。

：标记出点，手动定义素材的终止时间点，放入序列中编辑时以此为准，一段素材只能添加一个出点。

：转到入点，将播放时间指示器移动到素材入点位置。

：后退一帧，让时间指示器向左移动一帧，快捷键是方向键左。

：播放 / 停止，可以播放或停止当前素材，快捷键是空格。

：前进一帧，让时间指示器向右移动一帧，快捷键是方向键右。

：转到出点，将播放时间指示器移动到素材出点位置。

：插入，将源窗口的素材内容插入放置到序列指定位置。

：覆盖，将源窗口的素材内容覆盖放置到序列指定位置。

提示：插入和覆盖属于“三点编辑”剪辑技术中的一种手段，具体内容请参见 5.4.4 节。

：导出帧，将当前影像以静帧图像的形式导出保存成一个图片文件。弹出对话框如图 4–3 所示。可以命名该文件以及选择其导出图像格式和存储路径。还可以选择在导出文件后直接将图片再“导入到项目中”继续使用。

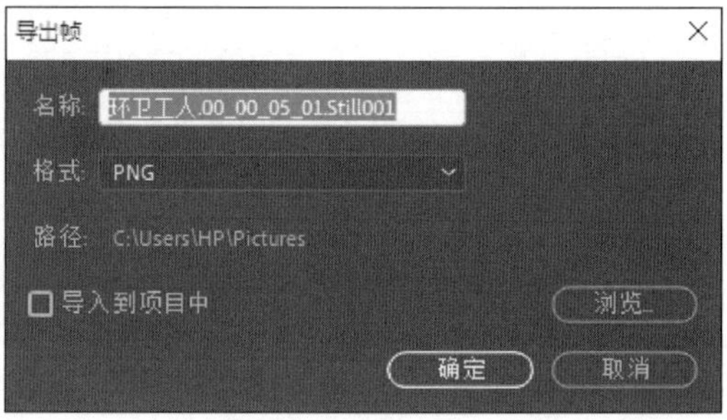

图 4–3 “导出帧”对话框

：按钮编辑器，可以调整控件按钮的顺序以及添加新控件或删除原有控件，如图 4–4 所示。

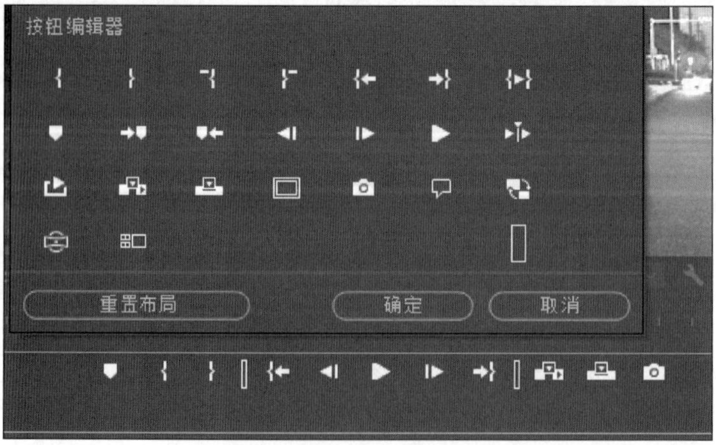

图 4–4 源窗口按钮编辑器

源窗口的作用除了查看素材内容以外，更重要的作用是把素材转化为剪辑置入到序列中，相关内容请参见 5.2.2 节。

4.2 节目窗口

节目窗口主要用来查看时间轴窗口中序列编辑内容的合成预览效果。它将实时反映用户当前的编辑制作情况，让用户直观地了解自己的作品目前的状态。因此节目窗口的时间标尺与时间轴窗口的时间标尺是完全一致的，这两个窗口也紧密相关。

节目窗口与源窗口在外观上和控件上都极为相似，但是针对目标不同。源窗口针对原始素材，节目窗口针对编辑中的节目效果。通过这两个窗口的对比，用户可以直观了解加工前和加工后素材的不同，对自己的编辑现状有明确的认识。节目窗口如图 4–5 所示。

图 4–5　节目窗口

节目窗口的控件功能与源窗口几乎一样，在此仅对不同的部分加以介绍。

：提升，删除序列上设定好的入点与出点之间的内容，并留下无内容的空白区域。

. 提取，删除序列上设定好的入点与出点之间的内容，并向左移动后面素材填补空白区域。

提示：提升和提取属于“三点编辑”剪辑技术中的一种手段，具体内容请参见 5.4.4 节。

节目窗口通过按钮编辑器可以利用更多的控件，如图 4–6 所示。

节目窗口显示的内容常根据不同的编辑内容，更改成不同的显示方式，如多机位视图、比较视图、VR 视频模式等，要结合时间轴窗口的编辑情况来利用节目窗口预览效果。

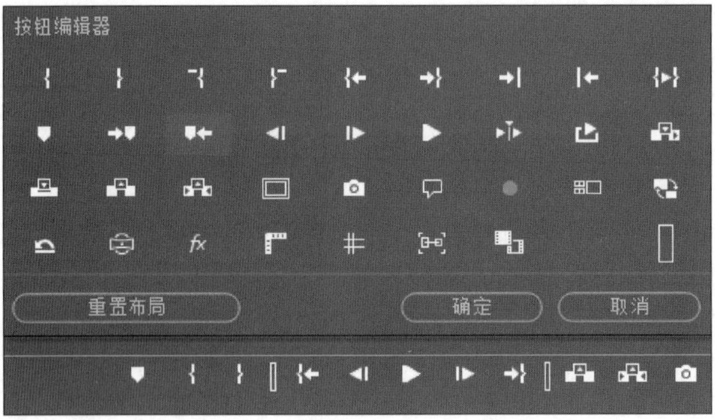

图 4-6　节目窗口按钮编辑器

4.3　时间轴窗口

时间轴窗口是非线性编辑的主要操作区域，是进行影视后期制作的前线阵地。它将各种视音频素材对象视为一台剧目中的角色，用时间轴与表示各种角色的素材的内容相对应，利用时间轴编排剪辑，通过基于帧的计数控制视音频角色的入场、出场、延时、转换、运动、特效和排列等，从而使它们按要求表演。Premiere 就是基于时序的专业视音频创作工具的杰出代表之一，其时间序列的载体就是时间轴窗口。

提示：时间轴也被称为时间线，时间轴窗口也被称为时间线窗口，或通俗称为序列窗口。

4.3.1　时间轴窗口的功能与结构

Premiere 的时间轴窗口基于标准时间码格式，是一个对视音频素材进行选择、编辑、排列、施加各种效果的平台，在创作过程中，有关非线性编辑的几乎所有工作都将在这里完成。

一个项目编辑过程中可以允许有多个序列，这些序列以多个子窗口的方式共处于时间轴窗口中，编辑中可以随时切换不同的序列，因而可以在时间轴窗口中完成多项编辑任务，如图 4-7 所示。

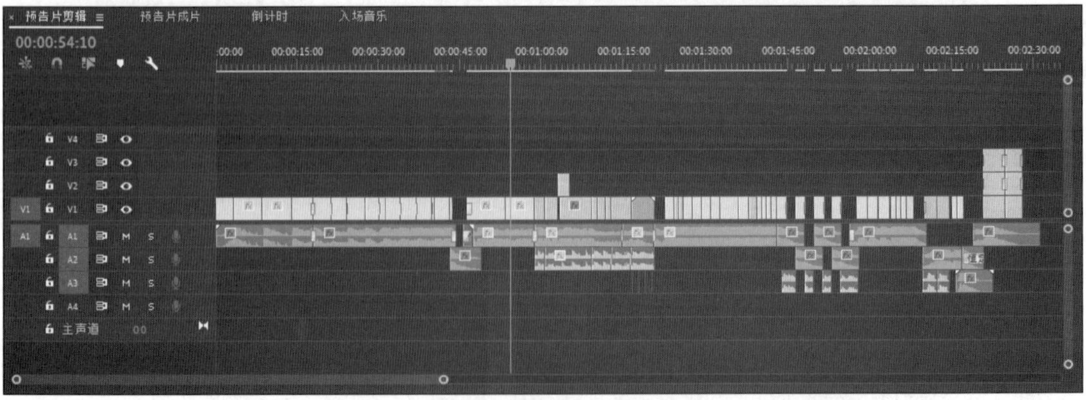

图 4-7　时间轴窗口

时间指示码：当前播放帧的时间码，此时间码与节目窗口的时间码保持一致。

时间标尺：显示编辑时间进度的尺度。

时间指示器：出现在时间标尺上的，指示当前播放帧的时间点位置，也常被称作播放指示器。下部是一条线，常被称作时间指示线。

时间轴窗口的左上部有以下一些按钮控件。

：将序列作为嵌套或个别裁剪并覆盖，设置向当前序列拖动其他序列素材时，是否保持嵌套序列的状态。默认开启嵌套状态。

：对齐，序列中的剪辑的编辑点自动吸引，形成对齐状态。默认开启对齐功能。

：链接选择项，设置是否以音视频链接的形式选中某个剪辑。默认开启链接形式。

注意：此方法是一种分离音视频链接的方式，但是与直接解除音视频链接不同，此方法只是可以分别选择音频或视频部分，但拖动改变时间位置后，该剪辑依然以音视频时间错位的形式保持关系。

：添加标记，功能与节目窗口的添加标记完全一样。

：时间轴显示设置，调整时间轴窗口中的各种显示方面的设定。

4.3.2　认识轨道

首先要了解，时间轴窗口是一个工作窗口，其中显示的是各个序列。序列用来承载素材，用以剪辑制作，其中用来放置素材的地方就是轨道。让素材进入序列，其实就是进入到轨道上。一个新序列中的轨道情况如图 4–8 所示。

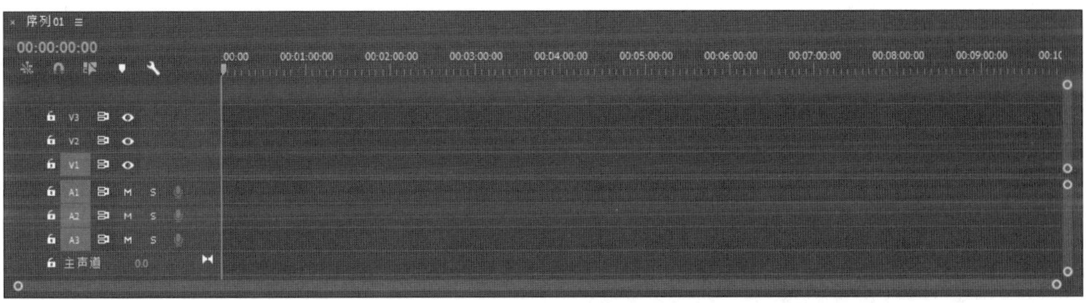

图 4–8　序列中的轨道

默认情况下，一条序列包含 3 条视频轨道和 3 条标准音频轨道，分别标注为 V1~V3（V 代表 video）和 A1~A3（A 代表 audio）。

轨道是剪辑过程的根基，大部分在序列上进行的剪辑工作都是在轨道上完成的。关于轨道，首先要了解以下知识。

1. 轨道的层次

轨道分为视频轨道和音频轨道两类。每一类轨道都是从 1 开始作为最底层进行一层一层地排列。

视频轨道的概念类似平面设计中的图层。所以同理，高层的轨道画面会遮挡住低层轨道的画面，轨道数越大，则画面越靠前，轨道数越低，则越靠后，作为背景画面。

音频轨道方面略有不同，所有轨道都是同时发出声音，并无先后，也没有相互覆盖。只是由于各个不同轨道的音量不同，可能会出现音频素材互相干扰的情况，要按实际情况进行调整。

2. 添加、删除轨道

默认情况下，在创建序列时，音频轨道和视频轨道各包含 3 条。如果需要更多的轨道，可以随时添加，如果发现有不需要的轨道也可以随时删除。添加、删除轨道的方式如下。

(1) 添加单个轨道

在轨道头部右击，选择“添加单个轨道”命令，则会以当前鼠标指针所在的轨道为基准，增加同类型的下一层轨道。

注意：视频轨道会向上增加一层，而音频轨道会向下增加一层，实际上都是增加更大数量的一层轨道。

(2) 删除单个轨道

在轨道头部右击，选择“删除单个轨道”命令，则会删除当前鼠标所在的轨道。

注意：删除轨道时并不会出现确认提示，是直接删除的，所以一定要想好再操作。当然，本操作支持撤销。

(3) 添加多个轨道

在轨道头部右击，选择“添加轨道”命令，会弹出如图 4–9 所示的“添加轨道”对话框。

在本对话框中可以同时添加视频和音频轨道。设定好添加的数量和放置的位置，即可添加相应的轨道。

注意：这里务必要设定好添加轨道的位置，因为会影响到素材排列的顺序。另外，“添加单个轨道”无法在第 1 条轨道之前添加轨道。而在这个对话框中，是可以选择第 1 条轨道之前作为放置的位置的。

音频轨道分为多种类型，有标准、5.1、自适应和单声道几种模式，添加轨道时要注意选择所需的轨道类型。音频方面的知识请参见第 12 章。

(4) 删除多个轨道

在轨道头部右击，选择“删除轨道”命令，会弹出如图 4–10 所示的对话框。

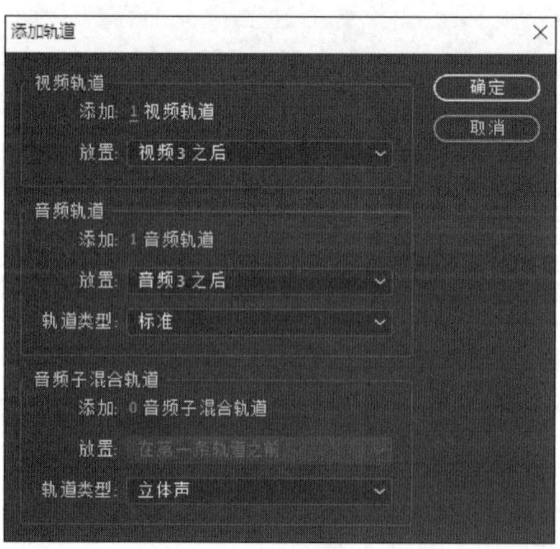

图 4–9 “添加轨道”对话框

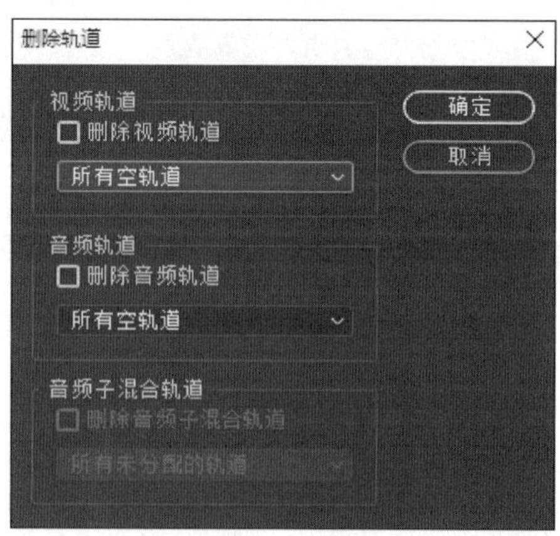

图 4–10 “删除轨道”对话框

在本对话框中可以同时删除视频轨道和音频轨道。默认选择所有空轨道，即没有放置任何剪辑片段的轨道。也可以选择某条单独的轨道进行删除。注意要勾选删除轨道的复选框，才可以确认删除命令。

(5) 拖动素材添加轨道

Premiere 中提供了便捷的添加轨道的方式，即直接通过拖动素材添加轨道。操作者只需要将素材拖动到视频轨道的最高空白位置或音频轨道的最低空白位置，即可生成一条新的轨道来承载这段素材。操作方式如图 4-11 所示。

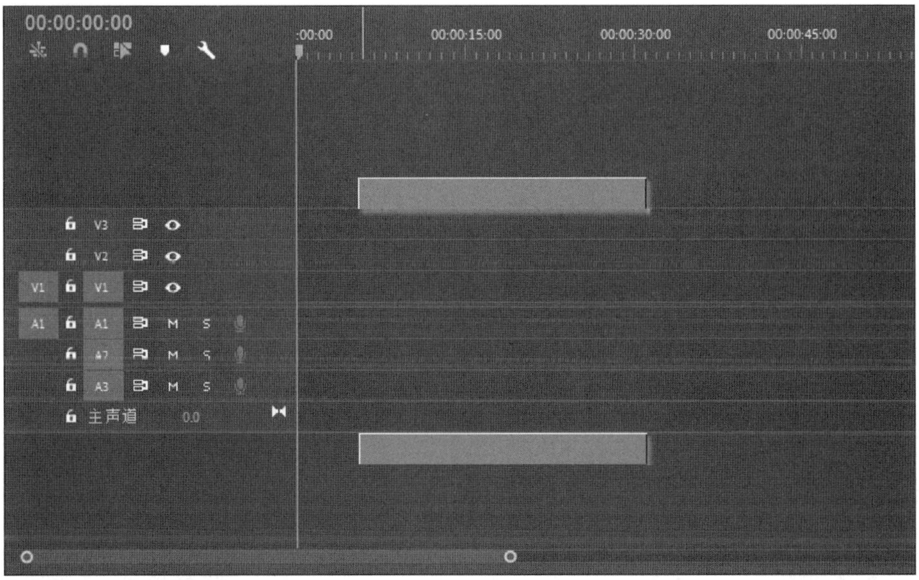

图 4-11　自动添加轨道

3. 轨道指示图标的功能

每条轨道的头部都有数个指示图标，接下来逐一讲解它们的功用。

: 显示图标。此图标出现在视频轨道的头部，表示当前视频轨道的素材是否在节目窗口中显示以及是否在最终的输出中启用。此图标默认为开启的模式，如果单击关闭，则此轨道的视频画面将不再可视及输出。

: 锁定图标。此图标出现在所有轨道的头部，表示是否锁定当前轨道。在加锁符号的轨道上无法进行任何操作。此方式可以避免已经制作好的轨道内容被误操作。

注意： 加锁的情况下，音视频链接会受到影响。原本链接在一起的音视频素材，只有未加锁的一方可以移动时间位置。但此方式并不会解开音视频的链接，只会产生音视频错位，所以操作时要注意。

M: 静音图标。此图标出现在音频轨道的头部，表示当前音频轨道的声音是否可以被听到以及是否在最终的输出中启用。此图标如果单击高亮显示，则此轨道的声音将不再可听到及输出。

S: 独奏图标。此图标出现在音频轨道的头部，表示当前音频轨道的声音是否单独播放以及是否在最终的输出中单独启用。此图标如果单击高亮显示，则此轨道的声音将可以被单独听到，而其他轨道的声音将不再可被听到。

注意：某条轨道的独奏启用，等同于其他的轨道启用了静音。另外，可以多个音频轨道均启用独奏，即只可以听到这几个音频轨道的声音。

：录制图标。此图标出现在音频轨道的头部，其功能在开启音频录制模式时产生作用。此图标可以用来录制画外音，在视频播放的情况下同步录入外部声音。具体的方法请参见 12.1.3 节。

：同步锁定图标。此图标出现在所有轨道的头部，其功能较为特殊。默认情况下，在某条轨道上进行插入、删除、覆盖等剪辑操作时，其他轨道上的素材也会相应地做出位置的移动，来进行整体时间轴上的调整。此图标关闭的轨道，将不会再进行相应的位置调整，即不再受到其他轨道剪辑操作的影响。

轨道头部的轨道数字指示将在后续剪辑操作知识中再做说明。

4. 轨道显示方式

默认情况下，视频轨道上没有图像的显示，音频轨道显示比较紧凑的声音波形。可以改变轨道的显示方式，来更清楚地观察视频和音频轨道上的内容。

双击轨道头部的空白区域，在轨道头部空白区域滚动鼠标滚轮，或直接拖动轨道之间的边界处，可以加宽或缩窄轨道的显示高度。轨道变宽后可以显示更多内容，如图 4–12 所示。

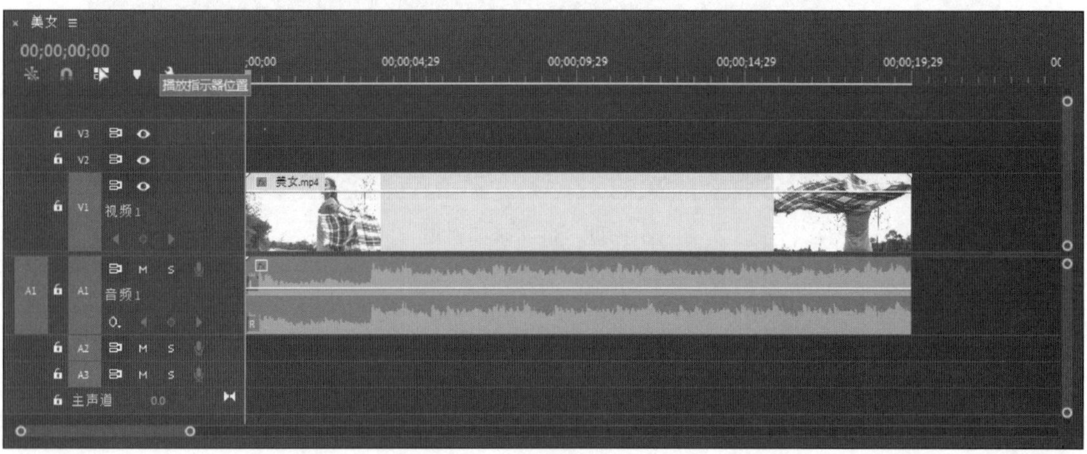

图 4–12　轨道显示缩略图

此时视频轨道显示剪辑的第一帧和最后一帧画面的缩略图，音频轨道的波形起伏更加明晰。

单击当前序列名称旁边的按钮，在弹出的菜单中，可以更改轨道显示方式，选项如图 4–13 所示。

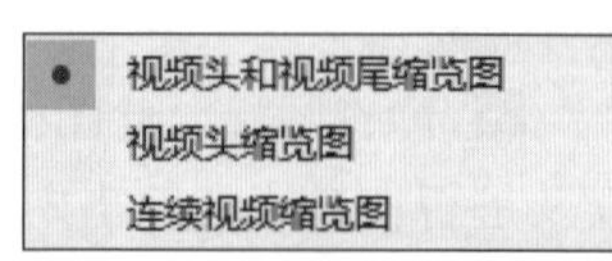

图 4–13　轨道显示方式

视频头和视频尾缩览图：默认选项，显示每个剪辑的第一帧和最后一帧画面，显示于剪辑的开头和结尾处。

视频头缩览图：只显示剪辑的第一帧画面于开头处。

连续视频缩览图：均匀按影片进度显示剪辑的多帧画面。此方式显示的情况取决于时间标尺的缩放尺度和轨道宽度塑造的空间。示例如图 4–14 所示。

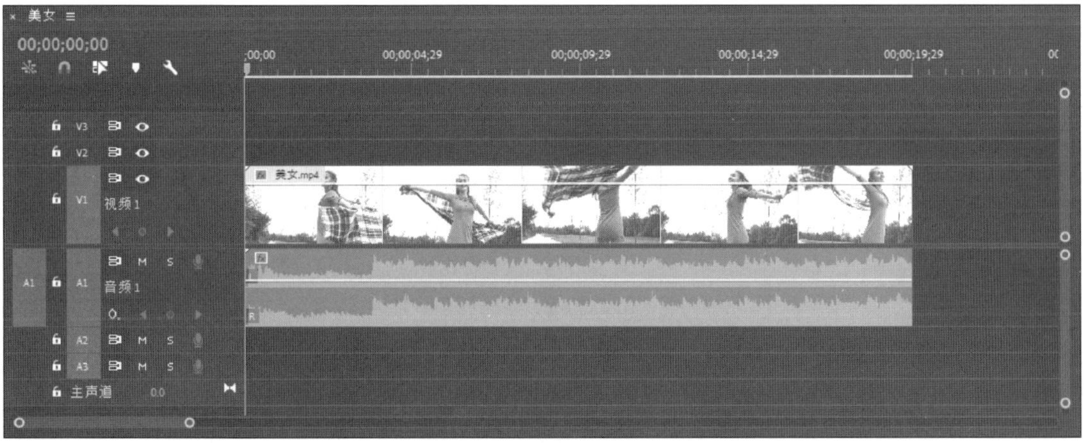

(a) 缩放尺度大、轨道宽度大

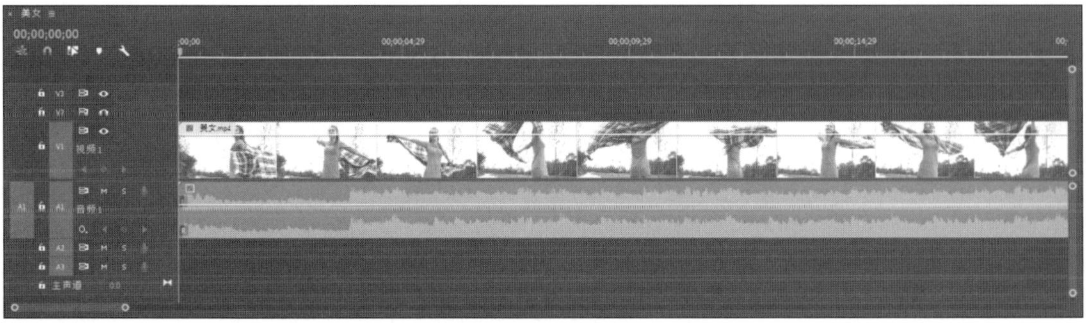

(b) 缩放尺度中、轨道宽度中

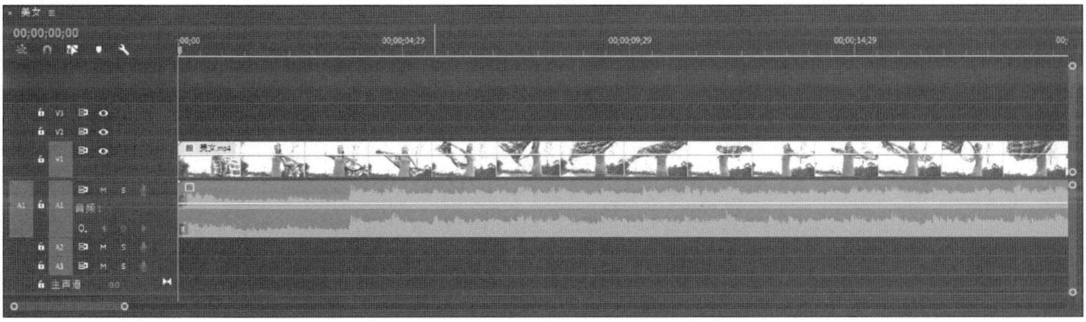

(c) 缩放尺度小、轨道宽度小

图 4-14　连续视频缩览图效果

在非线性编辑中涉及多段音视频合成的情况下，需要用到多层轨道。要把握好轨道的层次以及轨道与其他窗口之间的操作关联。只有对轨道知识充分了解后，才可以真正进入视音频的编辑阶段。

思考与练习

1. 简述源窗口的结构和功能。
2. 简述节目窗口的结构和功能。

3. 简述时间轴窗口的结构和功能。
4. 简述轨道的层次。
5. 添加轨道有几种方式?
6. 轨道的显示有哪几种方式? 有什么区别?

第 5 章　视音频剪辑操作

本章学习目标

① 了解剪辑的基本概念。
② 掌握视音频剪辑的基础操作。
③ 掌握视音频剪辑的进阶操作。
④ 了解工具箱中的各种工具功能。
⑤ 掌握多机位编辑的流程和具体操作。

5.1 认识剪辑

一般来说，对拍摄和获取到的素材进行影视后期加工，主要有“剪辑”与“合成”两大概念。通俗来讲，剪辑就是对影片时间方面的处理，合成就是对影片画面空间方面的处理。Premiere 是一个比较综合的影视后期制作软件，其最主要的功能就是剪辑，这也是所谓的“非线性编辑”的主要内容。剪辑一般可以分为粗剪和精剪两个阶段。

5.1.1　粗剪

粗剪也被称为“初剪”，是剪辑的第一个阶段，主要对素材进行整理分类，按故事发展情节编排出镜头的顺序，进行初步的有一定叙事逻辑的排列和拼接。粗剪一般不需要配音、配乐，更不需要合成特效以及调色和画面修补等工作，只需要遵循影片想表达的主题思想，按照事先准备好的故事脚本，把已有素材编排好顺序，展现成逻辑较为完整的一部影片。这部影片已经可以让观者看得懂影片要表达什么以及故事的基本全貌。

粗剪也是对现有素材进行筛选和审视的一个过程。在准备素材时，往往要多备一些，比如，多拍摄几条相同情节的镜头。在粗剪时，就要将这些素材进行筛选，找到最合适影片基调和表现力最好的，通俗来讲就是导演最满意的。此外，在拼合素材、构成影片全貌时，也会发现前期工作的缺失，比如，某两个镜头的故事内容是连续的，但是拍摄画面衔接不连贯，这时就要记录下缺失的内容，再进行补拍或采取更改故事结构等补救措施。

5.1.2　精剪

精剪是基于粗剪的后一个阶段，要在已经搭好框架的影片上，对每一个片段、每一个画面进行精细调整和处理。精剪并不是单纯地为影片加上旁白、配乐、文字、特效等内容，而是专注于影片的每一个细节部分，确保影片高质量表现。

精剪的工作内容很多，基本上包括以下方面。

(1) 对片段的再修整

粗剪时已经用到的素材和片段，精剪时可能需要再做斟酌。对影片整体表现没有帮助的冗余镜头要删减,有帮助的镜头要再添加。包括每个镜头片段的入出点都要考虑是否再调整。

(2) 影片流畅度

前期为了保障拍摄内容的完整性,通常会多拍摄一些时长。精剪时,要注意每段镜头之间是否衔接流畅,片段表达的信息是否完整和准确。镜头的拼接绝不是单纯的堆砌,而是精细的连接,要形成一个整体,并过渡流畅顺滑。

(3) 艺术性的把握

影视制作本身是一种艺术展现,并不是拍了什么就让人看到什么。在表达影片主旨思想的同时,要具有艺术性。因此精剪过程中,要思考在必要的环节加入旁白解说、配乐、文字等来提高影片的表达力和表现力。在一些前期不便获取、需要后期直接创作的内容上,例如动画、特效等方面,精剪时也要做好。还有影片色彩的调整、故事节奏感的把控,都是精剪时必不可少的环节。

总之,精剪相对粗剪来说,是具有更大工作量和更加费心血的一个阶段。它要注重细节,注重节奏,注重流畅度,注重表现力。精剪以后,影片主旨会更加突出,会具有自己的艺术风格,对观者来说,也会更加领略到影片的魅力。

5.1.3 剪辑的概念

在非线性编辑中,有一个重要的专业术语——“剪辑”。事实上,“剪辑”这个词在中文释义下有动词和名词两种。其中动词就是常见的“剪辑影片”中的“剪辑”,英文为“cut”或“edit”。另外,名词的“剪辑”对应英文“clip”,译成电影片段,业内称为“剪辑”。

剪辑(clip)的来源是素材。素材进入到编辑状态,就被称为剪辑。由于往往一个素材在编辑中并不会被利用到其完整的全部内容,因此也可以理解为从素材截取出来的一个可用部分就是一个剪辑。

在非线性编辑术语中,动词“剪辑”和名词“剪辑”有时会混淆,但是因为它们的词性不同,也是可以分辨的。名词“剪辑”,也常被称作“片段”,主要目的是与“素材”这个称谓区分开。素材指的是导入软件、随时准备调用来进行编辑的源文件;而剪辑指的是执行了编辑操作的一个片段。

在后续的学习中,请根据上下文认清“剪辑”这个词的词义,更好地理解非线性编辑的各种操作。

5.2 视音频剪辑的基础操作

5.2.1 标记入点和出点

入点就是一个剪辑的时间起始点,出点就是一个剪辑的时间终止点。入点和出点这两个概念是贯穿影片剪辑过程的,甚至可以说影片编辑的大部分操作从根本上都是在调整入点和出点。

入点和出点的标记一般要利用到源窗口和节目窗口(同步于序列)。

1. 在源窗口标记入点和出点

导入素材后,从项目窗口将素材拖动到序列中进行编辑,是 Premiere 工作的一种标准流程。但是这种操作并不专业，因为很少有原始素材适合直接进行编辑，最常见的情况是要选择素材中一段最合适的片段来编辑。标记素材的入点和出点，就相当于限定了素材的开始和结束的时间点，这两个时间点之间的片段会被截取成一段剪辑以进行编辑。

2. 在节目窗口（序列）标记入点和出点

节目窗口的时间标尺和序列的时间标尺是一致的，因此在这两个窗口标记入点和出点有同等的效用。序列上标记了入点和出点，一般用于对某一段影片内容进行限定范围的处理，例如，删除或替换，或选择一个影片范围进行输出。

5.2.2 让素材进入序列

把素材放在序列中是正式进行编辑工作的第一步，在了解各个窗口的基础上，有不少方法可以让素材进入序列中。

1. 从项目窗口进入

项目窗口是放置和管理素材的地方，从这里直接拖动素材到序列中是一般的做法。

从项目窗口中也可以一次性拖入多个素材，在序列中形成连贯排列的影片片段，但要注意顺序。在 Premiere 中，通过 Ctrl 键 + 鼠标左键点选，可以复选多个素材，而点选的顺序，就是之后拖动到序列上的连续片段的排列顺序。

练习素材 5–1：
让素材进入序列

练习操作：

新建一个项目，命名为“第 5 章练习”，创建一个标准 720p 序列，并将“5–1”文件夹的素材导入到项目中。在项目窗口中，按住 Ctrl 键，按“Pic02、Pic04、Pic03、Pic01”的顺序复选素材。用鼠标将多个素材一起拖动到序列上，此时序列上剪辑的排列顺序会与之前选择的顺序完全一致，如图 5–1 所示。

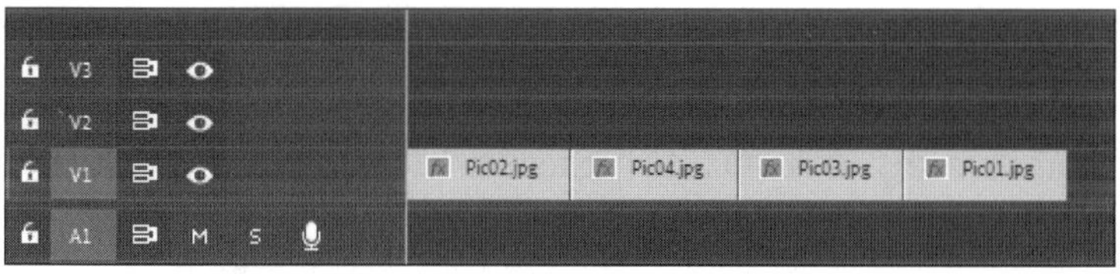

图 5–1　一次拖动多个素材进入序列

提示：项目窗口的“自动匹配序列”功能是一种较为高级的将素材置入序列的方法，此方法将在 5.4.3 节介绍。

2. 从源窗口进入

素材从项目窗口进入源窗口，再进入序列，是比较专业的一种做法。源窗口作为中转站，不仅可以对原始素材进行预览，也可以通过标记入点和出点限定素材的适用范围，还能够分离素材的音视频链接，更能够进行三点剪辑和四点剪辑等进阶操作。

利用鼠标左键，将源窗口中的预览画面直接拖动到序列上，是非常方便的做法。

鼠标按住源窗口的■按钮和■按钮可以分别将素材的视频画面和音频声波直接分离，通过拖动可以单独放置在序列中。

提示：视频素材在进入空序列时，有时会弹出提示框“剪辑不匹配警告”。这是由于放入视频的参数与序列设置的参数有所不匹配。有两个选项可以选择，一是“更改序列设置”，即自动改变序列的参数以完全匹配拖入的素材参数；二是“保持现有设置”，即不改变序列的参数，直接导入素材。

练习素材 5-2：剪辑素材练习

练习操作：

新建一个标准 720p 的序列，命名为“午后咖啡”。将“5-2”文件夹中的全部素材导入项目。接下来对素材进行剪辑以制作一套制作咖啡的流程视频。

将素材“Step01”拖入源窗口，在 2 秒 4 帧处标记入点，在 7 秒 14 帧处标记出点。之后从源窗口将截取后的剪辑拖入当前序列的轨道 1 上作为最开始的第一个剪辑片段。

提示：本练习的入出点设定数值只作为参考，请多加尝试，探寻每个素材最合适的入出点范围。

将素材“Step02-1”拖入源窗口，在 1 秒 5 帧处标记入点，在 6 秒 12 帧处标记出点。之后从源窗口将截取后的剪辑拖入当前序列的轨道 1 上，置于“Step01”的右侧并对齐连接。

将素材“Step02-2”拖入源窗口，在 24 帧处标记入点，在 2 秒 22 帧处标记出点。之后从源窗口将截取后的剪辑拖入当前序列的轨道 1 上，置于“Step02-1”的右侧并对齐连接。

将素材“Step03”拖入源窗口，在 18 帧处标记入点，在 3 秒处标记出点。之后从源窗口将截取后的剪辑拖入当前序列的轨道 1 上，置于“Step02-2”的右侧并对齐连接。

将素材“Step04-1”拖入源窗口，在 4 帧处标记入点，在 9 秒 18 帧处标记出点。之后从源窗口将截取后的剪辑拖入当前序列的轨道 1 上，置于“Step03”的右侧并对齐连接。

将素材“Step04-2”拖入源窗口，在 1 秒 23 帧处标记入点，在 7 秒 14 帧处标记出点。之后从源窗口将截取后的剪辑拖入当前序列的轨道 1 上，置于“Step04-1”的右侧并对齐连接。

将素材“Step05”拖入源窗口，在 1 秒处标记入点，在 3 秒 15 帧处标记出点。之后从源窗口将截取后的剪辑拖入当前序列的轨道 1 上，置于“Step04-2”的右侧并对齐连接。

将素材“Step06”拖入源窗口，在 10 帧处标记入点，在 3 秒 20 帧处标记出点。之后从源窗口将截取后的剪辑拖入当前序列的轨道 1 上，置于“Step05”的右侧并对齐连接。

提示：在连贯动作衔接的编辑中，每一个镜头片段并不必从动作的最开始展示，可以从发生有效动作的起始点截取。如“Step02-1”“Step04-1”和“Step06”镜头的入点分别如图 5-2 所示。

图 5-2　设定合适的入点

这几个片段都是将动作主体已经入镜的画面作为入点截取视频，相比起动作主体还未入镜的画面，还是前者在视觉上衔接流畅度更佳。

将素材“清新音乐”拖入源窗口，在 57 秒 08 帧处标记入点，在 1 分 33 秒 20 帧处标记出点。之后将其从源窗口拖入当前序列的音频轨道 2 上，与视频轨道内容对齐。

当前序列状态如图 5-3 所示。

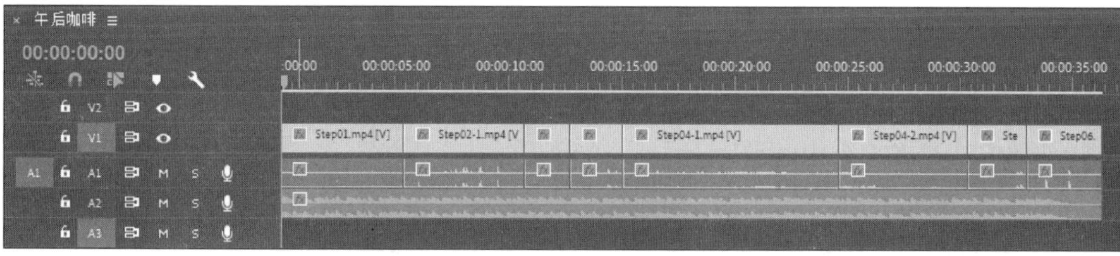

图 5-3　编辑好的序列

播放节目，制作咖啡的流程画面将伴随着轻松惬意的音乐展示出来，形成一部短片。

至此，本例完结。

5.2.3　调节时间标尺和缩放为帧大小

良好的剪辑习惯对于提高剪辑效率是必不可少的。在将素材放入序列之后和进行初步剪辑之前，还需要有一步操作就是调节好时间标尺的尺度以及做好画面的缩放匹配。

1. 调节时间标尺

默认的情况下，时间标尺的刻度间隔是一分钟一大格。在序列中置入素材之后，要仔细观察当前要进行编辑的剪辑是否在较好的可视范围内，即时间标尺的尺度是否合适。图 5-4 中分别展示了时间标尺尺度合适与否的区别。

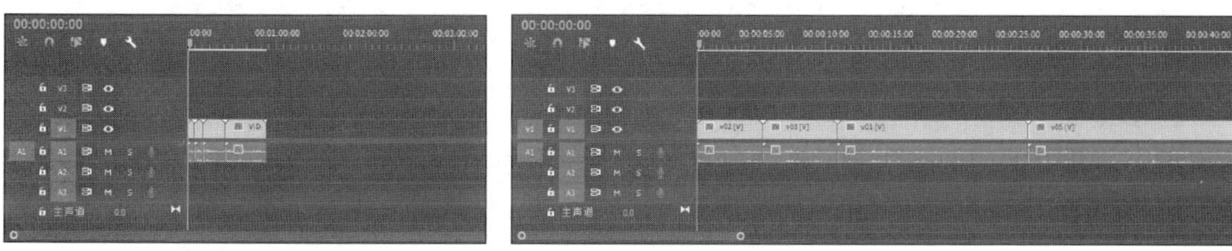

(a) 时间标尺尺度过小　　(b) 时间标尺尺度合适

图 5-4　时间标尺尺度合适与否的区别

为了更好地进行剪辑，有必要将时间标尺的尺度放大或缩小到一个可以有利于控制和编辑当前剪辑的程度。常用的调节时间标尺的方法有两种：一是用鼠标按住时间轴窗口下方横向滚动条的两端，并进行横向拖动；二是按住 Alt 键，同时滚动鼠标的滚轮。

提示：方法一是以当前时间指示器的位置为依据进行时间尺度缩放。方法二是以鼠标所处的时间位置为依据进行时间尺度缩放。

时间标尺可以最终放大到每一格 1 帧的程度。在对剪辑进行精细编辑时，对标尺的尺度进行缩放是随时的、经常的行为。

提示：时间标尺的尺度缩放并没有一个标准，建议缩放到只用鼠标拖动时间线，就可以对时间轴进行单帧前进后退的控制程度即可。

2. 缩放为帧大小

当剪辑与序列的画面大小，即分辨率不一样时，影片的画面就会受到影响。剪辑的分辨率大于序列帧大小，则剪辑的画面边缘会超出节目窗口；剪辑的分辨率小于序列帧大小，则剪辑的画面不足以覆盖节目窗口，即屏幕上会出现黑边。

因此在进行编辑之前，有必要将不同剪辑的画面大小尽量与序列的帧大小靠拢。首先要保证剪辑画面显示完整，且尽量最贴近序列的帧大小。这个操作就是“缩放为帧大小”。

操作的方法是在序列中的剪辑上右击，在弹出的快捷菜单中选择“缩放为帧大小”命令，如图 5-5 所示。

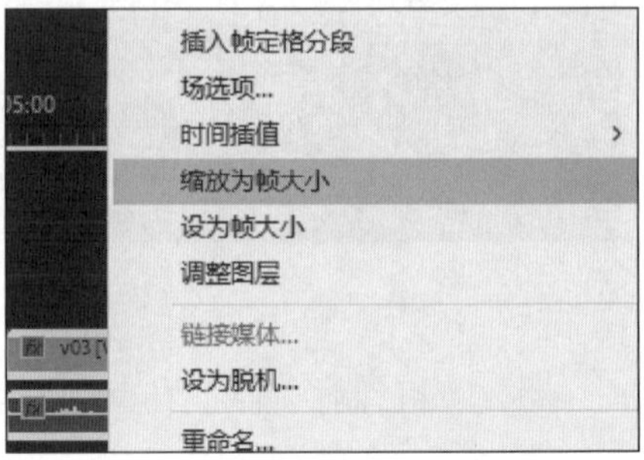

图 5-5 “缩放为帧大小”命令

考虑到后期编辑中需要用到非常多的剪辑，如果对每一个剪辑都进行这样的操作，会费时费力。因此可以在首选项中对一项参数进行设定，即可以进行批量处理。选择菜单“编辑”→“首选项”→“媒体”命令，将“默认媒体缩放”设定为“缩放为帧大小”，如图 5-6 所示。

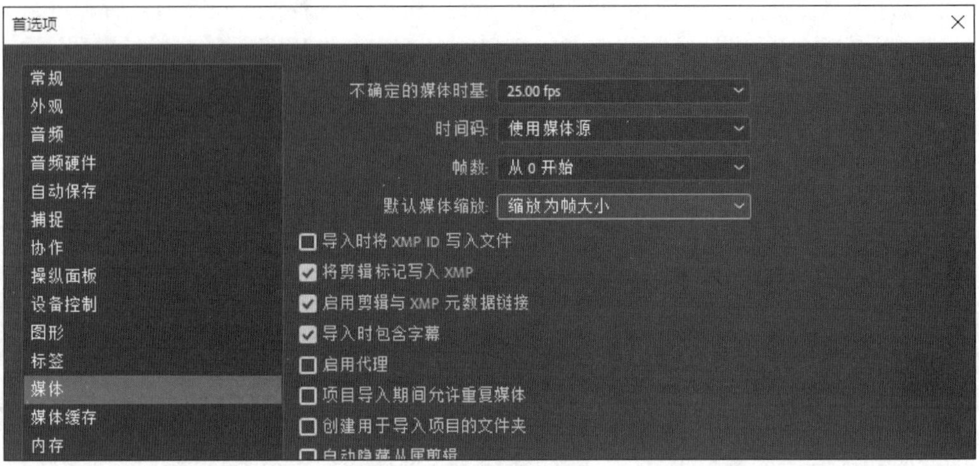

图 5-6 设为默认缩放为帧大小

进行此项操作后，所有放置到序列上的剪辑会自动进行缩放为帧大小的处理。

注意：首选项的此操作只对操作后再导入到项目中的素材或 Premiere 创造出的新素材发生作用。进行此操作之前已经进入到项目窗口的素材不受此操作的影响，依然需要手动进行帧大小的缩放。

5.2.4 静止图像的持续时间

静止图像，即图片素材是经常被使用到的素材之一。对于静止图像来说，要根据影片的需要，调整其持续时间。但为了提高剪辑效率，往往首先要确定所使用静止图像的默认时间长度，即持续时间。Premiere 中，默认的静止图像时间长度为 5 秒，但在剪辑过程中这个长度常常会被改变。

通过选择菜单“编辑”→“首选项”→“时间轴”命令，设置“静止图像默认持续时间”，可以对静止图像放置到序列中的默认时长进行更改，注意时间单位有秒和帧两种，如图 5-7 所示。

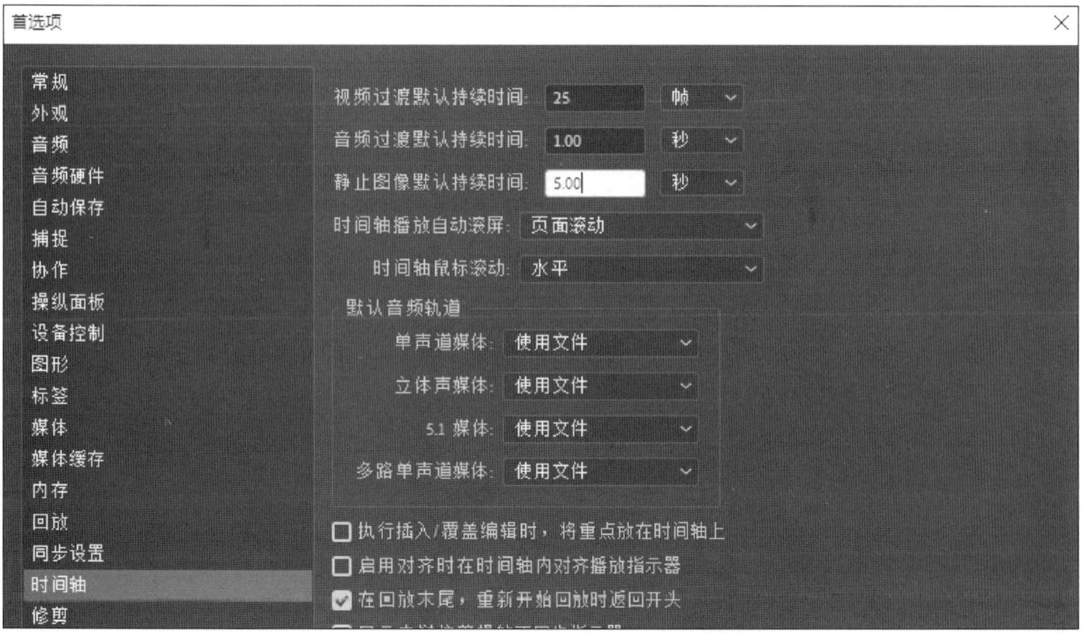

图 5-7　调整静止图像默认持续时间

通过此操作,在使用大量图片时,可以预先对图片的默认持续时间进行一次调节,这样做便于放置到序列之后,可以快速地调整成自己所想要的呈现效果,或者完全不必调整即可开始剪辑。

提示: Premiere 内建的一些素材,例如,颜色遮罩、黑场、调整图层、字幕等,也属于静止图像的范畴。首选项此项的调节,对这些素材也会产生影响。

注意: 首选项的此操作只对操作后再导入到项目中的静止图像或 Premiere 创造出的静止图像类素材发生作用。

5.2.5　视音频同步与链接

同时具有视频部分和音频部分的素材类型被称为影片。当影片素材被置入序列之后,其视频部分和音频部分会分别出现在视频轨道和音频轨道上,但是这两部分彼此之间保持同步链接的关系,即拖动剪辑的任一部分时,另一部分也在时间轴上同步进行移动。影片素材在剪辑时需要注意音视频链接的情况。

在剪辑的过程中,许多操作都需要对音频、视频部分同时编辑,如选择、修剪、分割、删除、移动、持续时间和速度的改变。但有时候也会需要对音频、视频部分分开编辑,这时就要解开影片剪辑的视音频链接。有时候为了制作需要,要使一对并无链接的视频与音频产生同步,比如,视频的人物口形与后期配音对应,这时也可以将序列中的某对视频和音频进行同步链接。

1. 断开剪辑链接

在轨道的影片剪辑上右击,选择“取消链接”命令。这个操作以后,再次选择原剪辑的音频或视频部分,均可以单独选中,并单独进行操作,如图 5-8 所示。

2. 链接音视频剪辑

通过 Shift 键复选或利用鼠标圈选轨道中的一段视频和一段音频,右击,选择“链接”命令,可以将两段无关的音视频剪辑链接成一段影片剪辑,如图 5-9 所示。

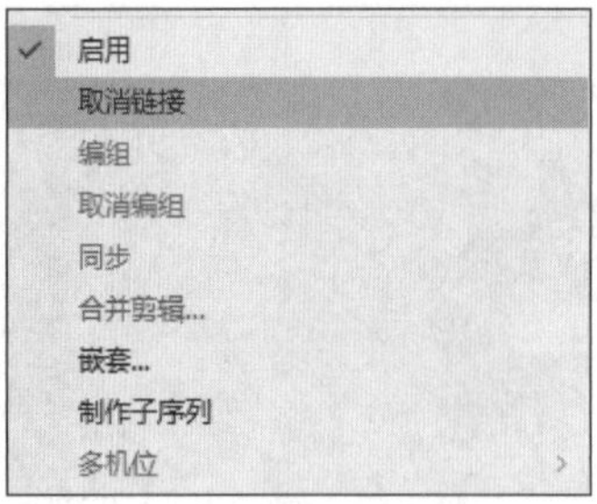

图 5-8　取消音视频链接

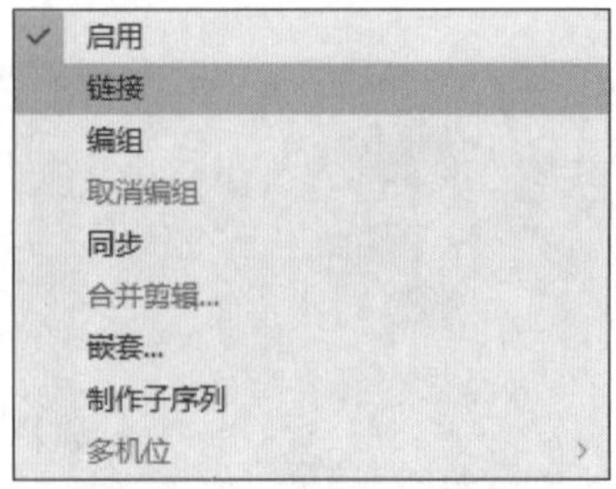

图 5-9　链接音视频

注意，如果音视频在时间线上未对齐，手动链接的剪辑会有时间错位的红字标示，表示从此剪辑的入点起，音视频部分相距的时间差，如图 5-10 所示。

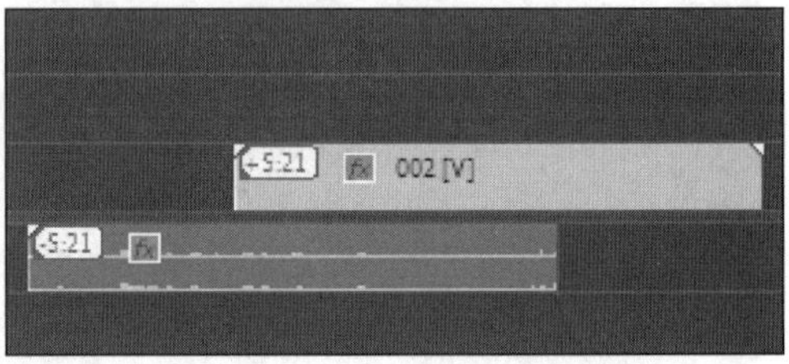

图 5-10　时间错位的音视频

3. 利用源窗口解除链接

把素材拖动到源窗口，利用窗口下方的“拖动音频”和“拖动视频”按钮，只获取影片素材的音频或视频部分，拖入轨道进行编辑。

4. 利用 Alt 键解除同步

按住 Alt 键的同时拖拉剪辑边缘，也可以临时解开同步，以实时调整影片剪辑的音频或视频的入出点。但这个操作并未将剪辑的音视频解除链接。

5. 恢复同步

当剪辑的同步关系被打破后，音频和视频文件块的入点处显示不同步的差距程度，如图 5-10 所示。

在剪辑数字上右击，弹出关联菜单，有两种恢复同步的方式，如图 5-11（a）所示。一是选择“移动到同步”选项，则音视频分别的入点将以时间更靠前的片段为依据，自动对齐，如图 5-11（b）所示。二是选择“外滑到同步”选项，则音视频将以现在的对应位置，恢复剪辑的同步状态，如图 5-11（c）所示。

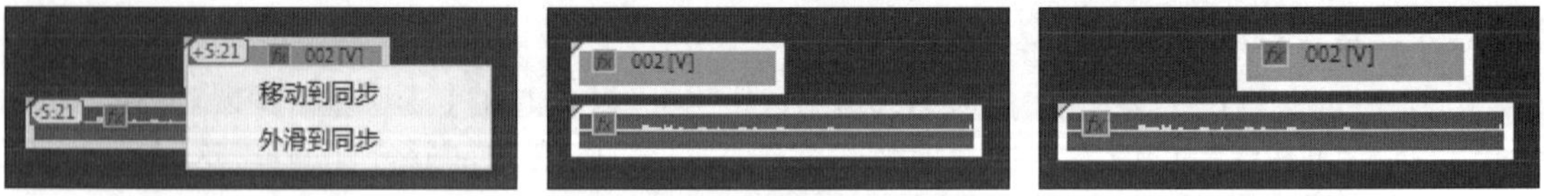

(a) 恢复同步　(b) 移动到同步　(c) 外滑到同步

图 5-11　恢复同步的形式

5.2.6　设定剪辑的速度

在非线性编辑中，时常会需要改变剪辑的速度，以产生不同的效果，也就是在画面中产生“快慢镜头”。

快镜头，又称“快动作镜头”。在电影中，胶片通过摄影机的速率低于放映机的速度（24 帧 /

秒),银幕上被摄体的动作会比实际动作显得快。因此,又称"降格拍摄"。在电视录像中,以正常速率(25 帧 / 秒)摄录的动作,以高速率放映时,也会出现同样的效果。快动作经常被用于夸张某些运动或制造滑稽的动态效果,如经典的卓别林电影。

慢镜头,又称"慢动作镜头"。在电影中,胶片通过摄影机的速率高于放映机的速度(24 帧 / 秒),银幕上被摄体的动作会比实际动作显得慢。因此,又称为"升格拍摄"或"高速拍摄"。在电视录像中,以正常速率(25 帧 / 秒)摄录,以低速率放映时,也会出现同样的效果。由于主体运动变慢,常用于展示各种动作的瞬间状态或制造神秘、虚幻的气氛。

在 Premiere 中,可以通过调整剪辑的播放速度来模仿传统快、慢镜头的运动。

注意:调节剪辑的播放速度,只能模仿快慢镜头的效果,并不是实质上产生快慢镜头的方法。快慢镜头的产生,应该通过拍摄和播放的帧速率变化来实现为最佳。

剪辑的速度是指剪辑在单位时间内每秒播放的帧数。当数值为 100% 时,为正常速度,当数值高于 100% 时,速度将比正常速度快,画面表现为"快镜头";当数值低于 100% 时,速度将比正常速度慢,画面表现为"慢镜头"。

如果以数字的方式精确控制素材持续长度,在轨道的剪辑上右击,选择"速度"→"持续时间"命令,弹出对话框如图 5-12 所示。

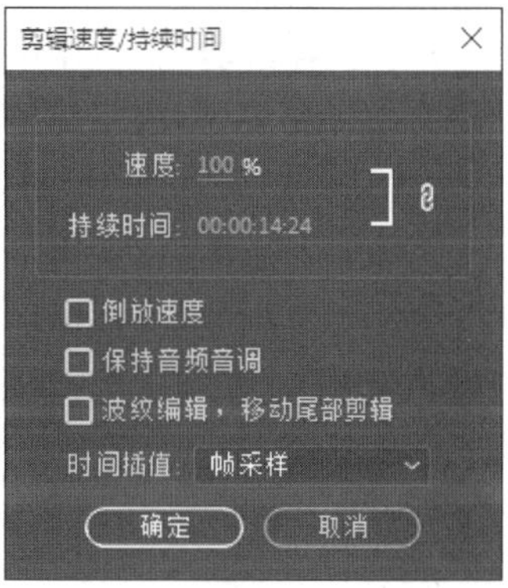

图 5-12 "剪辑速度 / 持续时间"对话框

速度与持续时间:更改速度与持续时间的参数,即可调节剪辑的播放速度。

注意:默认情况下,速度与持续时间这两个参数是相互链接的,即修改其中一个参数,另一个参数会做出相应的调整。

倒放速度:勾选此复选框,则当前剪辑的播放顺序将发生反转,由出点向入点进行播放,即倒放。

保持音频音调:当剪辑的播放速度发生变化时,受影响的不仅仅是视频部分,音频部分也会发生相应的改变。速度变快,则音调变高;速度变慢,则音调变低。更多的情况下是不希望音频的音调发生变化的,因此往往要勾选此复选框。这样音频部分的播放将只是在原有音调的基础上变快或变慢。

波纹编辑,移动尾部剪辑:剪辑的播放速度发生变化时,往往出点会有位置的改变。如果勾选了此复选框,则可以使当前剪辑与其后面的剪辑保持原有的位置关系。

提示:用此对话框来进行素材的速度调整,是一种比较精确的方式。也有一种简便的直接在轨道上调整素材播放速度的方式,参见 5.3 节介绍的"比率拉伸工具"。

5.2.7 选择、移动和删除剪辑

剪辑的最基础操作就是选择、移动和删除。通过这几种方式,可以比较有效地将剪辑进行编排和调整。这是必不可少的需要熟练掌握的基础操作。

1. 选择

在序列中,直接左键单击某一个剪辑,即可选择该剪辑。选择时,鼠标当前是标准鼠标的符号,即默认情况的选择工具。

多重选择时,需要按住 Shift 键并结合单击鼠标来分别选择剪辑,称为"复选"。这样选择的精准性比较高。也可以通过按下并拖动鼠标,用出现的选区虚线框围住所需要选择的剪辑,

则可以批量选择连续的剪辑，称为“圈选”。

复选和圈选可以配合使用，适用于大范围选择更多的剪辑。工具箱中还有“轨道选择工具”可供使用。

2. 移动

在序列中，剪辑的顺序和位置是经常需要调整的，这时候就要移动剪辑。选中剪辑后，在该片段上按住鼠标左键并进行拖动，即可移动剪辑。

移动剪辑可以在轨道上沿时间轴向前或向后移动，也可以更换轨道进行移动。在移动剪辑时，经常需要用到时间轴的一个功能，即“对齐”。这个功能对于移动剪辑有着重要的作用，它可以保证剪辑在被拖动时，其入点、出点、标记点会与时间指示器、时间轴标记、其他剪辑的入出点等位置直接对齐，以实现准确衔接的效果。

注意：移动素材的默认编辑方式是覆盖方式，因此拖动某个剪辑片段到另一个片段上时，会覆盖相应的区域。

结合键盘对剪辑进行移动，有着比用鼠标更加精准的操作效果。一般用到的键盘按键是上下左右方向键及 Shift 和 Alt 键。其组合方式如下。

Alt+ **左箭头**：将选中的剪辑向左移动 1 帧。

Alt+ **右箭头**：将选中的剪辑向右移动 1 帧。

Alt+Shift+ **左箭头**：将选中的剪辑向左移动 5 帧。

Alt+Shift+ **右箭头**：将选中的剪辑向右移动 5 帧。

Alt+ **上箭头**：将选中的剪辑向上移动 1 层轨道。

Alt+ **下箭头**：将选中的剪辑向下移动 1 层轨道。

注意：对剪辑进行向上向下的轨道移动时，音视频是同时进行的，注意不要影响其他轨道的原有剪辑。

结合 Ctrl 键的使用，移动剪辑可以变为插入编辑方式。Ctrl 键的按下时机，决定了插入编辑的时间点位置。

（1）按住 Ctrl 键拖动剪辑

这时鼠标呈现图标形式，拖动剪辑到目标时间点后，该剪辑将以插入的方式进入目标时间点，但本身之前所在的空间被删除，如图 5–13 所示。

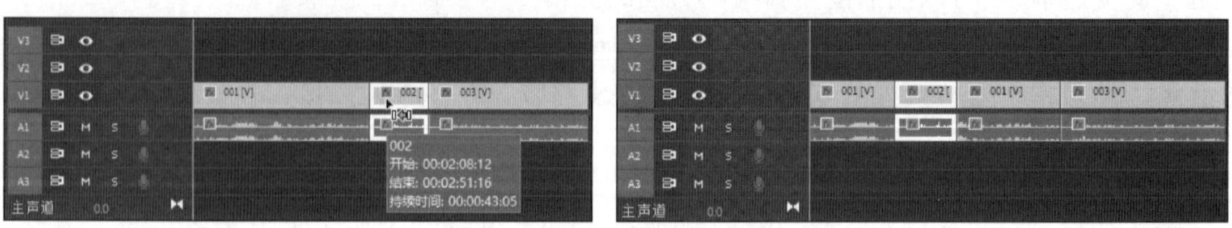

图 5–13　按住 Ctrl 键拖动剪辑

（2）拖动剪辑到目标点后按 Ctrl 键

这时鼠标呈现图标形式，拖动剪辑到目标时间点后，该剪辑将以插入的方式进入目标时间点，本身之前所在的空间不会被删除，所有目标点右侧的剪辑片段将向右波纹移动，如图 5–14 所示。

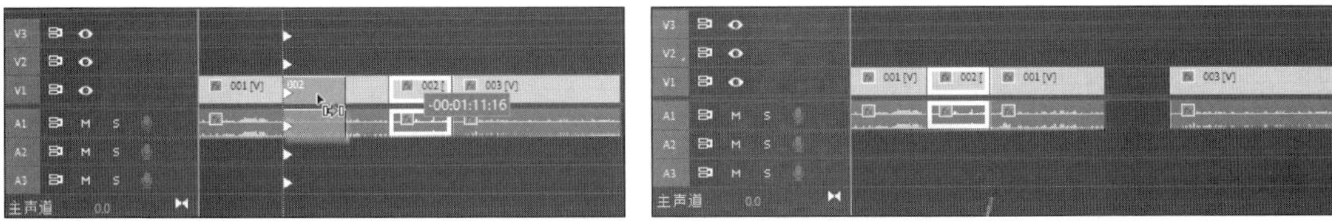

图 5-14　先拖动再按 Ctrl 键

3. 删除

选中一段或多段剪辑后，可以对选中内容进行删除。删除有两种形式。

(1) 删除后保留自身原有空间

右击，选择“清除”命令或按 Delete 键，可删除被选中的剪辑，但保留该剪辑所占据的空间区域。

(2) 删除后不保留自身原有空间

右击，选择“波纹删除”命令或按 Shift+Delete 键，可删除被选中的剪辑，并同时清除该剪辑所占据的空间区域，其右侧所有剪辑向左移动以填补空间。

注意： 剪辑之间的空白空间区域是可以被选中并删除的，但只限定“波纹删除”一种形式。

5.3 工　具　箱

剪辑过程中，工具的使用是必不可少的。Premiere 提供了多种在序列中发挥各种功能的工具。灵活有效地使用工具，是提高剪辑效率的最佳手段。

Premiere 的工具箱窗口包含 16 个各具特色的工具，部分工具是相互包含的关系，如图 5-15 所示。

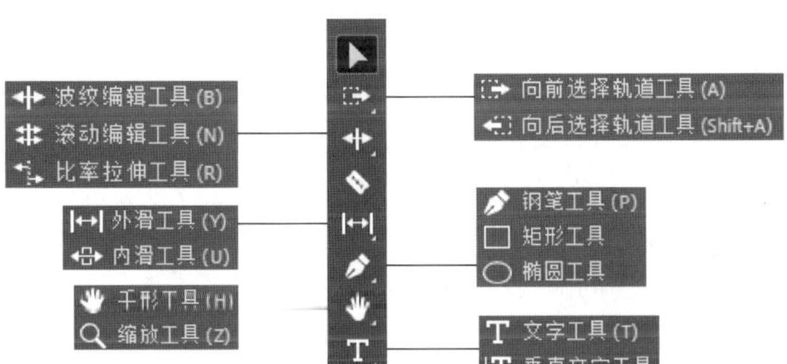

图 5-15　工具箱

(1) 选择工具

选择工具是剪辑中最基本的默认工具。Premiere 中，鼠标的默认作用就是以选择工具为基础的。通过选择工具，可以选择剪辑、拖动剪辑以及对节目窗口中的图形、文字等素材进行操作。

选择工具有一个独特的功能，就是用鼠标拖动轨道上剪辑的入点和出点，即剪辑的边缘，可以实时调整剪辑片段的持续时间，更改其入点和出点的时间位置。这种方法是快捷有效的，而且直观。通过此方法，配合通过源窗口设定入点和出点的操作，可以准确把握剪辑点的位置。

(2) 向前选择轨道工具 / 向后选择轨道工具

利用向前 / 向后选择轨道工具，单击某剪辑，可选中当前剪辑左侧或右侧（包含当前剪辑自身）全部轨道上的所有剪辑。此工具是一个超大范围选择工具，相较于利用选择工具进行大范围圈选，此工具更方便于选择序列可视范围以外的大批量剪辑。

此工具默认是多轨道选择的，当按住 Shift 键并使用该工具时，其作用变为单轨道选择，即选中当前剪辑左侧或右侧的同轨道上的所有剪辑。

(3) 波纹编辑工具

波纹编辑工具与选择工具的更改剪辑入出点功能有所相似，也有较大区别，可以对照比较。

波纹编辑工具是用来调整剪辑片段的入点和出点的专用工具。用鼠标拖动轨道上剪辑的入点和出点，即剪辑的边缘（编辑点），可以调整剪辑的持续时间。但是，它与选择工具的功能有着本质上的不同。波纹编辑工具在修整剪辑入出点时，是不影响该剪辑与其他剪辑的位置关系的。换句话说，它是一种单边修剪，只影响当前剪辑的一个编辑点。

当使用波纹编辑工具更改剪辑的入出点时，所选编辑点之后的剪辑（如果选择的是入点，则包含该剪辑本身）将会“波纹移动”，维持住剪辑之间的位置距离。因此，向左拖动出点和向右拖动入点，会导致之后的剪辑跟上来；向右拖动出点和向左拖动入点，会导致之后的剪辑推开去。

从剪辑效率来说，由于波纹编辑工具是单边修剪的，因此如果想调整某个剪辑的入出点，而又不想导致整个序列的剪辑排列产生错位，利用波纹编辑工具会比使用选择工具更便捷。

注意： 波纹编辑工具的使用，一些情况下也会影响到其他轨道剪辑的位置关系。

(4) 滚动编辑工具

滚动编辑工具也是一款调整剪辑片段的入出点的工具，但它与选择工具及波纹编辑工具有着一定的区别。滚动编辑工具是双边编辑，它在两个剪辑片段首尾相接时，体现出自身的功能效果。如果只针对没有与其他剪辑相连接的编辑点操作，它的作用与选择工具一样。

在两段剪辑首尾相连时，滚动编辑工具在触碰到剪辑之间的编辑点时，会产生双边影响。其中一段剪辑的出点调整会导致与其相连的另一段剪辑的入点发生顺应的变化，反之亦然。总之，这个工具不会让紧密相连的两段剪辑分离开，同时，更不会改变两段剪辑的总长度。

注意： 滚动编辑工具让某段素材变短，则与其相连的另一段素材会随着变长，但是要注意变长的素材是否有内容上的余量，即入出点之外的没被用到的素材内容，可供其变长。

(5) 比率拉伸工具

比率拉伸工具与前文介绍的调整剪辑的速度与持续时间相关。它的功能就是用来改变剪辑的播放速度，只是比较直观。利用此工具拖动剪辑的入出点，不会改变剪辑展示的内容，只会改变剪辑的播放速度，即持续时间。

比率拉伸工具相比“剪辑速度 / 持续时间”对话框的功能，更加灵活，但不够精准。如果有确切的速度或持续时间的数值，建议使用“剪辑速度 / 持续时间”对话框来调整。

提示：“剪辑速度 / 持续时间”对话框中的“保持音频音调”和“波纹编辑，移动尾部剪辑”功能，只要勾选，在使用比率拉伸工具时依然生效。

(6) 剃刀工具

剃刀工具的作用就是切割剪辑，将一段剪辑分割成两段。在剪辑上单击，可以将剪辑在单击的时间点上分割成两个剪辑片段。用剃刀工具分割后的多个剪辑在播放中依然是连贯的，只是每个剪辑都成为了独立的剪辑片段，可供进一步调整和修饰。

此工具默认是单轨道作用的，当按住 Shift 键并使用该工具时，其作用变为多轨道切割，即单击一下可以以当前时间点为基准，将全部轨道的相关剪辑切割开。

提示： 剃刀工具对于时间指示线，隐含着“对齐”功能，因此只需靠近时间指示线即可切割得更加精准。

(7) 外滑工具

外滑工具是一种有着独特功能的工具，它的作用是，在不改变当前剪辑入出点的时间位置的前提下，移动剪辑内容的展示范围。此工具主要用在以下情况：不想改变当前剪辑的持续时间和时间段，但是想要使用这个剪辑的原素材上另一些未收录的内容。

可以理解成当前剪辑的入出点范围，形成了一个窗户，而剪辑的镜头内容，则需要通过滑动，在这个窗户中进行展示。利用此工具在轨道剪辑上从左向右滑动，则剪辑展现当前时间位置之前的内容；从右向左滑动，则剪辑展现当前时间位置之后的内容。

对当前剪辑的展示内容不满意，想利用其另外的镜头内容，也可以在源窗口重新设定入出点来更改剪辑内容。但是在序列中直接使用外滑工具是比较快捷和简单的。

(8) 内滑工具

内滑工具是一种有着独特功能的工具，它的作用是，在不改变当前剪辑的展示内容的前提下，移动剪辑片段，以将其放置于整个影片的时间更靠前或更靠后的位置上。此工具主要用在以下情况：在序列编辑的影片中插入了一个剪辑片段，而需要调整这个剪辑片段使其更早或者更晚出现在影片中。

使用内滑工具移动剪辑片段时，会影响到当前剪辑前面一个剪辑的出点以及当前剪辑后面一个剪辑的入点，但是不会影响整个影片的总时间长度。可以理解为内滑工具是滚动编辑工具的一种扩展，滚动编辑工具改变的是一个编辑点，而内滑工具把编辑点换成了一个剪辑片段。它们都会影响到前后剪辑的入出点。

(9) 钢笔工具

钢笔工具可用来在节目窗口中直接绘制图形以及在轨道的剪辑上直接创建关键帧。

(10) 矩形工具 / 椭圆工具

这两个工具可以分别在节目窗口中直接绘制矩形或椭圆的图形。绘制以后，可以利用钢笔工具进行顶点的添加和修改。

(11) 手形工具

手形工具主要用来在时间轴窗口移动时间位置。注意，其只是移动展示时间位置，并不移动时间指示线。其作用可通过移动时间轴窗口的横向滚动条代替。

(12) 缩放工具

缩放工具主要用来对当前剪辑的时间标尺尺度进行放大和缩小。其作用可通过控制时间轴窗口横向滚动条的两个端点来代替。

(13) 文字工具 / 垂直文字工具

文字工具可以直接在节目窗口的画面上，单击创建或圈选一个范围建立文本框，在其中书写文字。垂直文字工具则是纵向书写直排文字。

5.4 视音频剪辑的进阶操作

5.4.1 为剪辑添加标记

标记是用来指明重要的时间位置的记号，帮助使用者编排、定位素材。每个序列、每个素材都可以独立包含从 0 到 99 高达 100 个数字标记。根据应用对象的不同，标记还可以分为素材标记、序列标记。

标记在源窗口以小图标的形式出现在预览区域时间标尺之上，素材标记在时间轴上并不出现，而是隐含在素材内部。序列标记出现在时间轴窗口和节目窗口的时间标尺上。

标记的设置类似视音频剪辑的入点、出点设置，但它们的意义却是完全不同的。标记并不改变素材本身，不影响素材的时间长度。而入点、出点对素材的内容保留重新进行定义。

在源窗口给素材增加标记点时，标记会保存在源素材上，当源素材放入序列中后，仍然会在素材上显示着这些标记。但是如果关联素材已经存在于时间轴窗口，则不会因源素材标记改变而变化。

1. 添加素材标记

将项目窗口中的素材拖动到源窗口或双击该素材，可以在源素材中对其进行相关操作。在源窗口确定当前素材需要添加标记的时间点位置，单击源窗口的■按钮，即可对当前素材添加一个素材标记，如图 5–16 所示。

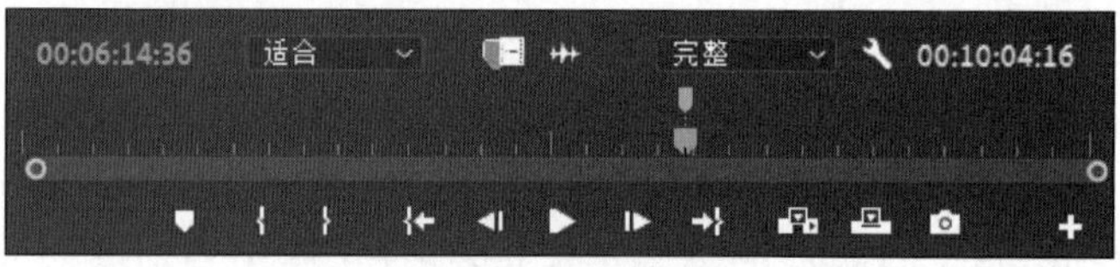

图 5–16 在源窗口添加标记

提示：标记在时间轴窗口中具有“对齐”功能，因此可以通过灵活使用标记，对影片的剪辑节奏进行把控，以便在序列中从容进行剪辑。

2. 添加序列标记

在时间轴窗口中，通过时间线的移动，找到需要添加标记的时间点。确定时间点位置后，单击时间轴窗口或节目窗口的■按钮，即可在当前时间点为当前序列添加一个序列标记，如图 5–17 所示。

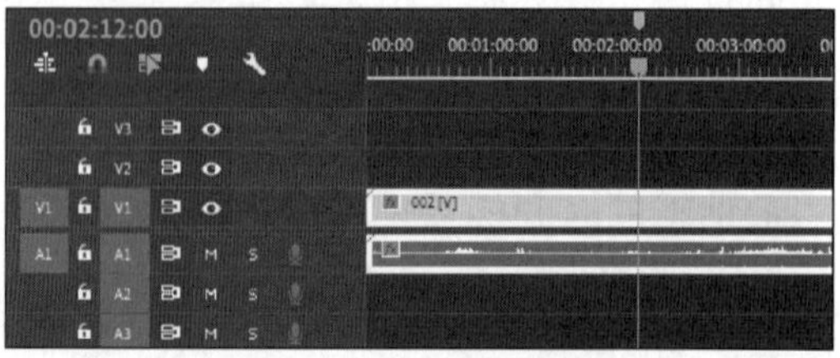

图 5–17 设置序列标记

3. 设置标记信息

双击标记图标，弹出“标记”对话框，如图 5-18 所示。

为了能够区分不同标记以及针对每个标记注释其独有的意义，一般在添加较多数量标记的情况下，建议对标记信息进行填写，其中包括标记的名称、时间点、持续时间、注释，作为基础信息。此外还可以对不同类别的标记设定不同的颜色，加以区分。标记有几种不同的类型，分别如下。

注释标记：常用的标记类型，设定好名称、持续时间和注释即可。

章节标记：影像光盘，如 DVD 或蓝光，其中的光盘设计程序会将此类型的标记转换为普通章节标记。

分段标记：在一些视频服务器上，通过分段标记可以将内容拆分成多个部分。

Web 链接：播放视频时，可以通过这种类型的标记打开一个网页。

Flash 提示点：Adobe Animate 软件用到的一种标记类型。这些标记可以添加到 Premiere 的时间轴上，这样可以在编辑序列的同时，开始准备 Animate 项目。

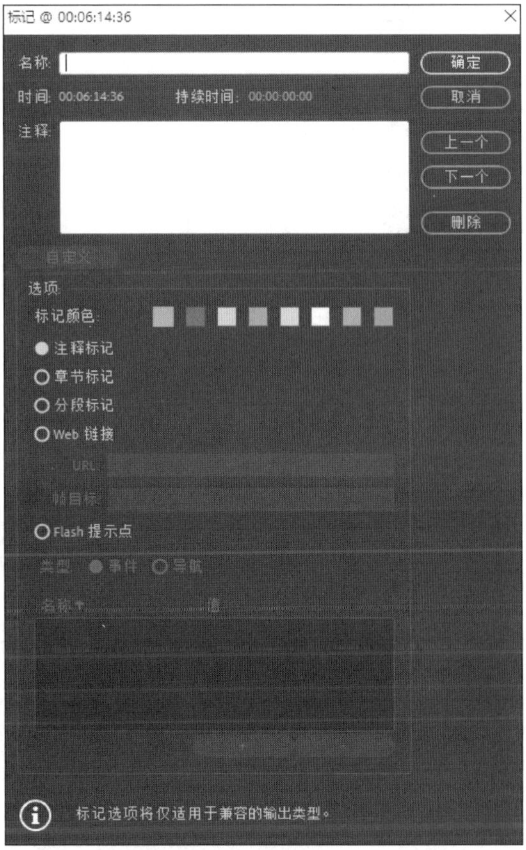

图 5-18 “标记”对话框

4. 删除标记

单击选中某个标记，右击，选择“清除所选的标记”命令即可。

在时间标尺上右击，选择“清除所有标记”命令，可以将全部标记批量删除。

5.4.2 创建子剪辑

有时候一个素材较长，编辑时需要用到其中不止一段内容，这时候只为其设置一次入点和出点是不够的，要设置多次，并获取多段剪辑供编辑使用。由于入点和出点的设置都是一次性的，因此最好可以将多段剪辑保存成素材以供多次使用。子剪辑的创建满足了此要求。

一般来说，子剪辑是某一个素材的多个局部内容，因此最好先新建一个以原素材命名的素材箱来存放这些子剪辑。将素材在源窗口打开，并设置好所需的入点和出点，在源窗口右击，选择“制作子剪辑”命令，弹出对话框，如图 5-19 所示。

多次创建子剪辑后，素材箱中会存有多段原始素材的片段，即多个子剪辑，可以在项目窗口进行组织和排列，如图 5-20 所示。

子剪辑的图标是▣。子剪辑可以理解为原始素材的局部副本，可以作为一个独立素材进行编辑。在源窗口再次打开子剪辑时，将只能预览这部分的持续时间长度。子剪辑与原始素材是基于同一个媒体文件的，因此依然要注意原始媒体文件的保留，防止造成脱机。

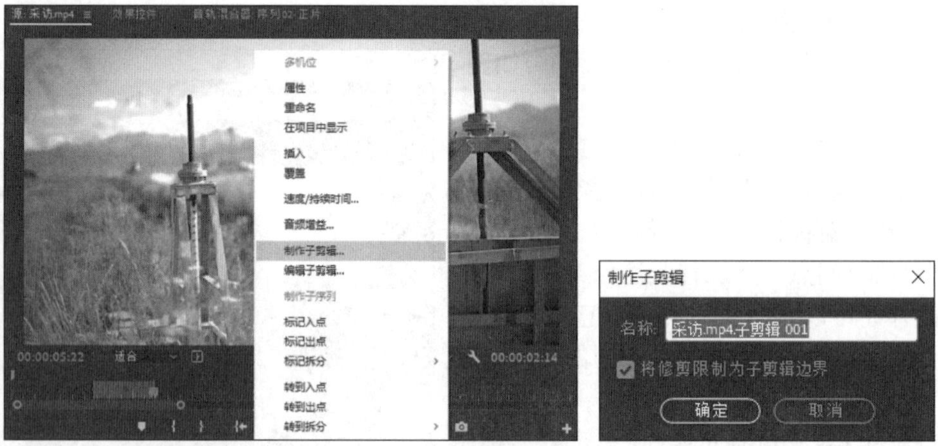

图 5-19　创建子剪辑

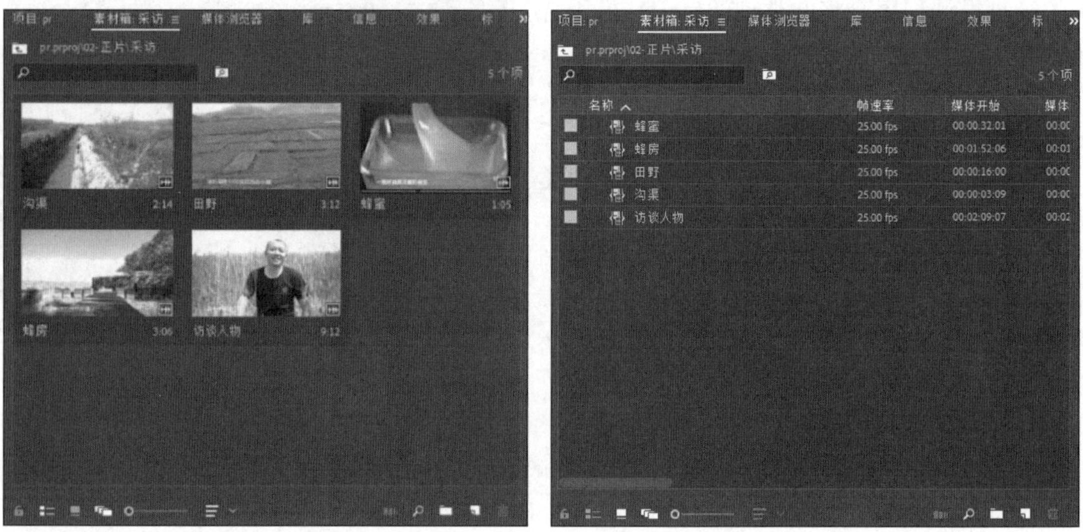

图 5-20　项目窗口中的子剪辑

5.4.3　自动匹配序列

将素材置入序列中,除了直接拖动以外,还有一种更为高阶的操作,即自动匹配序列。这种方法可以更有效快速地将多个素材按一定顺序同时编辑到序列中。甚至可以在放到序列之前,就对素材进行了一次粗剪。

自动匹配序列也被称为序列自动化,它可以更好地控制如何将素材放入序列中。这个操作可以直接进行或结合序列标记进行。基本操作流程如下。

① 将项目窗口的素材分别置入源窗口,并进行初步的入出点设定,以摘取有效剪辑内容。

提示: 对源素材进行入出点设定后,项目窗口的素材将保留最近一次入出点的设定结果。

② 按照素材的编排顺序,复选素材(按住 Ctrl 键选择)。

③ 如果需要与序列上已有内容进行时间点的匹配,可以在时间轴上添加多个标记,对应

需要放入的每个素材的位置。利用标记，尤其是用于音乐卡点非常方便。

④ 单击项目窗口右下角的按钮，打开“序列自动化”对话框，如图 5–21 所示。

⑤ 对其中的选项进行设定。

顺序：有“排序”和“选择顺序”两种，默认按素材的选择顺序。

放置：有“按顺序”和“按未编号标记”两种。其中“按未编号标记”可用的前提是序列中已经添加了标记。每一个素材将分别对应一个标记，放置于标记时间点的位置。

方法：有“覆盖编辑”和“插入编辑”两种。覆盖则会在置入素材时按时长消除序列上其右侧的内容，插入则会在置入素材时将其右侧内容向右波纹移动。

剪辑重叠：可设定置入素材之间重叠的帧数。

静止剪辑持续时间：设定静态素材的时长，可通过入出点和具体帧数进行设定。

过渡：可选择是否在置入素材的视频和音频片段之间加入过渡效果。

忽略选项：置入素材时去掉视频或音频部分的链接。

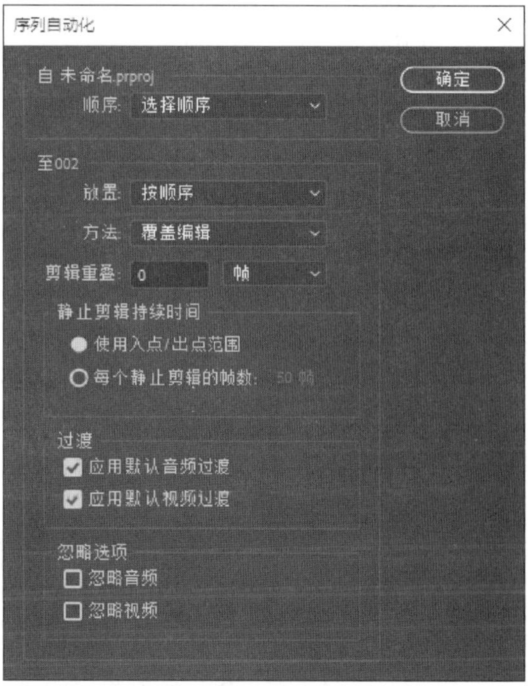

图 5–21 “序列自动化”对话框

⑥ 单击对话框的“确定”按钮。选中的素材将按照设定放置到序列中，如图 5–22 所示。

序列自动化是一种非常快速有序开启剪辑的方式。一定情况下，甚至可以相当于进行了一次粗剪。结合标记的情况下，更能达到新素材与序列中剪辑的有效结合。

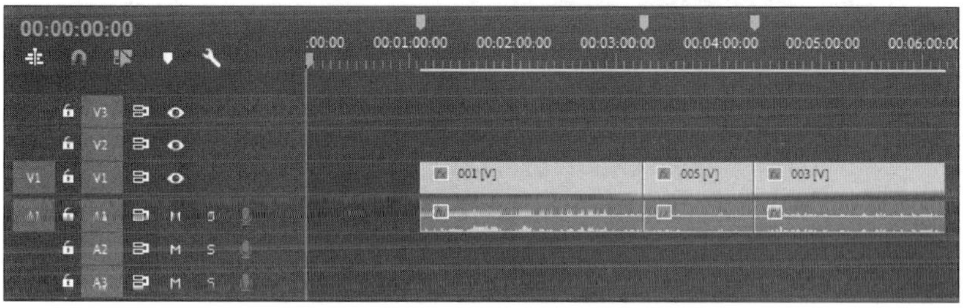

图 5–22 根据标记进行序列自动化

5.4.4 三点编辑

三点编辑是以插入与覆盖的剪辑方式作为基础的。相比起拖动素材到序列中进行编辑，三点编辑更加有效且准确。

一般来说，对素材进行剪辑都是把素材拖入轨道中，再通过入出点的调整、切割、移动位置等方式进行编辑。想在已有剪辑之间放入新的素材，则需要在时间轴内分割并移动剪辑，以腾出相应的空间。三点编辑的操作,可以快捷地将素材插入和覆盖到序列中设定好的位置,很好地提高了剪辑的效率。

在 Premiere 中,可以使用源窗口来进行剪辑的插入与覆盖,这个操作是针对专业的三点、四点编辑方式的。这种方式工作效率很高,是值得推荐的专业手法。

1. 插入

插入指把指定的剪辑片段添加到序列中,并将现有剪辑以当前时间点为基准,向右进行波纹移动,以提供插入新素材的空间。

三点编辑的插入操作所用到的三个点分别是源窗口需要添加的新素材的入点和出点以及时间轴窗口的时间指示线作为一个编辑点。基本操作流程如下。

① 对源窗口的素材进行入点和出点的设定。

② 在时间轴窗口中选择目标轨道。

③ 在时间轴窗口中设定要插入的时间指示线的位置。

④ 单击源窗口的按钮。

图 5-23 和图 5-24 分别为插入素材前和插入素材后的目标轨道。

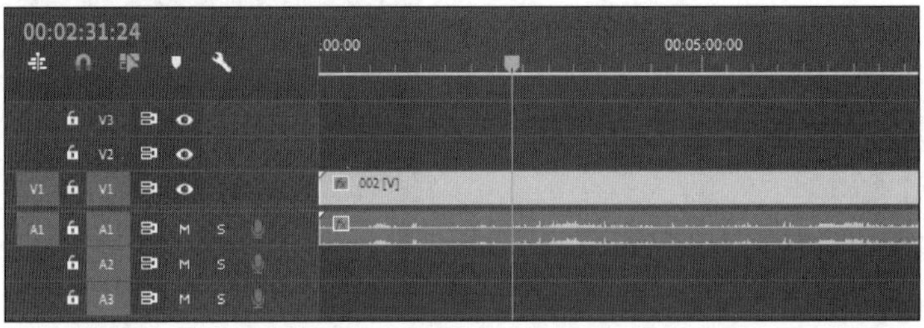

图 5-23　插入素材前

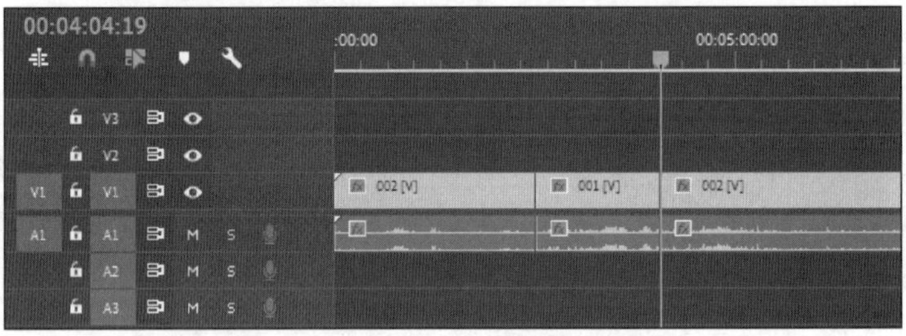

图 5-24　插入素材后

2. 覆盖

覆盖指的是将指定剪辑片段添加到序列中,序列上的剪辑将以当前时间指示线为基准,用新添加的帧取代现有的帧。

三点编辑的覆盖操作所用到的三个点分别是时间轴窗口需要被替代的剪辑的入点和出点、源窗口需要添加的新素材的入点或出点。基本操作流程如下。

① 对源窗口的素材进行入点或出点的设定。

② 在时间轴窗口中选择目标轨道。

③ 在时间轴窗口中设定要覆盖范围的入点和出点。

④ 单击源窗口的按钮。

图 5–25 和图 5–26 分别为覆盖素材前和覆盖素材后的目标轨道。

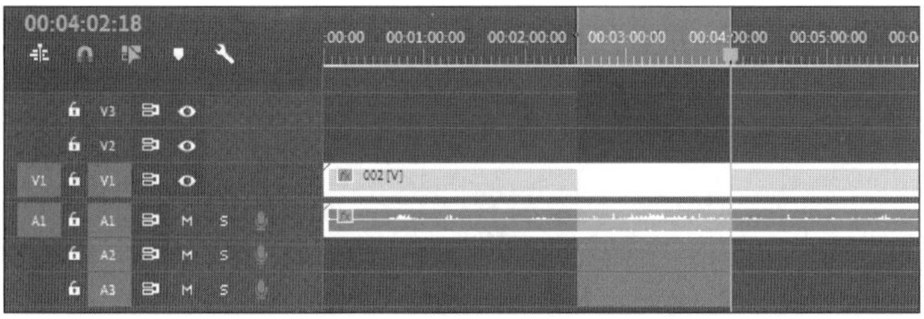

图 5–25　覆盖素材前

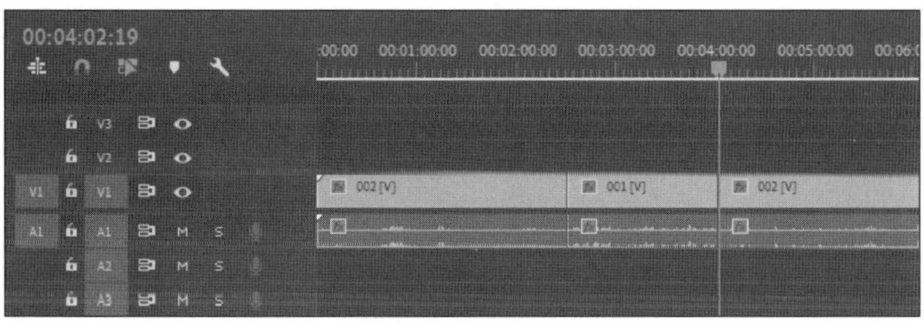

图 5–26　覆盖素材后

注意：插入和覆盖操作都需要提前指定好目标轨道，以确定添加的新素材会放置到哪个视频和音频轨道上。指定目标轨道的方式，就是单击目标轨道最左面的位置，以显示高亮的 V1 和 A1。

5.4.5　四点编辑

在了解了三点编辑之后，再增加一个点，即源窗口和时间轴窗口都标记入点和出点，会产生一种新的编辑操作方式。这种方式被称为四点编辑，是一种用源剪辑片段来取代序列上目标剪辑片段的方法。

四点编辑首先要在源窗口设定好需要添加到序列上的素材的入点和出点以及时间轴窗口中需要被取代的剪辑的入点和出点。选择目标轨道也很重要，不能忽略。之后可以单击源窗口的“插入”按钮或“覆盖”按钮执行四点编辑，弹出“适合剪辑”对话框，如图 5–27 所示。剪辑片段的替代分为两种情况，一种是源长于目标，另一种是源短于目标。由于很少出现两段内容时长一样的情况，Premiere 在这个对话框中提供了 5 种解决方案。

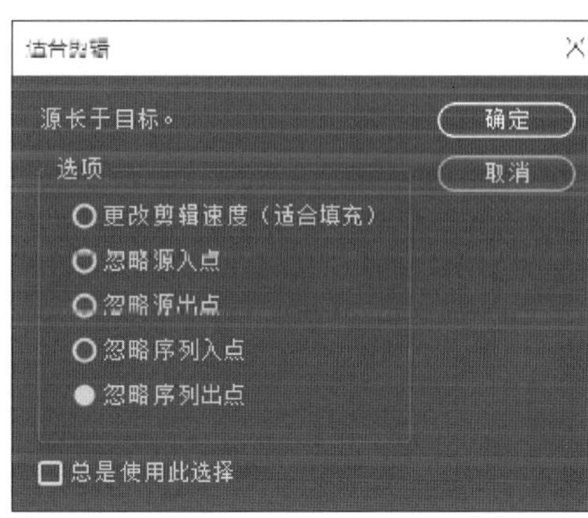

图 5–27　“适合剪辑”对话框

更改剪辑速度（适合填充）：保留源素材和目标剪辑片段的全部入点和出点，通过调整添加素材的播放速度，使其长度正好填满序列上入点到出点之间的空间。不过一般来说，这种方案很少采用，因为不建议随意更改源素材的播放速度。

忽略源入点：源素材的入点将被忽略。源素材的出点会对应到时间轴的出点，源素材所添加的内容范围将由时间轴上的入点和出点范围所决定。这种方案适用于源长于目标的情况。

忽略源出点：源素材的出点将被忽略。源素材的入点会对应到时间轴的入点，源素材所添加的内容范围将由时间轴上的入点和出点范围所决定。这种方案适用于源长于目标的情况。

忽略序列入点：序列上的入点被忽略，则四点编辑转为三点编辑。源素材入点和出点之间的内容，以时间轴出点为基准进行三点编辑，时间长度由源素材内容决定。

忽略序列出点：序列上的出点被忽略，则四点编辑转为三点编辑。源素材入点和出点之间的内容，以时间轴入点为基准进行三点编辑，时间长度由源素材内容决定。

5.4.6 提升与提取

提升与提取是对序列中某段时间区间的内容进行删除的两种方式。这两种方式要利用到时间轴窗口或节目窗口的入点和出点。

1. 提升

提升编辑方式将删除序列上设定好的入点与出点之间的内容，并留下无内容的空白区域。操作流程如下。

① 在时间轴窗口或节目窗口，在要删除的内容起始点设定入点，在结束点设定出点。

② 选择要删除的内容所在的目标轨道。

③ 单击节目窗口控制栏中的按钮。

图 5–28 和图 5–29 分别为提升前和提升后的目标轨道。

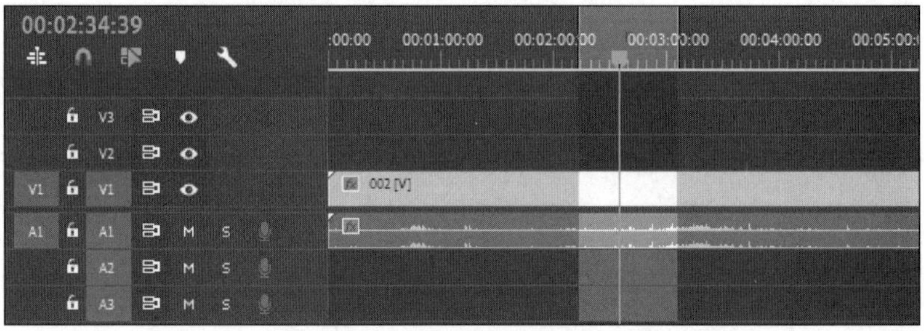

图 5–28　提升操作之前

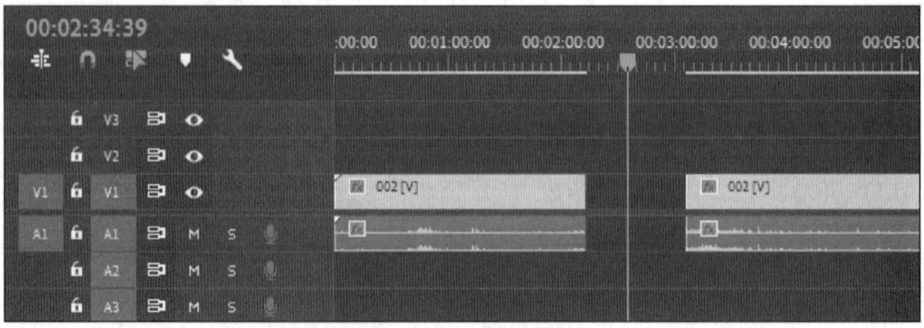

图 5–29　提升操作之后

2. 提取

提取编辑方式与提升有一点区别，它是删除序列上设定好的入点与出点之间的内容，但并不会留下无内容的空白区域。被删除的内容右侧的剪辑将向左进行波纹移动，以填充空白区域。操作流程如下。

① 在时间轴窗口或节目窗口，在要删除的内容起始点设定入点，在结束点设定出点。

② 选择要删除的内容所在的目标轨道。

③ 单击节目窗口控制栏中的按钮。

图 5–30 和图 5–31 分别为提取前和提取后的目标轨道。

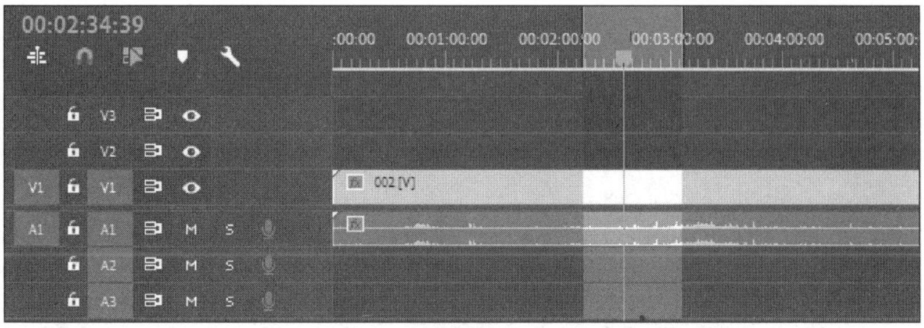

图 5–30　提取操作之前

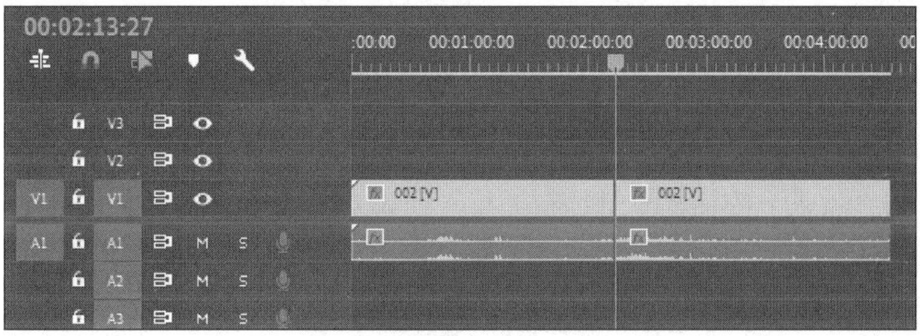

图 5–31　提取操作之后

注意：提升和提取操作都需要提前指定好目标轨道，以确定删除的是哪个视频和音频轨道上的内容。设定目标轨道的方式，就是单击目标轨道左数第三列的 Vm 和 An（m、n 代表任意数字），可多选轨道批量进行该操作。

练习操作：

练习素材 5–3：进阶剪辑练习

新建一个标准 720p 的序列，命名为“望远”。将“5–3”文件夹的素材导入项目中。本例将把序列中视频的部分内容替换成其他素材的内容。

将素材“望远”直接拖动到序列的视频轨道 1 上，在 7 秒 1 帧处标记入点，在 12 秒 11 帧处标记出点，如图 5–32 所示。

在节目窗口单击“提取”按钮，序列上的入点到出点之间的部分将被清除，该区间前后的剪辑将对齐连接，如图 5–33 所示。

提示：这步操作的目的是将“望远”素材中的天空飞鸟画面部分清除掉，以换成其他画面。

注意：“提取”操作完成后，序列上的时间指示器不要移动，保证接下来的“插入”操作是以当前时间点为基准的。

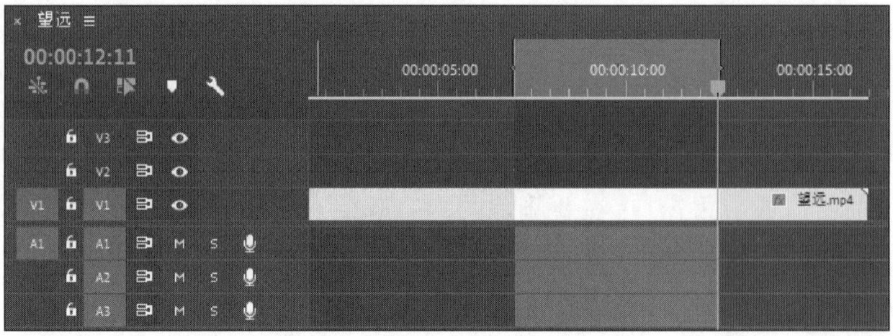

图 5-32　标记入出点

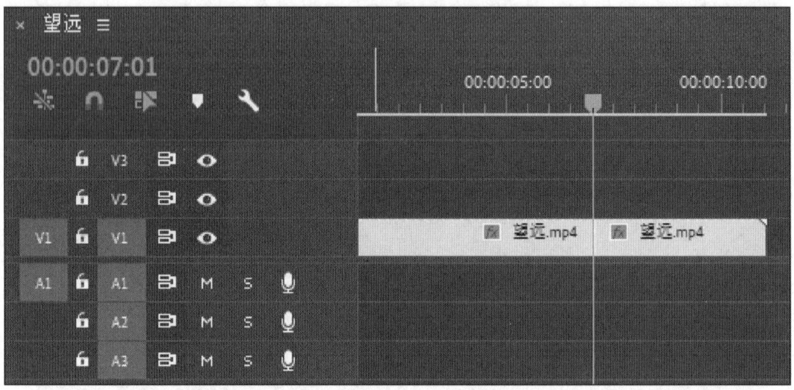

图 5-33　提取剪辑

将素材“滑翔”拖动至源窗口，在 2 秒 10 帧处标记入点，在 8 秒 16 帧处标记出点。

在源窗口单击“插入”按钮，源窗口入点到出点之间的剪辑片段将被插入到序列的当前时间点，如图 5-34 所示。

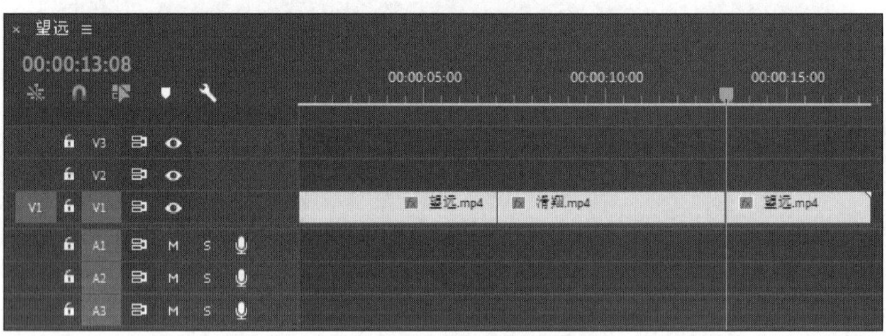

图 5-34　插入新剪辑

播放影片，之前的飞鸟片段将被替换成滑翔伞片段，前后人物的望远动作并没有改变。影片将产生新的表达。

至此，本例完结。

5.4.7　剪切、复制与粘贴剪辑

在剪辑的过程中，经常需要将某段剪辑片段移动到另一个时间点，或者在某个时间点需要

再次用到已经用过的一段剪辑片段。这时候，对剪辑片段进行剪切和复制，再粘贴到目标时间点，就是非常有效的一个操作了。粘贴操作有插入和覆盖两种形式。

下面具体介绍这几种操作的流程。

1. 剪切

选中序列中需要移动的剪辑，在菜单中选择“编辑”→“剪切”命令，或按 Ctrl+X 键。这样将在序列中删除被选中的剪辑，将其移入剪贴板，等待被粘贴。

注意：剪切之后请尽快在目标位置进行粘贴操作。如果剪切某段剪辑后，又进行了另一段剪辑的剪切操作，则先前被剪切的剪辑将不再留在剪贴板中，等同于这段剪辑被从序列中删除了。剪贴板中只能保留最近被剪切的剪辑。

2. 复制

选中序列中需要重复使用的剪辑，在菜单中选择“编辑”→“复制”命令，或按 Ctrl+C 键。这样将在序列中保留被选中的剪辑，将其副本放入剪贴板，等待被粘贴。

3. 粘贴

① 选择需要粘贴剪辑的目标轨道。

② 将时间指示器移动到要粘贴剪辑的时间点位置。

③ 选择菜单“编辑”→“粘贴”命令，或按 Ctrl+V 键。剪贴板中此时存储的剪辑将被放置于日标轨道和日标时间点确定的位置上。时间点后面的内容将被刚粘贴的剪辑按时长覆盖。

4. 粘贴插入

① 选择需要粘贴剪辑的目标轨道。

② 将时间指示器移动到要粘贴剪辑的时间点位置。

③ 选择菜单“编辑”→“粘贴插入”命令，或按 Ctrl+Shift+V 键。剪贴板中存有的剪辑将被放置于目标轨道和目标时间点确定的位置上。时间点后面的内容将按刚粘贴的剪辑的时长，向右进行波纹移动。

本操作类似三点编辑中的插入，只不过把“源素材的入点出点间的内容”改为了“剪贴板中的内容”。

注意：两种粘贴都可以提前指定好目标轨道，以确定粘贴的素材要放置到哪个视频和音频轨道上。设定目标轨道的方式，就是单击目标轨道左数第三列的 Vm 和 An（m、n 代表任意数字）。若没有专门选择目标轨道，则粘贴效果将发生在所有被选的轨道数字最小的那一轨道上。

5. 复制副本

在序列中，可以对选中的剪辑快速复制副本，这也是最便捷的方法。

选中轨道上的一个或多个剪辑，按住 Alt 键，拖动选中的剪辑至当前轨道的其他位置或其他轨道上，即可生成所选内容的副本。本操作与复制粘贴的效果完全一致，注意是以覆盖粘贴的形式。如果需要插入粘贴，需要同时结合 Ctrl 键的移动剪辑功能，参见 5.2.7 节。

注意：要等副本出现后再松开 Alt 键，不要提前松开。另外，复制副本进行拖动时，建议先设定好时间指示器的位置，以便于对齐以控制副本的时间点位置。

5.4.8 替换剪辑

导入后的素材如果需要替换，可以在项目窗口进行操作（参见 3.5.3 节）。对于已经进入序列的剪辑片段，如果需要对其进行内容的替换，则要进行替换剪辑的操作。替换剪辑的操作，相比删除原素材并引入新素材的更替操作,最大的区别就是,替换剪辑不会影响对序列中剪辑片段的所有已做操作,而删除再引入新素材会清除所有对原素材进行的操作。

1. 拖动替换

替换序列中剪辑片段的最快捷方式就是拖动替换。可替换的内容有两个来源,分别是从项目窗口和源窗口获取。

选中项目窗口的供替换的素材,按住 Alt 键,拖动该素材到序列中要被替换的剪辑之上,序列中的剪辑将被拖动过来的素材所替换。

进一步地,可以先将素材拖入源窗口,设定好供替换内容的入点,再配合 Alt 键,将源窗口的素材拖动到序列中要被替换的剪辑之上,可以比较精确地以新素材入点的位置开始进行替换。

2. 命令替换

在序列上需要被替换的剪辑片段上右击,选择“使用剪辑替换”命令,出现三个可选项,如图 5–35 所示。

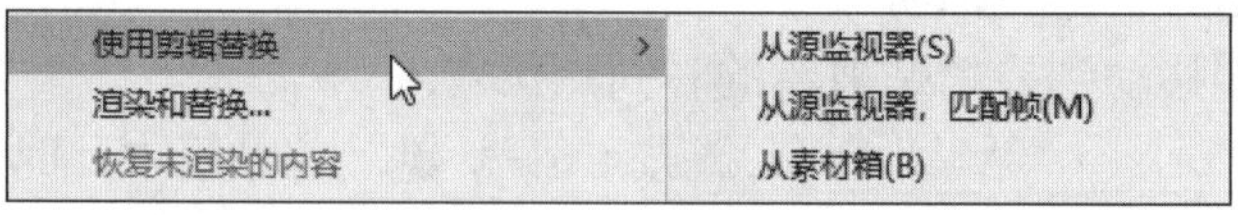

图 5–35　替换选项

“从源监视器”和“从素材箱”两个选项,其功能对应拖动替换方式中的“从源窗口拖动”和“从项目窗口拖动”两种模式。

“从源监视器,匹配帧”是一种非常精准的替换方式,也被称为“同步替换”。在进行此操作之前,要在源窗口中确认时间指示器的位置和显示画面,并在序列中确认被替换剪辑片段的时间指示器的位置和显示画面。同步替换操作,将精确地把源窗口中素材的时间点与被替换片段的时间点对应在一起,匹配该帧,确保该时间点的帧同步替换。而对应时间点左右侧的内容,则以当前时间点为基准向左右延伸。

5.4.9　嵌套序列

序列属于素材的一种,所以序列可以被当作素材置入另一个序列中,这时就形成了序列的嵌套。嵌套序列为编辑工作者提出了将子序列嵌套入主序列中的思想,编辑工作者可以先制作多个序列,最后将所有的序列合成到主序列中。这样的设计可以避免时间轴窗口中一个序列中包含过多的剪辑片段,以造成混乱现象。嵌套使整个编辑过程变得简洁明了。

嵌套序列可以正向操作,也可以反向操作,各有不同。

1. 正向嵌套序列

在项目窗口中创建多个序列,在对序列编辑好内容之后,可以拖动某个序列进入到时间轴窗口正在编辑的其他序列中,其方式与拖动一个素材进入序列中完全一致。也可以将某个序列拖入源窗口,进行入出点的设定,再从源窗口拖入或插入覆盖到其他序列中。

注意: 有三种情况无法形成序列的嵌套。一是,被拖动的子序列是没有剪辑内容的空序列;二是,把一个序列拖动到自身序列中;三是,A 序列作为子序列已经被引入 B 序列,之后要把 B 序列再拖入 A 序列,更多序列类推方式同理。

2. 反向嵌套序列

在编辑过程中,编辑者事先没有建立更多的序列,但想将目前序列上的某些剪辑作为一个整体集中置入一个新序列中便于管理和调整,需要用到"嵌套"命令。

在序列上,选中所有要被置入新序列中的剪辑片段,并右击,选择"嵌套"命令,在弹出的对话框中设定新序列的名称。所有选中的内容将被放置在新建的序列中,该序列则替换原有内容的空间,作为子序列出现在当前序列中。新序列将在项目窗口中列出,如图 5-36 所示。

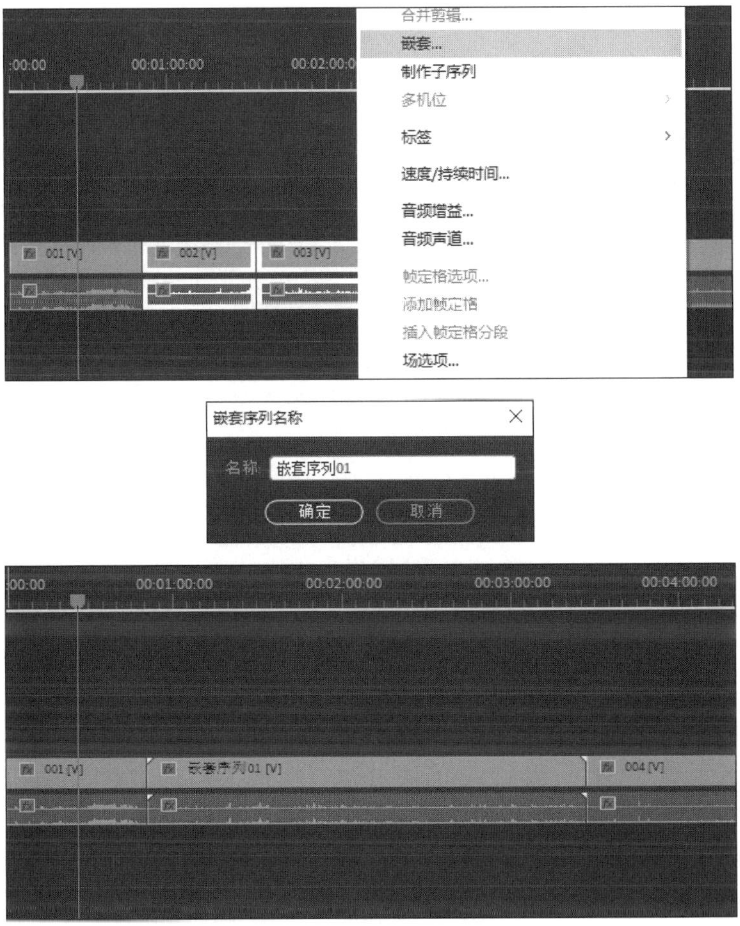

图 5-36 通过剪辑"嵌套"成序列

相比正向嵌套,反向嵌套更能体现编辑者对编辑过程的实时把控力,也更加顺应剪辑思维,随时可以对剪辑内容进行段落式集中处理,以提高编辑思路的清晰度。

5.4.10 帧的定格

在视频剪辑片段中产生定格帧,又称画面帧冻结,本身属于一种电视数字特技效果。

在数字特技中,把已经存入的一帧图像信号反复读出,这样就可以从连续活动的图像中得到一帧静止图像,就像是把活动画面冻结住了一样。屏幕上会显现出相应画面的持续静止图像。通过这种操作实现的效果也被称作"定格"或"静帧"。这种做法通常用来强调某种特殊意义，突出某些重要的场景，也可以将视频的某一帧画面作为静态背景来使用。

Premiere 中提供的帧定格共有三种模式。在需要进行帧定格的剪辑片段上右击，可看到三个命令，如图 5-37 所示。

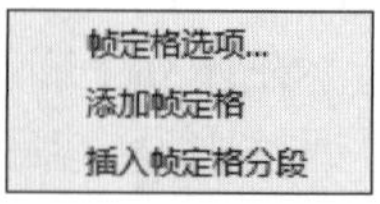

图 5-37　帧定格命令

1. 帧定格选项

选择“帧定格选项”命令，弹出如图 5-38 所示对话框。

其中，定格位置的前两种时间码形式都需要通过在对话框中设置帧的时间码来确定，如图 5-39 所示。

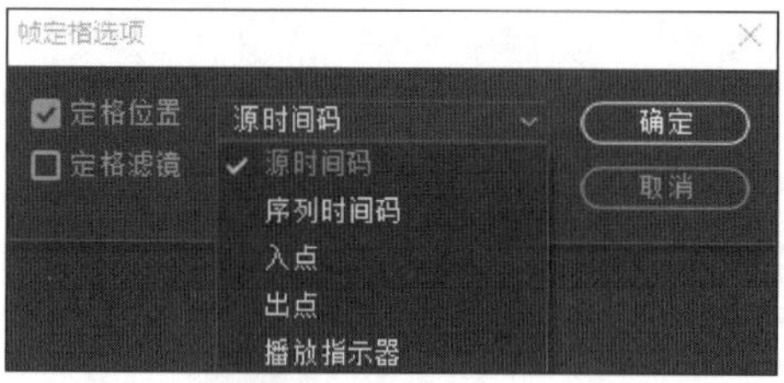

图 5-38　帧定格选项

图 5-39　设置帧时间码

① 定格位置：即以某个时间点为定格帧，有 5 种选择。

源时间码：设定下方时间码，选定剪辑自身从头播放该时间长度后的那一帧将作为定格帧。

序列时间码：设定下方时间码，当前序列从头播放该时间长度后的那一帧将作为定格帧。

入点：选定剪辑目前在时间轴上的入点，将作为定格帧。

出点：选定剪辑目前在时间轴上的出点，将作为定格帧。

播放指示器：当前序列时间轴上的时间线位置，将作为定格帧。

② 定格滤镜：如果当前选择的剪辑含有动态滤镜效果，该复选框勾选与否将决定其动态滤镜是否同时定格。

2. 添加帧定格

选择“添加帧定格”命令，将把当前时间点画面作为定格帧，并将当前时间点右侧的该剪辑所有内容持续显示为定格帧。

注意：*此种方法设定的定格帧将以图片形式存在，因此其持续时间可以任意调节。*

3. 插入帧定格分段

选择“插入帧定格分段”命令，将把当前时间点画面作为定格帧，在当前时间线右侧插入一段默认 2 s 的定格剪辑片段，后续内容将按原剪辑内容继续播放。该插入片段以图片形式存在，其持续时间可任意调节。这种方式相当于切割了原剪辑，并插入一段定格画面，但定格画面的前后视频内容是连贯的。

5.5　多机位编辑

随着摄像技术的进步，多机位拍摄在拍摄创意和镜头调度方面逐渐体现出优势。面对多机位拍摄的素材，后期编辑时也要有对应的手段和方法。由于多机位素材都是同时拍摄的，编辑时要能够对切换多角度的镜头和整体情节进度有全方位的把控。Premiere 在多机位编辑方面，提供了较为便捷的操作，适用于一次性编辑多台摄像机拍摄的素材。

5.5.1 多机位编辑流程

Premiere 提供的多机位编辑功能将此项工作分成了几个步骤，弄清多机位编辑的工作流程，对影片的制作有很大的好处。一般来说，多机位编辑主要分为 5 个步骤。

(1) 获取素材

多机位编辑对前期拍摄有着较高的要求。为了实现多台摄像机同时拍摄，并在后期分别处理时识别清晰的结果，前期拍摄时，建议使用场记板。

场记板不仅可以对拍摄场次和机位进行标记，尤其对于多机位拍摄来说，场记板产生的打板声音对于后期的多机位同步提供了很大的便利。所以要确保所有摄像机都能够较为清晰地录制到场记板的打板声。

提示：清脆响亮的声音均可以作为同步标记音使用，所以没有场记板时，拍手、喊话（开拍）等方式也可以使用。

(2) 导入素材并修整范围

将多机位拍摄的素材统一导入 Premiere 中，并命名好容易标识的文件名。由于多机位编辑重视素材间的同步性，因此在使用素材之前，应该先对素材进行可用范围的修整，即入出点标记。

可以将所有素材拖入源窗口，选择适用的区间设定好入出点，以限定素材的可用范围。

注意：如果需要以声音作为同步点，在修整范围时，务必将标记音留住。

(3) 创建多机位源序列

创建 Premiere 的一种特殊类型的序列——多机位源序列。该种序列可以容纳所有机位的素材，排列在不同轨道上，同步对齐。在这个序列中，可以选择合适的音频轨道作为最终输出音频。

(4) 执行多机位编辑

将多机位源序列放入一条标准序列中，在节目窗口的多机位视图模式下，边录制边切换机位，正式执行多机位编辑。

(5) 调整多机位编辑

由于多机位编辑需要手动切换和录制，因此编辑后，得到的结果往往比较粗略。这时还需要在时间轴上对当前序列上的剪辑片段进行精细编辑，修整片段之间的编辑点以及为镜头切换加入过渡特效等。

5.5.2 创建多机位源序列

练习素材 5-4：
多机位剪辑练习

练习操作：

在本章项目中，导入“5-4”文件夹中的素材。

选中全部素材并右击，选择“创建多机位源序列”命令，弹出“创建多机位源序列”对话框，如图 5-40 所示。

多机位源序列的设置项中，比较重要的有以下几项。

(1) 同步点

同步点的设定，关系到多机位素材的同步依据。

入点：所有素材都有着共同的起始点。可以预先设定素材入点。

出点：所有素材都有着共同的终结点。可以预先设定素材出点。

时间码：比较专业的多机位摄像机在拍摄时，可以连接到一个同步的时间源。这种情况下，选择时间码作为同步点，可以后期编辑时方便地进行同步操作。

声音时间码：以声音为依据的同步时间码。

剪辑标记：为多机位素材设定标记，通过标记来识别同步点。

音频：多机位摄像机在拍摄时，都录制到了一个用于标记的音频信号，后期编辑中，软件将自动将这个音频标记为同步点进行同步操作。

提示：一般建议使用音频同步点，后期编辑时会比较便捷。

(2) 音频

多机位源序列包含多个素材，但只有一个音频轨道发声。如果多机位素材中有纯音频素材，Premiere 将自动选择该音频作为多机位源序列的音频轨道。如果没有纯音频素材，则会选择第一个素材的音频部分作为多机位源序列的音频轨道。

(3) 摄像机名称

进行多机位源序列编辑的过程中，需要认清所有素材的名称及内容，以便于顺利切换镜头。因此要提前设定好多机位素材，也就是多个摄像机机位的名称。这里提供了摄像机、轨道、剪辑名称三种选择。

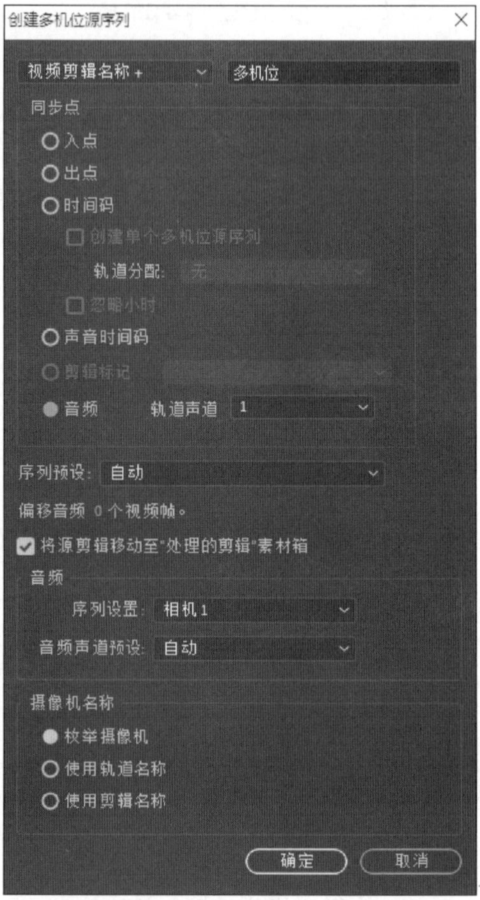

图 5-40 “创建多机位源序列”对话框

5.5.3 执行多机位编辑

创建好多机位源序列后，默认情况下，项目窗口中将出现一个新的序列，原有的素材将被放入“处理的剪辑”素材箱中，如图 5-41 所示。

双击多机位序列，可以在源窗口打开。播放后，可以观察到源窗口中会显示出所有机位的镜头，以网格布局形式呈现，如图 5-42 所示。

注意：与标准序列不同，双击多机位源序列并不能将其在时间轴窗口打开，只会在源窗口打开以供查看。

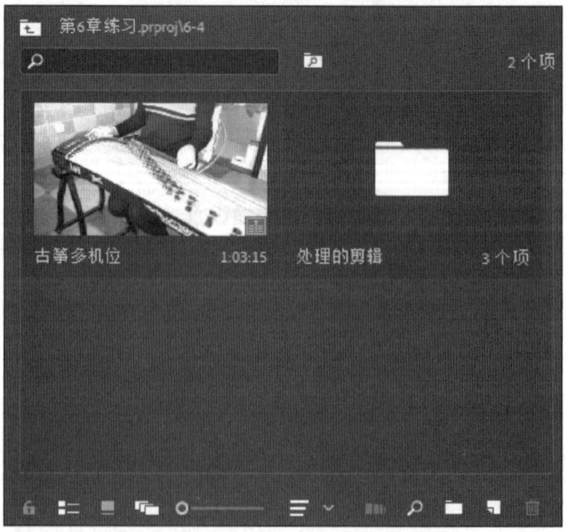

图 5-41 创建出多机位源序列

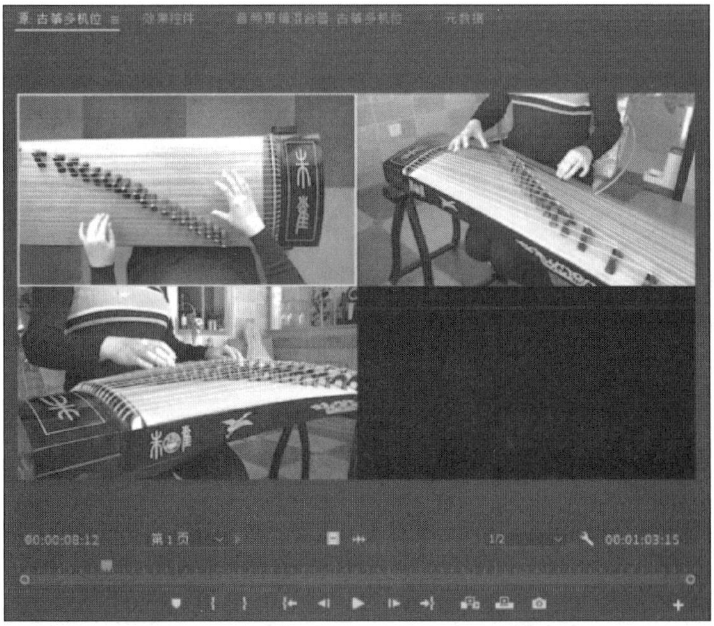

图 5–42　在源窗口观看多机位源序列

如果需要对多机位源序列进行修整等处理，需要在时间轴窗口将其打开。操作方法是在多机位源序列上右击，选择“在时间轴内打开”命令。之后可以在时间轴窗口对其进行一系列修整操作，如图 5–43 所示。

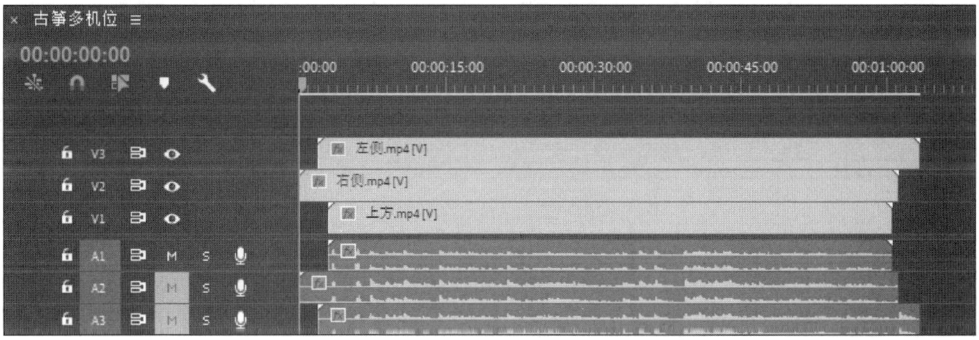

图 5–43　在时间轴窗口打开多机位源序列

默认只有音频轨道 1 发声，其他音频轨道全部静音。此时可以自主更换为更好效果的音频轨道。另外，也可以观察多机位的视频部分的自动对齐是否理想，可再做修整。

多机位编辑工作需要将多机位源序列嵌套入一个标准序列以进行操作，因此在多机位源序列上右击，选择“从剪辑新建序列”命令以创建执行编辑的序列。该序列被称为多机位目标序列，如图 5–44 所示。

在多机位目标序列上正式执行多机位编辑。首先需要把节目窗口的视图模式更改为“多机位”，通过单击节目窗口右下角的🔧图标，并选择“多机位”视图来更改，如图 5–45 所示。

此时节目窗口会一分为二，左侧为多机位视窗，右侧为合成视窗，如图 5–46 所示。

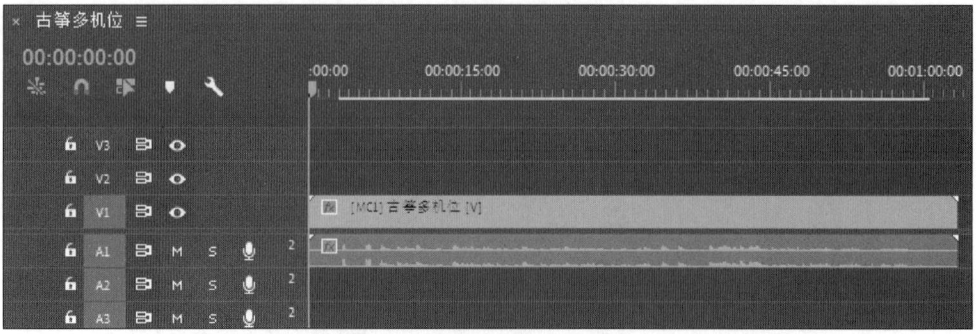

图 5-44　通过多机位源序列新建序列

图 5-45　选择多机位视图

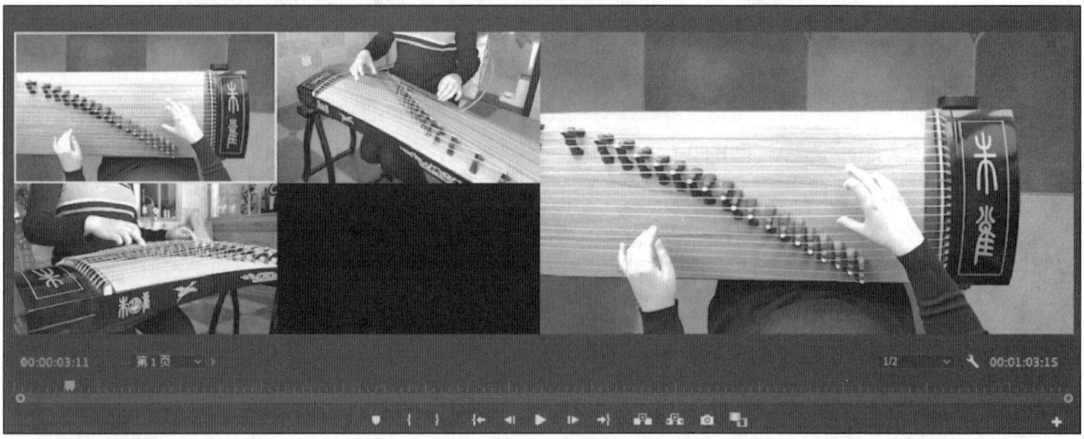

图 5-46　节目窗口的多机位视图

执行多机位编辑实际上是一种录制过程，因此在节目窗口中直接播放并通过鼠标单击切换镜头即可。键盘数字键对应着机位的编号，也可以通过数字键进行切换。

提示： 数字键 1~9 代表前 9 个机位，可以用键盘来直接切换，更多的机位仍需使用鼠标单击。

在播放过程中，多机位编辑的录制工作是一直进行着的。当停止播放后，录制的结果，即镜头切换剪辑片段的排列，将出现在序列中，如图 5-47 所示。

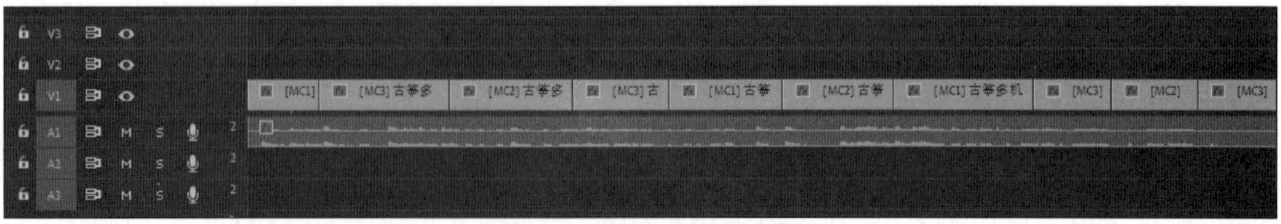

图 5-47　执行多机位编辑

如果发现录制效果不佳,想更改多机位编辑,也可以重新录制。重新录制将从再次播放节目的时间点作为开始,停止播放作为结束,这个区间的重录结果将覆盖原来的内容。

5.5.4 调整和完成多机位编辑

多机位编辑录制结束后,目标序列中显现的是多个剪辑片段,是正常的编辑效果,所以可以对其使用任意编辑手段,继续进行修整。

如果镜头切换时机需要微调,最佳的方法是使用“滚动编辑工具”。该工具可以在两段剪辑片段之间调整编辑点的位置,对于多机位编辑来说,再合适不过。

如果镜头切换比较生硬,可以在编辑点处添加视频过渡特效来增添镜头转换的效果,在适合的情况下,对多机位镜头的切换有着不错的效果。关于过渡特效将在第 6 章介绍。

在进行调整编辑之后,接下来是完成多机位编辑的阶段。为了便于整体影片的播放,可以对序列进行简化。选择已确定镜头的剪辑片段,并右击,选择“多机位”→“拼合”命令,将嵌套序列改为确定的原剪辑本体,如图 5–48 所示。

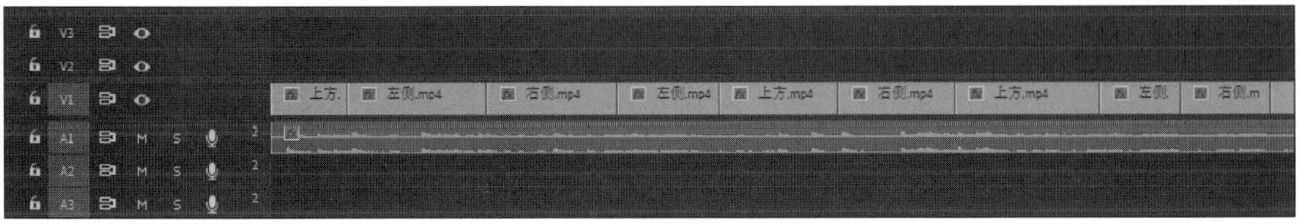

图 5–48 拼合多机位编辑

注意:“拼合”操作是不可逆的,只能通过选择“编辑”→“撤销”命令来恢复。这个操作一般是在性能不够的设备上,为了最终播放影片的顺畅而采用的。在完成多机位编辑阶段,“拼合”这个操作不是必需的。而且不拼合的状态也更利于再次进行多机位镜头的调整或重新录制。

思考与练习

1. 如何理解名词“剪辑”称谓?与素材有什么区别?
2. 入点和出点是什么?有什么作用?
3. 将素材置入到序列中有哪几种方法?
4. “缩放为帧大小”指的是什么?有什么作用?
5. 如何改变静帧图像的默认时长?
6. 视音频的链接如何解除?如何再链接?
7. 剪辑的速度如何调整?
8. 简述对剪辑进行移动和删除的方法。
9. 涉及剪辑入出点的工具有哪几个?功能上的区别是什么?
10. 标记是什么?有什么作用?
11. 子剪辑是什么?如何创建?

12. 简述三点编辑的概念和操作。
13. 简述四点编辑的概念和操作。
14. 提升和提取是针对什么进行处理的？区别是什么？
15. 剪辑的复制和粘贴有哪几种形式？
16. 如何将轨道上的剪辑替换成其他素材？
17. 什么是嵌套序列？有什么作用？有哪几种形式？
18. 什么是帧定格？有哪几种形式？
19. 多机位编辑对前期拍摄有什么要求？
20. 简述多机位编辑的流程和基本操作。

第 6 章　过渡效果的应用

本章学习要点

① 了解过渡的基本概念。
② 掌握添加过渡效果的方法。
③ 掌握过渡效果的参数设置。
④ 熟悉视音频过渡效果。

过渡，传统称为“转场”，指的是传统的视频制作中对画面施加的特技过渡效果。在传统的视频制作中，特技过渡效果是使用视频特技机实现的。如今在计算机中制作特技过渡效果则靠软件生成。Premiere 提供了大量的过渡效果，这些效果可用来在剪辑镜头之间产生有趣而且富有变化的各种切换表现。

6.1　认 识 过 渡

6.1.1　过渡的基本概念

进行非线性编辑时，剪辑片段之间可以利用一种特殊效果，从一个镜头转向另一个镜头，或从一段音频转成另一段音频。这种效果就是过渡效果，它可以让剪辑的衔接更为顺畅，也有着独特的视听意义。

“过渡”之前被称为“转场”。这是一个传统称谓，如今场的概念被淡化，往往这种效果更多被称为“过渡”或“切换”。在 Premiere 中，此类效果的名称是“视频过渡”和“音频过渡”。本书中将此类效果统称为“过渡”。

过渡并不是简单地将两个剪辑片段联系起来，添加过渡效果是一种艺术手段。过渡最重要的并不是展现炫目的特技，而是让两个片段有更加深入的关联，让观看者更好地理解情节或进入氛围。比如，白场过渡往往可以让人感觉下一个场景是一次回忆或者进入梦境，黑场过渡则标示着本幕结束即将进入下一个篇章。

过渡一定要服务于影片表达。不管是故事情节还是情感抒发，过渡都应该具有明确的目的性。过渡最终是帮助观看者更加清楚和深入地明白影片表达以及提升原有的视听表现。初学者往往会大量使用过渡效果，尤其是视频过渡，因为可以让画面看上去更酷更炫，甚至在每两个剪辑之间都加上过渡效果，这样的行为是不可取的。

其实在一部影片中，大部分的剪辑间的切换都是直接转换镜头，没有加任何过渡效果，尤其是一些快速更替的画面。过渡效果虽然可以增加画面的趣味性，但也会剥夺观看者的注意力。当过渡效果喧宾夺主时，影片表达就会遭到损失。所以能够在适当的位置加上适当的过渡效果，是从初学者到高阶者的一个进步的表现。

6.1.2 过渡的基础知识

使用过渡时，首先要明白剪辑片段之间的关系。剪辑与剪辑之间有一个交界处，被称为“编辑点”。这个编辑点代表着前一个剪辑的结束，同时也代表着下一个剪辑的开始。编辑点相当于把两个剪辑的出点和入点拼合了起来，形成了一次衔接。过渡则覆盖在编辑点处，为两个剪辑的衔接增添效果。

一般来说，素材在编辑前，都需要进行入出点的设定，以筛选合适的有效内容。但设定了入出点，限制了一个有效范围，也并不代表范围以外的内容被删除了，它们依然存在，被当作“未使用部分”，如图 6-1 所示。

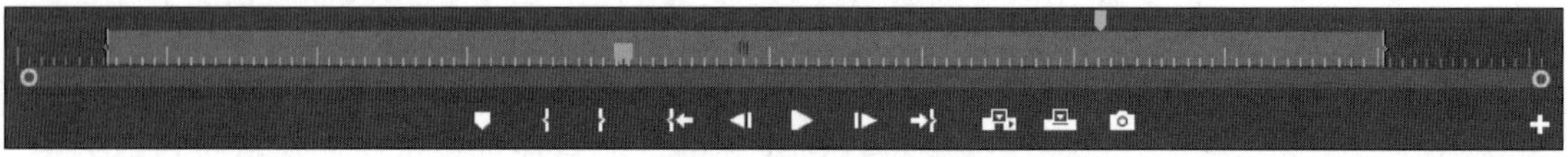

图 6-1 入出点以内部分和未使用部分

提示：一段素材也可能从头至尾完全都被使用，并没有“未使用部分”。

过渡效果的表现，都是前一个剪辑的末尾与后一个剪辑的开端进行重叠的结果。过渡效果需要用到素材的“未使用部分”，以达到两个剪辑重叠衔接的目的。如果一段素材没有“未使用部分”，过渡效果将强行将素材的第一帧或最后一帧画面静态延长展示，以填充所需的过渡重叠部分。

总结来说，添加过渡效果会引出素材本身未选成有效内容的部分，因此在添加过渡效果时，要注意到画面或声音出现额外的未使用部分。解决办法就是提前做好内容的预留，或者添加过渡效果后再次微调。

提示：部分过渡效果在画面呈现上，并没有前后两个剪辑的重叠展示，而是先结束前者，再通过过渡效果显现后者，比如“黑场过渡”“白场过渡”等。此时虽然也会引出两段素材的未使用部分，但是并不需要关注或做准备。

6.2 使用过渡效果

6.2.1 添加过渡效果

过渡效果的添加有两种形式，一是单独添加在一个剪辑片段的入点或出点位置上，二是添加在两个剪辑之间的编辑点处。

1. 单边方式

一个剪辑如果至少有一端没有其他剪辑与其衔接，则在这一端添加过渡效果时就属于单边方式。将一种过渡效果通过拖动的方式，直接拖动到剪辑的一端即可。

练习素材 6-1：
视频过渡效果应用练习

练习操作：

新建一个项目并命名为“第 6 章练习”，创建一个标准 720p 的序列。将“6-1”文件夹中的素材导入到项目中。从项目窗口将素材“山”拖动至序列的视频轨道 1 上。

将效果窗口中的“过渡效果”下的“溶解”组展开，选择“交叉溶解”过渡效果，拖动至序列的剪辑左侧边缘和右侧边缘，如图 6–2 所示。

图 6–2　添加交叉溶解过渡效果

播放影片，影片的开始和结束会产生“交叉溶解”的过渡效果，即发生透明与不透明之间的转换。

2. 剪辑之间的方式

两个连续的剪辑首尾相接，则在它们之间添加过渡效果就是剪辑之间的方式。将一种过渡效果通过拖动的方式，直接拖到两个剪辑之间的编辑点位置即可。放置时有三个位置可供选择，即前一个剪辑的末尾、后一个剪辑的开端和两个剪辑的中间。

练习讲解：

创建一个标准 720p 的新序列，将素材“山”和“海”拖动至视频轨道 1 上，首尾相接。如图 6–3 所示。

图 6–3　将两段素材放置在轨道上

将“交叉溶解”过渡效果拖至两个剪辑之间的编辑点位置，居中放置，如图 6–4 所示。

图 6–4　将过渡效果拖动到两个剪辑片段之间

此时会弹出“过渡重复帧”提示，并且过渡效果部分是用斜杠填充的，如图 6–5 所示。

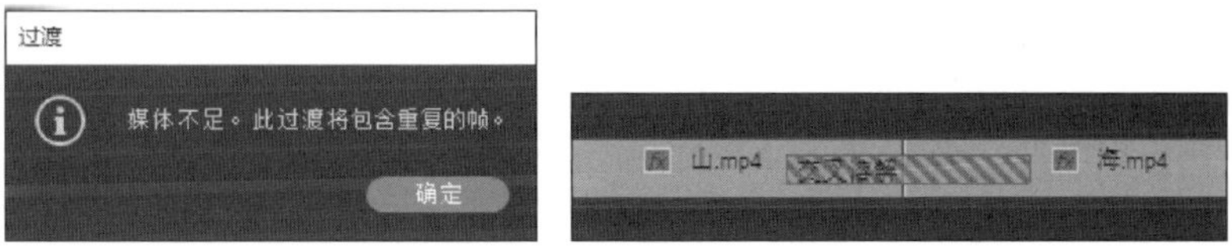

图 6–5　过渡时包含重复帧

此时播放影片,会看到“交叉溶解”过渡效果可以体现,但是在前一段剪辑播放时,后一段剪辑是画面定格的,反之亦然。因此可以说明,如果想要完整的过渡效果,需要剪辑在添加效果的一侧拥有“未使用部分”。

可以利用“波纹编辑工具”将“山”的出点向左侧移动,将“海”的入点向右侧移动,以留出足够的“未使用部分”。这样剪辑之间的过渡效果就会完整显示,如图 6–6 所示。

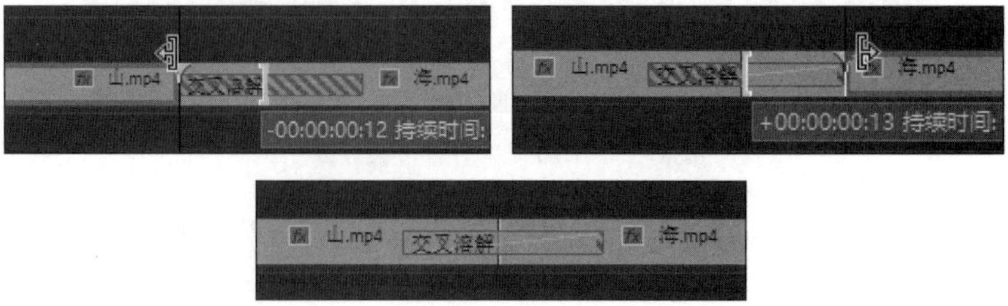

图 6–6 调整至过渡效果完整显示

可以拖动过渡效果区域的入点和出点,以改变过渡时长,如图 6–7 所示。

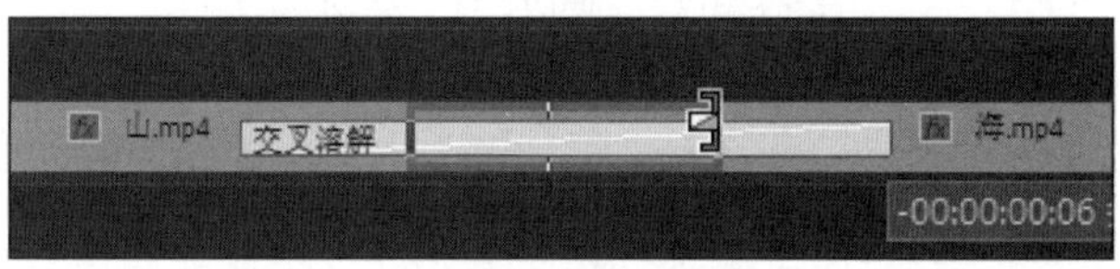

图 6–7 调整过渡效果的时长

这样一个过渡效果已经完成,可以在节目窗口中预览效果,看到“山”过渡到“海”的过程,如图 6–8 所示。

图 6–8 预览过渡效果

3. 批量添加

如果剪辑片段很多,每相邻两个之间都需要添加上过渡效果,则可以采用批量添加过渡效果的方法。选中需要添加过渡效果的多个剪辑,通过菜单“序列”下的过渡相关命令,可以批量添加过渡效果,如图 6–9 所示。建议使用快捷键进行操作。这 3 个选项分别是应用视频过渡、应用音频过渡和应用默认过渡到选择项。

注意,应用过渡效果时,会自动选取视频和音频的默认过渡效果。默认过渡效果会在效果图标上高亮显示,如图 6–10 所示。

图 6–9　批量应用过渡效果命令

图 6–10　默认过渡效果的高亮显示

如果想更改其他效果为默认过渡效果,可以在选定的效果上右击,选择“将所选过渡设置为默认过渡”命令,如图 6–11 所示。

4. 调整默认过渡效果的时长

通过选择菜单“编辑”→“首选项”→“时间轴”命令,可以在打开的对话框中对过渡效果默认持续时间的参数进行设置,如图 6–12 所示。

图 6–11　设置默认过渡效果

图 6–12　过渡效果的默认持续时间

默认时长均为 1 s,可以自由调整数值,时间单位有“秒”和“帧”两种。

6.2.2　调整过渡效果

选中过渡效果后,在效果控件窗口中会显示过渡效果的参数和状态,可用来调整已添加的过渡效果,如图 6–13 所示。过渡效果的参数调节画面分为左右两部分,左面部分为过渡效果的调节参数,右面部分为时间轴窗口的缩略图。可以在这个缩略图中调整过渡效果的持续时间、作用位置和两段剪辑重叠部分的出入点。此外,不同的过渡效果,其参数也不尽相同。

1. 视音频过渡效果基本参数

基本参数就是所有过渡效果均包含的参数类型,也可以说是视频过渡效果和音频过渡效果共有的参数。

(1) 持续时间

对于持续时间的调节可以采用两种方法,一种是调整左面部分的持续时间,可以将鼠标位于时间码上按住直接拖动,或单击后输入具体时间长度。另一种是调整右面部分过渡效果的入出点,如图 6–14 所示。

(2) 对齐

对齐方式默认是中心切入,将使过渡效果的中间位置作用于两段剪辑的编辑点处,前后持续时间相同。也可更改为起点切入、终点切入和自定义起点,如图 6–15 所示。

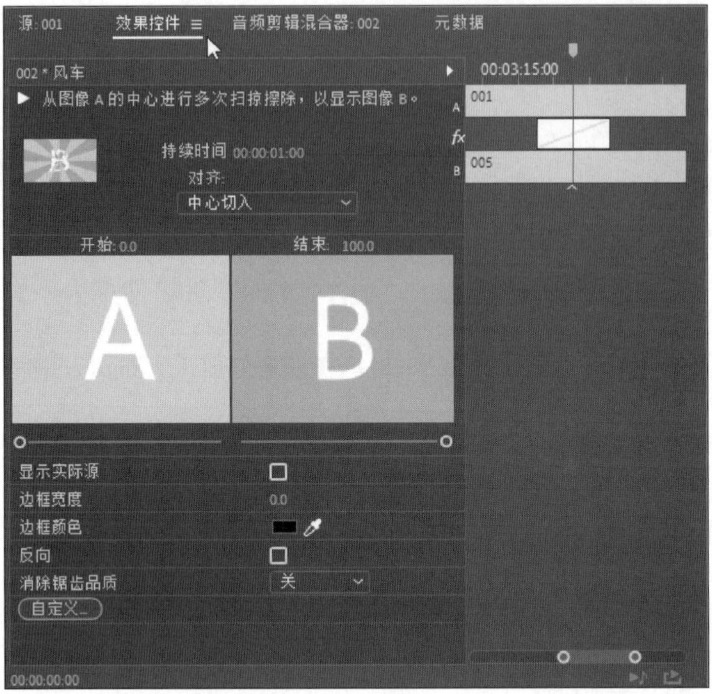

图 6–13　过渡效果的参数调节画面

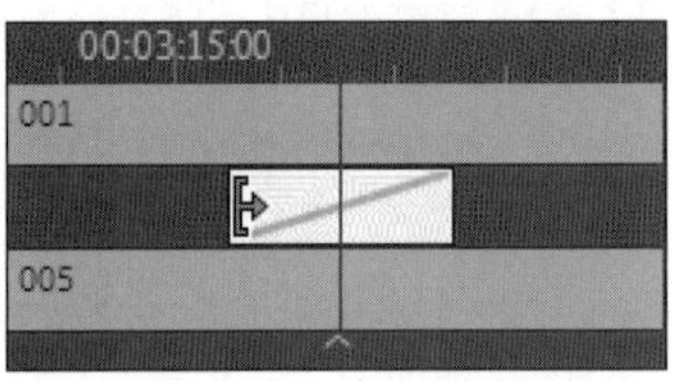

图 6–14　调整过渡效果持续时间

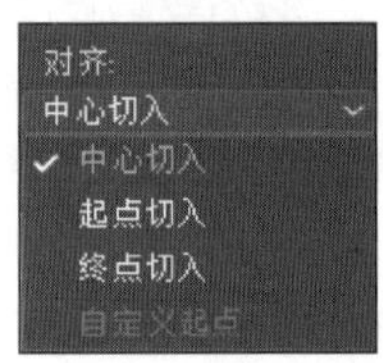

图 6–15　调整过渡效果的对齐方式

在右面部分，也可以直接调节过渡效果的对齐位置，方法是整体移动过渡效果区域。也可以通过调整过渡效果中间的时间指示线，更改两段剪辑的编辑点的位置，如图 6–16 所示。

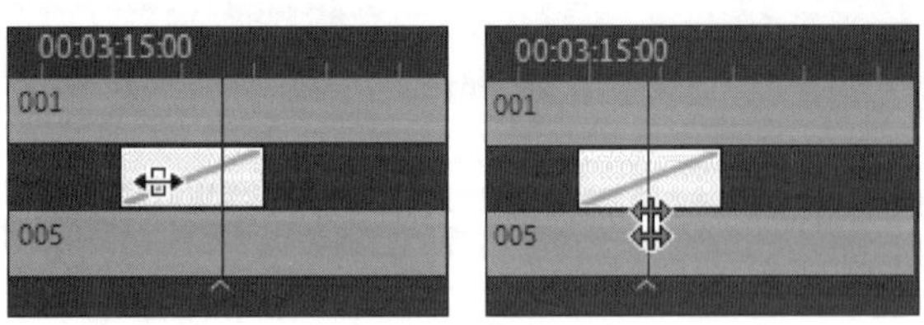

图 6–16　调整过渡效果的位置

2. 视频过渡效果独有参数

视频过渡效果的参数相比音频过渡效果更加复杂一些，有多种参数类型。

（1）显示实际源

勾选“显示实际源”复选框，即可在预览画面中显示实际的素材画面，举例如图 6–17 所示。

图 6-17　显示实际视频源

(2) 边框宽度和边框颜色

通过这两个参数，可以调节“切割画面”类视频过渡效果的区域边框粗细和颜色，举例如图 6-18 所示。

图 6-18　调整边框宽度和颜色

(3) 反向

这个选项非常重要，它关系到过渡效果的呈现顺序。勾选此复选框后，可以反转过渡效果起始和结尾的位置，逆转该过渡效果的发生进程。

(4) 消除锯齿品质

显示器的分辨率比较低会导致图形产生锯齿边纹，改变消除锯齿品质的选型，可以有效地提高图像质量。抗锯齿效果分为 4 个级别：高、中、低、关。其中，高质量最好，中和低次之，关则不产生抗锯齿效果。

(5) 自定义

单击“自定义”按钮后会弹出对话框，用于为“数量型”过渡效果设定数值参数。不同的过渡效果,参数也不尽相同。举例如图 6–19 所示。

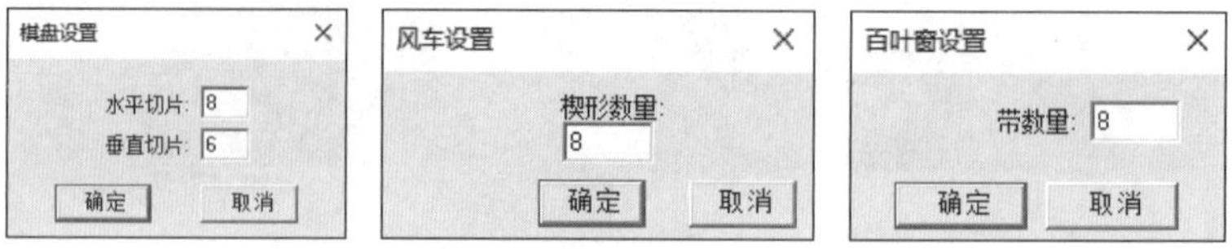

图 6–19　各类过渡效果的自定义设置

(6) 方向

效果控件左上角处的缩略图有时会带有方向指示箭头,用于为“方向型”过渡效果指引方向。选择不同的方向,过渡效果将沿设定方向运行。不同的过渡效果,可以设定的方向也不尽相同。举例如图 6–20 所示。

(7) 锚点

预览画面中有时候会出现小圆形标志,即锚点,用于为“锚点型”过渡效果设定起始或终止效果时的参照位置。这个圆形可用鼠标拖动移位,过渡效果的起始位置或终止位置也会随之改变。举例如图 6–21 所示。

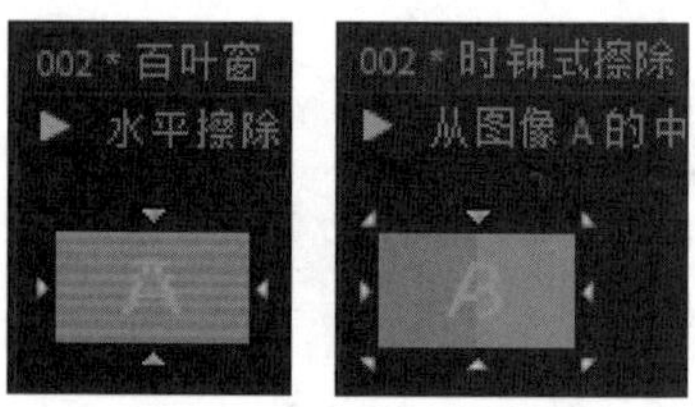

图 6–20　调整过渡效果的方向

图 6–21　调整过渡效果的锚点

(8) 开始和结束

预览画面的上方有“开始”和“结束”的百分比标志,下方也有进度条可供拖动。这个参数主要是用来设定过渡效果的运行起始进度和终止进度。过渡效果不一定要从 0% 的进度启动,也不一定要运行到 100% 的进度才结束。有的效果从中途启动或没到结尾就结束,也有着独特的表现意义。举例如图 6–22 所示。

图 6–22　调整过渡效果的开始和结束进度

6.3　视频过渡效果介绍

在 Premiere 中，提供了多种类型的效果组，共计数十种的过渡效果，每一种过渡效果都有其自身的特殊效果，本节将选择常用的效果予以介绍，以帮助读者进一步掌握过渡效果的使用方法。

6.3.1　3D 运动

3D 运动效果组主要体现镜头之间的层次变化，从而给观众带来一种从二维空间过渡到三维空间的立体视觉效果。此效果组包含“立方体旋转”和“翻转”两种效果，如图 6-23 所示。

图 6-23　3D 运动效果组

1. 立方体旋转

在立方体旋转视频过渡中，镜头一与镜头二画面都只是某个立方体的一个面，而整个过渡所展现的便是在立方体旋转过程中，画面从一个面（镜头一画面）切换至另一个面（镜头二画面）的效果。其效果如图 6-24 所示。

图 6-24　立方体旋转

2. 翻转

翻转过渡效果中的镜头一和镜头二画面更像是一个平面物体的两个面，而该物体在翻转结束，朝向屏幕的画面由原本的镜头一画面改为镜头二画面。其效果如图 6-25 所示。

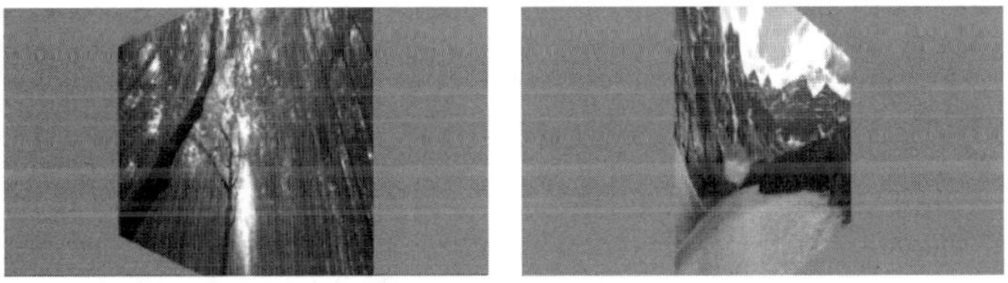

图 6-25　翻转

为素材添加翻转过渡效果之后，在时间轴面板中选择该效果，单击效果控件面板中的“自定义”按钮，在弹出的对话框中设置镜头画面翻转时的条带数量以及翻转过程中的背景颜色，如图 6-26 所示。

例如，将条带数量设置为 2，翻转背景色设置为黄色后，其效果如图 6-27 所示。

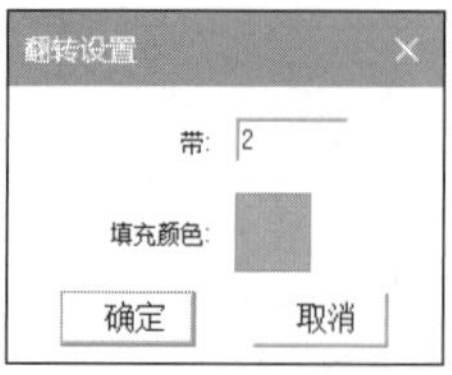

图 6-26 “翻转设置”对话框

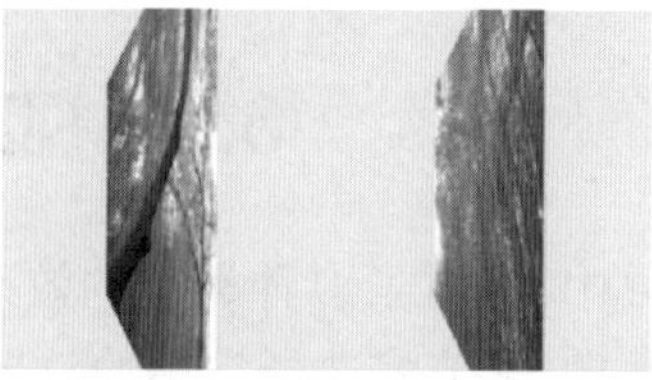

图 6-27 更改参数后的翻转

6.3.2 内滑

内滑效果组主要是让画面产生滑动效果以显示新画面，有的会拆分画面，有的整体移动。此效果组包含“中心拆分”“内滑”“带状内滑”“拆分”和“推”共 5 种效果，如图 6-28 所示。

图 6-28 内滑效果组

1. 中心拆分

中心拆分效果是将镜头一画面从中心处拆成田字形状的 4 个方格，向四角滑动分开，以展示镜头二画面。其效果如图 6-29 所示。

2. 内滑

内滑效果是镜头二画面从可选择的一侧滑动出现，以遮挡镜头一画面。其效果如图 6-30 所示。

图 6-29 中心拆分

图 6-30 内滑

3. 带状内滑

带状内滑效果是将镜头二画面拆分成可选择角度和数量的带形形状，滑动进入屏幕，以遮挡镜头一画面。其效果如图 6-31 所示。

图 6-31 带状内滑

4. 拆分

拆分效果是将镜头一画面分成左右或上下两部分，向两侧滑出，以显示镜头二画面。其效果如图 6-32 所示。

5. 推

推效果是镜头二画面从一侧滑动进入，推动镜头一画面出屏幕。其效果如图 6-33 所示。

图 6-32　拆分

图 6-33　推

6.3.3　划像

图 6-34　划像效果组

划像效果组主要是让画面通过几种形状进行擦除以显示新画面。此效果组包含“交叉划像”“圆划像”“盒形划像”和“菱形划像”共 4 种效果，如图 6-34 所示。

1. 交叉划像

交叉划像效果中，镜头二画面会以十字形形状出现在镜头一画面中。随着“十字”的逐渐变大，镜头二画面会完全覆盖镜头一的画面，从而完成划像过渡效果。其效果如图 6-35 所示。

注意：“交叉划像”与“中心拆分”有些相似，但效果完全不一样。“交叉划像”是十字擦除原画面，而“中心拆分”是十字分割原画面并移动。

2. 圆划像

圆划像效果中，镜头二画面会以圆形形状出现在镜头一画面中。随着“圆形”的逐渐变大，镜头二画面会完全覆盖镜头一画面，从而完成划像过渡效果。其效果如图 6-36 所示。

图 6-35　交叉划像

图 6-36　圆划像

3. 盒形划像

盒形划像效果中，镜头二画面会以方形形状出现在镜头一画面中。随着“方形”的逐渐变大，镜头二画面会完全覆盖镜头一画面，从而完成盒形划像的过渡效果。其效果如图 6-37 所示。

4. 菱形划像

菱形划像效果中，镜头二画面会以菱形形状出现在镜头一画面中，随着“菱形”的逐渐变大，镜头二画面会完全覆盖镜头一画面，从而完成划像过渡效果。其效果如图 6–38 所示。

图 6–37　盒形划像

图 6–38　菱形划像

6.3.4　擦除

擦除过渡效果包含更加复杂的各类擦除画面形式的效果。此项目组包含“划出”“双侧平推门”“带状擦除”“径向擦除”“插入”“时钟式擦除”“棋盘”“棋盘擦除”“楔形擦除”“水波块”“油漆飞溅”“渐变擦除”“百叶窗”“螺旋框”“随机块”“随机擦除”和“风车”共计 17 个效果，如图 6–39 所示。

图 6–39　擦除效果组

1. 划出和双侧平推门

在双侧平推门过渡效果中，镜头二画面会以高度与屏幕相同的尺寸和极小的宽度显现在屏幕中央。接下来，镜头二画面会向左右两边同时伸展，直到全部覆盖镜头一画面，铺满整个屏幕为止。其效果如图 6–40 所示。

相比之下，划出过渡效果则较为简单。应用后，镜头二画面会从画面一侧显现出来，同时显示有镜头二画面的区域会快速推向屏幕另一侧，直到镜头二画面全部占据屏幕为止。其效果如图 6–41 所示。

2. 带状擦除

在带状擦除效果中，采用了矩形条带左右交叉的形式来擦除镜头一画面，从而显示镜头二画面的视频过渡效果。其效果如图 6–42 所示。

另外，在时间线面板中选择带状擦除效果，单击效果控件面板中的“自定义”按钮，即可在弹出的对话框中修改条带数量，如图 6–43 所示。

3. 径向、时钟式和楔形擦除

径向擦除过渡效果是以屏幕的某一角作为圆心，以顺时针方向擦除镜头一画面，从而显露出后面的镜头二画面。其效果如图 6–44 所示。

相比之下，时钟式擦除过渡效果则是以屏幕中心为圆心，采用时钟转动的方式擦除镜头一画面。其效果如图 6–45 所示。

图 6-40　双侧平推门

图 6-41　划出

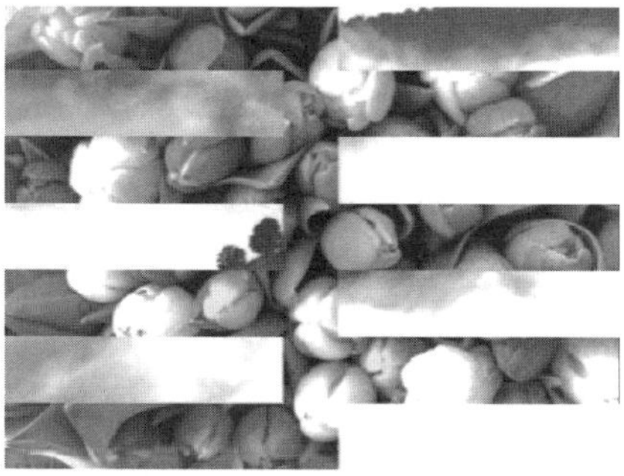

图 6-42　带状擦除

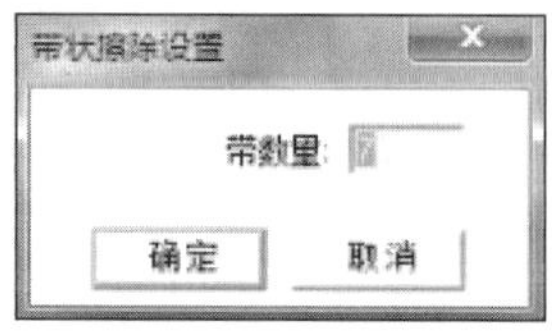

图 6-43　“带状擦除设置”对话框

图 6-44　径向擦除

图 6-45　时钟式擦除

而楔形擦除过渡效果同样是将屏幕中心作为圆心，不过在擦除镜头一画面时采用的是扇形图形。其效果如图 6-46 所示。

4. 插入

插入过渡效果通过一个逐渐放大的矩形框，将镜头画面从屏幕的某一角处开始擦除，直至完全显露出镜头二画面为止。其效果如图 6-47 所示。

5. 棋盘和棋盘擦除

在棋盘视频过渡中，屏幕画面会被分割为大小相等的方格。随着棋盘过渡效果的播放，屏幕中的方格会以棋盘格的方式将镜头一画面替代为镜头二画面。其效果如图 6-48 所示。

为素材添加棋盘过渡效果后，在时间轴面板中选择棋盘视频效果，单击效果控件面板中的“自定义”按钮，可在弹出的对话框中设置棋盘中的纵横方格数量，如图 6-49 所示。

图 6-46　楔形擦除

图 6-47　插入

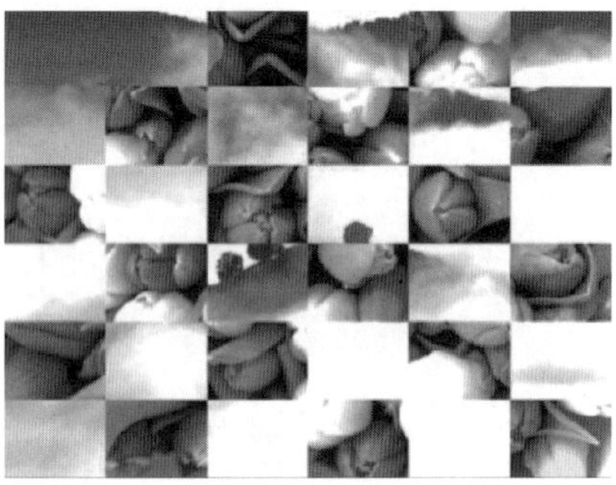

图 6-48　棋盘图

图 6-49　“棋盘设置”对话框

而棋盘擦除过渡效果是将镜头二中的画面分成若干方块后，从指定方向同时进行划像操作，从而覆盖镜头一画面。其效果如图 6-50 所示。

6. 螺旋框

螺旋框过渡效果可以将画面分割为若干块，并且同时按照顺序擦除镜头一画面，从而达到切换镜头二画面的目的。它与水波块过渡效果的差别在于擦出顺序的不同，水波块过渡效果采用的是按水平顺序进行擦除，而螺旋框过渡效果则是采用由外而内的顺序来擦除镜头一画面。其效果如图 6-51 所示。

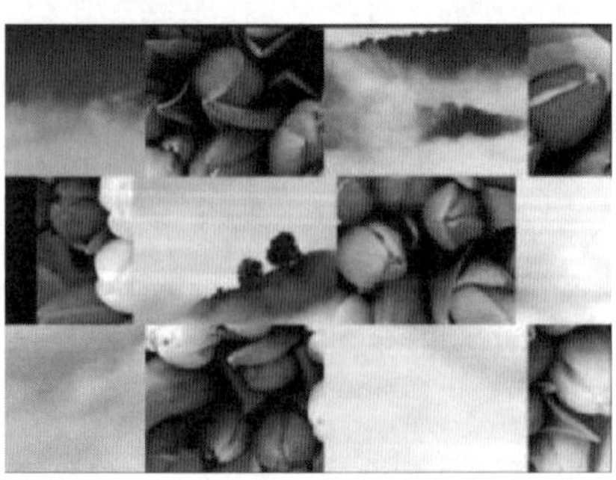

图 6-50　棋盘擦除

图 6-51　螺旋框

7. 其他擦除过渡效果

擦除效果组中的其他效果的使用方法与上述的效果基本相同，只是过渡样式有所不同，如水波块、油漆飞溅、百叶窗、风车、渐变擦除、随机块、随机擦除等过渡效果。这些效果举例如图 6-52 所示。

图 6-52　其他擦除过渡效果

6.3.5　沉浸式视频

沉浸式视频过渡效果是一种专门针对 VR 视频应用的过渡效果。此效果组包含“VR 光圈擦除”“VR 光线”“VR 渐变擦除”“VR 漏光”“VR 球形模糊”“VR 色度泄露”“VR 随机块”“VR 默比乌斯缩放”共 8 种效果，如图 6-53 所示。

提示：此类过渡效果需要借助硬件设备，如 VR 视频头盔等，并需要计算机有相应的加速装置。

6.3.6　溶解

溶解类过渡效果主要通过黑色、白色和透明度等方面的调节，来完成不同镜头间的过渡，使前一个镜头中的画面以柔和的方式过渡到后一个镜头的画面中。此效果组包含 MorphCut、“交叉溶解”“叠加溶解”“白场过渡”“胶片溶解”“非叠加溶解”和“黑场过渡”共 7 种效果，如图 6-54 所示。

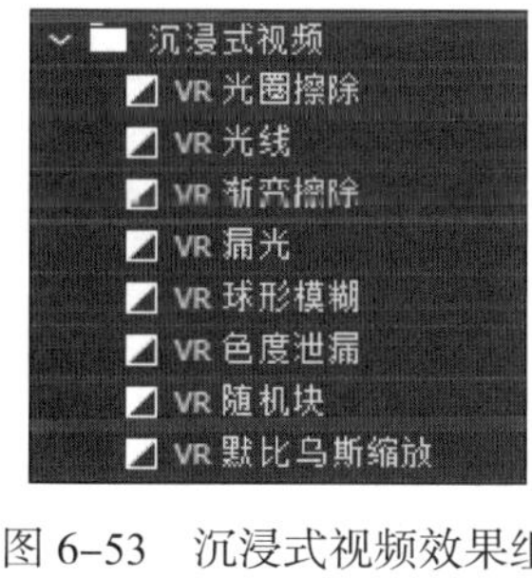

图 6-53　沉浸式视频效果组

图 6-54　溶解效果组

1. MorphCut

MorphCut 效果主要用来修复素材之间的跳帧情况。

2. 交叉溶解和胶片溶解

交叉溶解过渡效果是最常用的一种视频过渡效果，也是 Premiere 默认的视频过渡效果。该效果属于叠化过渡，指随着镜头二画面透明度的提高（即淡入，逐渐显现），镜头一画面的透明度越来越低（即淡出，逐渐消隐），直至在屏幕上完全取代镜头一画面。其效果如图 6–55 所示。

图 6–55　交叉溶解

胶片溶解过渡效果也属于叠化过渡，非常类似于交叉溶解过渡效果。其区别在于，胶片溶解是单纯降低镜头一的画面透明度，直至完全显露出镜头二的画面。

提示：叠化过渡是一种专业称谓，也称作叠画。它是剪辑中一种重要的镜头切换特技。叠化的表现是交叉淡化，在透明度逐渐改变的情况下，镜头一缓缓地柔和过渡到镜头二。

3. 叠加溶解和非叠加溶解

叠加溶解过渡效果是在镜头一和镜头二画面叠化的同时，将两个画面的亮度和色调进行相应叠加的效果。其效果如图 6–56 所示。

非叠加溶解过渡效果是镜头一画面中比较亮的区域与镜头二的画面直接混合产生的效果。其效果如图 6–57 所示。

图 6–56　叠加溶解

图 6–57　非叠加溶解

4. 白场过渡和黑场过渡

白场和黑场是较为专业的术语，事实上就是纯白色的一帧画面和纯黑色的一帧画面。白场过渡效果，是指镜头一画面在逐渐变为白色后，再逐渐变为镜头二画面。黑场过渡效果，则是指镜头一画面在逐渐变为黑色后，再逐渐变为镜头二画面。其效果如图 6–58 和图 6–59 所示。

6.3.7　缩放

缩放过渡效果是将镜头一和镜头二的画面通过放大再缩小的方式加以过渡。其中只包含"交叉缩放"1 个效果，如图 6–60 所示。

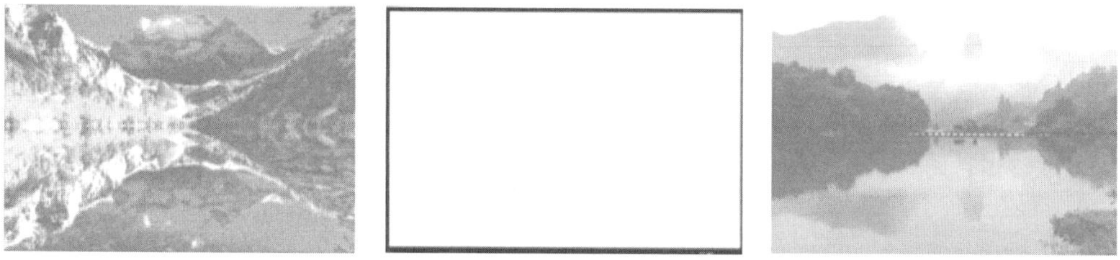

图 6-58　白场过渡

图 6-59　黑场过渡

图 6-60　缩放效果组

交叉缩放过渡效果，是将镜头一放大到肉眼不可辨认的程度，切换成镜头二再由大缩小成正常大小画面。其效果如图 6-61 所示。

图 6-61　交叉缩放

6.3.8　页面剥落

页面剥落过渡效果通过模拟页面翻过的效果，从而实现两个画面的切换。此效果组包含“翻页”和“页面剥落”两个效果，如图 6-62 所示。

图 6-62　页面剥落效果组

1. 翻页

翻页过渡效果，是揭开镜头一的一个角，展现其背面，拖向屏幕的另一角。效果如图 6-63 所示。

2. 页面剥落

页面剥落过渡效果，与“翻页”效果类似，但不展现画面的背部，而是用模拟纸张效果的页角，拖动到屏幕的另一角。其效果如图 6-64 所示。

图 6-63　翻页

图 6-64　页面剥落

6.4　音频过渡效果介绍

不同的音频内容在切换时，相比视频，更会让听者感受到生硬和不畅。通过音频过渡效果可以让前一段音频的结尾柔和地切换到后一段音频的开端。音频过渡效果只有一组，即交叉淡化，如图 6-65 所示。

图 6-65　交叉淡化效果组

1. 恒定功率

恒定功率是最常用的音频过渡效果，也是 Premiere 默认的音频过渡效果。其效果是，将音频一的末尾音量由慢至快地逐渐降低，同时将音频二的开始音量由慢至快地逐渐提高，以达到两段音频剪辑之间产生非常平滑顺畅的切换效果。

提示：恒定功率在降低和提高两段音频的音量时，采用的是曲线速率，并不是匀速改变，因此在音频剪辑之间切换时，中间部分的音频不会有明显的下降。

2. 恒定增益

恒定增益与恒定功率很相像，甚至有时听不出较大的区别。其效果也是通过降低音频一的末尾及提高音频二的开头来进行平滑过渡。只是其降低和提高两段音频的音量时，两段音频保持了均速的同步变化，因此在中间部分，可能会听出一种突然的变换。但是这种方式比较稳定地保持了音频过渡期间的音频增益，即音量。

3. 指数淡化

指数淡化是一种特殊的音频过渡效果，其效果也是一种音频的交叉淡化。指数淡化在切换两段音频时，采用的是对数曲线来降低和提高音频的音量，音量变化得较为快速。单侧使用音频过渡时，尤其是一段音乐的结尾处，其效果格外地好。

练习素材 6-2：
音频过渡效果应用练习

练习操作：

创建新序列，导入“6-2”文件夹中的音频素材，将素材拖动至源窗口，在 51 s 处标记出点，之后从源窗口将剪辑拖动到序列的音频轨道 1 上。

将“音频过渡”下“交叉淡化”组中的“恒定功率”效果拖动到音频的入点处和出点处，并更改过渡时长为 3 s，如图 6–66 所示。

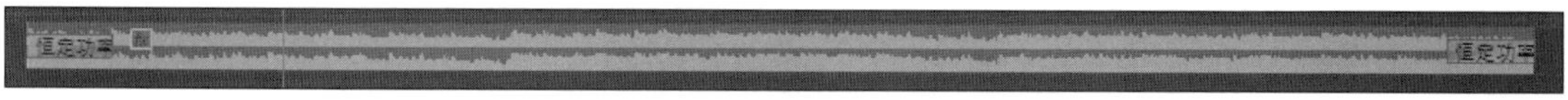

图 6–66　添加恒定功率

播放节目可以听到音乐的开始处是音量逐渐增加的，音乐的结束处是音量逐渐减弱的。

拖动“指数淡化”过渡效果至音频的尾部的“恒定功率”效果上，以替换过渡效果，如图 6–67 所示。

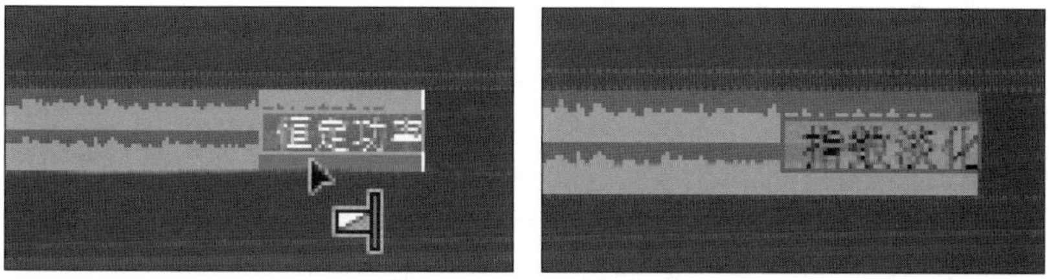

图 6–67　替换过渡效果

播放节目，可以听到音乐的结束处是音量逐渐减弱并平滑消失的，这比较符合人的听觉习惯。

思考与练习

1. 什么是过渡？有什么作用？
2. 简述添加过渡的方法。
3. 列举过渡效果的主要参数以及设置方法。
4. 如何更改过渡的持续时间？
5. 如何为多个剪辑批量添加过渡效果？
6. 利用手中的素材，尝试添加合适的过渡效果，构成一段镜头多次切换的影片。

第 7 章　视频效果的应用

本章学习要点

① 了解视频固定效果和视频标准效果。
② 掌握“运动”的参数作用和设定。
③ 掌握“不透明度”的参数作用和设定。
④ 了解常用的视频效果。
⑤ 应用视频效果。
⑥ 掌握视频效果的复制与删除。
⑦ 了解调整图层。

在影视制作中,视频效果的使用是一个重要环节。视频效果一般常用来为源画面增加各种视觉效果,比如,风格化处理、扭曲画面或更改色彩等。也可以对画面进行调整修补,解决前期拍摄造成的画面问题。另外,还能够通过抠像等特效的使用来合成多个画面以及对画面中的影像进行调色。所以视频效果的运用,在非线性编辑中也是必不可少的。

Premiere 拥有比较好的视频效果的制作能力,其内部包含超过 100 种视频效果。视频效果分为视频固定效果和视频标准效果。视频固定效果即所有视频剪辑都拥有的基础视频效果,视频标准效果则需要在制作中手动应用到剪辑上。

7.1　视频固定效果

当选中序列中的某个视频剪辑时,通过“效果控件”窗口,即可看到视频固定效果的内容。这些效果是每个视频剪辑都拥有的,也被称作“内在效果”。其中包括“运动”“不透明度”和“时间重映射”,如图 7–1 所示。一般常用的是前两个视频效果。

7.1.1　运动

运动效果,指的是让视频剪辑在最终的节目中产生位移、缩放、旋转等特技效果。数字媒体艺术的生命力就在于表现运动,巧妙地运用视频运动特效可以给观众以极大的吸引力,满足观众的欣赏欲望。Premiere 给用户提供了一个制作运动特效的强大实用的创作手段,有利于充分发挥制作人员的创造力和想象力。

当选中时间轴窗口中的视频素材后,打开“效果控件”窗口,展开视频效果中的“运动”选项后,即可对运动效果进行设置,如图 7–2 所示。

运动效果中主要有 4 个常用的可供调节的参数。

1. 位置

该参数用于调整视频画面在屏幕上的位置,由 X 轴即横轴和 Y 轴即纵轴的数值决定。位置是一组平面坐标,实质上是画面中心点所在的位置,其参数默认值取决于屏幕的大小即序列的画面大小，也就是影片分辨率。更改该参数，则视频画面会上下左右移动，以调整其在屏幕中显示的位置。

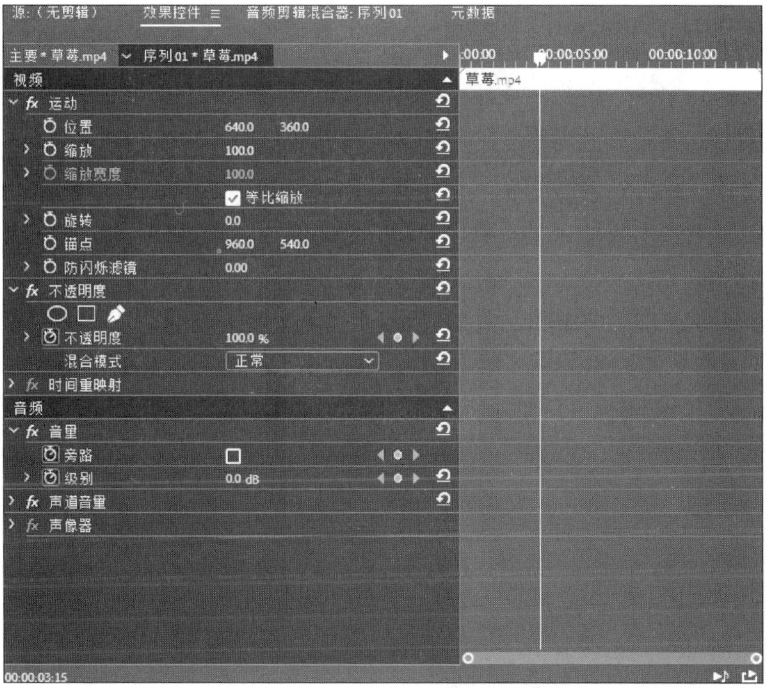

图 7–1 “效果控件”窗口的视频固定效果

图 7–2 视频运动效果参数

注意： 其中 X 轴数值从小到大代表画面从左到右，而 Y 轴数值从小到大代表画面从上到下，即纵轴的正方向是朝下设置的，所以当加大其纵轴坐标时，画面会向下运动。

2. 缩放

该参数用于调整画面的大小变化，以百分比来表示。在默认情况下，“等比缩放”复选框是处于选中状态的，这样只留有一个参数可供调节，调节该参数时，视频的宽度和高度同时变化，以维持其长宽比不改变。如果想单独调节宽度或者高度，可以使“等比缩放”复选框处于非选中状态，这样就会呈现两个百分比参数，一个是缩放高度，另一个是缩放宽度，如图 7–3 所示。

图 7–3 单独调节视频的宽高参数

3. 旋转

该参数用于调节视频的旋转角度，共有两个参数，第一个参数是旋转的圈数，第二个参数是单圈内旋转的角度。例如，旋转了 540°，会表现为 1 × 180°，如图 7–4 所示。一般来说，第一个参数在关键帧动画设定时，才有其明确的意义。

图 7–4　旋转参数

4. 锚点

锚点主要是用于标识当前画面的运动基准参照点。使用鼠标左键单击“运动”选项使其高亮显示，这样就会在节目窗口中出现操控框架，如图 7–5 所示。

通过操控框架可以直接在节目窗口通过鼠标挪动画面即改变“位置”参数，调整框架边缘即改变“缩放”参数，在顶点外侧调整画面角度即改变“旋转”参数，直接拖动锚点标志即改变“锚点”参数，如图 7–6 所示。

图 7–5　单击“运动”选项后出现操控框架

图 7–6　直接操控画面

操控框架中心的圆形图标就是锚点。锚点是“运动”选项中“位置”“缩放”“旋转”的基准点。当更改锚点的参数时，会对其他“运动”选项的参数表现产生影响。一般来说，锚点常用于在“缩放”和“旋转”有特殊表现时进行调节。例如，将锚点远离画面中心，则旋转效果的基准点也发生改变，就产生了特殊的旋转方式，如图 7–7 所示。

图 7–7　调整锚点对旋转的影响

注意：“锚点”的坐标系是由视频剪辑的分辨率决定的，而“位置”的坐标系则是由当前序列的分辨率决定的。所以虽然这两个参数都是由 *X*、*Y* 表现为坐标的形式，但是它们的坐标系并不相同，因此在数值大小上没有比较的意义。

7.1.2　不透明度

不透明度效果的应用涉及“合成”这样一个影视后期技术的范畴。在多个轨道素材画面叠加时，经常会涉及不透明度的调节。同时，不透明度效果结合关键帧动画的应用，可以形成“叠化”，即“淡入”或“淡出”的过渡效果。

提示：不透明度效果下有“椭圆”“四边形”和“钢笔”3 个图标，代表该效果可以结合蒙版进行设置。大部分视频效果均包含自己的蒙版。蒙版相关知识参见 9.3 节。

当选中时间轴窗口中的视频素材后，打开“效果控件”窗口，展开视频效果中的“不透明度”选项后，即可对不透明度效果进行设置，如图 7–8 所示。

图 7–8　不透明度参数

不透明度效果中包含两个参数，分别是“不透明度”和“混合模式”。

1. 不透明度

该参数指的是当前选中素材的不透明度值。该数值越大，则不透明度越高，该素材画面的可见度更高；该数值越小，则不透明度越低，该素材画面的可见度更低，透过它可以显示下层轨道上的其他画面。

注意：不要把“不透明度”理解为“透明度”，该数值的大小与素材画面的可见度是成正比的。

值得一提的是，不透明度参数前方的秒表形态按钮是高亮显示的，代表该参数可添加关键帧。关键帧的应用参见第 8 章，在此只是提醒，不透明度参数是默认开启关键帧动画的。

2. 混合模式

混合模式来自 Photoshop，是平面设计中常见的一种多图层合成方式。在视频制作中，也有着独特的作用。使用者可以选择一种混合模式让上层画面和下层画面进行交互融合，以展现特殊的画面合成效果。混合模式下拉菜单如图 7-9 所示。其中，大体上分为“正常”“相减”“相加”“计算”“差异”和 HSL 几个类别。

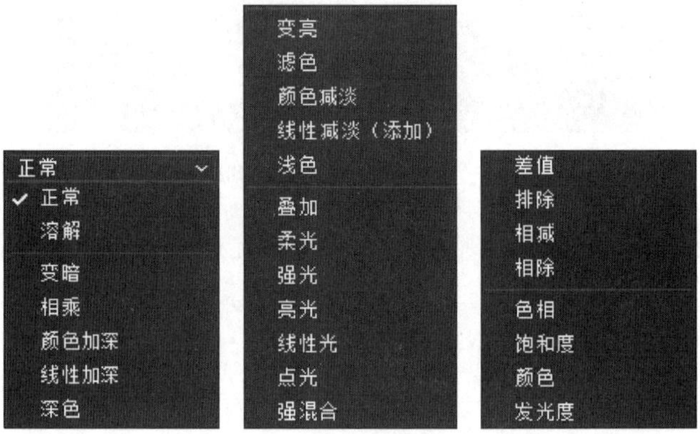

图 7-9　混合模式下拉菜单

(1) 正常

正常：默认的合成模式，当前画面并不受下层画面的影响，除非不透明度小于 100%。

溶解：不透明度小于 100% 时，当前层画面的构成像素不会均匀地成为半透明，而是以完全不透明和完全透明两种形态分布，形成一种宏观上的半透明。

(2) 相减

变暗：通过对比上下两层画面的每个色彩通道的像素，最终采用比较暗的数值。

相乘：稍微复杂一些的混合模式。将当前层画面像素的色彩通道值乘以下层画面像素的色彩通道值，再除以正在使用的色彩精度最大值。

颜色加深：当前层画面的每个像素会根据下面层的色彩值通过增加对比度的方式变暗。

线性加深：与颜色加深比较相似，但是展现效果会更好一些，不那么突然和直接。

深色：通过对比上下两层画面的色彩值，选择更暗的数值。与变暗不同，深色是以组合颜色进行对比的，而不是每个色彩通道都对比。

(3) 相加

变亮：通过对比上下两层画面的每个色彩通道的像素，最终采用比较亮的数值。

滤色：理论来说是乘以通道值的补集，再以补集作为结果展现。实际上可以理解成多个画面以幻灯片的方式同时投屏的效果。滤色是很常用的混合模式，常被用来套用光效素材，可以直接去掉画面中黑色背景，留下可以直接合成的光效。

颜色减淡：当前层画面的每个像素会根据下面层的色彩值通过降低对比度的方式变亮。

线性减淡（添加）：将当前层画面的色彩通道值添加到下层画面的色彩通道值上。它的滤色效果也是非常好的。

浅色：通过对比上下两层画面的色彩值，选择更亮的数值。与变亮不同，浅色是以组合颜色进行对比的，而不是每个色彩通道都对比。

(4) 计算

叠加：同时利用了相乘和滤色。它对当前画面的每个色彩通道进行计算，小于 50% 的值，应用相乘，大于 50% 的值，应用滤色。

柔光：与叠加原理相似，但是画面表现上更柔和。

强光：与叠加原理相似，但是画面表现上更强硬，比较重视当前层画面的原色彩值。

亮光：与柔光和强光相似，不过会依据下层画面的颜色去判断计算。下层画面的颜色亮于或者暗于 50%，它都会通过增加或减少对比度，来加深或减淡当前颜色。

线性光：与亮光相似，不过它不是通过增加或减少对比度来进行计算，而是通过增加或减少亮度的方式进行计算。

点光：相比起其他的混合模式，点光甚至算不上混合，它基本上是替换像素。它通过上下层画面的色彩进行对比判断。如果下层画面色彩比 50% 灰度亮，则当前层相对于下层色彩更亮的像素不变，更暗的会被替换；如果下层画面色彩比 50% 灰度暗，则当前层比下层色彩亮的像素被替换，而色彩暗的像素不变。

强混合：通过提高下层画面的对比度来与上层画面的遮罩部分进行混合。这个混合模式很少用到。

(5) 差异

差值：通过对比上下两层画面的色彩值，在每个色彩通道上，用较亮的值减去较暗的值。

排除：与差值相似，但是画面表现上更细微。

相减：用下面层的像素值减去当前层画面的像素值。

相除：用下面层的像素值除以当前层画面的像素值。

(6) HSL

色相：当前层画面的色相值应用到下面层上，并保持下面层画面的亮度和饱和度。

饱和度：当前层画面的饱和度值应用到下面层上，并保持下面层画面的亮度和色相值。

颜色：使用下层画面的亮度值，同时使用当前层画面的色相和饱和度值。

发光度：使用当前层画面的亮度值，同时使用下层画面的色相和饱和度值。

提示：混合模式的利用需要使用者通过实践逐渐找到适合自己所需的模式，此处虽然列出了混合原理，但是还是要从画面表现的角度来最终选取。

7.2　视频标准效果

使用过 Photoshop 的用户不会对滤镜感到陌生，通过滤镜可以对素材进行加工，添加各种各样的特效。Premiere 中也有着各种视频效果，能产生变形、模糊、光影等特效，这些变化增强了影片的吸引力和表达力。在 Premiere 中，完成这一工作的是效果窗口中的“视频效果”，也被称为“视频标准效果”，如图 7-10 所示。

在 Premiere 中，只需将各个效果通过拖动的方式，拖动到需要应用效果的剪辑上，即可产生效果。之后可在“效果控件”窗口，对添加的效果进行参数设置。

提示：也可以直接将效果拖动到“效果控件”窗口中以添加效果，但注意务必要确认此时效果控件窗口中显示的内容是对应需添加效果的剪辑的，即要提前选中需添加效果的剪辑。

Premiere 的视频效果共分为 18 大类：变换、图像控制、实用程序、扭曲、时间、杂色与颗粒、模糊与锐化、沉浸式视频、生成、视频、调整、过时、过渡、透视、通道、键控、颜色校正、风格化。其中，键控属于合成技术特效，将在第 9 章讲解；图像控制、过时、颜色校正属于调色技术特效，将在第 10 章讲解。

7.2.1 变换

变换效果组可以使影片的画面展示产生变化。其中包括“垂直翻转”“水平翻转”“羽化边缘”“自动重新构图”和“裁剪”共 5 种效果，如图 7–11 所示。

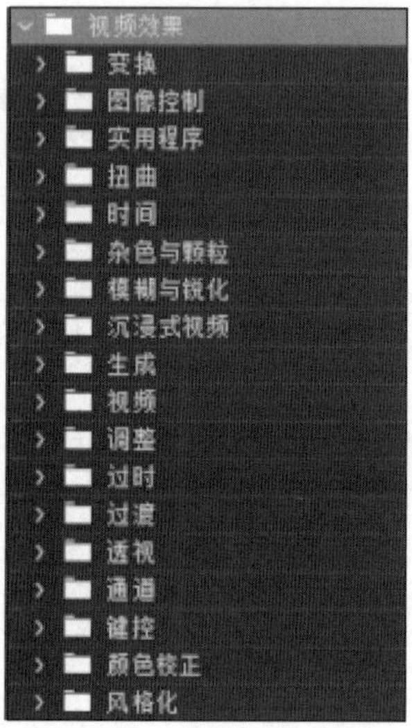

图 7–10 “视频效果”列表

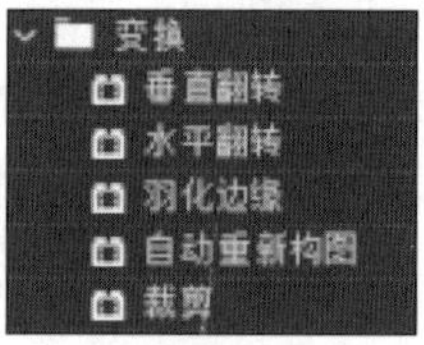

图 7–11 变换效果组

1. 垂直翻转

垂直翻转的作用是让影片画面呈现一种上下倒置的效果，该效果如图 7–12 所示。

图 7–12 垂直翻转

2. 水平翻转

水平翻转的作用是让影片画面呈现一种左右对调的效果，该效果如图 7-13 所示。

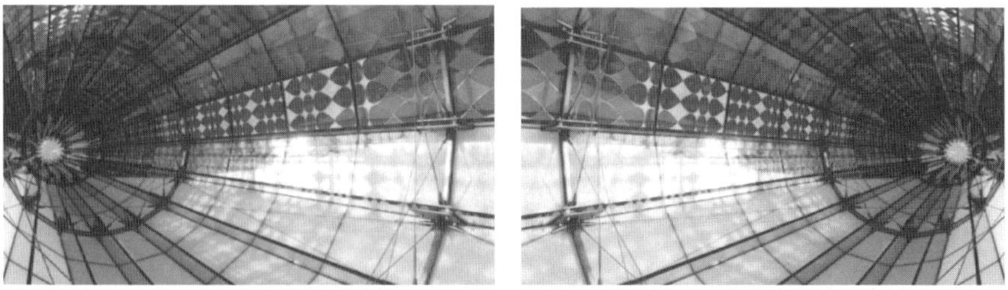

图 7-13　水平翻转

3. 羽化边缘

羽化边缘可以在屏幕画面四周形成一圈经过柔化处理后的呈现为半透明质感的边缘。该效果如图 7-14 所示。

图 7-14　羽化边缘

4. 自动重新构图

自动重新构图可以自动调整影片的画面比例，用于整个序列剪辑的重新构图。

5. 裁剪

裁剪的作用是对影片画面进行 4 个边缘的切割处理，是较为常用的调整画面呈现内容范围的特效之一。该效果如图 7-15 所示。

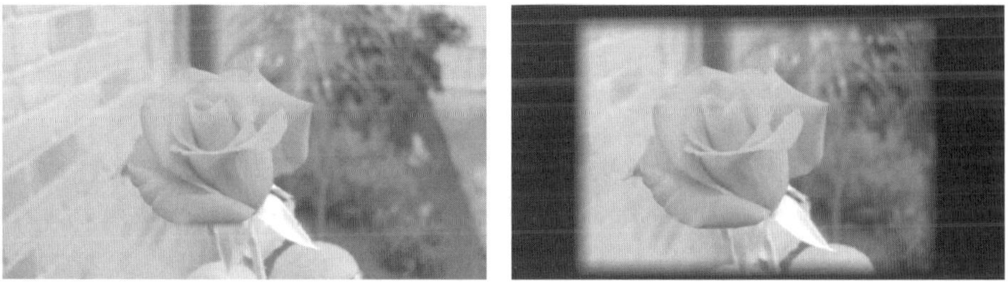

图 7-15　裁剪

7.2.2 实用程序

实用程序效果组只有一个视频效果——“Cineon 转换器”，其作用是改变画面的黑白场、灰度、高光等参数。该效果如图 7–16 所示。

图 7–16　实用程序

7.2.3 扭曲

扭曲效果组可以使影片画面产生多种不同的变形效果，其中包括“偏移”“变形稳定器”“变换”“放大”“旋转扭曲”“果冻效应修复”“波形变形”“湍流置换”“球面化”“边角定位”“镜像”和“镜头扭曲”共 12 种效果，如图 7–17 所示。

图 7–17　扭曲效果组

1. 偏移

偏移可以使影片画面移出屏幕范围，同时用移出的画面内容补充移动产生的空缺。该效果如图 7–18 所示。

2. 变形稳定器

变形稳定器是非常有效的一款特效，能够自动解决前期拍摄中因摄像机不稳定产生的一般化抖动问题，让后期影片画面变得更加平稳顺滑。

注意：使用该效果后的影片会有一定程度的画面放大，因此前期拍摄时注意构图留出边缘的余量。此外，该效果不能替代前期拍摄时使用摄像稳定器的硬件效果。

图 7–18　偏移

3. 变换

变换相当于为剪辑添加一个新的视频固定效果。该效果包括“运动”和“不透明度”的数值类参数，还有“倾斜”“快门角度”等参数。该效果如图 7–19 所示。

图 7-19　变换

4. 放大

放大可以对画面中的指定位置放大显示，模拟使用放大镜观察的效果。该效果如图 7-20 所示。

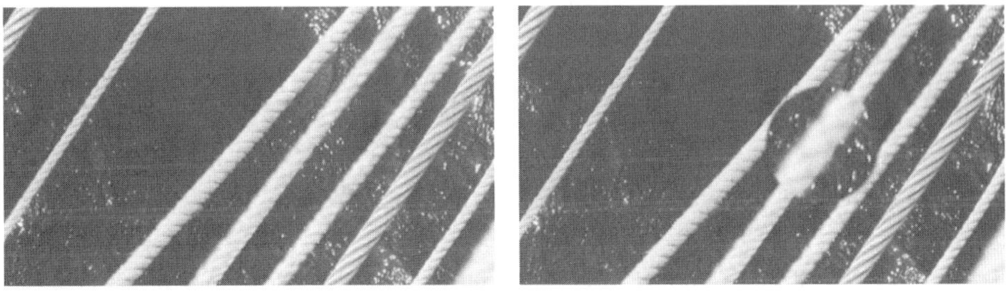

图 7-20　放大

5. 旋转扭曲

旋转扭曲可以使画面中的部分区域围绕指定点来旋转以呈现旋涡状效果。该效果如图 7-21 所示。

图 7-21　旋转扭曲

6. 果冻效应修复

果冻效应修复可以修复前期拍摄时的画面抖动与变形等情况。

7. 波形变形

波形变形的作用是让影片画面呈现连贯曲线的波浪式效果。该效果如图 7-22 所示。

8. 湍流置换

湍流置换可以让影片画面内产生不规律的扭曲效果。该效果如图 7-23 所示。

图 7-22　波形变形

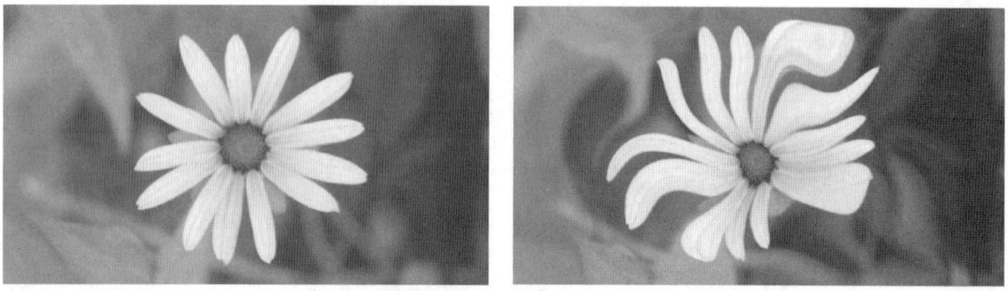

图 7-23　湍流置换

9. 球面化

球面化可以使影片画面的局部以球面凸起的状态显示。该效果如图 7-24 所示。

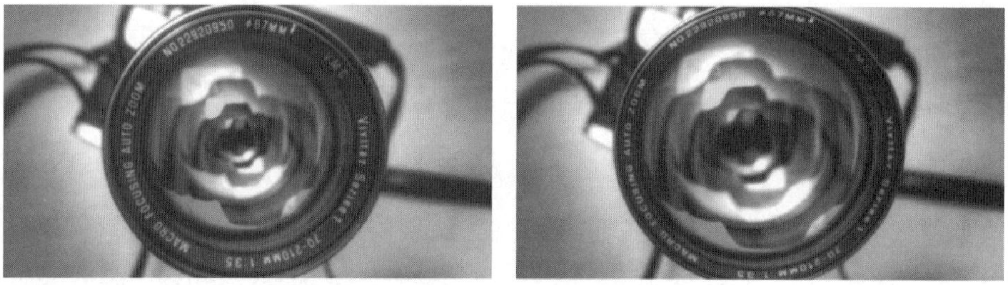

图 7-24　球面化

10. 边角定位

边角定位可以改变素材 4 个顶角的位置,从而可以使画面产生空间倾斜和透视效果。该效果如图 7-25 所示。

图 7-25　边角定位

提示: 边角定位常用于将一个剪辑的画面填充到某个影片已有的平面维度中,如电视、投影幕布、墙体、地面等,以塑造较为真实的透视效果。

11. 镜像

镜像可以使影片画面沿一条设定的对称轴产生对称画面效果。该效果如图 7-26 所示。

图 7-26　镜像

12. 镜头扭曲

镜头扭曲的作用是对前期拍摄可能出现的由于焦距、光圈等处理不当产生的画面变形缺陷,进行一定程度的矫正。

7.2.4　时间

时间效果组主要对影片在时间层面上进行一些特效处理,其中包含“残影”和“色调分离时间”共两个效果,如图 7-27 所示。

图 7-27　时间效果组

1. 残影

残影可以对影片画面中移动的内容调用不同时间点的影像以构成拖影效果。该效果如图 7-28 所示。

2. 色调分离时间

色调分离时间用于为视频剪辑更改帧速率,如果改成小于原帧速率,则可以呈现跳帧的视觉效果。

图 7-28　残影

7.2.5　杂色与颗粒

杂色与颗粒效果组的作用是在影片素材画面中添加细小的杂点,塑造特殊的画面质感。其中包含“中间值(旧版)”“杂色”“杂色 Alpha”“杂色 HLS”“杂色 HLS 自动”和“蒙尘与划痕”共 6 个效果，如图 7–29 所示。

图 7–29　杂色与颗粒效果组

1. 中间值(旧版)

中间值能够将影片画面中每个像素的颜色值替换其附近像素群的颜色平均值，产生类似水彩画的效果。该效果如图 7–30 所示。

2. 杂色

杂色能够在素材画面上增加随机的像素杂点，其效果类似于前期拍摄时的画面噪点。该效果如图 7–31 所示。

图 7–30　中间值(旧版)

图 7–31　杂色

3. 杂色 Alpha

杂色 Alpha 可以在视频素材的 Alpha 通道内产生噪波，从而利用 Alpha 通道内的噪波来影响画面效果。该效果如图 7–32 所示。

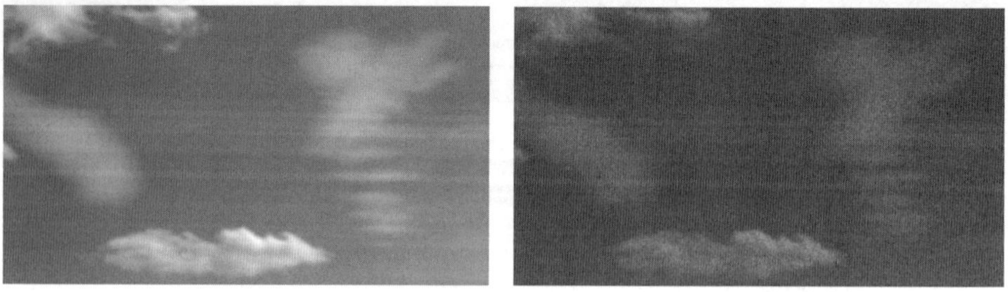
图 7–32　杂色 Alpha

4. 杂色 HLS

杂色 HLS 能够通过调整画面色调、亮度和饱和度的方式来控制噪波效果。该效果如图 7–33 所示。

图 7-33　杂色 HLS

5. 杂色 HLS 自动

杂色 HLS 自动类似于杂色 HLS，区别是杂色 HLS 自动可以控制杂色噪波动态效果的变化速度。

6. 蒙尘与划痕

蒙尘与划痕用于产生一种富有灰尘的、模糊的噪波效果。该效果如图 7-34 所示。

图 7-34　蒙尘与划痕

7.2.6　模糊与锐化

模糊与锐化效果组正如其名字一样，可以将影片画面调整得越发模糊或者清晰。其中包括“减少交错闪烁”“复合模糊”“方向模糊”“相机模糊”“通道模糊”“钝化蒙版”“锐化”和“高斯模糊”共 8 个效果，如图 7-35 所示。

图 7-35　模糊与锐化效果组

1. 减少交错闪烁

减少交错闪烁并不常用，主要用于减少影片画面的闪烁问题。

2. 复合模糊

复合模糊可以选择某条轨道的画面作为模糊的层次依据来进行画面的模糊处理。该效果如图 7-36 所示。

图 7-36　复合模糊

3. 方向模糊

方向模糊能够使影片画面根据指定方向进行模糊处理，产生类似动态模糊的视觉效果。该效果如图 7–37 所示。

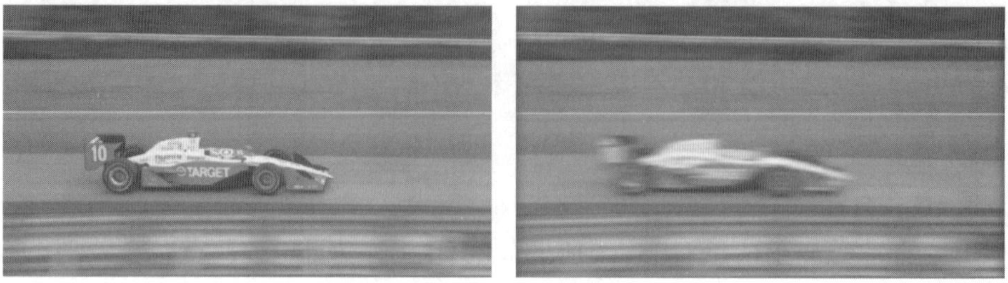

图 7–37　方向模糊

4. 相机模糊

相机模糊可以模拟摄像机镜头变焦所产生的虚焦效果。该效果如图 7–38 所示。

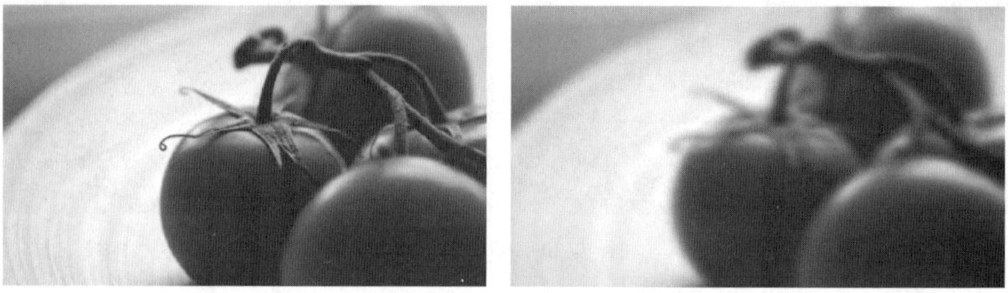

图 7–38　相机模糊

5. 通道模糊

通道模糊可以针对画面的 RGB 和 Alpha 通道分别调节各自的模糊度。该效果如图 7–39 所示。

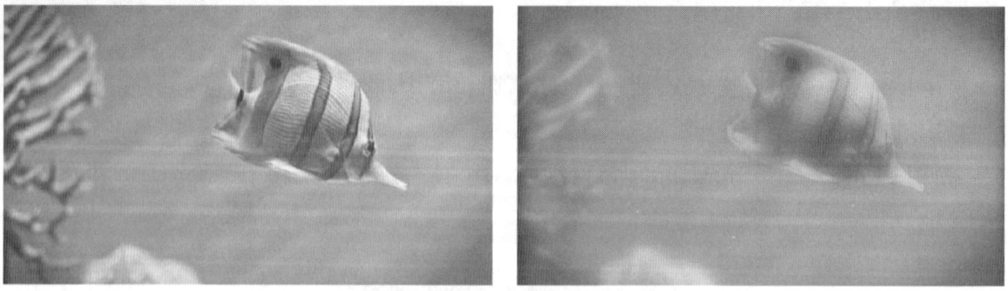

图 7–39　通道模糊

6. 钝化蒙版

钝化蒙版可以增加画面中不同颜色区分边界的对比度，以提高整个画面的锐度。该效果如图 7–40 所示。

图 7–40　钝化蒙版

7. 锐化

锐化的作用是增加相邻像素的对比度，以提高画面清晰度。该效果如图 7–41 所示。

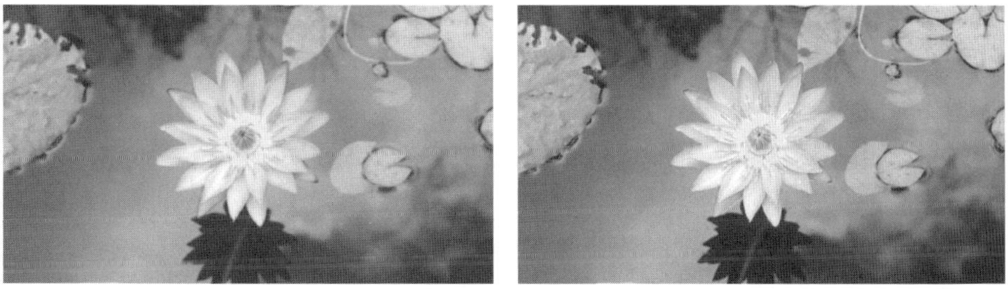

图 7–41　锐化

注意：锐化并不是实质提高画面的清晰度，只是像素区分度更高一些。想真正提高画面的清晰度，只有拍摄时使用较高的分辨率才是根本途径。

8. 高斯模糊

高斯模糊是利用高斯运算方法产生模糊效果，使画面中部分区域的模糊表现效果更为细腻。该效果如图 7–42 所示。

图 7–42　高斯模糊

提示：高斯模糊的效果与“过时”效果组中的“快速模糊”很相似。“快速模糊”是最常用的模糊特效之一，但是新版 Premiere 将其分入“过时”效果组。由于该效果组内更多特效属于调色范畴，因此“快速模糊”特效将在本书第 10 章介绍“过时”效果组时再讲解。

7.2.7　沉浸式视频

沉浸式视频效果组主要针对 VR 视频进行特效处理。其中包括“VR 分形杂色”“VR 发光”“VR 平面到球面”“VR 投影”“VR 数字故障”“VR 旋转球面”“VR 模糊”“VR 色差”“VR 锐化”“VR 降噪”和“VR 颜色渐变”共 11 个效果，如图 7–43 所示。

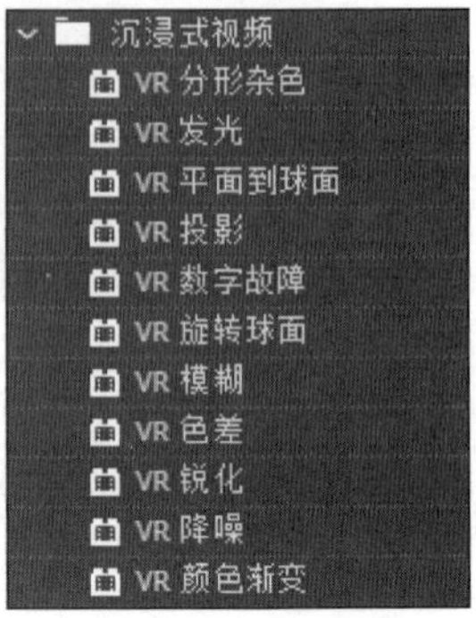

图 7–43 沉浸式视频效果组

1. VR 分形杂色

VR 分形杂色用于产生 VR 沉浸式视频画面分形杂色的效果。

2. VR 发光

VR 发光用于产生 VR 沉浸式视频画面的光效。

3. VR 平面到球面

VR 平面到球面用于产生 VR 沉浸式视频画面从平面到球面的变化效果。

4. VR 投影

VR 投影用于产生 VR 沉浸式视频画面的投影效果。

5. VR 数字故障

VR 数字故障用于产生 VR 沉浸式视频画面的模拟数字故障效果。

6. VR 旋转球面

VR 旋转球面用于产生 VR 沉浸式视频画面的旋转球面效果。

7. VR 模糊

VR 模糊用于产生 VR 沉浸式视频画面的模糊效果。

8. VR 色差

VR 色差用于产生 VR 沉浸式视频画面的色差效果。

9. VR 锐化

VR 锐化用于产生 VR 沉浸式视频画面的锐化效果。

10. VR 降噪

VR 降噪用于产生 VR 沉浸式视频画面的降噪效果。

11. VR 颜色渐变

VR 颜色渐变用于产生 VR 沉浸式视频画面的颜色渐变效果。

7.2.8 生成

生成效果组主要是为影片画面添加各种图形或光效的叠加效果。其中包括“书写”“单元格图案”“吸管填充”“四色渐变”“圆形”“棋盘”“椭圆”“油漆桶”“渐变”“网格”“镜头光晕”和“闪电”共 12 个效果，如图 7–44 所示。

图 7–44 生成效果组

提示：生成效果组的大部分特效都是“覆盖型”效果，即不管原画面是什么内容，加上特效后就只显示特效的内容，需要对各特效中的“混合”相关参数进行调节，才可以与原画面叠加显示。因此对于部分以凸显特效图案为主的情况，直接创建一个“黑场视频”作为基础素材再去添加效果更为方便。

1. 书写

书写可以产生类似画笔在书写的效果。该效果如图 7–45 所示。

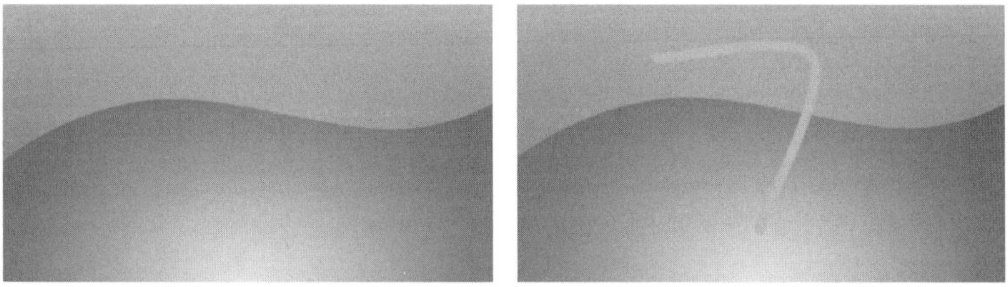

图 7-45　书写

2. 单元格图案

单元格图案可以创造各种单元格类型图案，如气泡、晶体等。该效果常利用“黑场视频”作为基础素材来应用，如图 7-46 所示。

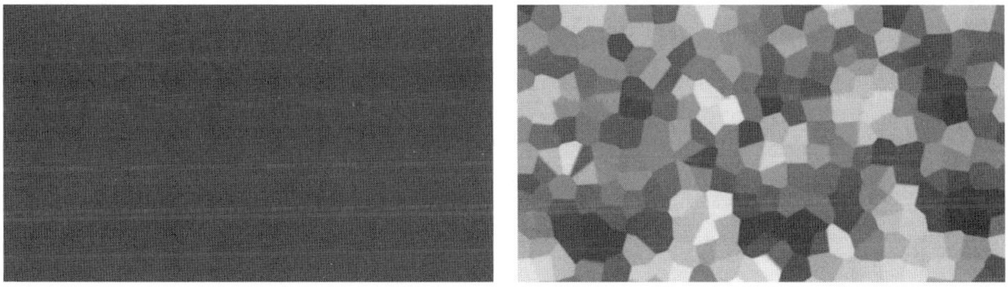

图 7-46　单元格图案

3. 吸管填充

吸管填充可以对画面某区域进行颜色采样，并将该色彩与原画面混合以调整画面的色调。该效果如图 7-47 所示。

图 7-47　吸管填充

4. 四色渐变

四色渐变可以对原画面的 4 个角添加不同的颜色，以产生四色渐变的画面混合效果。该效果如图 7-48 所示。

5. 圆形

圆形可以在画面上创建一个圆形以供混合使用。该效果如图 7-49 所示。

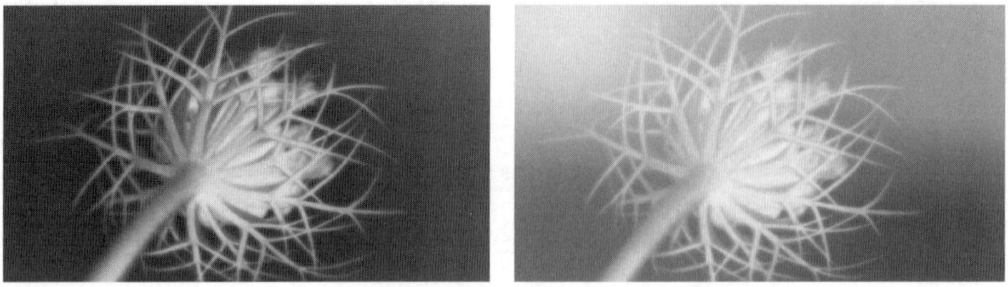

图 7–48　四色渐变

图 7–49　圆形

6. 棋盘

棋盘可以在画面上创建一个棋盘图案以供混合使用。该效果如图 7–50 所示。

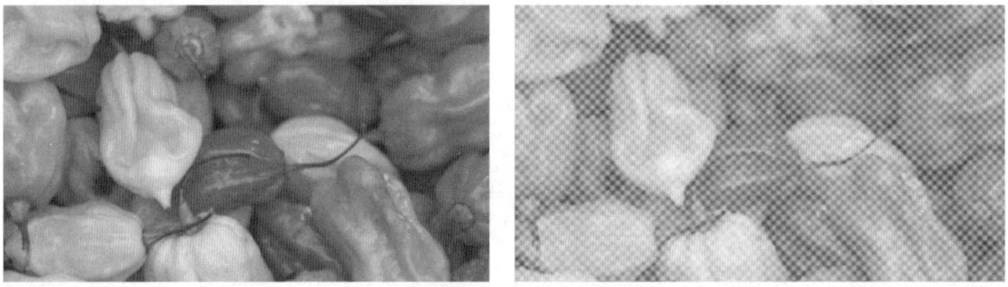

图 7–50　棋盘

7. 椭圆

椭圆可以在画面上创建一个椭圆的环状以供混合使用。该效果如图 7–51 所示。

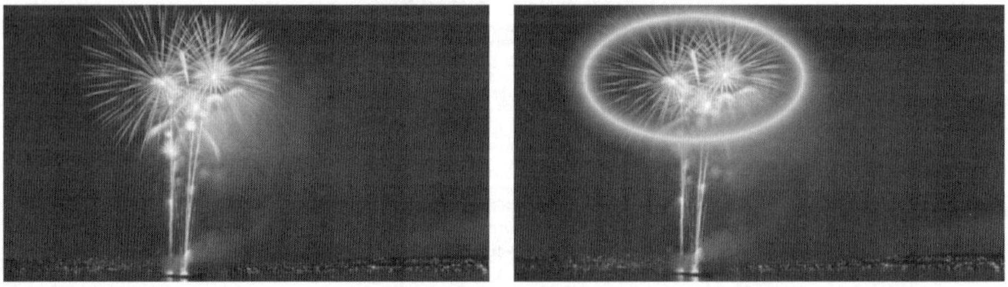

图 7–51　椭圆

8. 油漆桶

油漆桶是使用纯色来填充区域的一种非破坏性油漆效果。该效果如图 7–52 所示。

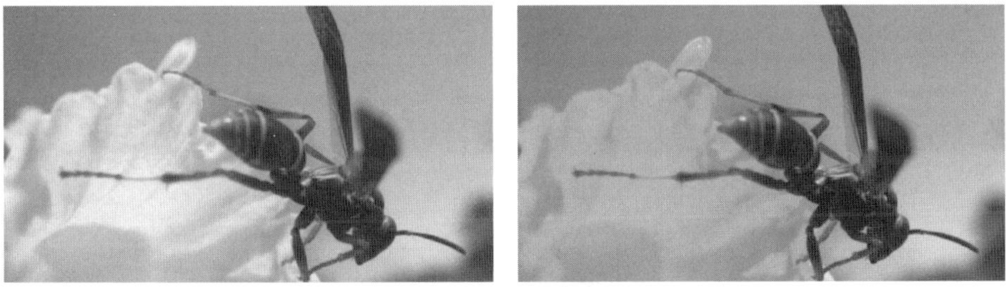

图 7–52　油漆桶

9. 渐变

渐变可以在画面上创建彩色渐变,有线性渐变和径向渐变两种类型。该效果如图 7–53 所示。

图 7–53　渐变

提示: 在需要背景为纯色的一些画面展示中,从色彩学角度上说,渐变色更让人视觉舒适。因此可以利用"渐变"效果,塑造有微弱颜色差异的"伪纯色"背景更为恰当,如图 7–54 所示。

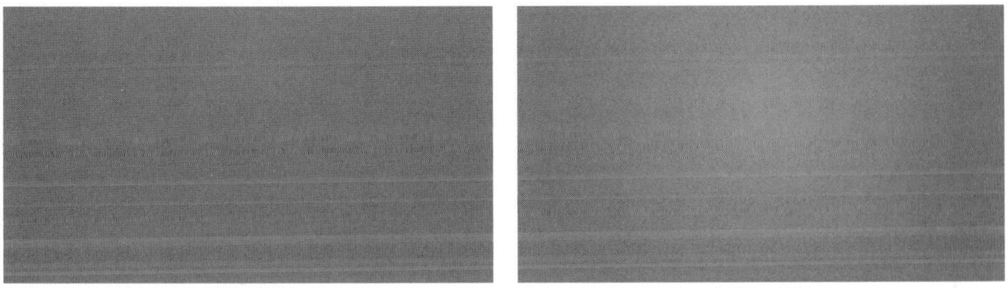

图 7–54　渐变背景

10. 网格

网格可以在画面上创建一个网格图案以供混合使用。该效果如图 7–55 所示。

11. 镜头光晕

镜头光晕可以在画面上模拟出摄像机镜头面对强光时的光晕效果。该效果如图 7–56 所示。

图 7-55　网格

图 7-56　镜头光晕

提示：将“镜头光晕”特效的“光晕中心”点置于画面中发光物的位置，会使得光效更佳。

12. 闪电

闪电可以在画面上模拟自然闪电的效果。该效果如图 7-57 所示。

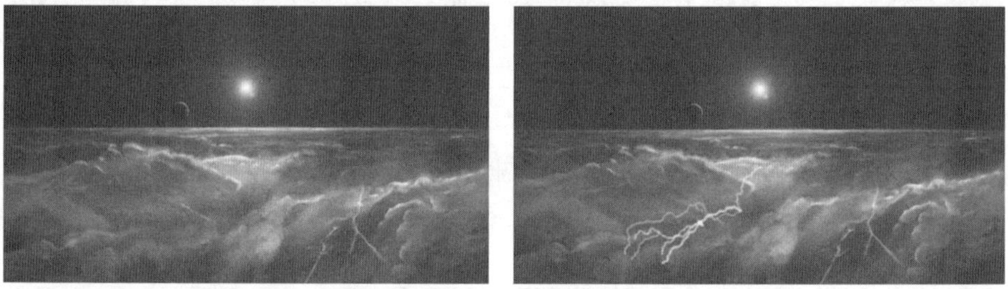

图 7-57　闪电

提示：“闪电”效果是自带动画的，可以直接播放观看动态闪电效果。

7.2.9　视频

视频效果组是在视频画面上添加一些基础信息提示的特效。其中包括“SDR 遵从情况”“剪辑名称”“时间码”和“简单文本”共 4 个效果，如图 7-58 所示。

图 7-58　视频效果组

1. SDR 遵从情况

SDR 遵从情况可以调节画面的基本亮度和对比度等效果。该效果如图 7-59 所示。

2. 剪辑名称

剪辑名称可以在视频画面上体现该剪辑的名称。该效果如图 7-60 所示。

图 7-59　SDR 遵从情况

图 7-60　剪辑名称

3. 时间码

时间码可以在视频画面上体现当前时间点的时间码。该效果如图 7-61 所示。

图 7-61　时间码

4. 简单文本

简单文本可以在画面上输入简单的一段文字。该效果如图 7-62 所示。

图 7-62　简单文本

7.2.10 调整

调整效果组主要对画面的基本呈现参数进行调节处理。其中包括 ProcAmp、“光照效果”“卷积内核”“提取”和“色阶”共 5 个效果，如图 7–63 所示。

图 7–63 调整效果组

1. ProcAmp

ProcAmp 主要用来调节影片画面的基础参数，包括亮度、对比度、饱和度、色相等，是比较常用的画面基础调节特效。该效果如图 7–64 所示。

图 7–64 ProcAmp

2. 光照效果

光照效果可以在画面上添加一个模拟灯光照射的效果。该效果如图 7–65 所示。

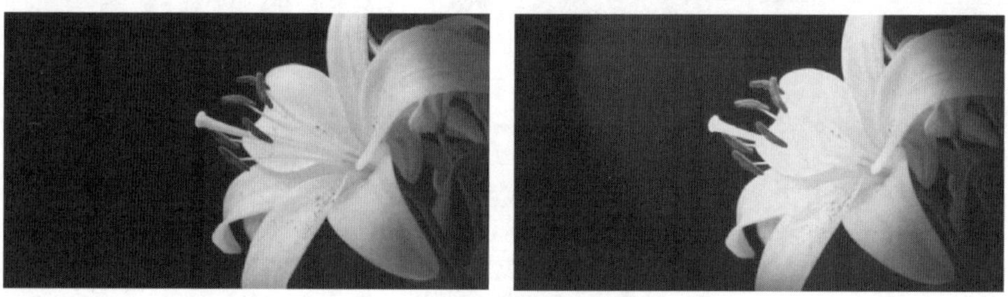

图 7–65 光照效果

3. 卷积内核

卷积内核通过多个层次来调整画面的色阶。该效果如图 7–66 所示。

图 7–66 卷积内核

4. 提取

提取可以把影片画面改为黑白色调,并调节黑、白色阶的数量。该效果如图 7-67 所示。

图 7-67　提取

5. 色阶

色阶可以通过 RGB 颜色分量的色阶数值调节,来改变画面的明暗和色调层次。该效果如图 7-68 所示。

图 7-68　色阶

7.2.11　过渡

过渡效果组中的效果与视频过渡效果有些相似,只不过这里以过渡效果的固态展示为主要应用。其中包括“块溶解”“径向擦除”“渐变擦除”“百叶窗”和“线性擦除”共 5 个效果,如图 7-69 所示。

图 7-69　过渡效果组

1. 块溶解

块溶解为画面添加方块状的溶解过渡效果。该效果如图 7-70 所示。

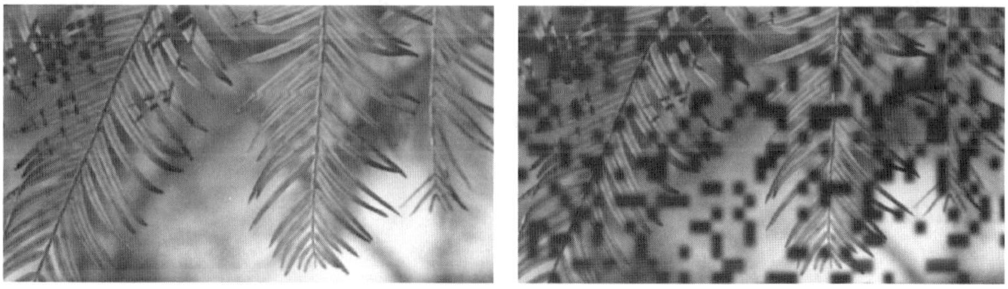

图 7-70　块溶解

2. 径向擦除

径向擦除体现为时钟式的擦除效果。该效果如图 7–71 所示。

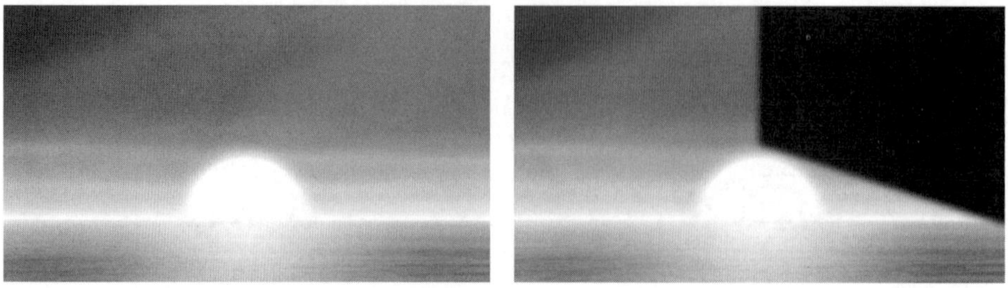

图 7–71　径向擦除

3. 渐变擦除

渐变擦除类似淡入淡出，可以渐进式地让画面产生透明化过渡效果，该效果可以以某一轨道的视频画面为参照图层来产生渐变擦除效果，如图 7–72 所示。

图 7–72　渐变擦除

4. 百叶窗

百叶窗顾名思义，为画面添加不同角度的百叶窗叶片翻转的过渡效果。该效果如图 7–73 所示。

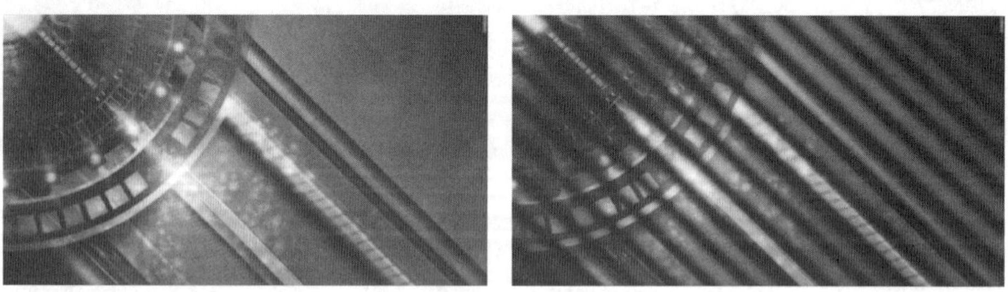

图 7–73　百叶窗

5. 线性擦除

线性擦除体现为画面从某个角度沿直线将画面擦除的效果。该效果如图 7–74 所示。

图 7-74　线性擦除

7.2.12　透视

图 7-75　透视效果组

透视效果组主要用于为影片画面调整透视角度和添加投影，以呈现模拟立体空间的视觉效果。其中包括“基本 3D”“径向阴影”“投影”“斜面 Alpha”和“边缘斜面”共 5 个效果，如图 7-75 所示。

1. 基本 3D

基本 3D 可以将影片画面更改立体角度以塑造空间透视感，还可以添加镜面反光的效果。该效果如图 7-76 所示。

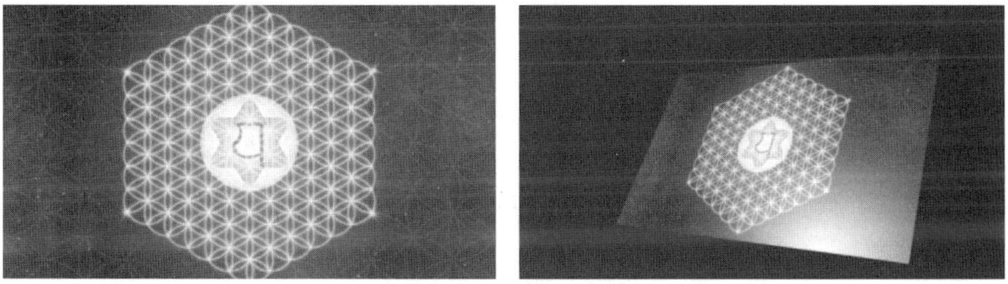

图 7-76　基本 3D

2. 径向阴影

径向阴影可以对画面中的 Alpha 通道部分内容产生光源性投影效果。该效果如图 7-77 所示。

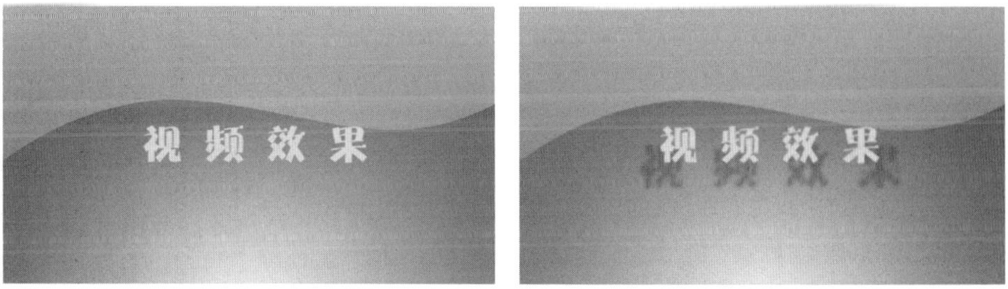

图 7-77　径向阴影

3. 投影

投影可以对画面中 Alpha 通道部分内容产生统一投影效果。该效果如图 7-78 所示。

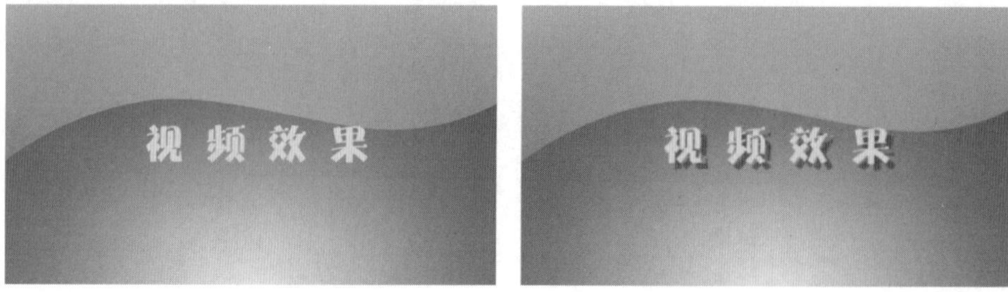

图 7-78　投影

4. 斜面 Alpha

斜面 Alpha 可以对画面中 Alpha 通道部分内容产生边缘立体效果。该效果如图 7-79 所示。

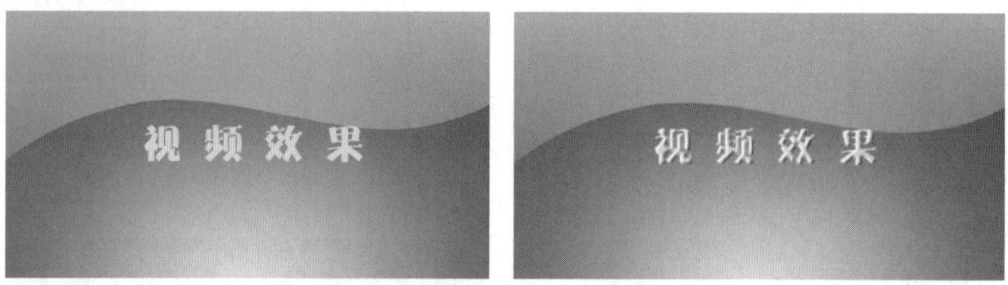

图 7-79　斜面 Alpha

5. 边缘斜面

边缘斜面直接对画面的边缘添加立体棱边效果。该效果如图 7-80 所示。

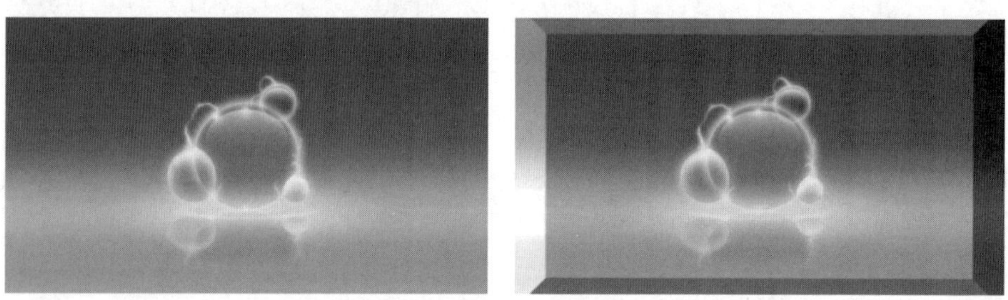

图 7-80　边缘斜面

7.2.13　通道

通道效果组主要用于对视频画面的通道信息进行运算和处理。其中包括“反转”“复合运算”“混合”“算术”“纯色合成”“计算”和“设置遮罩”共 7 个效果，如图 7-81 所示。

图 7-81　通道效果组

1. 反转

反转会直接将画面的颜色通道进行反色转化。该效果如图 7-82 所示。

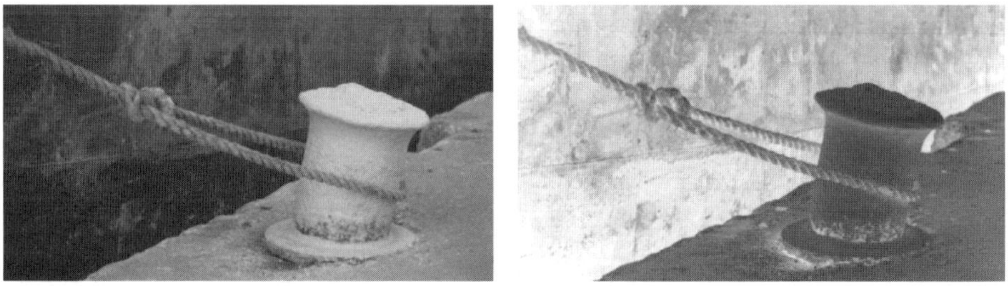

图 7-82　反转

2. 复合运算

复合运算可以为当前画面提供一种混合模式，与指定轨道的图层画面进行混合。该效果如图 7-83 所示。

图 7-83　复合运算

3. 混合

混合与复合运算类似，不过该效果提供的混合模式不同。该效果如图 7-84 所示。

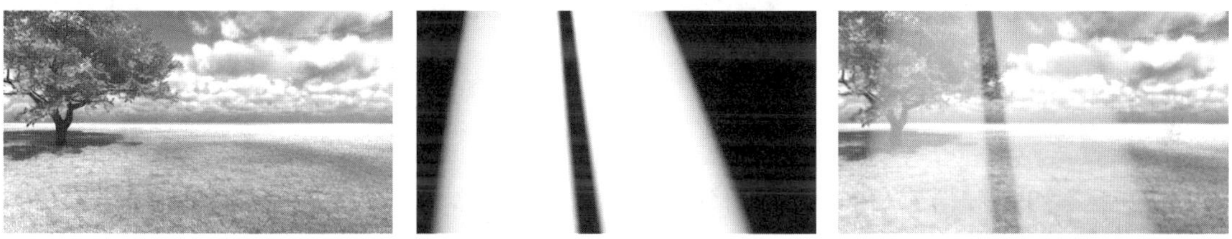

图 7-84　混合

4. 算术

算术可以对画面的 RGB 三个通道的数值做数学类的运算，以改变画面的呈现。该效果如图 7-85 所示。

图 7-85　算术

5. 纯色合成

纯色合成可以为画面提供一种纯色来进行多种模式的混合，以改变画面的色彩基调。该效果如图 7–86 所示。

图 7–86　纯色合成

6. 计算

计算可以为当前画面与指定轨道的图层提供较为复杂的混合运算，以呈现独特的混合效果。该效果如图 7–87 所示。

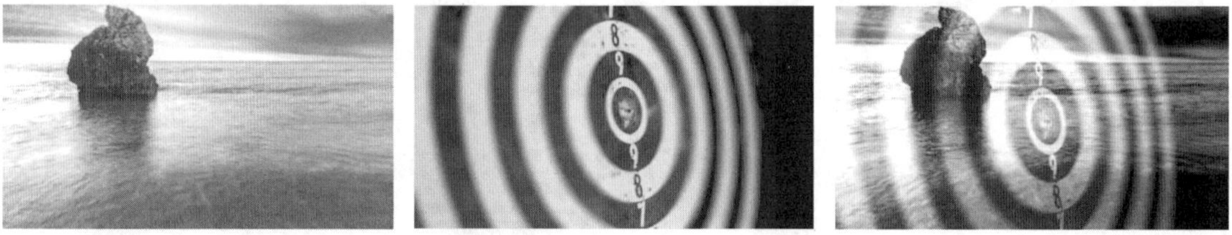

图 7–87　计算

7. 设置遮罩

设置遮罩可以对当前画面指定一个轨道图层作为遮罩，选择不同的使用遮罩的模式，来产生合成画面效果。该效果如图 7–88 所示。

图 7–88　设置遮罩

7.2.14　风格化

风格化效果组主要为影片画面提供各种艺术风格类的视觉效果，其中包括“Alpha 发光”“复制”“彩色浮雕”“曝光过度”“查找边缘”“浮雕”“画笔描边”“粗糙边缘”“纹理”“色调分离”“闪光灯”“阈值”和“马赛克”共13个效果，如图7-89所示。

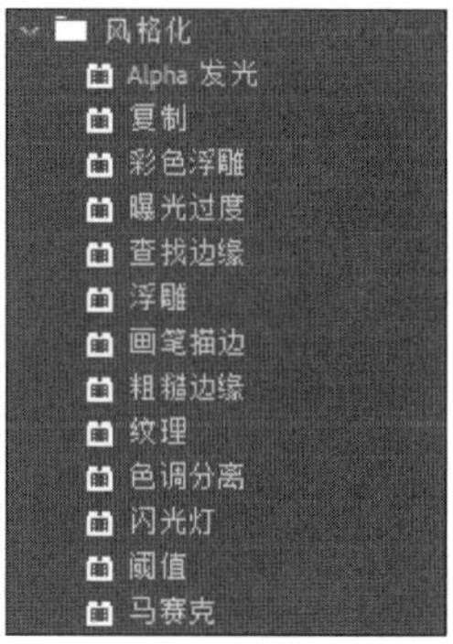

图7-89 风格化效果组

1. Alpha发光

Alpha发光可以为Alpha通道的画面内容产生轮廓发光效果。该效果如图7-90所示。

图7-90 Alpha发光

2. 复制

复制可以将画面以阵列的方式复制成多个同步画面，平铺在屏幕上。该效果如图7-91所示。

图7-91 复制

3. 彩色浮雕

彩色浮雕可以将画面转化为彩色浮雕效果。该效果如图7-92所示。

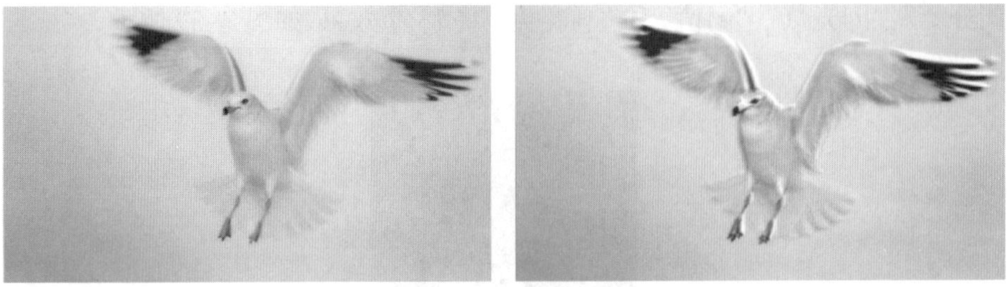

图 7–92　彩色浮雕

4. 曝光过度

曝光过度可以提高画面的曝光值以产生负片效果。该效果如图 7–93 所示。

图 7–93　曝光过度

5. 查找边缘

查找边缘可以根据画面内容生成类似彩色铅笔的绘图视觉效果。该效果如图 7–94 所示。

图 7–94　查找边缘

6. 浮雕

浮雕可以将画面转化为灰底浮雕效果。该效果如图 7–95 所示。

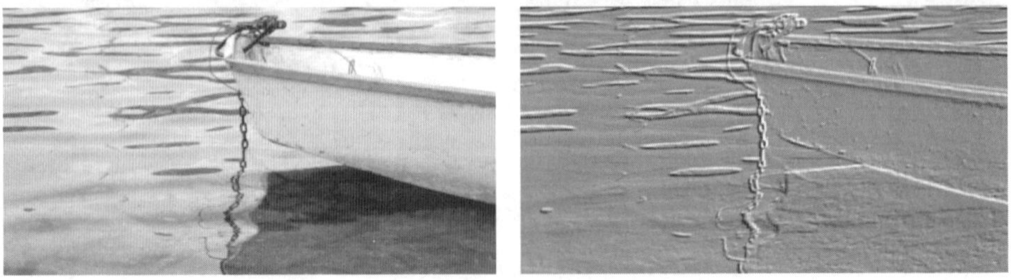

图 7–95　浮雕

7. 画笔描边

画笔描边可以将画面转化为水彩画效果。该效果如图 7–96 所示。

图 7–96　画笔描边

8. 粗糙边缘

粗糙边缘可以让画面边缘呈现出一种类似于腐蚀而成的纹理或溶解效果。该效果如图 7–97 所示。

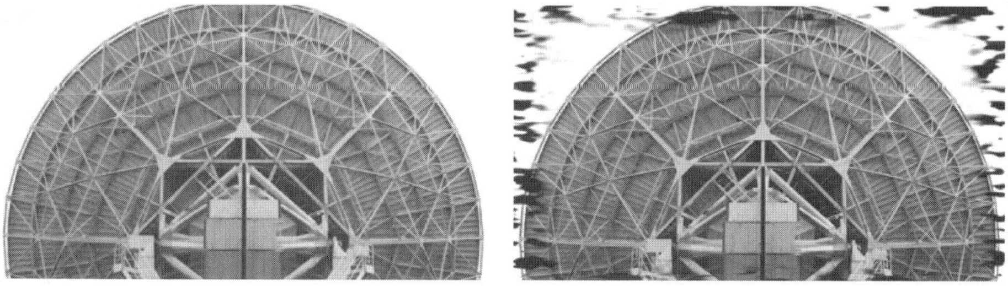

图 7–97　粗糙边缘

9. 纹理

纹理可以指定某轨道图层为纹理参照，为当前画面添加纹理效果。该效果如图 7–98 所示。

图 7–98　纹理

10. 色调分离

色调分离可以调整可用颜色的数量，以改变颜色过渡的层次，常用于模仿老式招贴画的效果。该效果如图 7–99 所示。

11. 闪光灯

闪光灯可以为视频画面添加特定颜色的频闪效果，模拟闪光灯或眨眼的效果。

图 7-99　色调分离

12. 阈值

阈值可以将彩色图像转换为高对比度的黑白图像。该效果如图 7-100 所示。

图 7-100　阈值

13. 马赛克

马赛克可以将一个区域内所有的像素统一为一种颜色，然后以少量像素块来构成画面，类似降低分辨率的效果。该效果如图 7-101 所示。

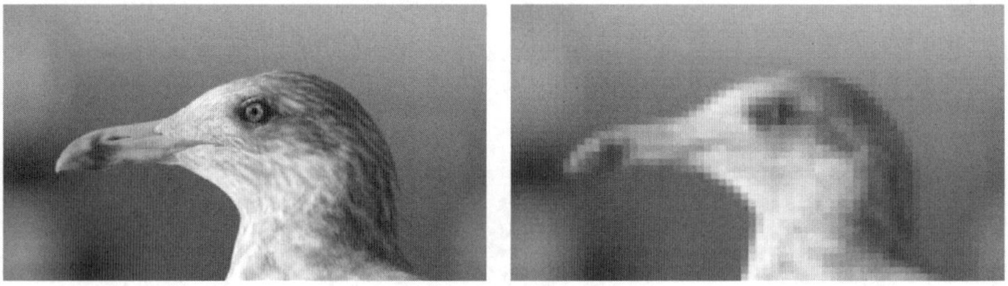

图 7-101　马赛克

7.3　运用视频效果

7.3.1　视频效果示例

1. 湖边倒影

本例为湖边景物制作加强版水面倒影效果，同理也可以针对浑浊水面制作清透倒影效果。

练习操作：

新建项目，命名为“第 7 章练习”，创建一个标准 720p 序列。将“7–1”文件夹的素材导入到项目中，并拖动到视频轨道 1 上。确认该段剪辑已开启“缩放为帧大小”功能。当前预览如图 7–102 所示。

练习素材 7–1：视频效果应用练习

图 7–102　原画面

将当前剪辑复制一个副本放置到视频轨道 2 上，可选择“复制”和“粘贴”命令，也可以按住 Alt 键直接拖动至轨道 2。当前序列呈现如图 7–103 所示。

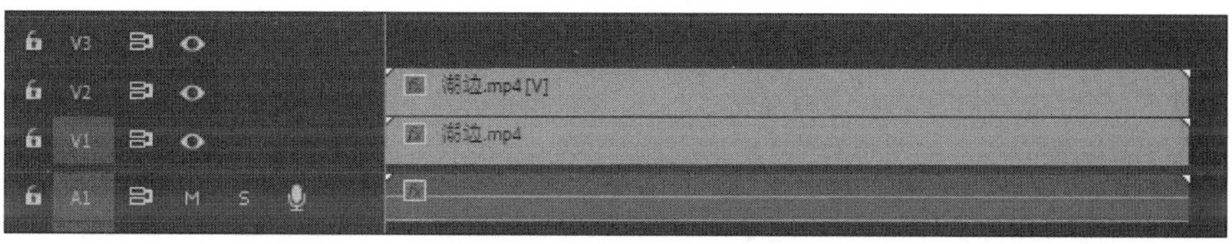

图 7–103　复制副本

其中，视频轨道 1 的剪辑作为原画面无须操作，轨道 2 的剪辑需要被制作成倒影效果。

对轨道 2 的剪辑添加“变换”效果组中的“垂直翻转”效果，上下翻转画面，如图 7–104 所示。

图 7–104　倒影效果

注意：倒影需要垂直翻转，这与 180° 旋转是完全不一样的。180° 旋转相当于垂直翻转和水平翻转的叠加效果。

倒影只需要景物部分，因此翻转后的影像需要裁掉上面一部分。对其添加“变换”效果组中的“裁剪”效果，在“效果控件”窗口调节参数，从画面顶部开始裁剪，并设置羽化，如图 7–105 所示。

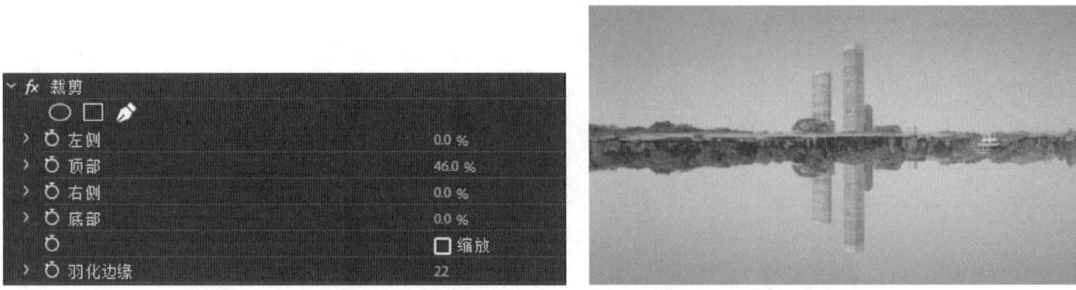

图 7–105　添加“裁剪”效果

注意：本例中由于水面呈水平状，因此用“裁剪”效果即可。如果水面呈倾斜角度，需要借助蒙版来手绘裁剪边缘。蒙版相关知识请参见 9.3 节。

调整“运动”选项中的“位置”参数，将 Y 轴下移，使倒影画面与原画面交界合适，如图 7–106 所示。

图 7–106　调整倒影位置

由于水中的倒影与实景在呈现上有区别，因此接下来添加倒影的质感。水中的倒影应稍具有模糊的视觉效果，对其添加“模糊与锐化”效果组中的“方向模糊”效果，设置模糊参数，如图 7–107 所示。

图 7–107　添加“方向模糊”效果

提示： 倒影有纵深性的质感，因此利用方向模糊，在垂直方向加以虚化。

水中的倒影在色彩和亮度上也与实景有着区别，因此继续调节。对其添加“调整”效果组中的“色阶”效果，主要调节(RGB)输入黑色阶、(R)输入黑色阶和(G)输入白色阶，如图 7–108 所示。

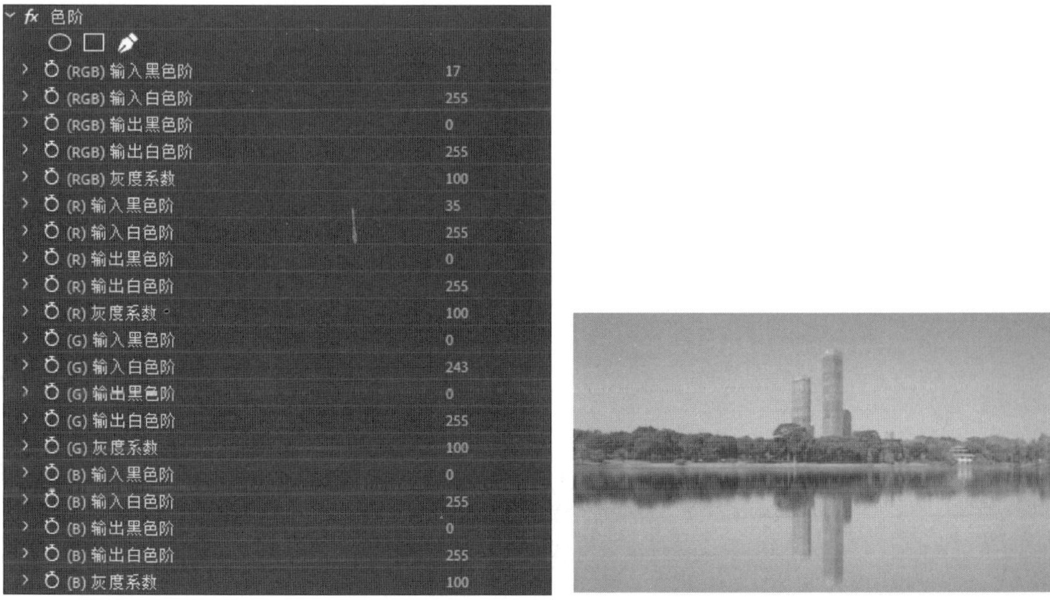

图 7–108　添加“色阶”效果

提示： 倒影会承接湖水的性质，发绿且发暗。此处利用“色阶”只作为参考效果，也可以采用其他调色方式进行处理。

由于倒影越靠下会越淡，因此再对其添加“变换”效果组中的“裁剪”效果，将底部裁掉一些并加大羽化程度，如图 7–109 所示。

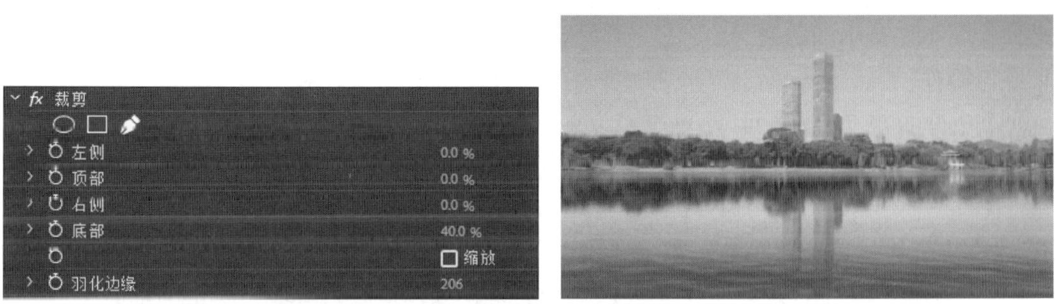

图 7–109　利用“裁剪”效果的羽化

提示： 使用视频效果时，有时会多次使用同一种效果，目的是利用该效果的不同参数数值达到不同的处理效果。本例中由于两次裁剪的羽化程度不一样，因此要用两次“裁剪”效果。

由于水面有波动效果，因此再对其添加“扭曲”效果组中的“波形变形”效果，类型为“平滑杂色”，并调整波形的高度和宽度等参数，如图 7–110 所示。

图 7–110　添加“波形变形”效果

最后将倒影与原画的湖面合成，在“不透明度”中将混合模式调节为“强光”，如图 7–111 所示。

图 7–111　调整混合模式

提示：混合模式选择“叠加”或“柔光”等也有不错的效果，需要多加尝试，探寻适合当前影像的混合模式。

至此，本例完结。

2. 同人同屏

视频特效可以塑造出拍摄时无法达到的画面效果。本例制作一幕同一个人和他的分身同时出现在一个场景中的影像。

练习操作：

创建一个标准 720p 序列，导入“7–2”文件夹中的素材到项目中。

练习素材 7–2：视频特效合成练习

将视频“阳光少年”放置在视频轨道 1 上，“忧愁少年”放置在视频轨道 2 上，修剪以让两个视频首尾对齐，如图 7–112 所示。

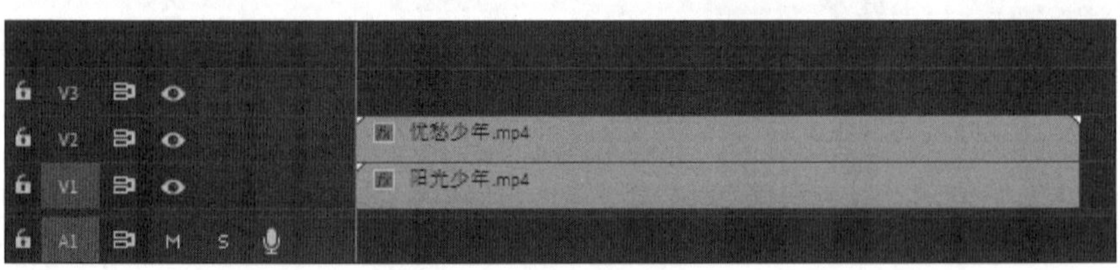

图 7–112　排列素材

这两个素材的主体人物由同一个演员出演，因此需要把“阳光少年”的右侧与“忧愁少年”的左侧合成一个画面，这样在同一个场景中将出现两个相同的人物。

提示： 这种影像的制作对前期拍摄要求很高，需要做到两次拍摄摄像机固定位置或走位完全一致以及除主体外，背景保持不变。这样才可以将两个影像画面完美合成。

由于上层轨道的剪辑影像会挡住下层轨道，因此只需要对“忧愁少年”做裁剪处理，再遮挡在“阳光少年”之上即可。为“忧愁少年”添加“变换”效果组中的“裁剪”效果，将其右侧裁掉，如图 7–113 所示。

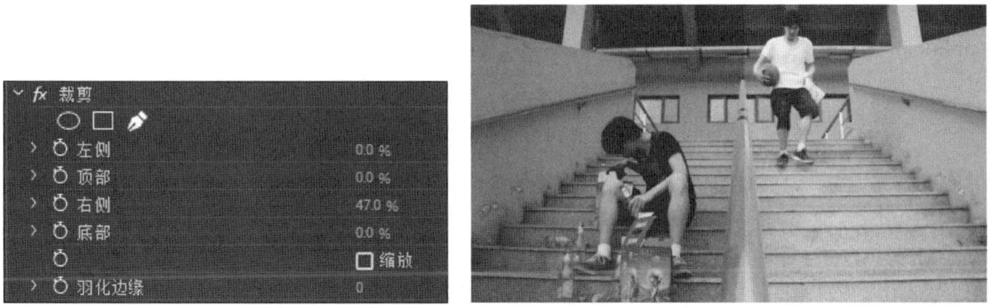

图 7–113　添加“裁剪”效果

注意： 裁剪的参数设定要保证影片整体播放时都正常，因此要认真观察视频的每一帧画面是否裁剪得恰当，不会影响内容表现。

提示： 由于本例的合成是从中间竖线分界，因此使用“裁剪”效果即可。如果在其他情况下，分界处并不是竖直或水平的直线，而是曲折的，则需要使用蒙版技术来手绘分界线。蒙版相关知识请参见 9.3 节。

人物的同屏合成已经完成，但是中间的分界线比较清楚，且左侧画面较暗。这是由于拍摄外景场景容易受到自然光线变化影响。此时需要后期处理明暗效果。

为“忧愁少年”添加“调整”效果组中的 ProcAmp 效果，调整其“亮度”和“对比度”参数，以使左右画面明暗差异不大，如图 7–114 所示。

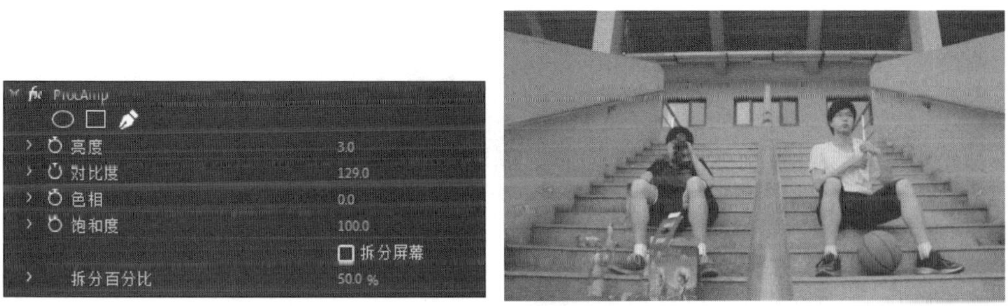

图 7–114　调节亮度和对比度

此时左右画面的明暗差异较小，中间的分界线也并不明显，不过为了保险起见，最好在分界处加以柔化处理。可以在之前的“裁剪”特效参数中提高“羽化边缘”数值，以抹除边界，如图 7–115 所示。

图 7–115　调节“羽化边缘”值

合成完成，本例完结。

7.3.2　粘贴属性和删除属性

之前学习复制粘贴时，会发现在“编辑”菜单中，包含多种粘贴形式，其中有一种比较特殊，称为“粘贴属性”，与其并列的还有“删除属性”。

此处“属性”指的就是剪辑的音视频效果，而“粘贴属性”就是指将一个剪辑的音视频效果复制给另一个剪辑，“删除属性”就是将该剪辑的音视频效果去掉。

提示：这里的“属性”可以理解成一个剪辑在“效果控件”窗口中的所有内容，包括左边的参数区，也包括右侧的时间轴区，即关键帧动画区。关键帧动画相关知识请参见第 8 章。

1. 粘贴属性

练习操作：

练习素材 7–3：粘贴属性练习

创建两个标准 720p 序列，分别命名为“复制属性”和“粘贴属性”。将“7–3”文件夹中的素材导入到项目中。将素材“蜡烛 01”放置于“复制属性”序列的轨道 1 上，将素材“装饰 02”放置于“粘贴属性”序列的轨道 1 上。

在“复制属性”序列中，为“装饰 01”添加“生成”效果组中的“镜头光晕”效果、“风格化”效果组中的“画笔描边”效果以及“扭曲”效果组中的“镜像”效果。

在“效果控件”窗口分别调整“运动”“镜头光晕”“画笔描边”和“镜像”效果的参数，如图 7–116 所示。这样构成一幅对称的艺术画面，如图 7–117 所示。

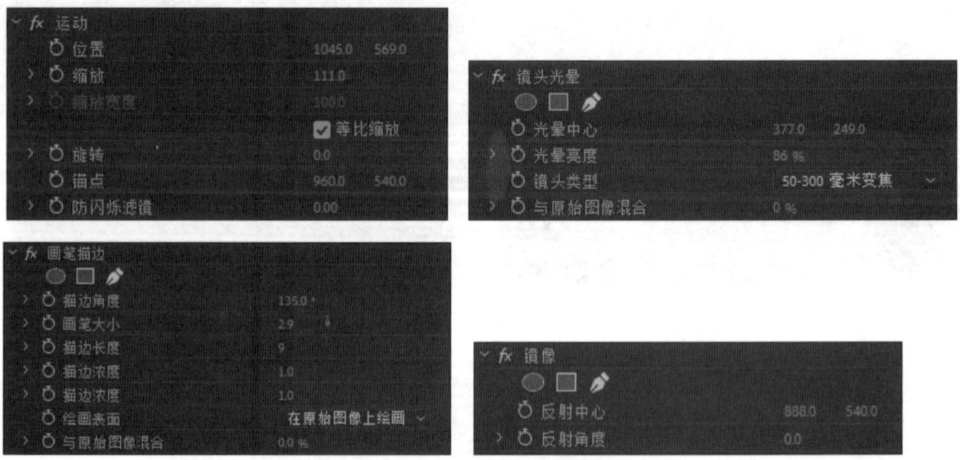

图 7–116　调整几个效果参数

选中“蜡烛 01”，右击，选择“复制”命令，或选择菜单“编辑”→“复制”命令，或按 Ctrl+C 键。

切换到“粘贴属性”序列，选中“蜡烛 02”，右击，选择“粘贴属性”命令，或选择菜单“编辑”→“粘贴属性”命令，或按 Ctrl+Alt+V 键。

此时弹出“粘贴属性”对话框，列出可以粘贴的所有音视频效果，如图 7–118 所示。

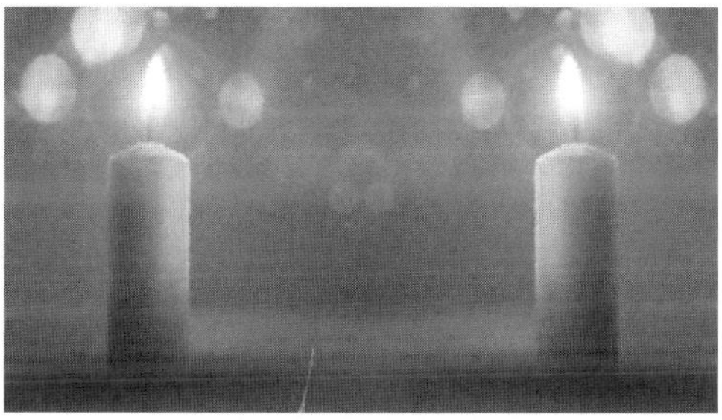

图 7–117　对称艺术画面

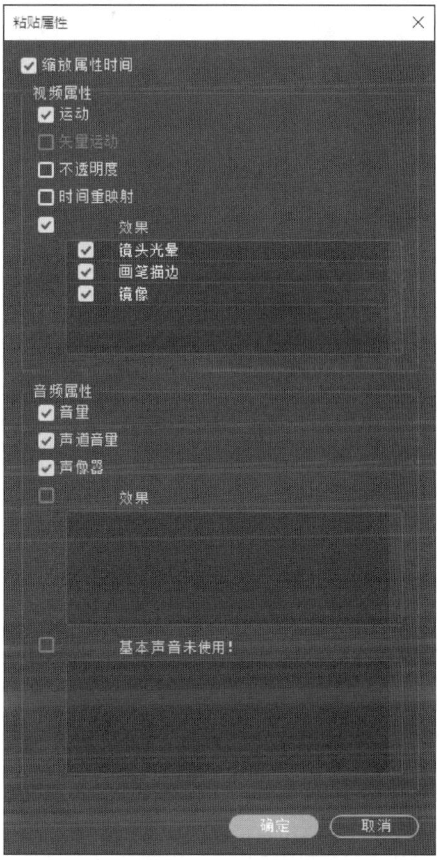

图 7–118　“粘贴属性”对话框

可以勾选任何需要粘贴的属性，并单击“确定”按钮执行。

注意： 此处“运动”效果为一个整体项，即只能粘贴其下全部效果，无法选择某一项参数粘贴。

粘贴属性后，“蜡烛 02”呈现的效果会与“蜡烛 01”基本一致，如图 7–119 所示。

由于画面本身内容的缘故，对各个效果参数再做调整，得到最终影像，如图 7–120 所示。

提示： 本例中针对不同序列上的剪辑进行粘贴属性的操作，这也是这个方法常用的情况。在同一序列上的多个剪辑也可以进行粘贴属性操作，甚至选中多个剪辑批量粘贴属性。不过同序列的多个剪辑分享共同的属性，一般会使用调整图层，参见 7.3.3 节。

2. 删除属性

练习操作：

将上一例中的“蜡烛 02”选中，并右击，选择“删除属性”命令，或选择菜单“编辑”→“删除属性”命令，打开“删除属性”对话框，如图 7-121 所示。

图 7-119　被粘贴属性的影像画面

图 7-120　调整画面效果

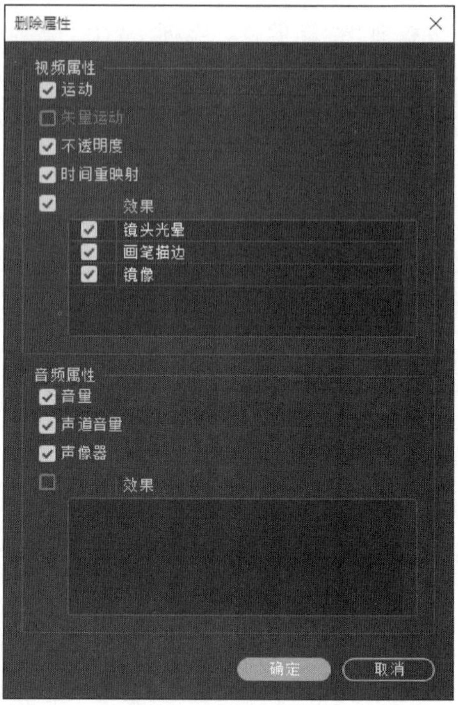

图 7-121　“删除属性”对话框

此对话框与“粘贴属性”对话框很相似，同样是可以自主选择相应的项，单击“确定”按钮执行删除。

提示：删除属性的方法常用于批量删除多个剪辑的共同属性。如果只删除某一个剪辑的属性，可以直接在“效果控件”窗口删除其音视频效果。

7.3.3　调整图层

在项目窗口右下方的“新建项”中，有一项特殊的 Premiere 内建素材，叫“调整图层”。调整图层没有任何具体内容，它的作用只是用于添加视频效果，并作用于其所在轨道之下的剪辑上。

练习素材 7-4：
调整图层应用练习

练习操作：

创建一个标准 720p 序列。将“7-4”文件夹中的素材导入到项目中。将全部素材放置于序列的视频轨道 1 上，顺序排列。

通过“新建项”创建一个“调整图层”备用。

将“调整图层”放置于视频轨道 2 上，并调整其入出点，与轨道 1 上全部剪辑时长相同并对齐，如图 7-122 所示。

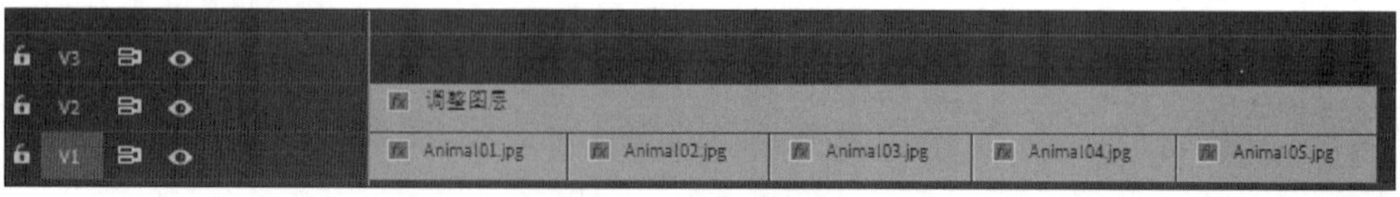

图 7-122　使用调整图层

为“调整图层”添加“生成”效果组中的“四色渐变”效果，调整其“混合模式”为“叠加”，预览画面效果，如图 7–123 所示。

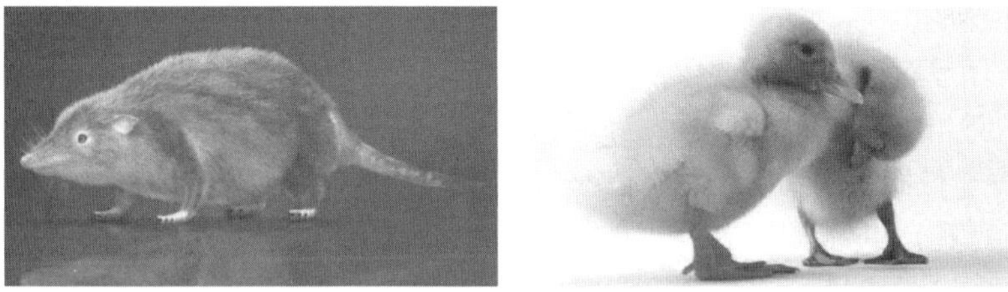

图 7–123　为调整图层添加“四色渐变”效果

更改“四色渐变”效果的 4 种颜色如图 7–124 所示。所有剪辑的画面效果将共同改变，如图 7–125 所示。

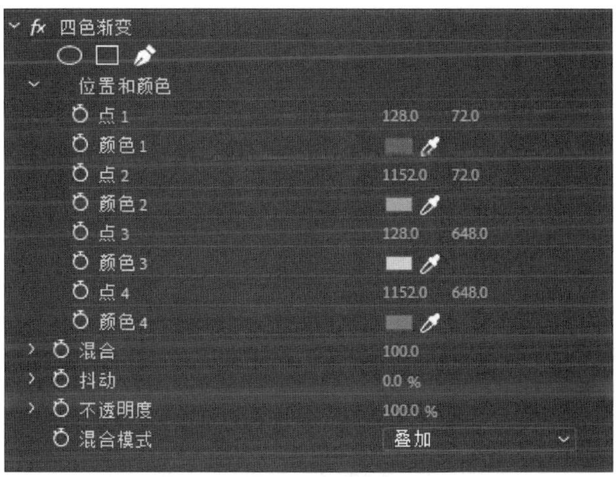

图 7–124　更改“四色渐变”效果的参数

图 7–125　所有剪辑均改变效果

当关闭调整图层所在的视频轨道 2 的输出标志后，所有剪辑的画面效果恢复原状。

所以“调整图层”的最大用处就是为其轨道之下的所有剪辑添加其自身加载的视频效果。这样不仅保持原剪辑的“干净”，也能够快速集体更换特效。善用“调整图层”是可以最大效率地应用视频效果的方法。

思考与练习

1. 简述“运动”效果的参数和作用。
2. 简述“不透明度”效果的参数和作用。
3. 如何为一个剪辑添加视频效果？
4. 效果与“效果控件”窗口的关系是什么？
5. 如何将一个效果应用到多个剪辑上？
6. 如何消除剪辑上的效果？
7. 调整图层是什么？有什么作用？
8. 利用手中的素材，应用合适的视频效果，以形成有新视觉效果的影片。

第 8 章　关键帧动画的应用

本章学习要点

① 了解关键帧动画的概念。
② 掌握添加关键帧动画的方法。
③ 熟悉关键帧动画应用和调整的方法。
④ 了解关键帧动画的插值技术。

数字媒体艺术的生命力就在于动态表现，让素材在最终的节目中产生运动、变形、变色等特技效果，可以给观众以极大的吸引力，满足观众的欣赏欲望。Premiere 给用户提供了一个制作动态特效的强大实用的创作手段，就是关键帧动画，它非常有利于充分发挥制作人员的创造力和想象力。

8.1　关键帧动画概述

学会了设置视频效果后，用户会发现该效果的展现都比较单一，毕竟是用于视频的效果，如果能在影片播放的同时，将其视频效果进行变化设置，就可以得到一个随时间变化的视觉呈现。这时候就要使用关键帧动画技术，使一段剪辑上的特效发生变化。

关键帧动画技术，是计算机将若干帧（一个变化范围）的第一帧和最末帧定义为关键帧，其中的过渡帧由关键帧的变化渐变运算得到，这一技术已经广泛应用于各种动画与视频制作软件中。Premiere 中则运用关键帧动画技术控制特效变化（包括视频效果与音频效果）。用户可以在视频剪辑中设置多个关键帧，特效将随不同关键帧参数设置而产生变化，并将特效的变化过程附加到自动生成的过渡帧上。

8.2　关键帧动画的使用

8.2.1　添加 / 删除关键帧

在默认情况下，除了一些特定的效果，基本上各个效果参数都是无法直接创建关键帧的。开启关键帧动画的重要起始操作，是在“效果控件”窗口该效果相应参数的前方，单击秒表图标，将原始的改变成的样态，这样才能将此参数变化为可记录关键帧的模式。如图 8-1 所示，单击“位置”前的秒表图标，可以开启“位置”的关键帧动画记录功能。

秒表图标处于开启模式后，该参数的后方会增加三个控件，分别是“转到上一个关键帧”“添加 / 删除关键帧”和“转到下一个关键帧”，如图 8-2 所示。如果将秒表图标关闭，将移除此参数下的所有关键帧。

图 8–1　开启“位置”的关键帧动画记录功能

图 8–2　关键帧相关控件

注意：秒表图标的开启针对的是该参数，并不是该效果整体。每个秒表图标只覆盖横向这一行的参数，在开启秒表时，要明确要记录关键帧的是否该项参数。切勿错位操作。

1. 添加关键帧

应用关键帧的第一步是添加关键帧，在“效果控件”窗口和时间轴窗口中都可以添加。

(1) 通过“效果控件”窗口添加关键帧

如果为某一视频素材片段添加了视频效果，需要在选中素材片段后，在“效果控件”窗口中选中需要添加关键帧的视频效果，将该效果的箭头单击打开，找到有未应用关键帧标志()的参数，准备添加关键帧。

单击标志，即显示应用关键帧标志(再次单击又切换为不可用)。添加关键帧时，要在“效果控件”窗口中展开子时间轴窗口显示。该窗口默认开启，如未开启，将右上角标记被单击后变为标记即可，如图 8–3 所示。

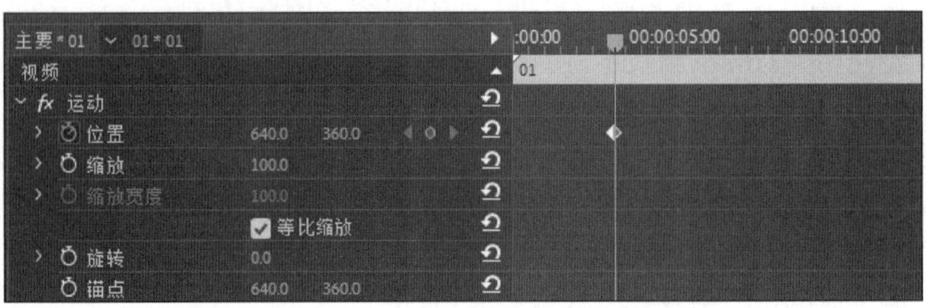

图 8–3　开启关键帧动画自动添加关键帧

提示：“效果控件”窗口右侧的子时间轴窗口默认显示的时间范围，是当前被选中的剪辑的从入点至出点的时间范围。

注意：打开关键帧开关后，在当前时间点的位置会自动生成一帧关键帧。为了能够更好地使用这第一帧关键帧，建议在开启关键帧开关时，先将时间指示线移动至确定要添加关键帧的时间点上。

添加关键帧时，要先确认时间线的位置。控制时间线落位后再单击“添加关键帧”按钮，添加一帧关键帧。建议在关键帧添加之后立即设定所需参数数值，不过也可以先添加关键帧，之后再通过修改关键帧参数的方式去设定。

(2) 在时间轴窗口添加关键帧

首先要将时间轴窗口轨道的显示方式更改为缩略图模式，即加宽轨道宽度以显示下层操作界面，如图 8–4 所示。通过拖动轨道边缘或双击轨道头部空白区域，都可以展开成此模式。

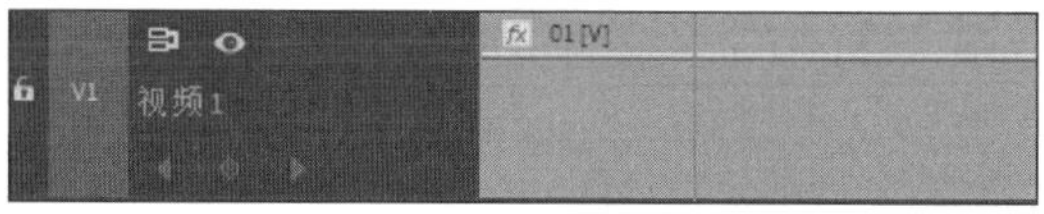

图 8-4　显示关键帧选项

此时可见，在轨道头部下方出现了与添加 / 删除关键帧有关的按钮标识，但暂时还不能使用。需要在当前轨道任意素材上右击，选择“显示剪辑关键帧”命令下的对应效果参数，才可以开启关键帧的使用，如图 8-5 所示。

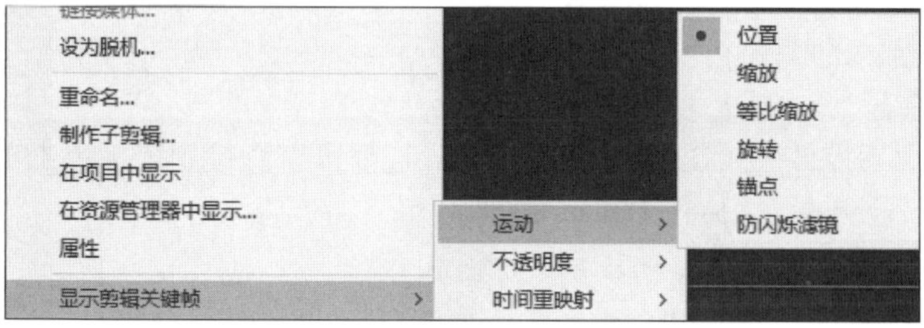

图 8-5　选择“显示剪辑关键帧”参数

提示：此种情况下并不需要在“效果控件”窗口打开相应参数前的关键帧开关，只需单击轨道头部的“添加关键帧”按钮，即可自动开启关键帧开关。

在时间轴窗口，同样也是先通过移动时间线的位置找到需要添加关键帧的时间点，再单击“添加关键帧”按钮，即可添加一帧关键帧。可以通过“效果控件”窗口的参数调节该关键帧数值，或直接在时间轴窗口用鼠标上下拖动关键帧位置来模糊调节当前参数，如图 8-6 所示。

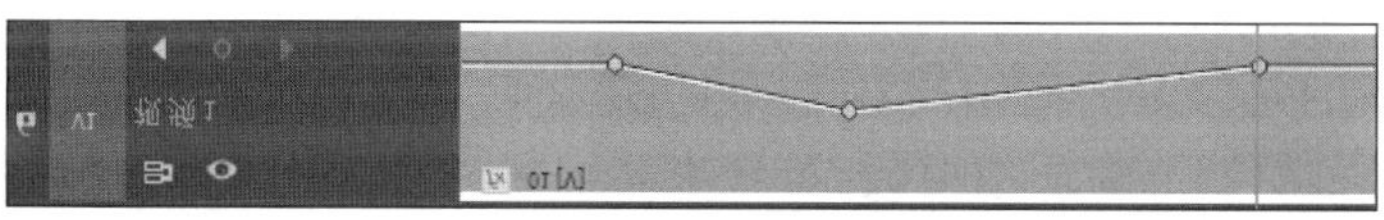

图 8-6　添加与调整关键帧

（3）修改参数数值，直接添加关键帧

本方法在熟练应用关键帧技术以后，可以作为常规的添加关键帧的有效方法来使用。

首先依然是要开启关键帧动画开关，之后将时间线移动到需要添加关键帧的时间点上，此时并不需要单击“添加 / 删除关键帧”按钮，只需要直接修改当前参数的数值即可。可以通过单击该参数，直接输入数值，或通过鼠标按住该参数并移动来调整数值。只要数值与之前发生了变化，则在当前时间点的位置上会自动添加一帧关键帧，如图 8-7 所示。

图 8-7　直接修改参数自动添加关键帧

本方法使用方便快捷，在添加多个关键帧时，只需要不断拖动时间指示线的位置，并在定位后修改参数，即可顺序添加多个关键帧。建议熟练应用此方法。

2. 删除关键帧

当关键帧添加的位置不对或不需要时就要删除关键帧，删除关键帧可以通过以下几种方法进行。

(1) 使用按钮

当时间指示线的位置与关键帧的位置重合时，“添加 / 删除关键帧”按钮是高亮显示的。当按钮呈现为的样态时，只需单击该按钮即可删除当前时间点对应的关键帧。之后按钮将恢复成未添加关键帧的状态。

(2) 选中删除

无论是在“效果控件”窗口还是在时间轴窗口，都可以直接用鼠标单击单个关键帧，或通过复选和圈选多个关键帧，之后按 Delete 键删除。

(3) 右键清除

与上一种方式相似，在选中单个或多个关键帧以后，直接单击，选择“清除”命令来删除当前的关键帧。

(4) 清空关键帧

如果想清空所有关键帧后重新设置，可以直接关闭关键帧动画开关，使其恢复成的样态，这时将清除该参数下所有已添加的关键帧。之后可以通过再次打开关键帧动画开关的方式，重新再开始添加关键帧。

8.2.2 修改关键帧

修改关键帧指的是修改关键帧的对应效果参数，有两种情况需要修改关键帧。一种是添加关键帧后并没有及时调节对应的参数，等全部关键帧在对应的时间点位置上添加好后，再逐一修改所需参数。另一种情况是后期发现关键帧的参数并不符合要求，而需要调节修改。修改关键帧的方法都是一致的。

修改关键帧最重要的一点是，务必将时间指示线与关键帧点的位置对齐，即将时间指示线移动到当前关键帧的位置，恢复成刚添加关键帧时的样态，如图 8–8 所示。要点在于通过的样态判断，来确认时间指示线已经对齐关键帧。

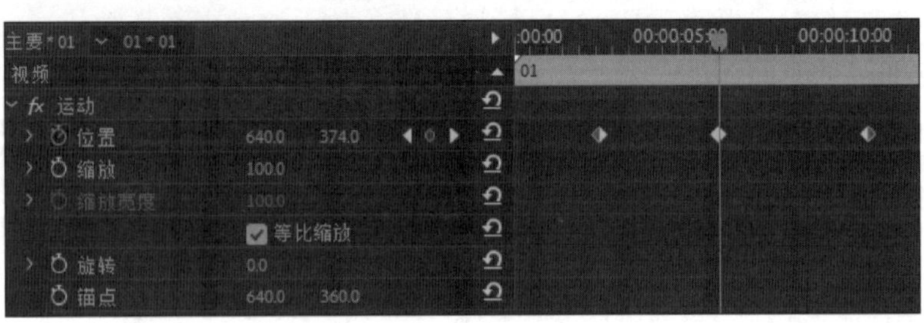

图 8–8　时间线对齐关键帧

提示：要善用跳转帧按钮，通过跳到上一个关键帧或跳到下一个关键帧的方式，去对齐时间指示线与关键帧的位置。修改关键帧并不需要选中该关键帧，重点在于时间指示线与关键帧的对齐状态。

此时可以直接更改当前关键帧对应的参数，以达到修改当前关键帧的目的。

注意：切勿通过直接拖动时间指示线的方式去对齐关键帧，尤其是在片段时长较长的素材上。肉眼往往无法辨别是否已经对齐，有时会左右偏差数帧。此时若直接修改参数，则会在当前时间点的位置直接添加上一帧新的关键帧。不仅没有达到修改关键帧的目的，反而增加了无用的关键帧。

有一个方便的操作办法，是按住 Shift 键并拖动时间指示线。此时会产生强制对齐的效果，让时间指示线与离其最近的关键帧直接吸附上，以达到对齐关键帧的目的。

8.2.3 移动和复制关键帧

1. 移动关键帧

关键帧时常需要移动位置，移动关键帧的位置一般是来控制关键帧动画的运行时长。相邻的两个关键帧相距越远，则当前片段动画的运行时间越长；关键帧相距越近，则当前片段动画的运行时间越短。

移动关键帧的方法是，通过鼠标选中需要移动的单个或多个关键帧，按住鼠标左键，左右拖动鼠标，移动到合适的位置时松开鼠标，即完成了移动关键帧的操作。

鼠标移动关键帧时会有微弱的对齐效果。建议先将时间指示线放置到移动目标位置，拖动关键帧到达时间线附近时会自动吸上去，以对齐目标时间点的位置。

注意：在用鼠标拖动多个关键帧时，虽然是多个关键帧在一起移动，但只有鼠标按住的那一个关键帧有吸附对齐的效果。

2. 复制关键帧

复制关键帧是关键帧技术的进阶技巧。有两种情况需要复制关键帧。一种是在当前剪辑上的其他时间段要使用相同的关键帧动画效果；另一种是在其他剪辑上需要采用同一组关键帧动画效果。此时需要选择复制粘贴的方式，将当前关键帧效果附着到其他时间段或其他剪辑上。

(1) 同一剪辑复制关键帧

首先选中单个或多个关键帧，通过按 Ctrl+C 键或右击，选择“复制”命令，即可将当前选中的关键帧进行复制。之后将时间指示线移动到另一段需要相同关键帧动画效果的时间段入点上，通过按 Ctrl+V 键，或右击，选择“粘贴”命令，即可将已复制好的关键帧粘贴到新的时间点位置上，如图 8–9 所示。

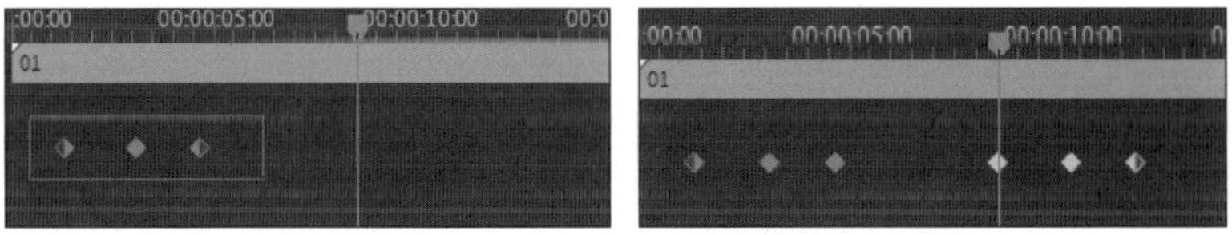

图 8–9　复制粘贴关键帧

还可以结合 Alt 键完成复制关键帧的操作。首先选中单个或多个关键帧，按住 Alt 键并直接拖动关键帧到相应的时间点位置即可完成复制操作。

提示：结合 Alt 键，用鼠标拖动复制关键帧的方法依然有对齐效果。可以先将时间指示线放在目标时间位置上，再拖动复制以对齐目标位置。

（2）其他剪辑复制关键帧

选中当前剪辑的某项参数的单个或多个关键帧，通过按 Ctrl+C 键或右击，选择“复制”命令，即可将当前选中的关键帧进行复制。之后选择另一个剪辑，进入“效果控件”窗口右侧的时间轴子窗口，将时间指示线移动到需要相同关键帧动画效果的时间段入点上，通过按 Ctrl+V 键，或右击，选择“粘贴”命令，即可将已复制好的关键帧粘贴到新的时间点位置上。

注意：无论是在单一剪辑上，还是在多个剪辑之间进行关键帧的复制，都只能在同一个效果参数上进行复制粘贴。

8.2.4 运用关键帧动画

接下来针对几类典型关键帧动画的实际运用进行练习。

1. 单素材不同参数连续关键帧动画

练习素材 8-1：
关键帧动画应用练习

练习操作：

新建一个项目并命名为“第 8 章练习”，创建一个标准 720p 的序列。导入“8-1”文件夹中的素材，并从项目窗口拖动素材至序列中。

选中该素材，打开“效果控件”窗口，展开“运动”效果。

在“效果控件”窗口的时间线区域，将时间指示器移动到最左，即该剪辑的开始时间点，单击打开“缩放”参数前的“切换动画”开关，使其成为，启用关键帧功能。此时自动产生“缩放”的第一个关键帧，将该关键帧的参数数值设为 0。

将时间指示器移动到 3 秒的位置，单击“缩放”的“添加关键帧”按钮，产生新的关键帧，并设置其参数数值为 60。

勿动时间指示器，直接单击打开“旋转”参数前的“切换动画”开关，启用关键帧功能。此时自动产生“旋转”的第一个关键帧，其参数数值为初始值 0，无须更改。

移动时间指示器至 4 秒位置，单击“旋转”的“添加关键帧”按钮，产生新的关键帧，并设置其参数数值为 180。

移动时间指示器至 6 s 位置，单击“旋转”的“添加关键帧”按钮，产生新的关键帧，此时其参数数值依然为 180，无须更改。

移动时间指示器至 7 s 位置，单击“旋转”的“添加关键帧”按钮，产生新的关键帧，并设置其参数数值为 0。

勿动时间指示器，直接单击“缩放”的“添加关键帧”按钮，产生新的关键帧，此时其参数数值依然为 60，无须更改。

移动时间指示器至 10 s 位置，单击“缩放”的“添加关键帧”按钮，产生新的关键帧，并设置其参数数值为 0。

至此关键帧设置完成，如图 8-10 所示。

播放影片，其动画效果为 0~3 s 画面由最小放大至 60% 大小，3~4 s 画面顺时针旋转 180°，4~6 s 画面不动，6~7 s 画面逆时针旋转 180° 复原，7~10 s 画面缩小不见。

本案例利用了同一个素材的“缩放”和“旋转”这两个效果参数，按一定的动画顺序设置了关键帧的时间点和参数数值，以产生多个参数无缝衔接的连续动画效果。

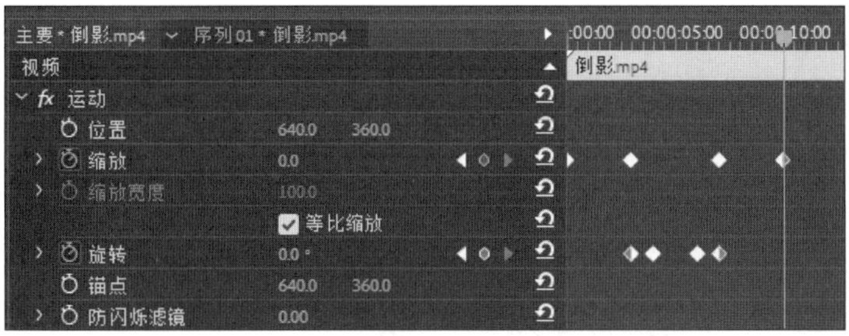

图 8-10　设置多个参数关键帧动画

提示：尤其要注意处于同一时间点的不同参数上的关键帧，在这种情况下，动画是并行的。

注意：如果某个参数不是从一开始就有动画，要等到其第一个所需关键帧出现的时间点再开启关键帧动画开关，如果提前开启则要提防并处理好自动产生的无用关键帧。

2. 多素材互动关键帧动画

练习操作：

练习素材 8-2：互动关键帧动画制作练习

创建一个标准 720p 的序列。导入“8-2”文件夹的素材，将“路”置于视频轨道 1，“车 1”和“车 2”分别置于轨道 2 和轨道 3。确保所有素材都已经设为“缩放为帧大小”。

将“车 1”和“车 2”素材分别更改其缩放参数为 40%，并调整位置 Y 参数，使车放置于路面上，如图 8-11 所示。

图 8-11　排列好多个素材

接下来制作关键帧动画，动画设计情节为“车 1”停在路中间，“车 2”撞到了“车 1”，“车 1”被撞到屏幕右侧停下，“车 2”再次向前行驶撞到“车 1”并将“车 1”挤扁。

在这个案例中，将使用关键帧动画的两种最常用手段，即“交接动画”和“同步动画”。

选中“车 2”，在“效果控件”窗口中，为其制作关键帧动画。由于该剪辑的动画效果是从入点开始，因此先把时间指示器移动至剪辑的开头处。打开其位置参数的“切换动画”开关，使其成为，启用关键帧功能。此时自动产生“位置”的第一个关键帧，将该关键帧的 X 数值设置为 -240，“车 2”会更改位置处于左侧画面以外，如图 8-12 所示。

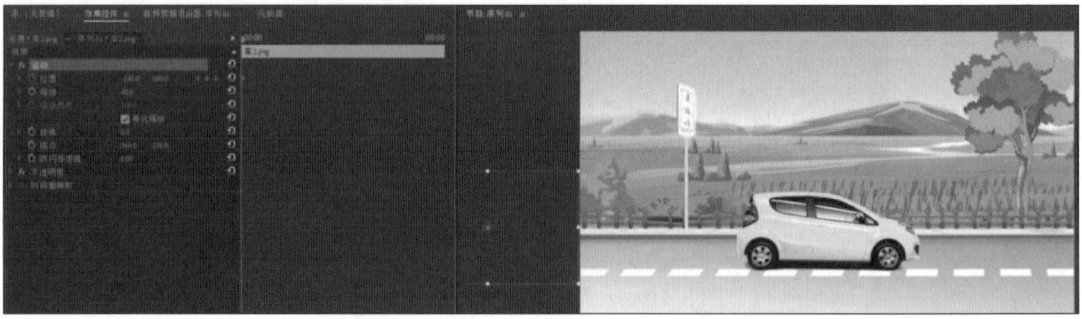

图 8-12　设置“车 2”关键帧

注意：练习中涉及参数数值时，只是给出一个参考值，请自己多加尝试，设置好属于自己的参数数值。

移动时间指示器至 15 帧的位置，单击“位置”的“添加关键帧”按钮，产生新的关键帧，并设置其 X 数值为 167，即“车 2”接触“车 1”，如图 8-13 所示。

图 8-13　设置“车 2”下一步关键帧

勿动时间指示器，直接选择“车 1”，打开其“位置”参数前的“切换动画”开关，启用关键帧功能。此时自动产生“位置”的第一个关键帧，其参数数值为初始值 640，无须更改。

移动时间指示器至 1 秒 10 帧的位置，单击“位置”的“添加关键帧”按钮，产生新的关键帧，并设置其 X 数值为 1040，即接触右侧屏幕边缘。如图 8-14 所示。

图 8-14　设置“车 1”关键帧

至此第一阶段动画“交接动画”完成，目前的动画效果是“车 2”把“车 1”撞至屏幕右侧。

提示： 由于“车 2”的一段关键帧动画的结束点和“车 1”的一段关键帧动画的起始点是同一个时间点，此时这两段动画产生了“交接”的效果，由“车 2”的动画直接转接至“车 1”的动画，虽然两个剪辑各自分别移动，但是在交接那个时间点，动画发生了互动。

接下来进入第二阶段动画。选择“车 2”，将时间指示器移动至 1 秒 20 帧的位置，单击“位置”的“添加关键帧”按钮，产生新的关键帧，并设置其 X 数值为 567，即再次接触到“车 1”，如图 8-15 所示。

图 8-15　设置“车 2”第二阶段关键帧

移动时间指示器至 3 秒 20 帧的位置，单击“位置”的“添加关键帧”按钮，产生新的关键帧，并设置其 X 数值为 805，即“车 2”挤压“车 1”一半宽度的位置。

单击“转到上一关键帧”按钮◀，即使时间点回到这段动画的开始处，直接选择“车 1”。先取消勾选“等比缩放”复选框，并将显示出的“缩放宽度”更改为 40。

提示： 建议养成好习惯，只要取消勾选“等比缩放”复选框，准备使用“缩放宽度”时，就临时插入一步操作，将“缩放宽度”更改为与“缩放高度”数值一致。这样可以在下一步操作之前，恢复剪辑的原始比例。

打开其“缩放宽度”参数前的“切换动画”开关，启用关键帧功能。此时自动产生“缩放宽度”的第一个关键帧，其参数数值为初始值 40，无须更改。

选择“车 2”，单击其“位置”的“转到上一关键帧”按钮▶，即使时间点来到其动画的结束处，直接选择“车 1”，单击其“缩放宽度”的“添加关键帧”按钮，产生新的关键帧，并设置其数值为 20，即压缩了一半宽度。目前效果如图 8-16 所示。

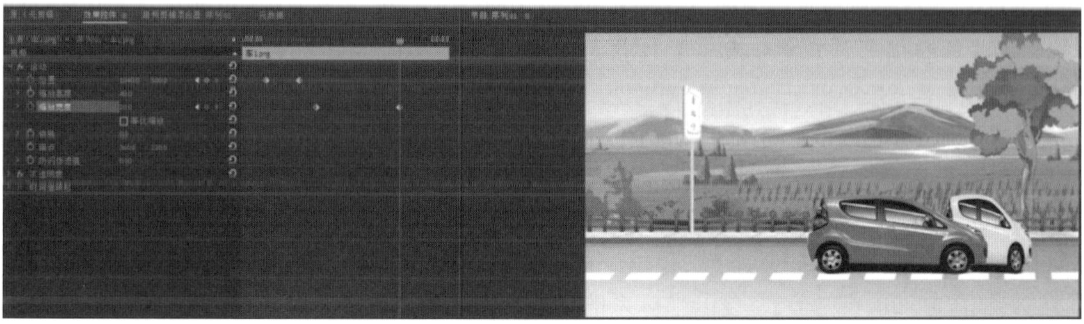

图 8-16　设置“车 2”结束关键帧

此时，第二阶段动画“同步动画”几近完成，目前的动画效果是“车 2”推挤着“车 1”直至其宽度压缩成一半。

提示：由于“车 2”的一段关键帧动画的起始点与结束点分别与“车 1”的一段关键帧动画的起始点和结束点完全一致，即两个剪辑的两段动画的时间段完全一致，此时这两段动画产生了“同步”的效果，“车 2”的动画与“车 1”的动画同时开始同时结束，动画发生了同步的互动。

第二阶段动画仍需继续加工，因为目前“车 1”与“车 2”的动画虽然同步，但是效果上并不合理，“车 1”好像嵌入到“车 2”里。这是由于“缩放”（包括高度和宽度分项）参数的更改会默认产生向着剪辑中心点的位置变化。实际上，“车 1”的缩放变化应该是向着其右端发展，而不是中心点，因此这里涉及“锚点”对动画的影响。

此案例继续加工的方法有两种，接下来分别介绍。

(1) 不调整锚点

无须改变锚点，也可完成此动画。只需要在第二阶段动画的起点和终点，分别对“车 1”添加“位置”的两个同步关键帧，分别设置为原地不动和抵住屏幕右侧，即让“车 1”在缩放的同时，位置也配合右移，如图 8–17 所示。

图 8–17　调整位置配合缩放关键帧动画

(2) 调整锚点

调整锚点是治本的方法，只要调整了锚点，就可以不必像上一个方法一样，为了动画完整度去添加更多的参数关键帧以配合动画。

鉴于第一阶段动画不涉及锚点的调整，只有第二阶段动画需要，因此锚点的调整时间点，选择为第一阶段动画与第二阶段动画之间的时间区间。

提示：调整锚点是只要结果不要过程的，因此完全可以利用连续的两帧完成锚点的关键帧动画，直接在下一帧即刻更改锚点，同时也不影响其他参数。

选择“车 1”，将时间指示器移动到 1 秒 15 帧，打开“锚点”参数前的“切换动画”开关，启用关键帧功能。此时自动产生“锚点”的第一个关键帧，其 X 数值为初始值 360，无须更改。

勿动时间指示器，单击“位置”的“添加关键帧”按钮，产生新的关键帧，其数值无须更改。

移动时间指示器至 1 秒 16 帧，单击“锚点”的“添加关键帧”按钮，产生新的关键帧，并设置其 X 数值为 720，即“车 1”自己坐标系的最右端。

勿动时间指示器，单击“位置”的“添加关键帧”按钮，产生新的关键帧，并设置其 X 数值为 1276，即保持“车 1”之前在屏幕上的位置，如图 8–18 所示。

图 8-18　调整锚点完成关键帧动画

提示：也可以直接通过鼠标拖动锚点至“车 1”的最右端。此时会自动产生“位置”的对应关键帧，以保证其位置的不变。

注意：由于“锚点”的改变会影响“位置”参数的体现，因此调整锚点的同时，一定涉及调整位置，所以锚点的关键帧动画需要有一个位置的“同步动画”配合。

至此第二阶段动画完成，本例完结。

8.3　关键帧动画的插值技术

插值技术是在关键帧之间自动插入线性的、连续变化的进程控制值，通过使用曲线对关键帧的插值进行调节，平滑关键帧的运动路径，使效果变化更加柔和，并且可以产生加速、减速、静止等非常细腻的动画效果。插值技术有“临时插值”和“空间插值”两种，分别对应时间变化和空间变化。在某个关键帧上右击，在打开的快捷菜单中，可以对临时插值和空间插值进行相应调整，如图 8-19 所示。

8.3.1　临时插值

临时插值用来控制关键帧在时间上的速度变化情况。其中包含“线性”“贝塞尔曲线”“自动贝塞尔曲线”“连续贝塞尔曲线”“定格”“缓入”和“缓出”共 7 种选项，如图 8-20 所示。

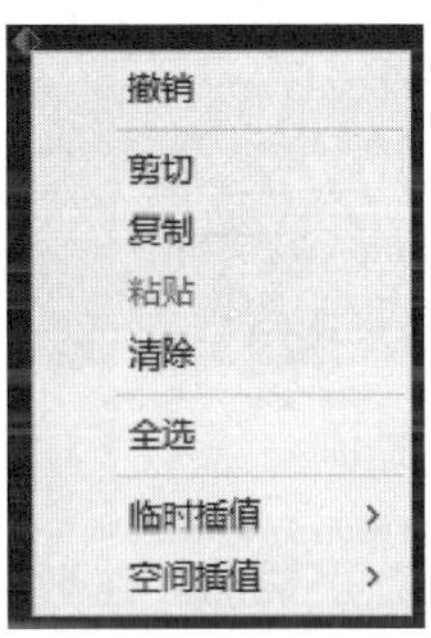

图 8-19　“临时插值”和“空间插值”命令

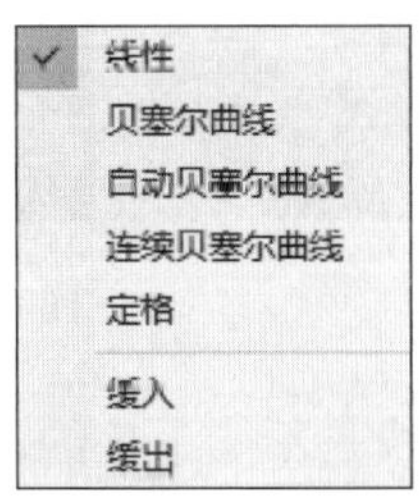

图 8-20　临时插值的选项

默认情况下，临时插值的选项是线性状态，即匀速执行动画。在记录关键帧动画的效果参数左侧，通过单击›按钮，即可展开临时插值的可视界面。

1. 线性

线性插值表示经过当前关键帧的动画是匀速变化的,速度是稳定的,在动画进行中不发生改变。此时关键帧的样态是。展开临时插值可视界面,可以看到如图 8–21 所示状态。

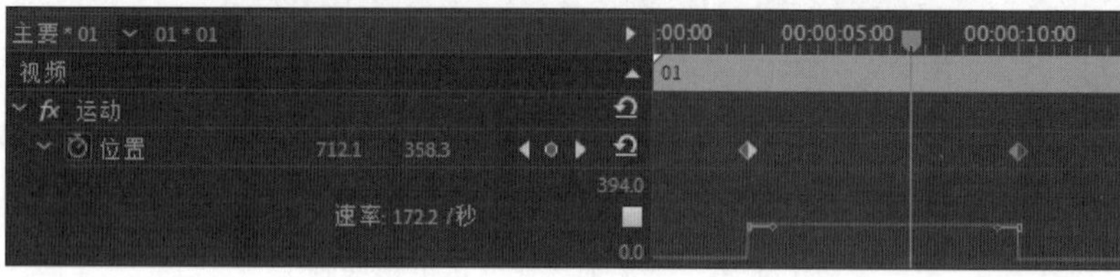

图 8–21　线性插值

2. 贝塞尔曲线

贝塞尔曲线是计算机图形学术语,是一种重要的参数曲线。

贝塞尔曲线插值表示可以在关键帧的某一侧手动调整关键帧动画变化速率。此时关键帧的样态是。展开临时插值可视界面,可以看到如图 8–22 所示状态。

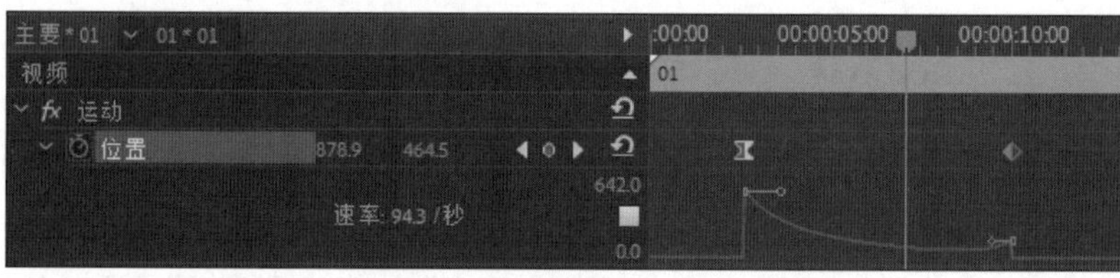

图 8–22　贝塞尔曲线插值

目前代表关键帧动画的播放速率是由快至慢的。

3. 自动贝塞尔曲线

自动贝塞尔曲线插值表示经过当前关键帧的动画速率虽然是变化的,但是过渡平滑。此时关键帧的样态是。展开临时插值可视界面,可以看到如图 8–23 所示状态。

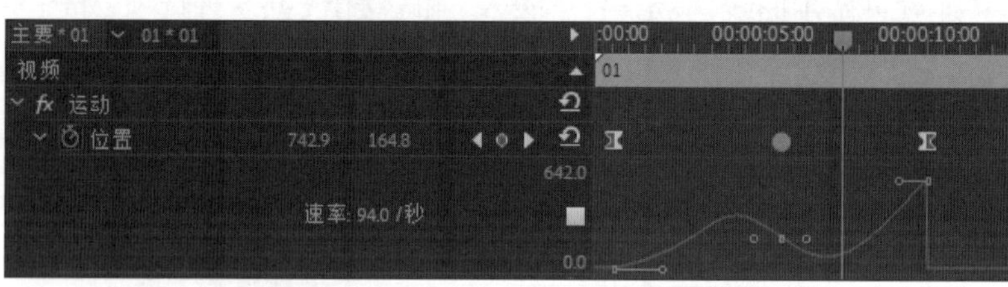

图 8–23　自动贝塞尔曲线插值

自动贝赛尔曲线是不能手控的,其两端的节点是没有手柄的。这时候曲线是软件默认的比较平滑处理的曲线形式,一旦鼠标触碰了节点,则会直接转化为“连续贝赛尔曲线”。

4. 连续贝赛尔曲线

连续贝塞尔曲线插值表示可以手动调节关键帧动画的变化速率,而且经过当前关键帧的动画是过渡平滑的。此时关键帧的样态是。展开临时插值可视界面,可以看到如图 8–24 所示状态。

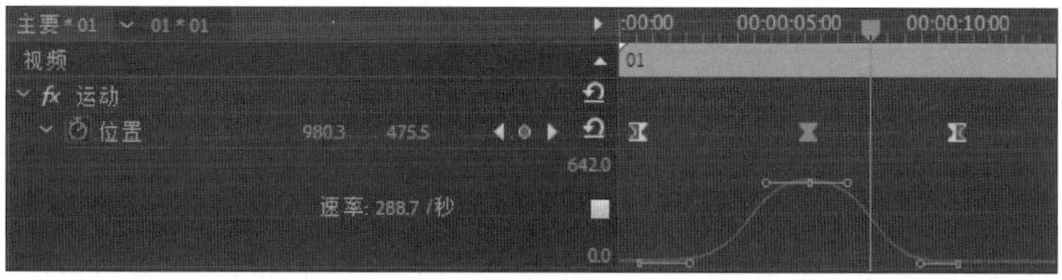

图 8–24　连续贝塞尔曲线插值

连续贝塞尔曲线在关键帧的两侧均有手柄可以控制节点，通过鼠标拖动手柄改变两侧的曲线弯曲程度，来改变动画的运行速率。

5. 定格

定格插值表示经过该关键帧之后，动画状态将被锁定，在下一个关键帧之前不再产生变化。此时关键帧的样态是 。展开临时插值可视界面，可以看到如图 8–25 所示状态。

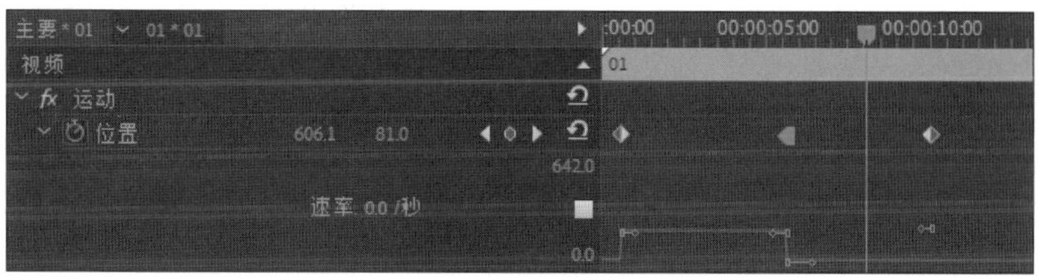

图 8–25　定格插值

关键帧动画播放到该关键帧时，将保持当前画面的效果一直持续下去，直到下一个关键帧时直接发生改变。

注意：定格插值针对的是关键帧动画的状态固定，与之前介绍的“帧定格”不是一回事。

6. 缓入

缓入插值表示进入该关键帧时，动画逐渐减速直至停止。此时关键帧的样态是 。展开临时插值可视界面，可以看到如图 8–26 所示状态。

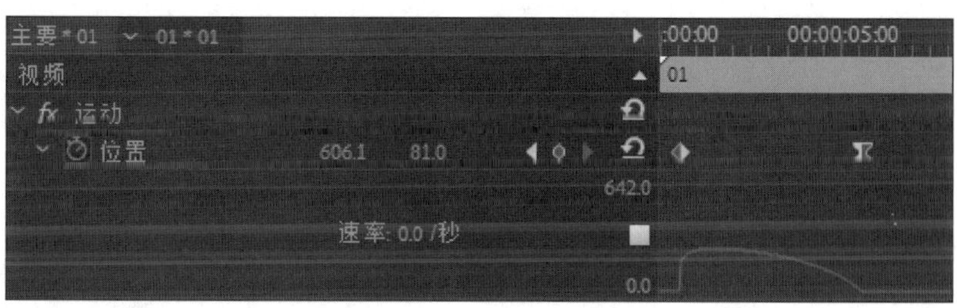

图 8–26　缓入插值

关键帧动画在进入该关键帧时，速率会逐渐降低，以达到稳定进入的效果。

7. 缓出

缓出插值表示从该关键帧离开时，动画从停止逐渐加速逐渐减速直至停止。此时关键帧的样态是 。展开临时插值可视界面，可以看到如图 8–27 所示状态。

图 8–27　缓出插值

关键帧动画在离开该关键帧时，速率会逐渐提高，以达到稳定离开的效果。

8.3.2　空间插值

空间插值用来控制产生运动路径的关键帧动画中的过渡效果。其中包含“线性”“贝塞尔曲线”“自动贝塞尔曲线”和“连续贝塞尔曲线”共 4 种选项，如图 8–28 所示。默认情况下，空间插值的选项是自动贝塞尔曲线，即自动平滑曲线过渡。

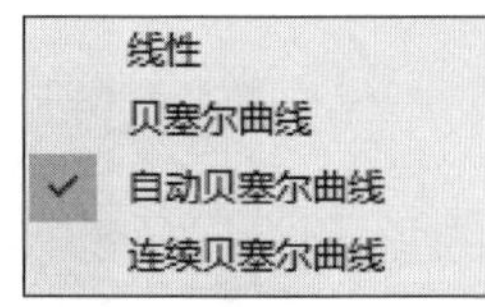

图 8–28　空间插值的选项

空间插值一般用于视频效果中带有坐标，即 X、Y 数值的相关参数，如“位置”“变换”“边角定位”等。单击对应参数名称，在节目窗口中可以显示可视化控制界面。

1. 线性

线性插值表示经过该关键帧的运动路径两侧线段均非曲线，有明显折角。关键帧动画经过此帧时如果路径方向转变，会有明显突然转向效果，如图 8–29 所示。

2. 贝塞尔曲线

贝塞尔曲线插值表示可手动控制该关键帧两侧的手柄，以更改节点位置，调整经过该关键帧时运动路径的曲线程度。该帧两侧的手柄并不相关，可以分别调节。因此虽然两侧均为曲线，但是这两条曲线可以不构成完整曲线。可以理解为，两条曲线形成了折角的效果，如图 8–30 所示。

图 8–29　线性插值

图 8–30　贝塞尔曲线插值

3. 自动贝塞尔曲线

自动贝塞尔曲线插值表示经过此关键帧的运动路径为完整的平滑曲线，但其曲度为默认值，不可手动调节。在此种模式下，此帧两侧虽有节点，但是没有手柄，无法手动控制，如图 8-31 所示。

注意：一旦单击节点并开始调节其位置，则转化为连续贝塞尔曲线模式。

4. 连续贝塞尔曲线

连续贝塞尔曲线插值表示可手动控制该关键帧两侧的手柄，以更改节点位置，调整曲线的曲度，且经过该帧的运动路径为完整平滑曲线。连续贝塞尔曲线是保证运动路径为曲线形式下的自由调节模式，控制一侧手柄时，另一侧的手柄会联动，以保证曲线的完整，如图 8-32 所示。

图 8-31　自动贝塞尔曲线插值

图 8-32　连续贝塞尔曲线插值

思考与练习

1. 简述关键帧动画的概念。
2. 如何开启关键帧动画的功能？有什么注意事项？
3. 简述添加关键帧的方法。
4. 如何修改已添加的关键帧的参数？
5. 如何对已添加的关键帧进行复制？
6. 为同一个剪辑的多个参数添加关键帧动画应如何操作？有什么注意事项？
7. 为多个剪辑添加具有交互表现效果的关键帧动画应如何操作？有什么注意事项？
8. 如何理解关键帧动画的“临时插值”？有什么作用？
9. 关键帧动画的“空间插值”有哪几种类型？有什么区别？

第 9 章　键控合成的应用

本章学习要点

① 了解键控合成的概念。
② 了解抠像的原理。
③ 了解抠像的前期准备工作。
④ 了解多种键控效果。
⑤ 掌握“超级键”和“轨道遮罩键”的原理和使用。
⑥ 掌握蒙版技术。

在影视后期制作中，多个轨道的画面合成后输出是非常常见的。一般来说影像的合成大致有以下几种模式：通过上层画面的不透明度参数和混合模式的调节，与下层画面进行合成；通过改变上层画面的大小和形状，露出下层的画面，比如画中画；通过抠像技术将画面中的某些颜色透明化，再与下层画面合成；通过遮罩和蒙版将上层画面局部区域透明化，再与下层画面合成。本章主要讲解色键、遮罩和蒙版的相关合成技术，专业术语统称为“键控”。

9.1　键控合成概述

9.1.1　键控合成的原理

合成技术涉及的基本概念中，最重要的就是 Alpha 一词。Alpha 的存在，使得影像产生透明的概念，也最终可以产生多画面合成的效果。

一般的影像画面是由多个颜色通道构成的，其中包含红色、绿色和蓝色，这三个通道就是 RGB。这几个颜色通道都是单色的通道，也被称作灰度。影像处理软件一般都用 RGB 这三个通道作为基础原色，来组合构成完整的画面影像，也就是彩色的视频。关于色彩方面的知识，详细内容会在第 10 章讲解。

为了能够处理画面的合成，图像处理技术中引入了第四个通道，就是 Alpha。Alpha 并不含有任何的色彩，它只是用来定义不透明度。Alpha 被广泛应用到平面处理和影视制作领域，用来调节画面的不透明度，也就是可见程度。它是独立于其他三个颜色通道存在的，并且可以调整每个画面像素的不透明度。

键控合成就是利用了 Alpha 通道进行处理的。比如常见的抠像，在拍摄好的影片中，选择某单一的颜色，一般是绿色或蓝色，调整该颜色的 Alpha 通道，使其透明化。之后，抠像留下的主体就可以附加到另一个背景之上，与其进行合成处理。遮罩和蒙版等方式，则是以设置轮廓区域的方式，对设定好的局部范围内的影像调整其 Alpha 通道，达到透明化的目的。

键控合成实际上是让画面的局部，通过颜色抠像或轮廓设定等方式，转化为透明，以达到透过画面呈现其下层画面的处理方式。因此，无论用什么合成方式，都是与透明有关的，并不是好像用剪刀把画面剪掉一部分。实际上,在影像画面中,通过合成技术处理后看不到的那个区域依然是有像素存在的,只是像玻璃一样透明了而已。

9.1.2 抠像特效合成

在影视制作中,有两个问题常会造成很大困扰。一是拍摄过程中,人和其他元素不能同时集中出现在同一场景或画面内;二是即使人和其他元素可集中在一起,但是由于拍摄难度大,实现成功率较低。抠像技术则能有效解决这两个问题,并且在影视制作的后期处理中发挥着重要作用。

所谓抠像,指的是从画面中选择一种特定颜色使其透明,再将处理后的画面下层叠加上需要的背景画面,形成多层画面叠加。这个操作过程被称为抠像合成。通过这样的方式就可以把拍摄影像经过后期抠像与各种各样的场景叠加合成在一起,形成一些现实达不到的虚幻效果,从而增加画面的表现力。

9.1.3 抠像对前期拍摄的需求

为了能够在后期产生更好的合成效果,在前期的时候就要创作出更容易进行合成的素材,尤其是拍摄环节。合成是一件非常具有创意的事情,所以在前期要提前做好规划,并且用有技巧的方式进行拍摄,以备后期在制作中可以随时进行调整与替换。因此在拍摄视频时要考虑到,后期软件如何能够更好地去分辨画面中哪部分是可以变成透明的。

1. 拍摄抠像用素材

拍摄后期需要抠像处理的素材,通常要求在一个比较单一、纯净度高的环境下完成影视动作的演绎,一般背景选用绿屏或蓝屏,但前景所用颜色中不包含背景的颜色,尽可能将前景与背景的颜色拉开。后期可以通过色键技术识别绿色或蓝色来转变为透明,使那些可见像素和透明像素分离开。

2. 制定拍摄顺序

抠像合成一般需要前景素材和背景素材两类。前景素材又分为主素材和辅素材,背景素材可以是实拍也可以是虚拟制作。拍摄时要安排好各个素材的拍摄顺序。一般先拍主素材,然后再拍辅素材,辅素材需要有所参照。

如果是用蓝绿屏拍摄,要先拍摄背景素材,尤其是户外场景,以作为抠像素材的参照。但如果是合成到虚拟 3D 场景或模型场景中,就应该先拍摄前景素材,尤其是镜头会运动的情况。

拍摄时,并不需要将镜头背景都充满蓝绿色,只需要抠像的前景物体被完整地包括在蓝绿色之内即可。如果前景物体需要运动一段距离,则可以扩大背景面积,或使用一块可移动的蓝绿屏,跟随前景物体运动。

3. 抠像背景选择

蓝屏和绿屏是现在最常使用的抠像背景。这主要是因为人的肤色中几乎不包含蓝色和绿色。其实抠像是可以抠掉任何颜色的,选用什么颜色的背景屏其实取决于前景物体的颜色。在拍摄前,要对被拍摄物体进行分析,如果物体上有大面积颜色与当前背景屏相同或相近,就要使用另一种屏,以避免后期抠像时误把前景内容一起抠掉。

蓝屏的主要优点在于与人的肤色差别较大。其主要缺点在于亮度较低,而且某些人种的眼睛也经常有蓝色成分。绿屏亮度较高,较之蓝屏要更节省光源。其缺点在于人类的肤色较之蓝色，更接近于绿色。综合来说，选择蓝屏还是绿屏不是绝对的，要根据环境、光线和具体拍摄内容再做决定。

抠像背景的材质大致有油漆、布质、纸质几种。抠像油漆一般应用于摄影棚和虚拟演播室中，即蓝箱或绿箱。布质类材质的就是幕布，一般应用于摄影棚和室外。纸质的一般用于非专业或应急场合，实际应用不多。总的来说，不论采取何种材质的抠像背景，最好要满足颜色纯度高、不反光、平整光滑几点要求。

4. 抠像拍摄的布光规则

抠像场景的布光要考虑到后期制作上的一些特殊需求。抠像场景布光的原则是背景光和前景光分开独立布光。先为背景布光，再对前景布光。

背景布光要注意曝光充足，光照均匀。如果背景光照不均，成像时会有暗边，影响后期抠像处理。曝光注意要适中，不能太亮也不能太暗。太亮会造成背景颜色辨识度下降，而太暗则导致背景颜色饱和度缺失，不利于后期抠像。

前景布光是为了拉开被摄物体与背景的距离，形成空间。除非后期效果需要阴影，否则一般要避免阴影投射到幕布上。前景物体的光线照射从亮度到角度，都要根据具体需要去合理配置，并记录下来，以便后期制作时能够配合光效。一些需要精密抠像的元素，比如毛发、裂纹等部分，布光时也要更加精细一些。

9.2 键控效果介绍

Premiere 的键控效果位于视频效果下，共有 9 个，如图 9–1 所示，分别是“Alpha 调整”“亮度键”“图像遮罩键”“差值遮罩”“移除遮罩”“超级键”“轨道遮罩键”“非红色键”和“颜色键”。

9.2.1 Alpha 调整

Alpha 效果常用于已经具有透明部分图像或视频素材上，以利用该素材作为遮罩使用，如图 9–2 所示。

图 9–1　键控效果组

图 9–2　Alpha 调整

不透明度：调整可见部分的不透明度值。

忽略 Alpha：用白色补充到当前画面的透明部分，即忽略 Alpha 通道的作用，全部显示画面。

反转 Alpha：将 Alpha 通道反转，当前画面透明的部分变为不透明，不透明的部分透明化。

仅蒙版：用白色替换当前画面的可见部分。这个功能非常方便将已经做好抠像的素材转化为遮罩素材来使用。

9.2.2 亮度键

“亮度键”效果是将当前素材画面暗部转化为透明，亮部保持不变，常用于画面中明暗部分差异明显的素材，如图 9–3 所示。

阈值：暗部的不透明程度，此参数越低，则暗部的透明效果越好。

屏蔽度：透明部分的截止程度，此参数越高，则不透明的部分保留越多。

图 9–3 亮度键

9.2.3 图像遮罩键

“图像遮罩键”是利用遮罩的键控效果之一。它需要从外部导入一个素材，利用这个素材的 Alpha 通道或明暗差异来控制当前素材的透明区域，如图 9–4 所示。

图 9–4 图像遮罩键

：单击可以弹出“导入素材”对话框，选择合适的素材导入。

合成使用：有“Alpha 遮罩”和“亮度遮罩”两个选项。选择“Alpha 遮罩”选项则以导入素材的 Alpha 通道情况，即画面中透明与不透明的差异为依据，让当前素材与导入素材的 Alpha 通道一致。选择“亮度遮罩”选项则以导入素材的亮度情况，即画面中明暗的差异为依据，导入素材画面局部越暗，当前素材对应的画面部分越透明。

反向：将遮罩反向使用，“Alpha 遮罩”下透明度反向，“亮度遮罩”下明暗反向。

9.2.4 差值遮罩

“差值遮罩”是选择一个轨道作为当前素材的遮罩图层，通过对比，将画面中相同色彩通道的部分透明化，保留有差异的部分，如图 9–5 所示。此效果常用来提取视频素材画面内容的活动部分或不变的部分。

视图：合成画面显示效果。“最终输出”是合成后的效果；“仅限源”是查看当前素材的原画面；“仅限遮罩”是查看当前素材的黑白遮罩情况。

差值图层：选择作为差值遮罩的轨道。

如果图层大小不同：如果差值遮罩图层与当前素材的画面大小不一致，则可以选择“居中”和“伸展以适配”两种选项。

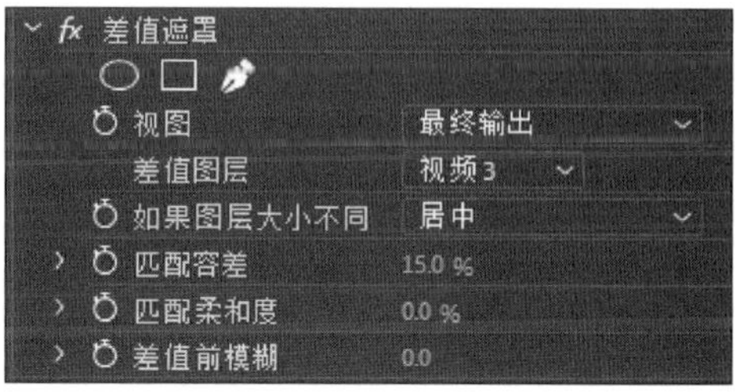

图 9–5 差值遮罩

匹配容差：设定当前图层与差值遮罩层的容

差值。

匹配柔和度：对透明与不透明的边界做柔化处理的程度。

差值前模糊：对有差异的像素做模糊处理。

9.2.5　移除遮罩

“移除遮罩”是为当前素材建一个遮罩轮廓，选择对“白色”或“黑色”的区域透明化处理，如图 9–6 所示。

遮罩类型：选择要移除的颜色，有“白色”和“黑色”两个选项。

图 9–6　移除遮罩

9.2.6　超级键

“超级键”是在 Premiere 中处理颜色抠像时最好用的效果。凡是涉及色键抠像的操作，基本上选择“超级键”就都可以满足，如图 9–7 所示。

相比起其他色键特效，超级键的参数比较多，功能上也更强。

1. 主参数

输出：输出画面的呈现效果。其中“合成”代表抠像合成新背景后的最终画面效果；“Alpha 通道”是显示抠像后的 Alpha 通道效果，用白色代表保留的部分，黑色代表透明化的部分；“颜色通道”是显示抠像后的颜色通道效果，将保留的部分原本显示，透明化的部分用灰色显示。

设置：抠像的几种级别。分别是“默认”“弱效”“强效”和“自定义”。不同级别会影响以下各种参数的设定值。

主要颜色：选择抠像所用的背景颜色，默认为黑色。可以利用吸管工具在视频画面上或计算机屏幕其他任意地方直接获取颜色。

2. 遮罩生成

透明度：抠像后原图像的透明度。本参数要结合其他参数利用，一般建议最后调整。

高光：调整画面明亮区域，即浅色区的不透明度。

阴影：调整画面阴暗区域，即深色区的不透明度。

容差：调整所选背景色的容差值，即抠像范围和强度。

基值：改善抠像的参数，该数值越大，抠像的精细度越好。

3. 遮罩清除

抑制：对抠像边缘的细化处理，该数值的正负代表向内或向外改变抠像轮廓。

柔化：对抠像边缘做柔化处理，使抠像轮廓模糊化。

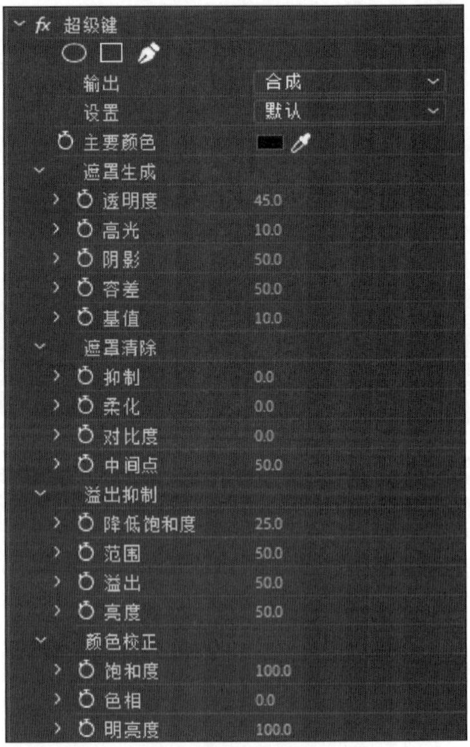

图 9–7　超级键

对比度：调整画面的对比度，以更好把握明暗部分的抠像处理。

中间点：调整画面明暗的中间平衡点位置，改善画面的明暗度以更好把握抠像的范围。

4. 溢出抑制

降低饱和度：降低溢出颜色的饱和度。注意该数值越大则饱和度越低。

范围：控制溢出颜色的校正量。

溢出：控制溢出颜色的补偿量。

亮度：用于抠像后，恢复原画面的原始亮度。

5. 颜色校正

饱和度：调整画面的颜色饱和度。

色相：调整画面的色相。

明亮度：调整画面的亮度。

练习素材 9-1：抠像合成练习

练习操作：

新建项目，命名为"第 9 章练习"，并创建标准 720p 的序列。将"9-1"文件夹的素材导入项目，将"演播室"素材置于视频轨道 1，"主持人"素材置于视频轨道 2 上。

提示：抠像操作前一定要首先确定素材的层次，背景要放置于下层轨道，前景即抠像素材要置于上层轨道。

由于背景剪辑长度短于前景剪辑，因此要复制使用，与前景长度匹配。此时如图 9-8 所示。

图 9-8　放置好素材在序列上

将“超级键”视频效果拖动至“主持人”剪辑之上，在“效果控件”窗口进行参数设定。

首先通过“吸管”吸取画面上的抠像所需背景颜色，本例中为绿色。

提示：实景拍摄的抠像场景，往往背景打光并不会很均匀，即同样的颜色会产生深浅的分别。因此在使用吸管吸取颜色时，建议选择与抠像保留的主体较近区域的背景色，确保主体抠像效果最佳。

吸管选择的颜色尽量适中，并距保留主体较近。选择背景色后，抠像将有初步成效，如图 9–9 所示。

图 9–9　初步抠像效果

展开“超级键”的参数组，进行参数调整。首先展开“遮罩生成”，调整参数“高光”为 0，“阴影”为 53，“容差”和“基值”均为 100，此时抠像效果如图 9–10 所示。可通过“输出”参数选项中的“Alpha 通道”模式，观察抠像的黑白蒙版效果，以确定抠像的准确性，如图 9–10 所示。

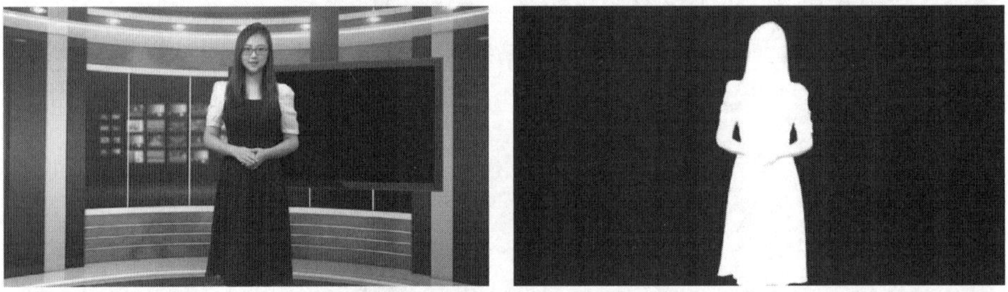

图 9–10　调整参数至抠像准确

提示：案例中涉及的参数数值均为参考值，请多加尝试，根据自己练习的情况确定最适合的数值。

之后展开“遮罩清除”，继续进行调节。调整参数“抑制”为 10，柔化为 8，对比度为 80。此步调整主要是精细处理抠像主体边缘的效果和黑白区域的细化。

还可以通过“颜色校正”对人物进行简单的调色，以更好匹配背景色调，不过最好通过专门的调色视频效果来处理。

“超级键”的抠像操作基本完成，接下来通过“运动”效果的“位置”“缩放”等参数调节，使主持人的人物大小和位置与背景协调。调整后如图 9–11 所示。

“数据”素材作为电视屏幕播出的合成内容，需要置于演播室剪辑之上，但由于主持人的手会遮挡电视屏幕，因此要置于主持人剪辑之下，所以需要在目前的前景和背景轨道之前插入一条新轨道，并将“数据”素材置于该轨道上，如图 9–12 所示。

图 9-11　协调前后景

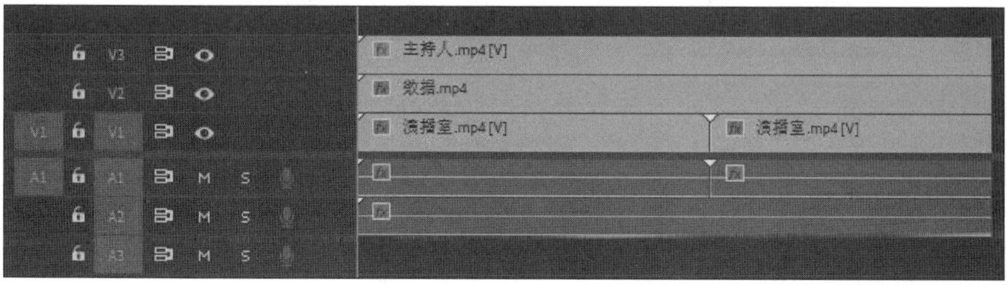

图 9-12　引入电视画面素材

调整“数据”剪辑的“位置”和“缩放”参数，使其尽量与电视匹配，如图 9-13 所示。

图 9-13　电视画面效果

但是由于电视有一定的倾斜角度，因此为了让“数据”画面与电视完全适配，需要为其添加“视频效果”中“扭曲”效果组下的“边角定位”效果，并通过此效果，定位“数据”画面的 4 个角至电视的四角，确保透视角度合适，如图 9-14 所示。

图 9-14　利用“边角定位”匹配电视屏幕

由于“主持人”“数据”和“演播室”三个剪辑的层次轨道得当，主持人的手在指向电视时，画面效果是正确的，不会产生穿帮，如图 9-15(a)所示。如果“数据”层次高于主持人，则会产生穿帮，如图 9-15(b)所示。

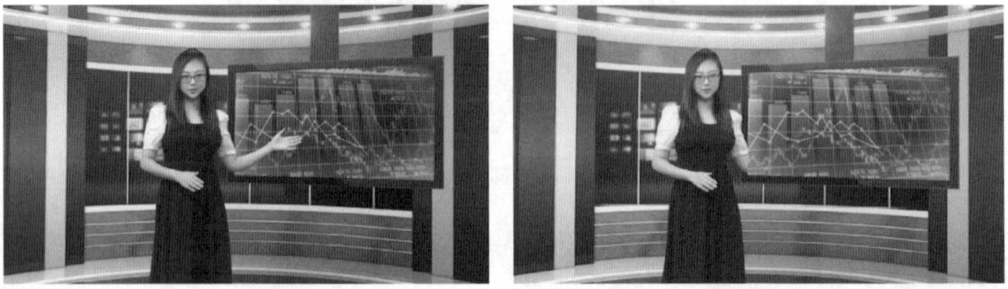

(a) 层次正确显示　　(b) 层次错误显示

图 9-15　层次正确与否的效果

至此，本例完结。

9.2.7　轨道遮罩键

“轨道遮罩键”是利用其他轨道上的素材画面作为遮罩，通过其 Alpha 通道或明暗差异来控制当前素材的透明区域，如图 9-16 所示。一般用到遮罩的情况，“轨道遮罩键”是最常用的效果。

图 9-16　轨道遮罩键

遮罩：选择遮罩素材所在的轨道。注意只能选择当前素材以上的轨道。

合成方式：有“Alpha 遮罩”和“亮度遮罩”两个选项。选择“Alpha 遮罩”选项则以导入素材的 Alpha 通道情况，即画面中透明与不透明的差异为依据，让当前素材与导入素材的 Alpha 通道一致。选择“亮度遮罩”选项则以导入素材的亮度情况，即画面中明暗的差异为依据，导入素材画面局部越暗，当前素材对应的画面部分越透明。

反向：将遮罩反向使用，“Alpha 遮罩”下透明度反向，“亮度遮罩”下明暗反向。

轨道遮罩键是较为常用的键控效果，练习请参见 9.3.2 节和 11.3.2 节的第三例。

9.2.8　非红色键

“非红色键”是应对蓝屏或绿屏背景抠像所设置的色键效果。对于希望利用蓝绿背景作为抠像依据的素材，是非常方便的一个色键效果，如图 9-17 所示。

阈值：对抠像背景色的透明化程度，该值越小，则背景色透明化越强。

屏蔽度：抠像的截止程度，该值越大，保留部分效果越好。

去边：选择抠像所用的背景颜色，有“绿色”和“蓝色”两个选项。

图 9-17　非红色键

平滑：抠像后保留部分的边缘平滑程度，有

"无""低"和"高"三个选项。

仅蒙版：查看应用该效果后，当前素材的蒙版情况，用白色表示保留部分。

9.2.9 颜色键

"颜色键"是抠像专用效果之一，可以选择任意颜色作为背景色，进行透明化处理，如图 9–18 所示。不过该效果从应用角度来说，功能稍显单薄，如今更多使用者倾向使用"超级键"代替此效果。

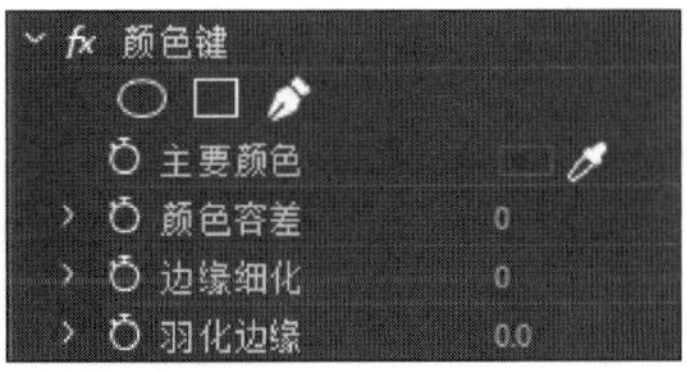

图 9–18 颜色键

主要颜色：选择抠像所用的背景颜色，默认为蓝色，可以利用吸管工具在视频画面上或计算机屏幕其他任意地方直接获取颜色。

颜色容差：选取背景色的容差值，该数值越大，则对选取颜色的透明化处理越好。

边缘细化：对抠像边缘的处理，该数值是像素数，其正负代表向内或向外进行抠像轮廓的挤压或扩展。

羽化边缘：对抠像边缘做柔化处理。

9.3 蒙 版 技 术

在合成领域，除了键控、抠像、遮罩等术语，还有一个常见术语"蒙版"。蒙版和遮罩在意义上基本一致，都是用来限定一个画面区域，使其显示或隐藏。在 Premiere 中，遮罩常用来指可充当遮罩素材的那些图像和图形元素，而蒙版基本特指视频效果下的蒙版功能。

在"效果控件"窗口中，大部分视频效果的名称下方都有如图 9–19 所示的三个控件，这就是 Premiere 的蒙版功能。

此处蒙版的作用是，在画面上限定一个区域，使当前视频效果只在此区域内生效。简单理解的话，就是让视频效果只在局部体现出来。这样在很多视频效果的应用上，就更加灵活多变，针对性也更强。善用蒙版，可以更好地发挥影视合成技术的优势。

图 9–19 蒙版控件

注意：蒙版在 Premiere 中指的是视频效果的生效区域，而在其他大部分软件中，一般情况下提起蒙版，都指的是与透明度相关的区域设定，请参见 9.3.2 节。

9.3.1 视频效果的蒙版应用

当一个剪辑应用了视频效果时，在效果控件下，效果名称的下方有三个蒙版按钮，其作用分别是创建椭圆形蒙版、创建四点多边形蒙版和自由绘制贝塞尔曲线即钢笔工具。前两个按钮可以创建固定形式的蒙版，钢笔工具可以随意绘制形状构成蒙版。

以超级键为例，将此效果应用在一个剪辑上，并设置好相应的参数，与背景合成后，其效果如图 9–20 所示。

单击按钮，可以在节目窗口看到画面自动产生了椭圆形状的蒙版，且超级键效果只在蒙版内部应用，如图 9–21 所示。

为视频效果添加蒙版后，该效果蒙版按钮下方会出现新的蒙版相关参数，如图 9–22 所示。

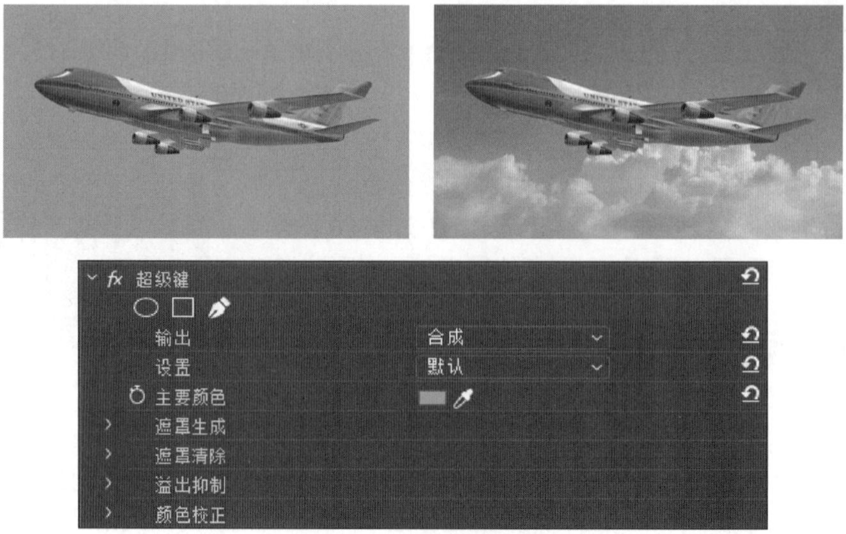

图 9–20　利用超级键抠像合成

图 9–21　添加蒙版后的效果

图 9–22　蒙版参数

蒙版路径：表示蒙版的形状和运动路径，主要用于蒙版发生变形或位置移动的关键帧动画时记录路径。

蒙版羽化：蒙版边缘的柔化程度。

蒙版不透明度：蒙版的不透明度，也可以理解为蒙版内该视频效果与原画面的混合程度。

蒙版扩展：蒙版边缘扩大或缩小轮廓。

已反转：生效区反转，勾选后，将只有蒙版外部区域应用该视频效果。

可以利用鼠标在节目窗口的画面上直接进行以下操作。

提示：要先单击蒙版名称处，才可以在节目窗口中看到蒙版路径，并用鼠标操作蒙版。

① 直接将鼠标指针放在蒙版内部，鼠标指针呈现为，此时按下可以直接拖动此蒙版区域至画面任何地方，即移动蒙版位置，如图 9–23 所示。

图 9–23　移动蒙版位置

② 将鼠标指针置于蒙版的锚点位置，鼠标指针呈现为，此时按下可以拖动蒙版的锚点，以改变蒙版图形的样态，如图 9–24 所示。

③ 将鼠标指针置于蒙版的边缘上，鼠标指针呈

现为，此时按下可以添加一个新锚点，再拖动其用以改变蒙版的形状，如图 9–25 所示。

图 9–24　拖动蒙版锚点

图 9–25　添加新锚点

④ 将鼠标指针置于蒙版的控制柄处，鼠标指针呈现为。拖动实心方形标志，可以更改“蒙版扩展”数值；拖动空心圆形标志，可以更改“蒙版羽化”数值，如图 9–26 所示。

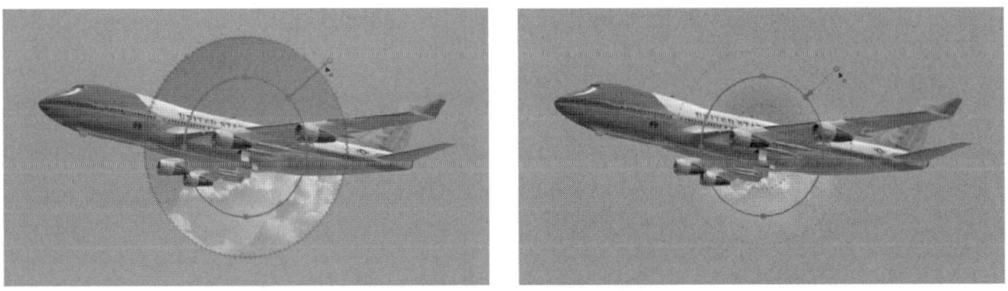

图 9–26　调整蒙版羽化程度

蒙版是可以创建多个的。如果添加多个蒙版，蒙版区域会产生叠加效果，如图 9–27 所示。

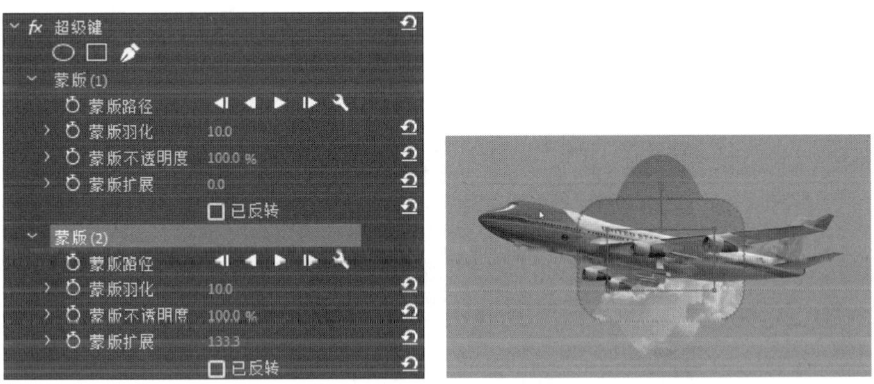

图 9–27　添加多个蒙版

注意：蒙版必须是一个首尾相连的闭合图形，因此用钢笔工具绘制时，一定要将最后一点连接到第一个锚点上，以构成闭合图形。非闭合图形是无法产生蒙版效果的。

练习操作：

创建一个标准 720p 的新序列，命名为“马赛克”，将“9–2”文件夹内的素材导入项目中，将“环卫工人”素材拖动至视频轨道 1。

练习素材 9–2：视频效果蒙版应用练习

更改“环卫工人”剪辑的“运动”效果下的“位置”参数，设为 X 值 960，Y 值 180，将画面的人物置于屏幕主要位置，如图 9–28 所示。

图 9–28　调整画面凸显主要人物

为“环卫工人”剪辑添加视频效果下的“风格化”效果组中的“马赛克”效果，在“效果控件”窗口中调节参数以控制马赛克的水平与竖直数量，如图 9–29 所示。

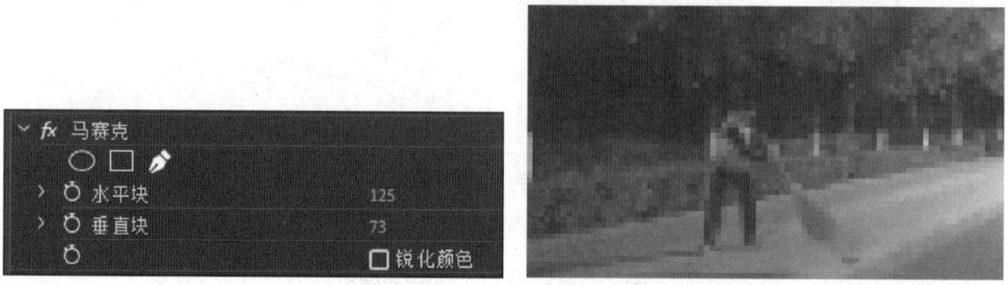

图 9–29　添加马赛克效果

选择“马赛克”效果下的椭圆形蒙版，并调节蒙版的大小和位置，置于画面中人物的头部，此时马赛克的效果将只体现在人物头部，如图 9–30 所示。

图 9–30　为“马赛克”添加蒙版

调节蒙版的“蒙版羽化”参数数值，以柔化马赛克效果的轮廓边界。此时，局部马赛克的效果已完成。

由于人物在移动，马赛克的范围不动的情况下，会偏离位置。因此蒙版也应随人物头部的移动而移动。此时应为蒙版的“蒙版路径”参数设定关键帧动画，以配合定位。

Premiere 中提供了“跟踪”技术，来自动产生关键帧动画以保持蒙版的动态覆盖定位。软件会自动将蒙版范围内的画面进行内容识别，并在执行跟踪后，找到下一帧画面的相似内容，逐步勾勒出蒙版的变化路径。

“蒙版路径”参数中的几个按钮，分别表示“向后跟踪 1 帧”“向后跟踪”“向前跟踪”“向前跟踪 1 帧”和“跟踪方法”。其中跟踪方法包含“位置”“位置及旋转”和“位置、缩放及旋转”，即通过这几个不同的参数改变来规定跟踪路径的变化，同时还可以开启“预览”以实现边跟踪边预览效果，建议开启。

提示：建议在使用跟踪前，把时间指示器移动到此段视频的开头或结尾，这样只需要跟踪一个方向即可，不必向两个方向跟踪。

单击“向前跟踪”按钮，会弹出“正在跟踪”对话框显示跟踪进度。如果预览到跟踪的路径发生偏差，可以随时停止，调整好蒙版的范围，再继续执行跟踪。跟踪完毕后，可以看到“蒙版路径”逐帧产生了关键帧动画，如图 9–31 所示。

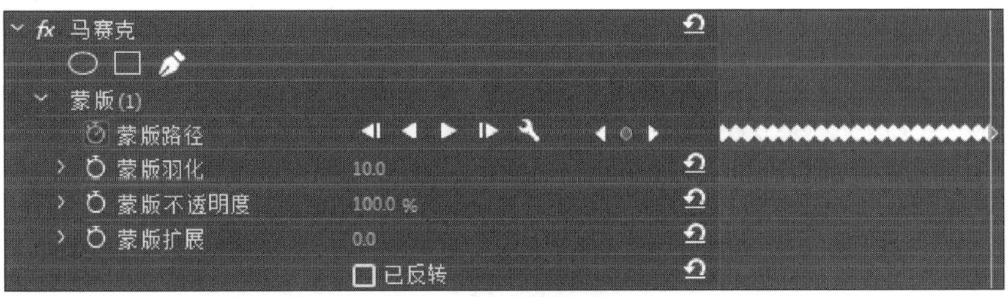

图 9–31　蒙版跟踪

这样，马赛克效果将从视频的开始到结束，一直持续在人物头部，如图 9–32 所示。

图 9–32　马赛克跟踪头部

至此，本例完结。

9.3.2　不透明度的蒙版应用

有一个利用蒙版产生的视频效果，有着独特而又常用的功能，就是“不透明度”。通过不透明度的蒙版设定，可以只让画面的局部显示，而其他区域隐藏。这个功能与“遮罩”是一致的。不透明度参数下的蒙版与其他视频效果的蒙版作用并无不同，只是由于不透明度的特殊性，与 Alpha 通道等键控相关概念联系起来，因此产生了独有的效果。

提示：蒙版的本质效果就是让画面局部产生透明化。在大部分图像处理软件中，提到蒙版，指的就是进行局部透明化处理。而在 Premiere 中，蒙版指的是视频效果的生效区域，因此用来实现蒙版本质功能的方法，就是在“不透明度”下建立蒙版。

为一个剪辑添加不透明度的椭圆形蒙版，效果如图 9–33 所示。

图 9–33　添加“不透明度”蒙版效果

此时画面中的黑色部分是透明的，在该素材下层轨道上放置背景素材，则产生合成效果，如图 9–34 所示。

图 9–34　利用蒙版合成

对该蒙版的形状、羽化等参数进行调节，并调整前景的运动参数，可以产生更融洽的合成效果，如图 9–35 所示。

图 9–35　调节合成效果

不透明度的蒙版常用于对剪辑直接进行合成前的裁剪工作。钢笔工具可以很细致地对画面中需要保留的区域绘制轮廓，确保呈现效果的完美。

练习操作：

练习素材 9-3：
双重曝光制作练习

创建一个标准 720p 的新序列，命名为“双重曝光”，将“9-3”文件夹内的素材导入项目中。创建一个“黑场视频”备用。将素材拖动到轨道中，其中“黑场视频”置于视频轨道 1，“车辆”置于视频轨道 2，“人物”置于视频轨道 3。注意轨道上的所有剪辑都要开启“缩放为帧大小”。

首先处理“黑场视频”作为影片背景。为其添加视频效果下的“生成”效果组中的“渐变”效果，并调整参数，只显示视频轨道 1 时，画面效果如图 9-36 所示。

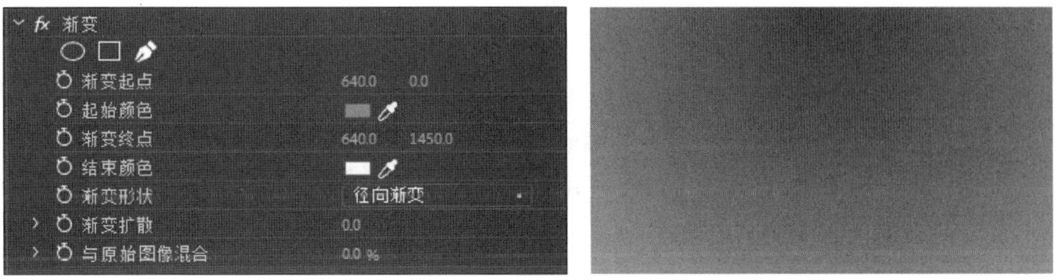

图 9-36　利用“渐变”效果制作背景

接下来处理“人物”，需要将其进行抠像，保留人物轮廓。为其添加“超级键”效果，并调整参数，只显示视频轨道 1 和视频轨道 3 时，画面效果如图 9-37 所示。

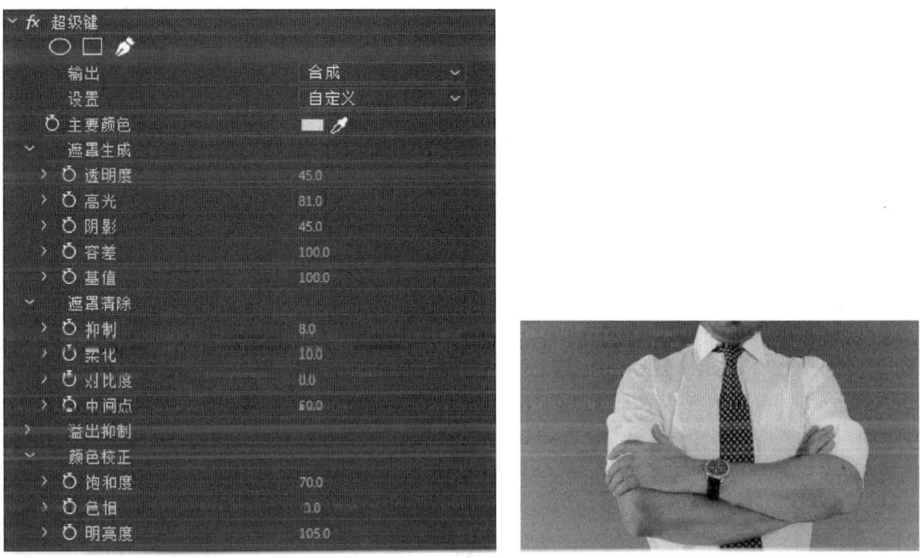

图 9-37　对人物进行抠像

之后处理“车辆”，为其添加“轨道遮罩键”效果，并调整参数，利用抠像好的人物作为遮罩，将“车辆”的画面保留人物轮廓以内的部分。画面的合成效果如图 9-38 所示。

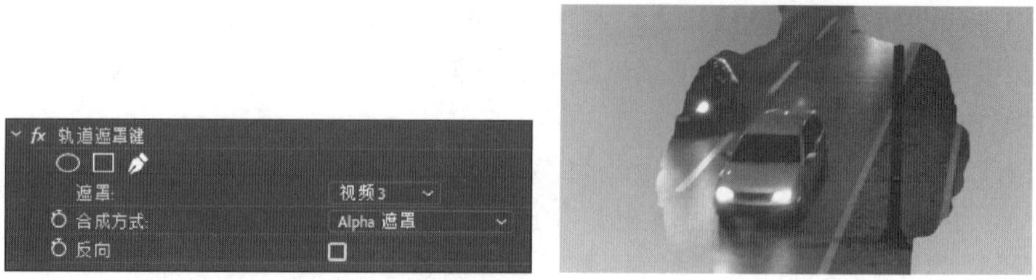

图 9–38　利用“轨道遮罩键”效果合成

接下来的一步很关键，将抠像处理好的“人物”剪辑复制到视频轨道 4 上，如图 9–39 所示。

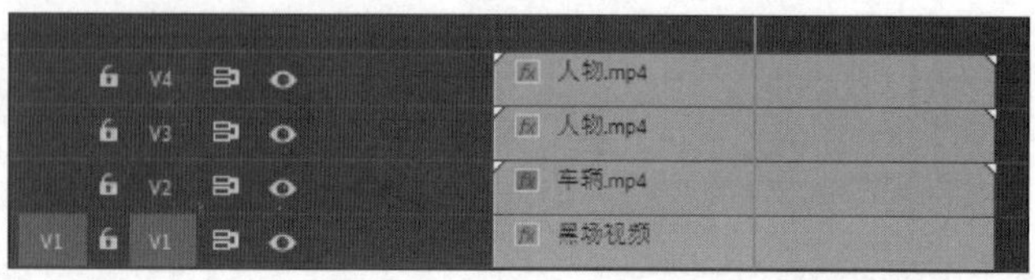

图 9–39　复制“人物”副本

之后处理视频轨道 4 上的“人物”，展开其“不透明度”效果，选择椭圆形蒙版，调整蒙版的形状、位置和参数，画面效果如图 9–40 所示。

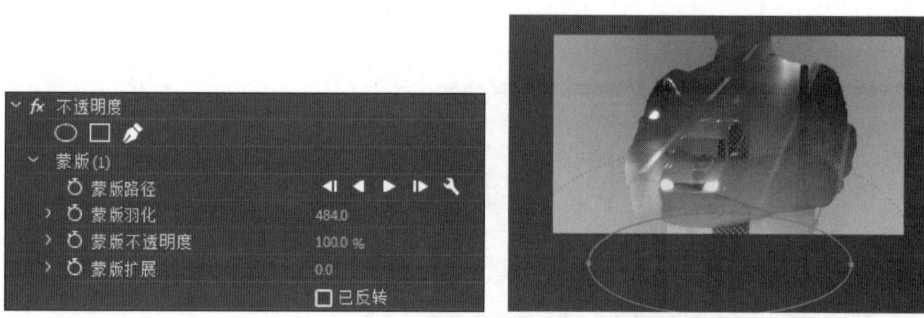

图 9–40　为“人物”副本添加不透明度蒙版

再添加一个椭圆形蒙版 2，调整蒙版的形状、位置和参数，画面效果如图 9–41 所示。

图 9–41　再添加一个蒙版

提示：双重曝光的效果感觉很像玻璃，越向内越透明。因此有时候需要更多的蒙版来将造型轮廓素材的边缘处显示得更多。另外根据艺术需求的不同，也可以为蒙版添加上路径的关键帧动画，以实时改变形状配合画面内容。

至此，本例完结。

9.3.3 色键与蒙版的结合

色键抠像是常用的一种抠像方法，只需要在前期拍摄时，将主体对象之后布置上绿背景或蓝背景即可。但是很多情况下，前期拍摄时，无法或没必要将摄像机拍摄的画面背景全部布置成统一颜色，比如全景或远景镜头、户外布景、其他辅助道具或人员等情况。

这些情况的共同特点就是画面中除了绿幕或蓝幕外，都有一些仍需要去除的部分。这时候需要借助蒙版来隐去不需要的部分。因此，在后期抠像时，色键和蒙版的结合是很好的解决方案。

练习操作：

练习素材 9-4：色键与蒙版结合练习

创建一个标准 720p 的新序列，命名为“健身”，将“9-4”文件夹内的素材导入项目中，并将“健身房”置于视频轨道 1，“活动身体”置于视频轨道 2。注意轨道上的所有剪辑都要开启“缩放为帧大小”。目前画面如图 9-42 所示。

图 9-42 引入前景和背景素材

选择“活动身体”剪辑，在“效果控件”窗口展开“不透明度”效果，利用钢笔工具在节目窗口的画面上直接绘制蒙版。蒙版要形成闭合线，其内部只保留人物主体和其周围的绿色背景，其他与抠像主体无关的区域要排除在外，如图 9-43 所示。

提示：蒙版范围要尽量贴近抠像主体的轮廓，使保留下来的画面内容更加有利于抠像。

需要注意的是，抠像的对象是视频，不是图片，因此必须确认在整段视频剪辑中，蒙版的区域都是适合抠像主体所需的。以目前的蒙版效果，视频某帧会显示出主体缺失，如图 9–44 所示。

图 9–43　利用蒙版缩小抠像范围

图 9–44　蒙版范围不适合整部影片

因此要改变蒙版的边界轮廓，确保整段视频剪辑的抠像主体都有效保留，如图 9–45 所示。

图 9–45　调节蒙版轮廓适合画面

提示：必要情况下，可以对蒙版路径进行关键帧动画的设定，以达到在视频不同时间点蒙版形状各异的效果。主要目的是配合主体的有效展示。

接下来，为“活动身体”剪辑添加“超级键”效果，并用吸管选择画面中绿色背景部分，以进行初步抠像，如图 9–46 所示。

图 9–46　初步抠像

调整“超级键”效果下的“遮罩生成”和“遮罩清除”参数，以达到较好的抠像效果，同时对人影的保留也较为恰当，如图 9–47 所示。

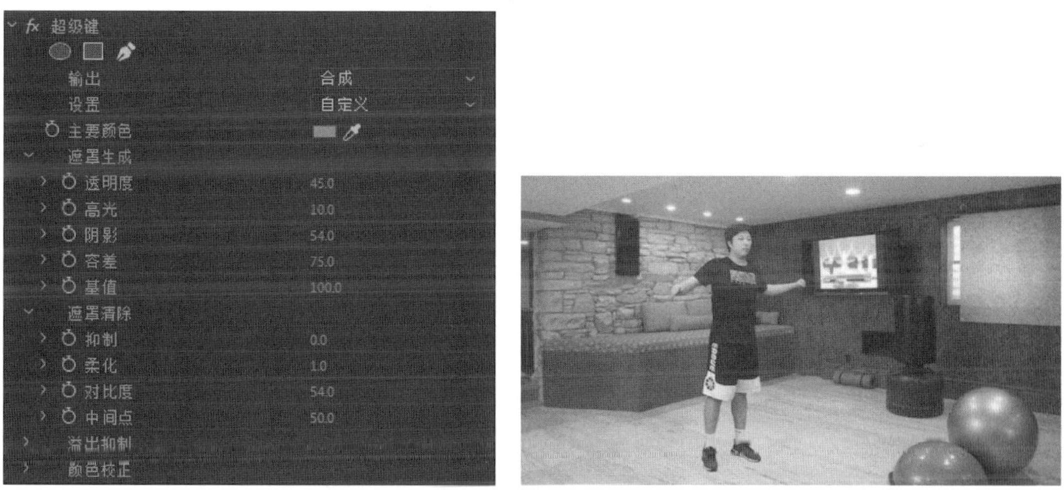

图 9–47　调节抠像参数

再对“活动身体”剪辑的“运动”效果中的“位置”和“缩放”进行参数调整，让人物的空间位置和大小更匹配背景画面。

至此，本例完结。

提示：为了达到抠像合成的最佳效果，一般在合成后，需要对前景和背景在色彩一致性方面做进一步处理。颜色调节相关知识请参见第 10 章。

思考与练习

1. 什么是键控?
2. 什么是 Alpha 通道? 有什么作用?
3. 什么是抠像? 有哪几种形式? 有什么注意事项?
4. “超级键”的主要参数有哪些? 各自的作用是什么?
5. 什么是遮罩? 有什么作用?
6. “轨道遮罩键”的两种合成形式有什么区别? 对遮罩有什么要求?
7. 什么是蒙版? 有什么作用?
8. 如何为剪辑添加蒙版?
9. 如何调整蒙版?
10. 蒙版技术在合成中的作用是什么?
11. 不透明度蒙版有什么特殊的意义?
12. 如何将蒙版与色键结合起来处理影像?

第 10 章　调色的应用

本章学习要点

① 了解色的概念。
② 了解色彩空间和色彩通道。
③ 了解调色相关视频效果。
④ 熟悉 Lumetri 效果相关窗口。
⑤ 掌握 Lumetri 效果的应用方法。

影视是一种视觉艺术，是主要为我们的眼睛服务的。在呈现画面时，无论是在电视屏幕上、电影屏幕上、计算机屏幕上还是在投影仪等投屏屏幕上，除了画面的构图、镜头的调度、特效的加成，被关注的还有色彩。在前期拍摄时，摄像机记录的颜色和光线，与最终影片表现出的颜色和光线，往往效果并不一样。色彩的处理不仅是为了画面的艺术性，同时也为了传达不同的情感和彰显作品的主题。因此，调色在影视后期非线编制作中，也是必不可少的一个重要环节。

10.1　调 色 概 述

10.1.1　调色的目的

一个影片在展现给观众观看之前都要经过调色这一步骤。那么调色的目的是什么？是让画面更美观，还是能更吸引观众的注意？事实上，调色不能简单地描述为让影片更好看，当然调色也并不是单纯为了吸引观众的注意力。调色虽然重要，但实际上它与剪辑制作是一样的，目的都是为了讲好影片的故事，彰显影片的主题。调色的主要目的有以下几点。

(1) 确立颜色基调

为影片找到合适的颜色基调，要配合主题和影片的情绪表达。一般来说，这个行为应该在前期拍摄时就尽量做好。导演应该把自己的意图与摄像师沟通清楚，在前期拍摄时，通过拍摄现场布光或镜头色彩滤镜等手段，让影片的拍摄镜头直接产生所需色调是最理想的。

(2) 改善偏色

调色的一项基本工作就是改善前期拍摄和获取的素材画面，主要是为了防止偏色。

(3) 色调一致

后期调色时，要对比影片的各个镜头，让同场景或同意味的画面色调一致。比如，影片需要户外的镜头，但是有一部分镜头是在室内靠模拟日光拍的，最终就需要将这几个镜头的色调调成一致。又如，凡是表现回忆的镜头都需要用同样的色调来表现。

(4) 建立风格

这个目的一般来说是充满艺术性的，彰显影片自己的颜色风格。通过色彩的视觉表达来向观众传递信息和情感。

10.1.2 色的概念

为了能够更好地调色，首先要了解色究竟是什么。在自然界中，其实色就是光的一种表现。光随着波长的改变，有很多种类，其中很小的一部分是人眼可以观测到的，就是可见光。可见光按波长细分，还可以分为由红色到紫色的一个范围，形成了可见光谱。可见光谱代表人类可以看到的颜色，也就是我们常说的红橙黄绿青蓝紫这一系列，如图 10–1 所示。

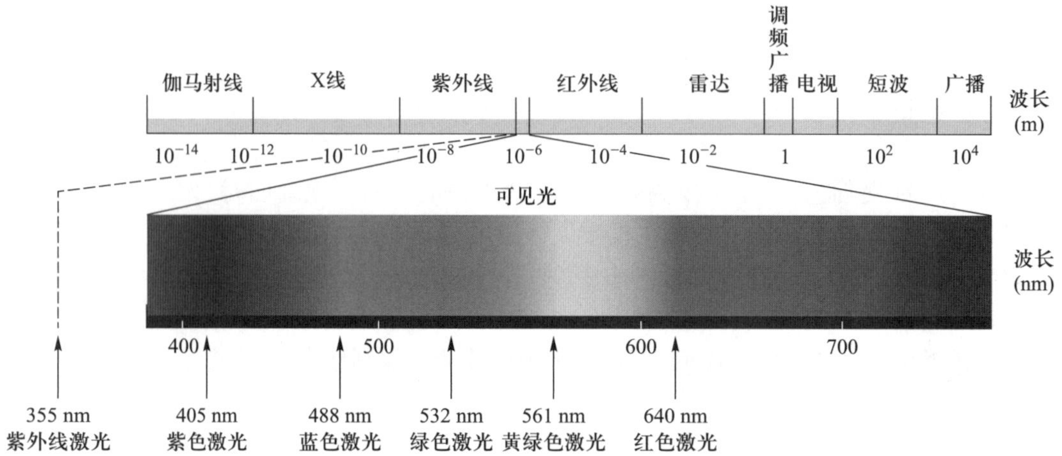

图 10–1 可见光范围

接下来了解几个色的概念。

1. 色温

通过可见光谱可以了解人眼可以看到的颜色范围，即红色到紫色。人们常用温度来描述它们，可以理解为从暖色到冷色，这样就可以将颜色用色温来表示。一般采用绝对温度来描述色温，单位是开尔文，国际单位为 K。色温表如图 10–2 所示。

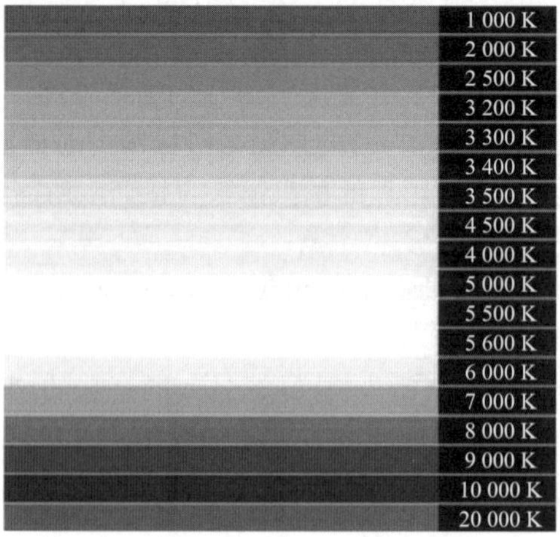

图 10–2 色温表

提示：色温越高，颜色越是冷色，可以理解为加热一个金属（如灯丝），会由红开始，随着温度提升转为蓝色。

2. RGB

之前已经介绍，数字图像需要 4 个通道来展现，分别是红色通道、绿色通道、蓝色通道和 Alpha 通道。其中 Alpha 通道是透明通道，它只负责像素的透明效果。主要颜色通道是红绿蓝 3 个，也就是 RGB。一般称之为 RGB 色彩空间，也就是计算机用来显示颜色的范围。在计算机上，每一个像素都可以通过这三种颜色的百分比混合来描述。

RGB 每个的数值范围是 0~255。R 为最大值 255，而 G、B 为最小值 0 时，就得到红色，如图 10–3（a）所示；G 为最大值 255，而 R、B 为最小值 0 时，就得到绿色，如图 10–3（b）所示；B 为最大值 255，而 R、G 为最小值 0 时，就得到蓝色，如图 10–3（c）所示。

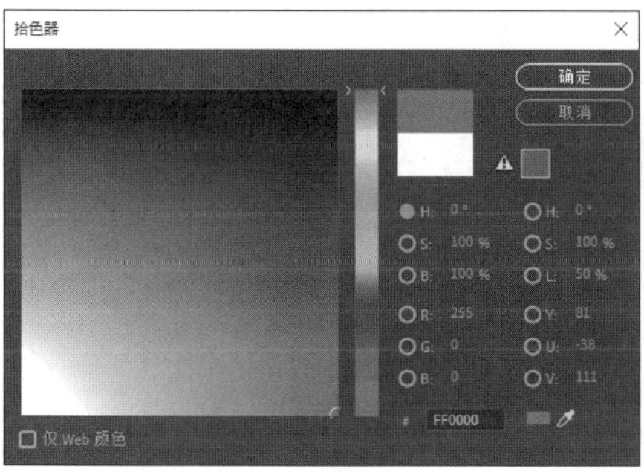

(a) 红色的构成

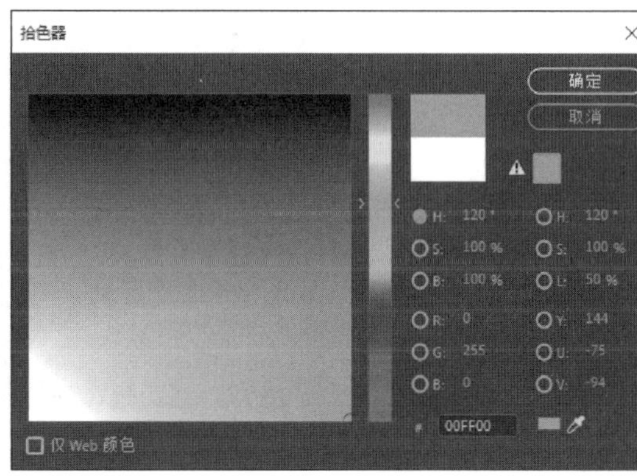

(b) 绿色的构成

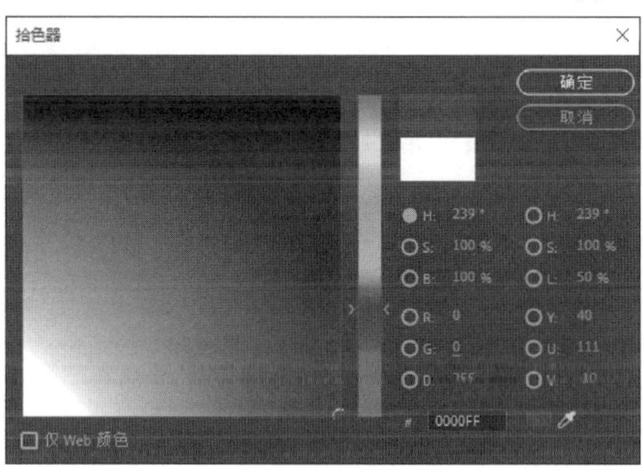

(c) 蓝色的构成

图 10–3　RGB 色彩空间

R、G、B 均为最大值 255 时，像素为白色，如图 10–4（a）所示；反之，R、G、B 均为最小值 0 时，像素为黑色，如图 10–4（b）所示；R、G、B 数值一样时，像素是灰色，如图 10–4（c）所示。通过分别调整 R、G、B 的数值，可以构成所有颜色。

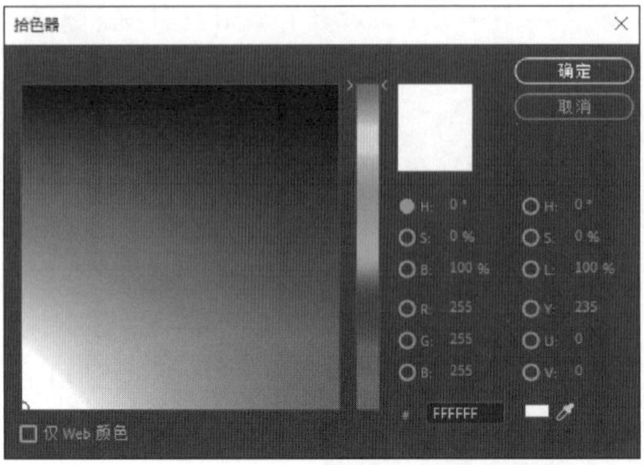

(a) 白色的构成

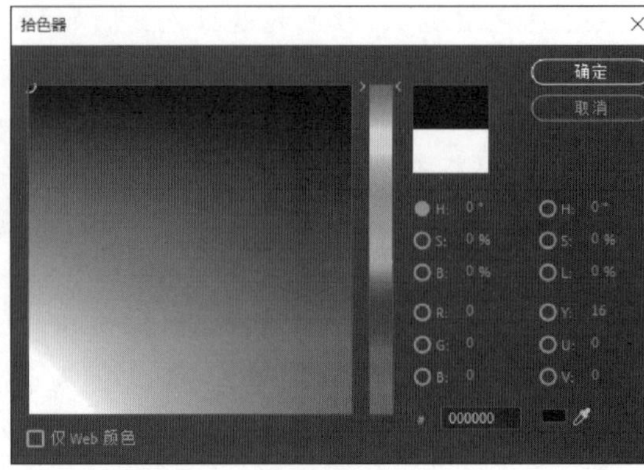

(b) 黑色的构成

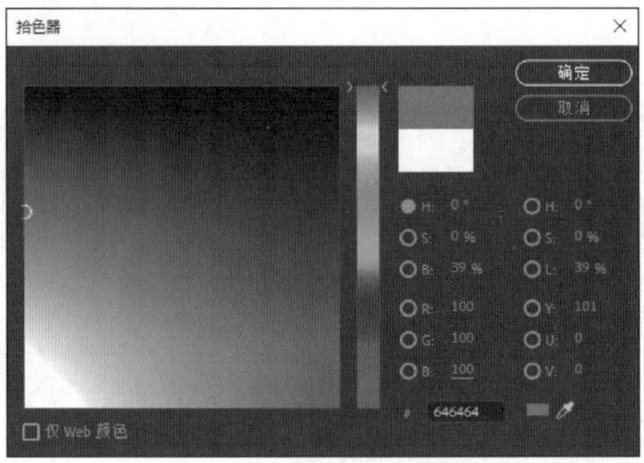

(c) 灰色的构成

图 10–4　黑白灰的构成

3. CMY

常用的颜色除了 RGB 以外，还会经常涉及它们的反色。

当 R 数值为 0，而 G、B 的数值为 255 时，就会得到 R 即红色的反色，是青色（cyan），简写为 C，如图 10–5（a）所示；当 G 数值为 0，而 R、B 的数值为 255 时，就会得到 G 即绿色的反色，是品红（magenta），简写为 M，如图 10–5（b）所示；当 B 数值为 0，而 R、G 的数值为 255 时，就会得到 B 即蓝色的反色，是黄色（yellow），简写为 Y，如图 10–5（c）所示。这样三个基本颜色的反色构成的色彩空间就是 CMY 色彩空间。

CMY 是 RGB 的辅助颜色，常用于美术或印刷的范畴，可以理解为纸张上的颜色。计算机描述颜色是通过发射光，而纸张描述颜色用的是反射光。比如，计算机需要白色，必须通过 RGB 全部取最大值而获得，而纸张不需要任何颜色就是白色。CMY 都是最大值时，产生的是黑色。

提示：在印刷领域，一般用 CMYK 代表色彩空间。其中的 K 是黑色 black，为了和蓝色 B 的简写区分，在此简写为 K。

4. HSL

HSL 色彩模式是工业界的另一种颜色标准，是通过对色相（hue）、饱和度（saturation）、亮度（lightness）三个数值的变化以及它们相互之间的叠加来得到各式各样的颜色。

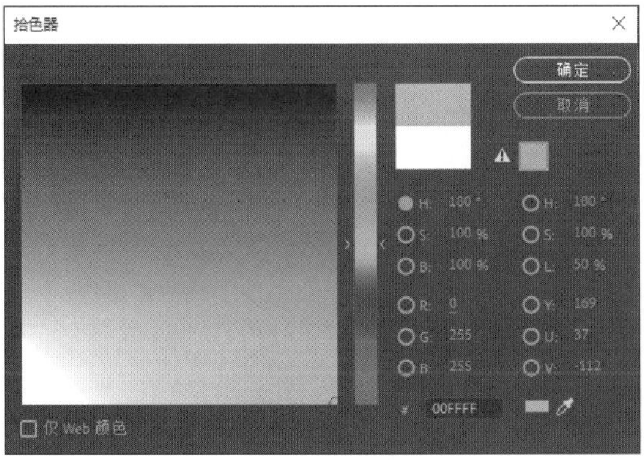

(a) 青色的构成

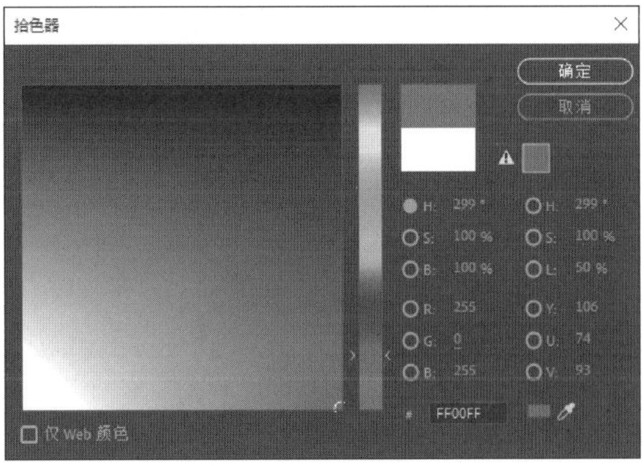

(b) 品红的构成

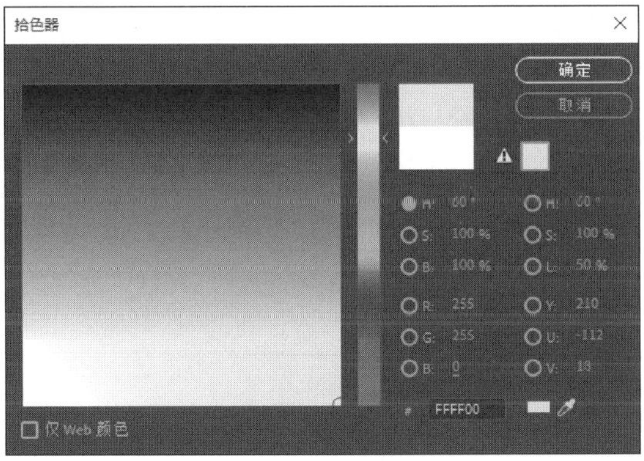

(c) 黄色的构成

图 10–5　CMY 色彩空间

HSL 的 H 分量，代表的是人眼所能感知的颜色范围，这些颜色分布在一个平面的色相环上，取值范围是 0°~360° 的圆心角，每个角度可以代表一种颜色。色相值的意义在于，可以在不改变光感的情况下，通过旋转色相环来改变颜色。这种色相环一般称为色轮，如图 10–6 所示。

HSL 的 S 分量，指的是色彩的饱和度，它用 0% 至 100% 的值描述了相同色相和亮度下色彩纯度的变化。数值越大，颜色中的灰色越少，颜色越鲜艳，呈现一种从灰度到纯色的变化，如图 10–7 所示。

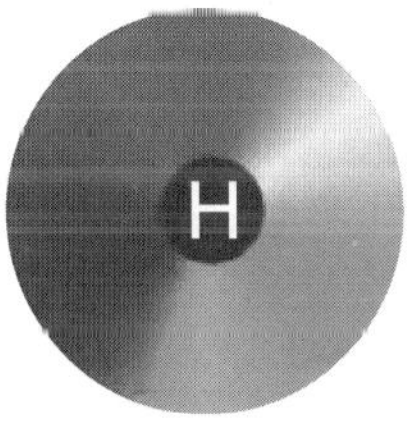

图 10–6　色轮

图 10–7　颜色的饱和度

HSL 的 L 分量，指的是色彩的亮度，作用是控制色彩的明暗变化。它同样使用了 0% 至 100% 的取值范围。数值越小，色彩越暗，越接近于黑色；数值越大，色彩越亮，越接近于白色，如图 10–8 所示。

图 10–8　颜色的亮度

5. YUV

YUV 是视频领域常用的色彩空间，其中，Y 表示亮度，U 和 V 表示色度。这种色彩空间是一种比较独特的形式。早期视频还没有彩色，只有黑白，当时就提出了 Y 这个参数，来记录亮度，也就是所谓的灰阶。等到彩色视频出现，颜色信号加入，就提出了 U 和 V 来代表色度。U 和 V 分别代表不同颜色信号，所以直接使用 R 与 B 信号表示色度的 U 和 V。也就是说 UV 信号告诉电视要偏移某像素的颜色，而不改变其亮度。或者 UV 信号告诉显示器使得某个颜色亮度依某个基准偏移。UV 的值越高，代表该像素会有更饱和的颜色。这样的好处是，彩色的视频排除掉 UV 值以后，依然可以用黑白视频的老方法，用 Y 来控制亮度。这样解决了黑白电视和彩色电视的兼容问题。

因此，在视频界，YUV 色彩空间一直延续下来。UV 也常被写为 Cr 和 Cb，就是红色差和蓝色差。相对于 RGB 诉求于人眼对色彩的感应，YUV 则着重于视觉对于亮度的敏感程度。

10.2　调色效果介绍

Premiere 中的调色相关视频效果分为 3 组：图像控制、过时、颜色校正。

10.2.1　图像控制

图像控制效果组主要用于平衡画面的色彩关系，让画面符合正常视觉感受。此效果组包含“灰度系数校正”“颜色平衡（RGB）”“颜色替换”“颜色过滤”和“黑白”5 种效果，如图 10–9 所示。

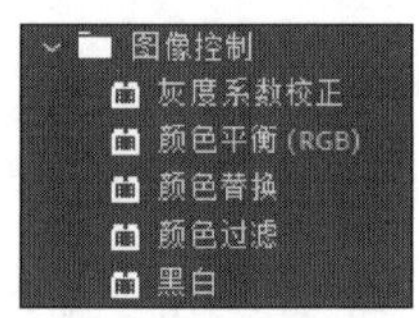

图 10–9　图像控制效果组

1. 灰度系数校正

此效果主要是为了调节素材画面的明暗。效果示例如图 10–10 所示。

图 10–10　灰度系数校正

2. 颜色平衡(RGB)

此效果利用 RGB 这三个基本颜色来调节画面的色调,可以分别调整 RGB 这三个数值。效果示例如图 10-11 所示。

图 10-11　颜色平衡(RGB)

3. 颜色替换

此效果可以在画面中选取某个单一颜色,并替换成目标颜色。效果示例如图 10-12 所示。

图 10-12　颜色替换

4. 颜色过滤

此效果可以将画面中选取的某个单一颜色保留,并将其他颜色转为黑白效果。效果示例如图 10-13 所示。

图 10-13　颜色过滤

5. 黑白

此效果直接将画面转为黑白效果。效果示例如图 10–14 所示。

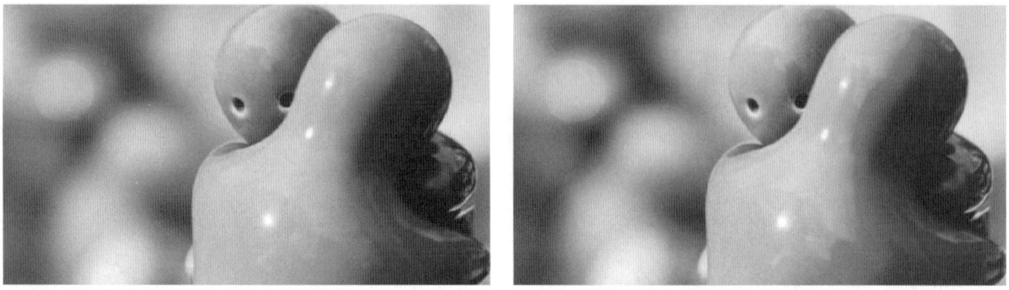

图 10–14　黑白

10.2.2　过时

过时效果组收纳了 Premiere 之前版本中一些颜色调整和校正所用的综合视频效果。此效果组包含“RGB 曲线”“RGB 颜色校正器”“三向颜色校正器”“亮度曲线”“亮度校正器”“快速模糊”“快速颜色校正器”“自动对比度”“自动色阶”“自动颜色”“视频限幅器(旧版)”和“阴影 / 高光”12 种效果，如图 10–15 所示。

图 10–15　过时效果组

1. RGB 曲线

此效果比较常用，是通过 RGB 三种颜色的曲线界面来对画面的色调进行调节。相比“颜色平衡(RGB)”效果直接对数值修整，曲线调节的可视化界面和无级处理明暗部的方式更佳。效果示例如图 10–16 所示。

图 10–16　RGB 曲线

提示： 曲线调色是最常用的调色方式之一。曲线调色的具体方法参见 10.3.2 曲线调色部分。

2. RGB 颜色校正器

此效果是在 RGB 数值调节基础上提高了复杂调节度的一种视频效果。效果示例如图 10–17 所示。

图 10–17　RGB 颜色校正器

3. 三向颜色校正器

此效果通过对画面的“阴影”“中间调”和“高光”三个层次通过色轮的方式进行调色。效果示例如图 10–18 所示。

图 10–18　三向颜色校正器

提示：色轮调节是最常用的调色方式之一。色轮调节的具体方法参见 10.3.2 节色轮调色部分。

4. 亮度曲线

此效果主要以曲线调节的方式来调整画面的明暗度。效果示例如图 10–19 所示。

图 10–19　亮度曲线

5. 亮度校正器

此效果是在亮度数值调节基础上提高复杂调节度的一种视频效果。效果示例如图 10–20 所示。

图 10-20　亮度校正器

6. 快速模糊

此效果与“模糊与锐化”效果组的“高斯模糊”效果非常相似，可以调整画面的模糊程度。此效果并不属于调色范畴，只是被置于此效果组内。效果示例如图 10-21 所示。

图 10-21　快速模糊

7. 快速颜色校正器

此效果是一种较为综合化的调色视频效果，主要利用色相、饱和度和色阶来调色，也可以调节白平衡。效果示例如图 10-22 所示。

图 10-22　快速颜色校正器

8. 自动对比度

此效果可以自动校正画面对比度以达到符合常态的视觉效果。效果示例如图 10-23 所示。

9. 自动色阶

此效果可以自动校正画面色阶以达到符合常态的视觉效果。效果示例如图 10-24 所示。

图 10–23　自动对比度

图 10–24　自动色阶

10. 自动颜色

此效果可以自动校正画面颜色以达到符合常态的视觉效果。效果示例如图 10–25 所示。

图 10–25　自动颜色

11. 视频限幅器(旧版)

此效果可以将素材的视频信号调整到一定的区间,主要为了适合广播级输出。效果示例如图 10 26 所示。

图 10–26　视频限幅器(旧版)

12. 阴影 / 高光

此效果可以对画面中阴影和高光的部分进行分别调整。效果示例如图 10–27 所示。

图 10–27　阴影 / 高光

10.2.3　颜色校正

颜色校正效果组是一组专门对画面颜色进行更加精细地修整和处理的效果集合。此效果组包含“ASC CDL”“Lumetri 颜色”“亮度与对比度”“保留颜色”“均衡”“更改为颜色”“更改颜色”“色彩”“视频限制器”“通道混合器”“颜色平衡”和“颜色平衡(HLS)”12 种效果,如图 10–28 所示。

图 10–28　颜色校正效果组

1. ASC CDL

此效果对画面的 RGB 通过斜率、偏移和功率的调节来进行调色。效果示例如图 10–29 所示。

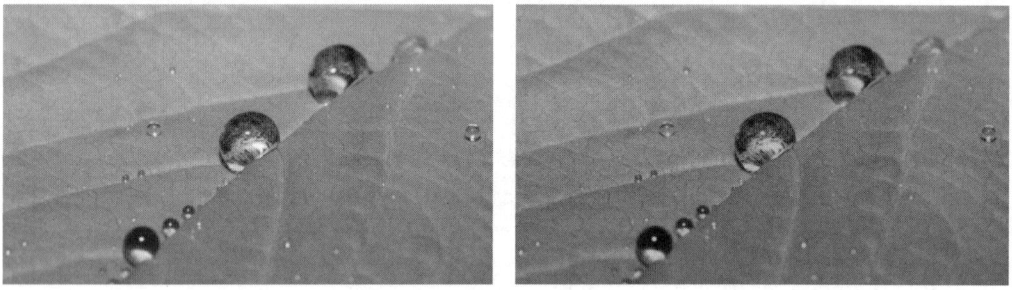

图 10–29　ASC CDL

2. Lumetri 颜色

此效果是 Premiere 中最常用的调色效果,是一种综合和高级的调色方式,有着自己的专用调色窗口。具体使用方法参见 10.3 节。

3. 亮度与对比度

此效果可以分别调整画面的亮度与对比度。效果示例如图 10–30 所示。

4. 保留颜色

此效果可以选取画面中的某一种颜色保留,并将其他的颜色脱色。效果类似“颜色过滤”效果,但是功能更细致,展现效果更佳。效果示例如图 10–31 所示。

图 10-30　亮度与对比度

图 10-31　保留颜色

5. 均衡

此效果将画面以 RGB、亮度、Photoshop 样式三种形式进行均衡度调节。效果示例如图 10-32 所示。

图 10-32　均衡

6. 更改为颜色

此效果可以选取画面中的某一种颜色，改变为目标颜色。效果类似"颜色替换"效果，但是功能更细致，展现效果更佳。效果示例如图 10-33 所示。

图 10-33　更改为颜色

7. 更改颜色

此效果可以选取画面中的某一种颜色,并对此颜色进行色相、亮度、饱和度的调节。效果示例如图 10–34 所示。

图 10–34　更改颜色

8. 色彩

此效果通过黑色和白色在画面中选取颜色的映射,将画面的色彩减少至只有两种颜色。效果示例如图 10–35 所示。

图 10–35　色彩

9. 视频限制器

此效果对画面重点颜色值进行限制处理。效果示例如图 10–36 所示。

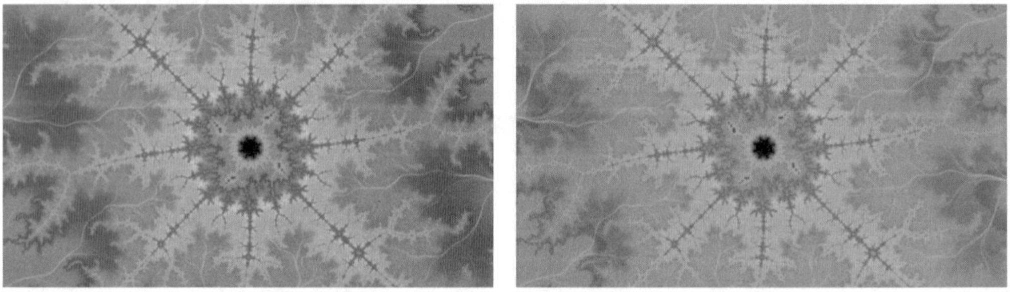

图 10–36　视频限制器

10. 通道混合器

此效果分别将 RGB 三个颜色通道两两混合，并通过调节混合参数来调整画面的色调。效果示例如图 10-37 所示。

图 10-37　通道混合器

11. 颜色平衡

此效果是“颜色平衡（RGB）”的升级版，在 RGB 三个基本颜色的数值调节的基础上，分别对三个颜色的阴影、中间调和高光三个亮度级别进行调节。效果示例如图 10-38 所示。

图 10-38　颜色平衡

12. 颜色平衡（HLS）

此效果通过调整画面的色相、亮度、饱和度来调整色调。效果示例如图 10-39 所示。

图 10-39　颜色平衡（HLS）

10.3 Lumetri 调色的应用

Premiere 为视频调色准备了专门的布局和窗口，只需要在软件界面的顶部选择“颜色”选项即可，如图 10–40 所示。

图 10–40 改为“颜色”布局

在“颜色”布局下，Premiere 的工作界面会更改为适合进行调色操作，在默认基础上增加了两个窗口：“Lumetri 范围”和“Lumetri 颜色”，如图 10–41 所示。

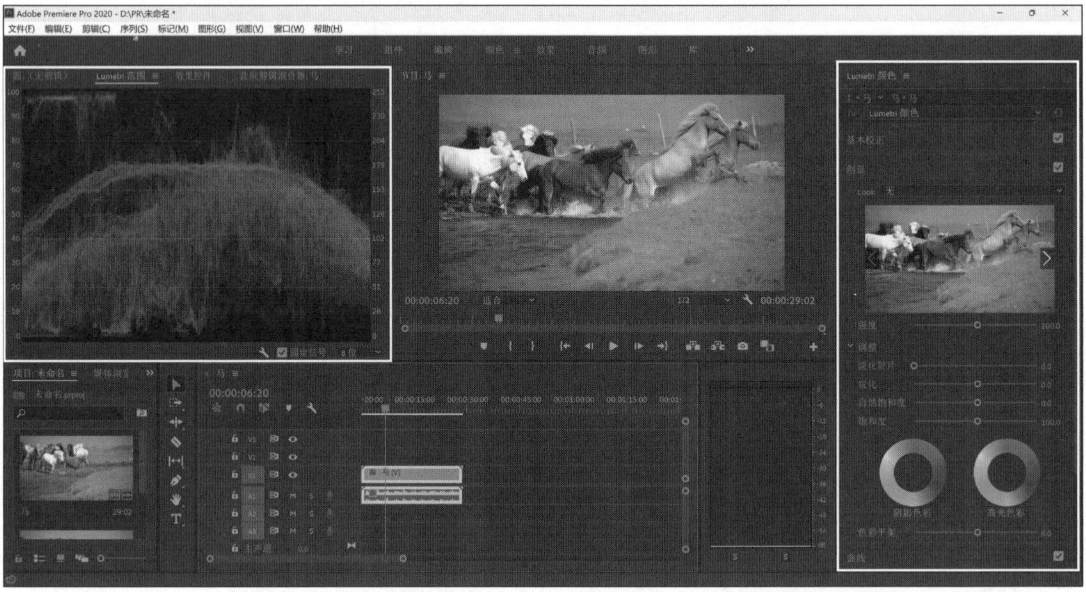

图 10–41 “颜色”布局下的“Lumetri 范围”和“Lumetri 颜色”窗口

这种调色的模式等同于为剪辑添加了“Lumetri 颜色”视频效果。只要在右侧“Lumetri 颜色”窗口中进行任意操作，都会在“效果控件”窗口下，出现“Lumetri 颜色”视频效果，如图 10–42 所示。

在“效果控件”窗口和在“Lumetri 颜色”窗口都可以进行调色的操作，这两者是同步相通的。一般来说，建议在“Lumetri 颜色”窗口进行操作，可视化方面更好。

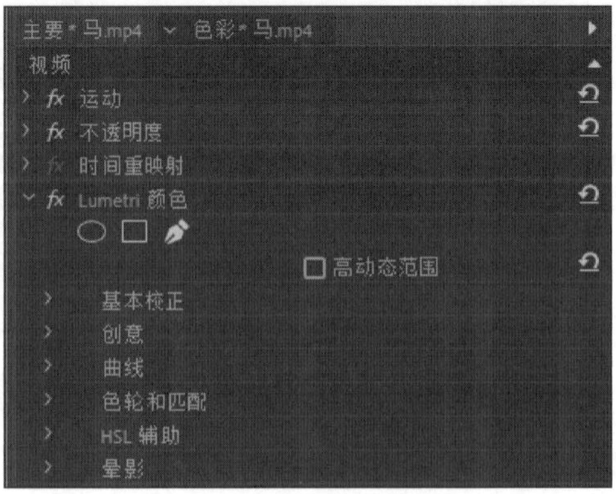

图 10–42 Lumetri 颜色效果

10.3.1 Lumetri 范围

在“颜色”布局模式下，会在源窗口的位置增设一个“Lumetri 范围”窗口。这个窗口是一组图像分析显示窗口，其中可以更改显示模式，以显示多个工业标准色彩的相关仪表。其中最常用的是以下两种仪表。

1. 波形

波形是“Lumetri 范围”窗口默认显示的仪表，如图 10–43 所示。

当前素材的图像信息会在这个波形仪表上全部显示，它主要显示图像的亮度和 RGB 的饱和度。这个窗口的左侧和右侧有两个标尺，左侧是 0~100，右侧是 0~255。左侧标尺代表亮度，0 是最暗，100 是最亮，因此波形显示靠上的部分是亮部，靠下的部分是暗部。右侧标尺代表颜色强度，也就是饱和度，0 是最低，255 是最高。波形的横向是画面中每个像素的水平位置，因此这个仪表可以显示所有像素的亮度和颜色信息。

一般来说，波形仪表的最主要作用是观察素材画面的亮度，并作为参考进行调整。

2. RGB 分量

RGB 分量就是通过红、绿、蓝三个颜色通道分别显示的方式来展现每个基本颜色的色阶。由于在一个窗口显示，在水平上会分成三个部分，如图 10–44 所示。

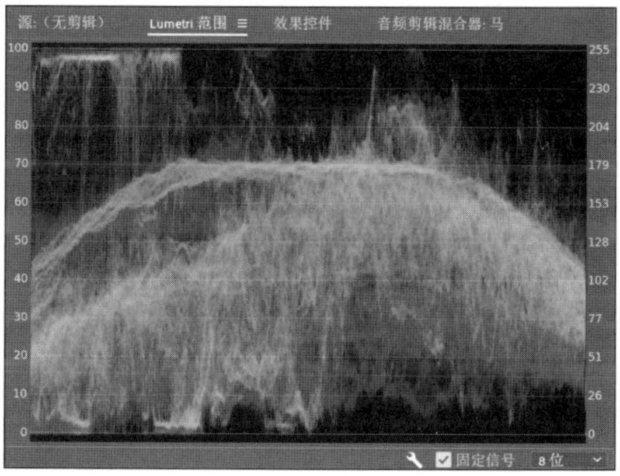

图 10–43 “Lumetri 范围”窗口

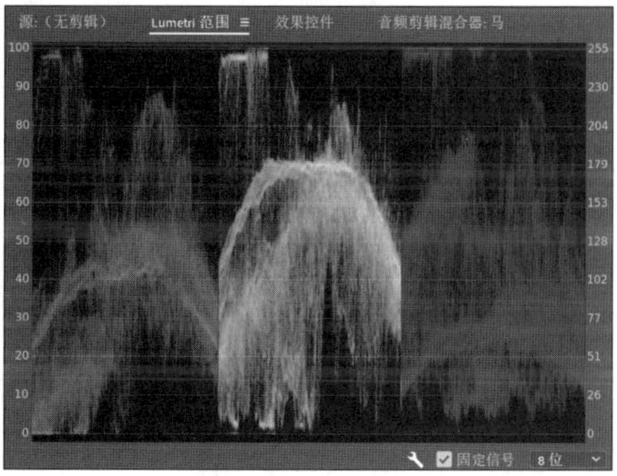

图 10–44 RGB 分量

RGB 分量由三个部分构成，每个部分显示每个基本色的波形。通过它能够比较直观地观察到每个分量的亮度和颜色强度分布，也可以看到每个通道之间的关系。

除了“Lumetri 颜色”效果的应用，利用其他效果进行调色时，“Lumetri 范围”窗口也是必不可少的，是辅助调色非常有效的参考窗口。一般来说，用波形表示亮度，用分量表示 RGB 是常见的布局，在此窗口通过右键快捷菜单来操作，如图 10–45 所示。

这样“Lumetri 范围”窗口可以通过两个面板来显示 RGB 分量和亮度波形，如图 10–46 所示。

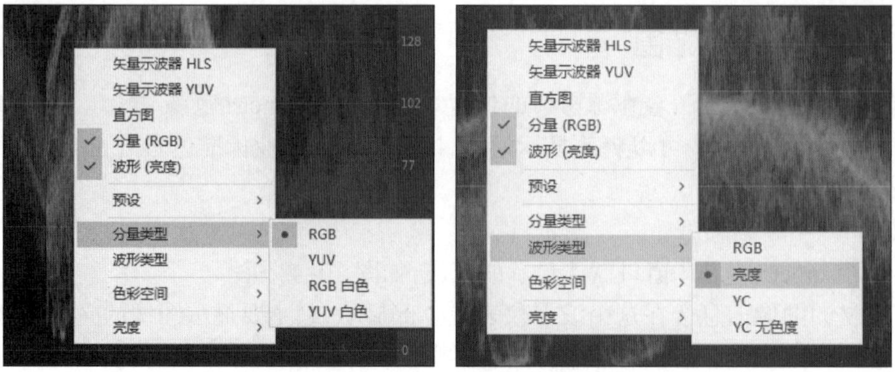

图 10–45　分量和波形的选择

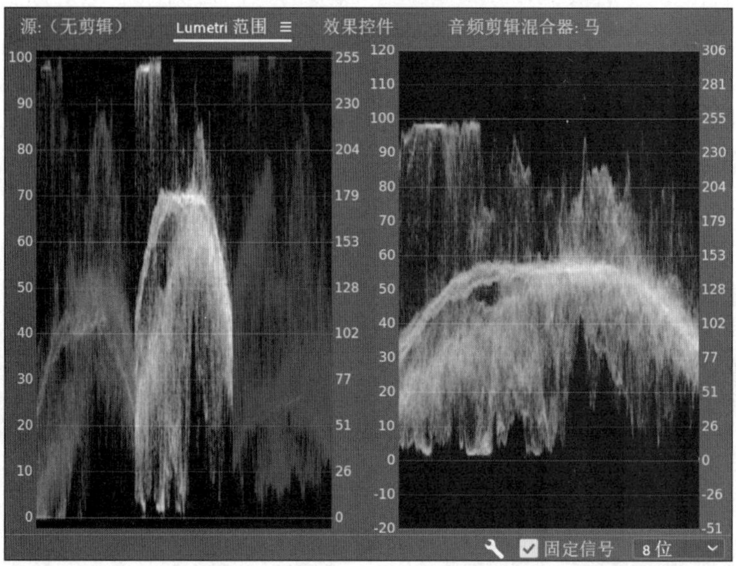

图 10–46　RGB 分量和亮度波形

10.3.2　Lumetri 颜色

“Lumetri 颜色”窗口包含 6 个功能分区,分别是“基本校正”“创意”“曲线”“色轮和匹配”“HSL 辅助”和“晕影”。

1. 基本校正

“基本校正”分区主要用于比较快速和简洁地对画面进行基础参数调节,如图 10–47 所示。

(1) 输入 LUT

可以直接套用的色彩模式,可理解为“视频滤镜”的一种。LUT 是 look up table 的缩写,是影视领域常用的“色彩对应表”。画面的每个像素的色彩信息经过 LUT 的重新定位之后,就能得到一个新的色彩值。

(2) 白平衡

白平衡选择器:可快速选取画面中的一种颜色作为白平衡参照色,来快速调节画面的白平衡,以纠正偏色。

色温：用来调节画面的冷色和暖色调。向左调节则色调变冷，向右调节则色调变暖。色温的色彩范围是蓝色到黄色的互补色。

色彩：另一组互补色范围，从绿色到品红进行调节。

（3）色调

了解参数之前首先要对图像的明暗部分有所了解。一般来说，亮度分为 3 个级别，从暗到亮分别是阴影、中间调和高光。在调色时，会扩展到 5 个级别，从暗到亮分别是黑色、阴影、中间调、高光和白色，其中的中间调也被称作曝光，如图 10-48 所示。

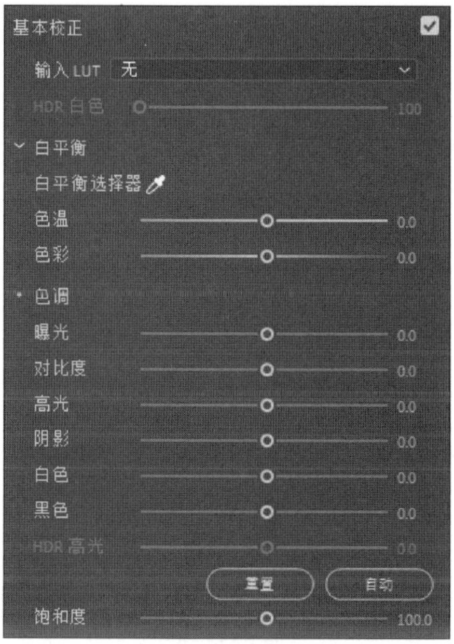

图 10-47　基本校正

图 10-48　色调的分区

曝光：对画面中间调，即不暗也不亮的区域进行调节。

对比度：调节画面的明暗对比度。

高光：对画面的高光部分，即次亮区域进行调节。

阴影：对画面的阴影部分，即次暗区域进行调节。

白色：对画面的白色部分，即最亮区域进行调节。

黑色：对画面的黑色部分，即最暗区域进行调节。

饱和度：画面的颜色强度，数值越大饱和度越高。

提示："自动"按钮可以自动对画面的明暗做适合的调节，以符合常规视觉效果，但是并不是所有情况都通用，尽量还是自己手动调节比较好。

2. 创意

"创意"分区主要是用来对画面的颜色做进一步的细致调节，如图 10-49 所示。

（1）Look

Look 下拉菜单中包含多个预设好的视频滤镜，可以直接套用，如图 10-50 所示。

强度：添加 Look 滤镜后，可以通过强度参数调节滤镜与原画面结合的强度。强度数值越大，则滤镜效果越明显。

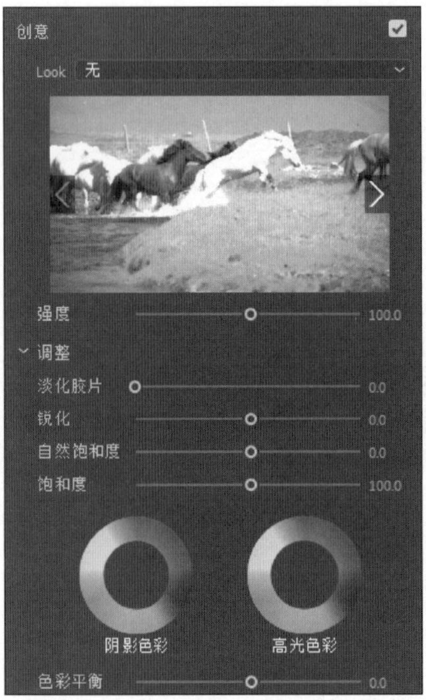

图 10-49 创意

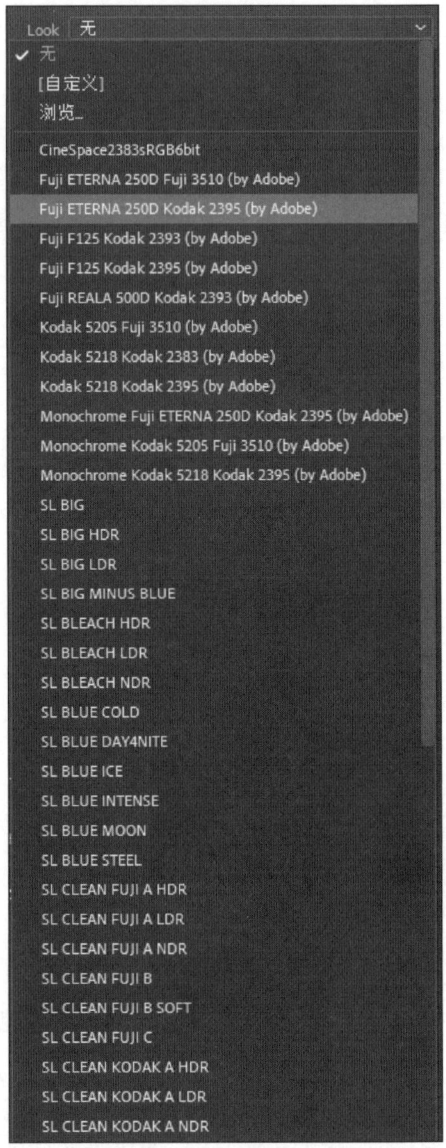

图 10-50 Look 预设

提示: Look 虽然可以直接套用,但是最好还是先将素材的基本颜色校正完成,再套用。

(2) 调整

淡化胶片: 仿胶片画面效果,实质上是压缩明暗的范围,画面会显灰蒙,有电影质感。

锐化: 主要改变画面的清晰度。数值大则清晰,数值小则稍显模糊。

自然饱和度: 在颜色饱和度的基础上增加了算法,让画面中颜色不算很鲜艳的部分,饱和度调节度更高,画面中颜色鲜艳的部分,饱和度调节度较低。

饱和度: 调节画面整体颜色饱和度。

阴影色彩色轮: 画面暗部颜色添加所选颜色的色调。

高光色彩色轮: 画面亮部颜色添加所选颜色的色调。

色彩平衡：对以上两个色彩色轮的调节做平衡处理。数值越小则偏向高光色彩色轮的色调，数值越大则偏向阴影色彩色轮的色调。

3. 曲线

“曲线”分区主要是通过曲线调节的形式，对画面亮度、RGB 通道、色相、饱和度等方面进行调节，如图 10–51 所示。

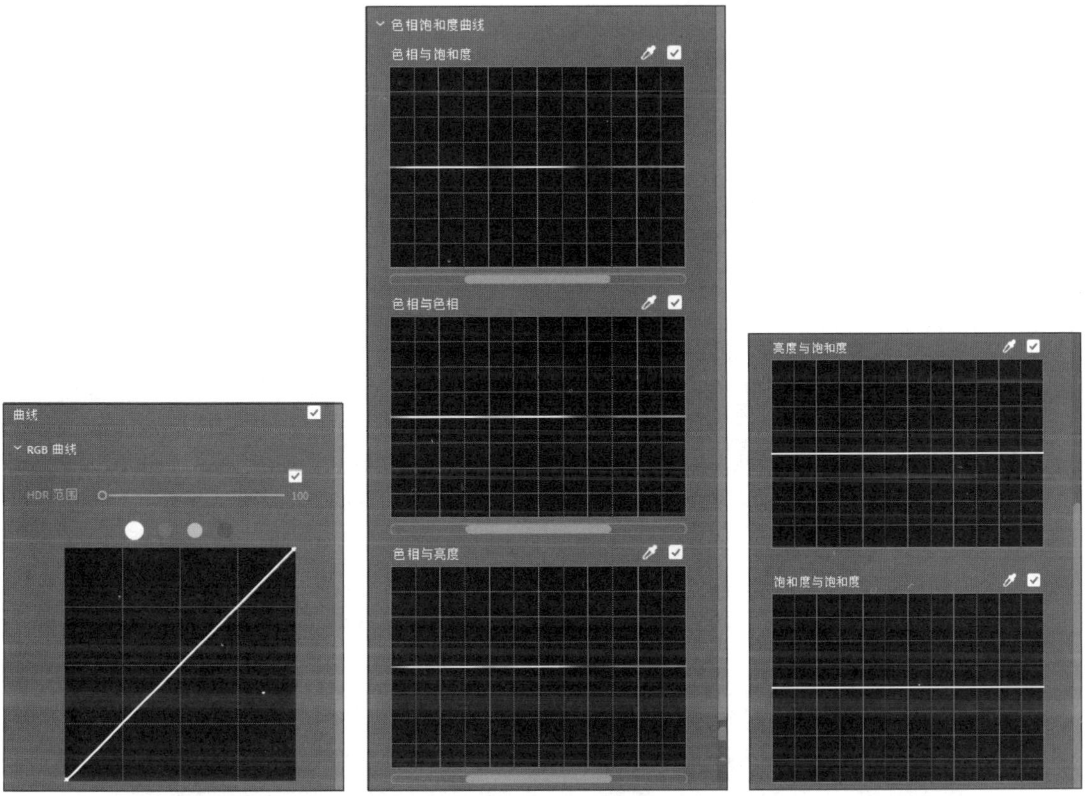

图 10–51　曲线

在了解此分区的参数之前，要了解曲线调色是什么。曲线是最常用的调色方式之一，在各类平面和视频处理的软件中，都有曲线调色的工具。曲线的界面比较一致，都是在直方图上，从左下角到右上角的一条线。这条线的左下角代表画面最暗部，右上角代表画面最亮部。可以在这条线上的任意位置添加任意多个点，每个点则代表当前亮度的画面内容。

曲线一般有亮度曲线和 RGB 曲线。亮度曲线中，曲线上的点向上提会提高亮度，向下压会降低亮度。RGB 曲线中，曲线上的点向上提则增加该颜色强度，向下压则降低该颜色强度。

不像其他效果中对画面只能使用阴影、中间调、高光这种分级模式，曲线在任意位置加点，也就代表可以控制任意亮度的画面内容。这种无级调节的方式，也是曲线的最大优势。

（1）RGB 曲线

实际上这里面的白、红、绿、蓝 4 个圆形标识，代表的就是画面的亮度、R、G、B 几个曲线。分别单击不同的圆形标识，下方的同一个曲线窗口显示的是不同的对应曲线。

调节亮度时，最经典的是 S 形曲线。分别在阴影、中间、高光三个区间加点，并让亮部更亮，暗部更暗，中间不动，则会让画面对比度加大，增加画面的立体质感，如图 10–52 所示。

RGB 曲线调节时，要谨记 RGB 和它们的互补色 CMY，即红、绿、蓝和青、品红、黄。这样在调节画面颜色时，可以按需对画面不同亮度部分的色彩进行细致调节。

练习素材 10-1：利用曲线调色练习

练习操作：

通过“Lumetri 范围”和“Lumetri 颜色”窗口对发生偏色的画面进行手动调色。

新建项目，命名为“第 10 章练习”，创建一个标准 720p 序列，将“10-1”文件夹的素材导入到项目中，并将素材拖入序列的视频轨道 1。确认轨道上的剪辑已应用“缩放为帧大小”功能。当前画面如图 10-53 所示。

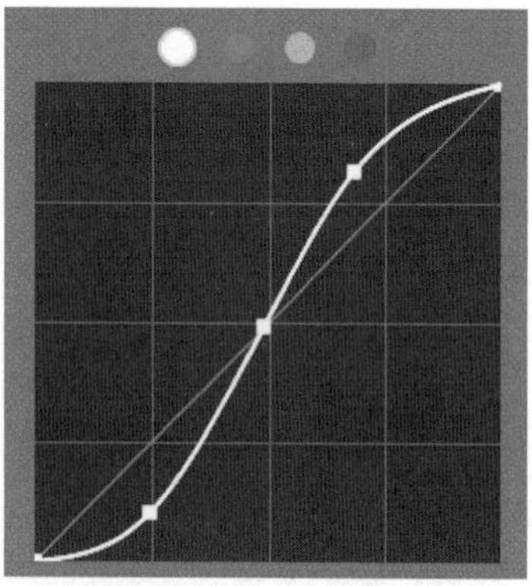

图 10-52　曲线的调节

图 10-53　偏色的画面

将工作布局改为“颜色”布局，Premiere 界面右侧出现“Lumetri 颜色”窗口。展开“曲线”分区备用。

进入“Lumetri 范围”窗口，将其显示模式改为波形（亮度）和分量（RGB）分屏，如图 10-54 所示。

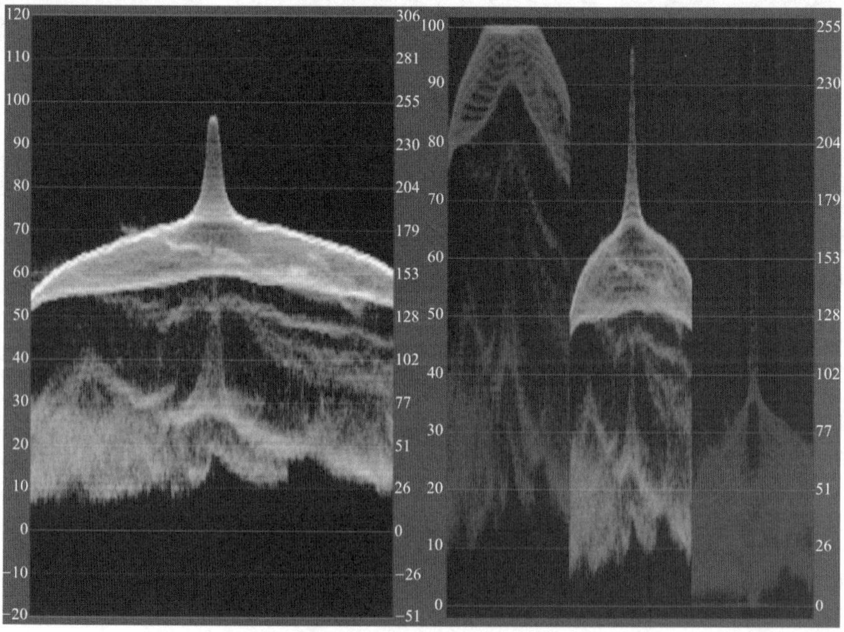

图 10-54　展示“Lumetri 范围”窗口参考

可见当前画面的亮度方面,集中在中上部。RGB 方面,红色过高,蓝色过低,而且分布上部分呈堆积状态。

通过 RGB 曲线分别进行如图 10-55 所示的调整。

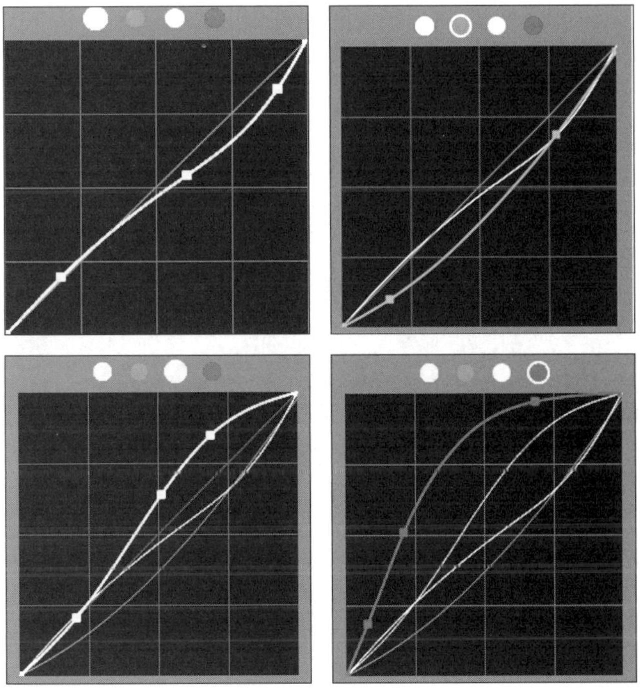

图 10-55 利用曲线进行颜色调整

主要思路是亮度微调,R 略压低,G 略提高,B 大提高。在“Lumetri 范围”窗口中可以看到 RGB 趋于一致,如图 10-56 所示。

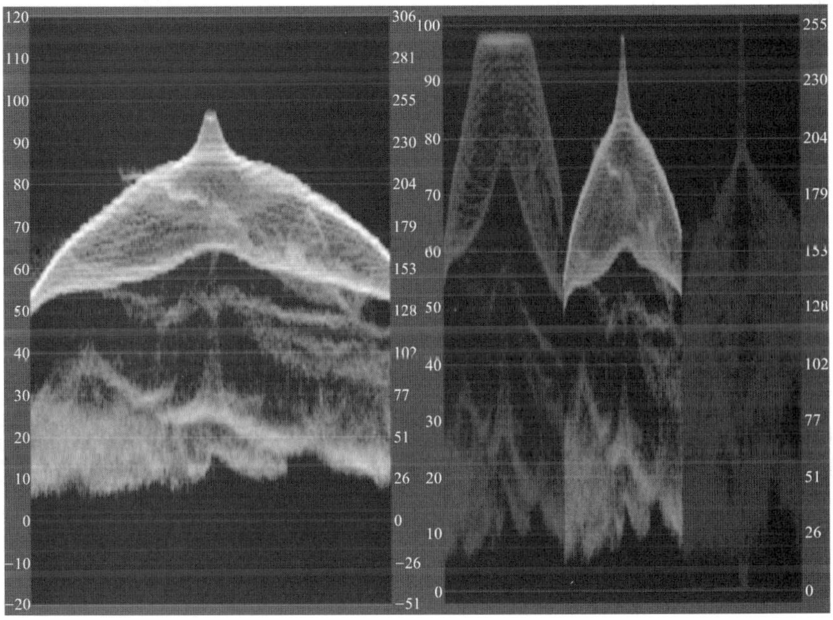

图 10-56 RGB 调节

注意：偏色情况下无论如何调色，都只是起到不严重偏色的作用，而无法真正还原原始色调。因此前期拍摄时，白平衡的确认是更重要的，尽量让拍摄素材颜色正确。

此时，预览画面效果如图 10–57 所示。

图 10–57　修复偏色后的画面

可以看到偏色情况得到了一定的修复。

注意：有时偏色是为了影片的画面表达特意为之的，因此并不是所有偏色情况都需要修复。

至此，本例完结。

(2) 色相和饱和度曲线

这个曲线是 Premiere 自有的有着独特功能的曲线调色方式。其中包含 5 种曲线，分别是“色相与饱和度”“色相与色相”“色相与亮度”“亮度与饱和度”和“饱和度与饱和度”。这几个曲线都需要利用其窗口右上角的吸管，在画面中选取需要调节的部分，再进行相应的调整。

色相与饱和度：吸管选取后，该曲线上会呈现所选画面颜色范围的三个点，分别代表颜色范围的起点、调节点和终点。后续仍可继续手动修改所选颜色的范围。调节点向上提则增加所选颜色的饱和度，向下压则降低所选颜色的饱和度，如图 10–58 所示。

色相与色相：吸管选取后，该曲线上会呈现所选画面颜色范围的三个点，分别代表颜色范围的起点、调节点和终点。后续仍可继续手动修改所选颜色的范围。调节点通过向上提或向下压来改变所选颜色的色相。可以理解为将所选颜色转化为色相上的其他颜色，如图 10–59 所示。

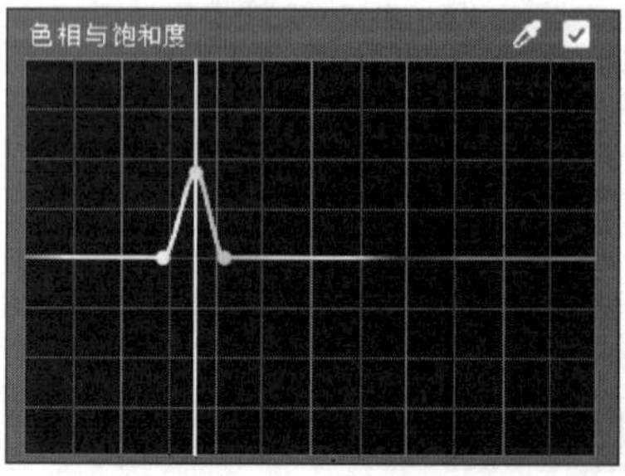

图 10–58　提高画面中所选绿色的饱和度

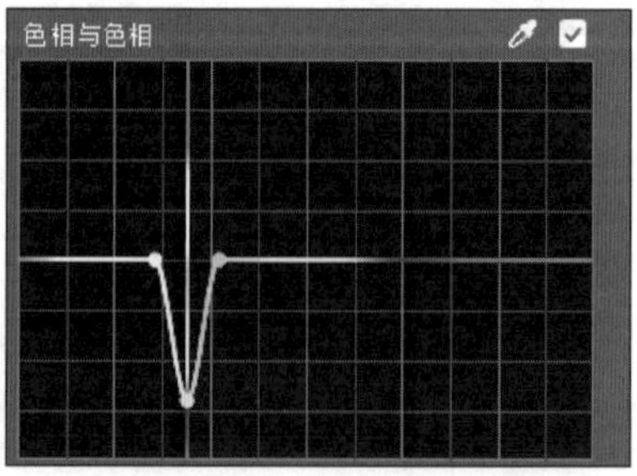

图 10–59　将画面中的绿色的色相转为蓝色

色相与亮度：吸管选取后，该曲线上会呈现所选画面颜色范围的三个点，分别代表颜色范围的起点、调节点和终点。后续仍可继续手动修改所选颜色的范围。调节点通过向上提或向下压来改变所选颜色的亮度，如图 10–60 所示。

亮度与饱和度：吸管选取后，该曲线上会呈现所选画面亮度范围的三个点，分别代表亮度范围的起点、调节点和终点。后续仍可继续手动修改所选亮度的范围。调节点通过向上提或向下压来改变所选亮度画面内容的颜色饱和度，如图 10–61 所示。

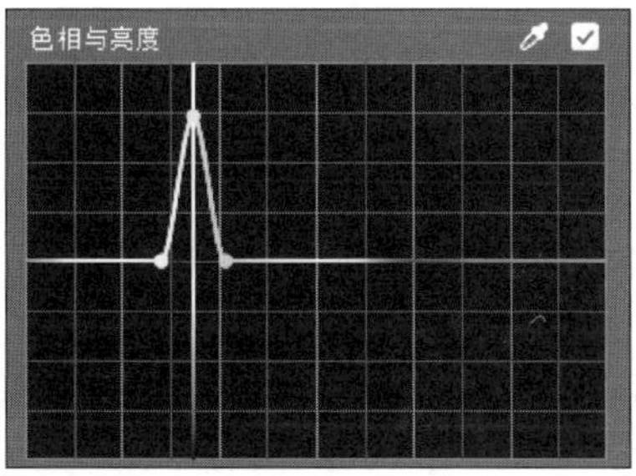

图 10–60　对画面中的绿色提高亮度

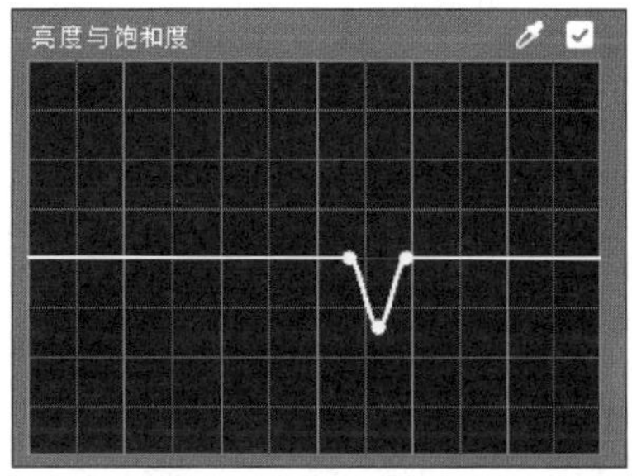

图 10–61　对画面中此亮度的内容降低其颜色饱和度

饱和度与饱和度：吸管选取后，该曲线上会呈现所选画面颜色的饱和度范围的三个点，分别代表饱和度范围的起点、调节点和终点。后续仍可继续手动修改所选饱和度的范围。调节点通过向上提或向下压来改变所选饱和度画面内容的颜色饱和度，如图 10–62 所示。

4. 色轮和匹配

“色轮和匹配”分区是通过色轮调节的形式，对画面的阴影、中间调和高光部分做精确的颜色控制，另外还有匹配其他画面色调的功能，如图 10–63 所示。

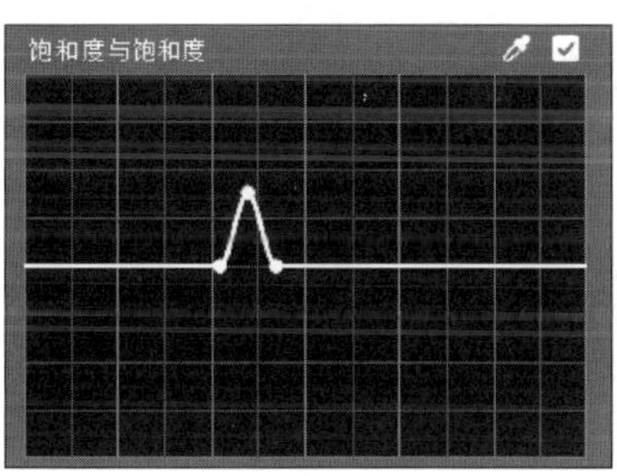

图 10–62　对画面中此饱和度的内容提升其颜色饱和度

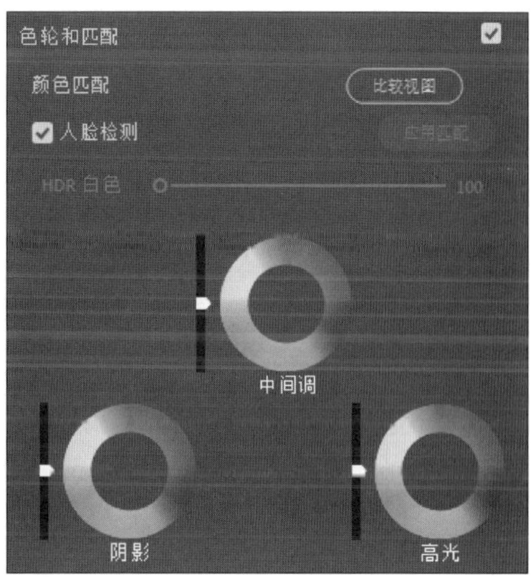

图 10–63　色轮和匹配

在了解此分区具体参数之前，再回顾一下色轮是什么。色轮可以理解为将可见光谱通过环形显示，如图 10-64 所示。每一种颜色都拥有部分相邻的颜色，如此循环成一个色轮。色轮通常以环状显示，一旦开始操作使用，便形成圆形。实际上，这个圆形也是以多个同心环形成的，代表颜色的饱和度。从圆心向外是饱和度从低到高，如图 10-65 所示。

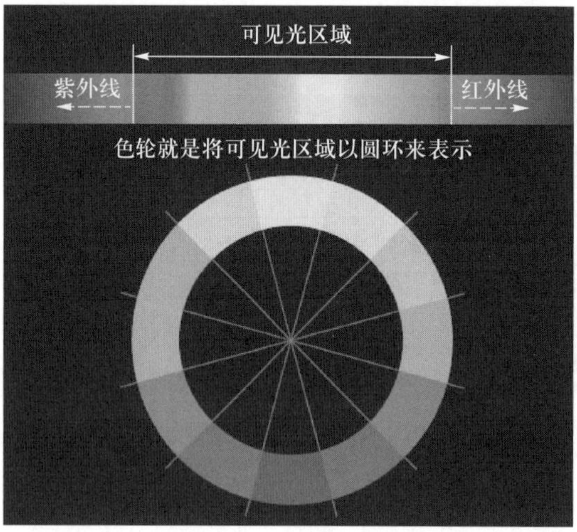

图 10-64　色轮和光谱

图 10-65　圆形色轮

色轮调色也是比较经典的调色方式之一。这种方式比较适合在画面原有色彩基调上，向着某种色调移动，相比曲线调色，在性质上有所不同。

(1) 颜色匹配

颜色匹配是 Premiere 自有的一个独特功能。可以通过比较其他画面，让当前画面自动匹配其色调。首先要将需调色的素材和参照素材都放在序列中，前后排列。单击“比较视图”按钮可以打开双预览画面，将左侧画面通过时间线调节成参照对比的画面，右侧画面显示当前正要调色的画面。单击“应用匹配”按钮，则自动将参照画面的色调加载到当前画面上。示例如图 10-66 ~ 图 10-68 所示。

图 10-66　当前画面

图 10–67　匹配暖色调画面

图 10–68　匹配冷色调画面

人脸识别：默认勾选，会自动辨别当前画面中的人脸部分，在应用匹配时，对肤色进行保护，防止因匹配而偏色严重。

(2) 色轮调色

此处的色轮分为阴影、中间调和高光三个级别。因此可以对画面中三种亮度范围的内容进行调色。依据色轮的原理，通过选择颜色区间来调整画面的色调。相比“创意”分区中的两级色轮调色，此处不仅有三个级别的色轮供选用，而且每个色轮左侧还有竖滑块，可以上下移动滑块来控制该色轮颜色的亮度。

5. HSL 辅助

“HSL 辅助”分区的功能属于二级调色的范畴，是通过 HSL 即色相、饱和度、亮度的范围，选取画面中某个特定颜色区域，对其进行进一步调节，如图 10–69 所示。

练习操作：

创建一个标准 720p 序列，导入“10–2”文件夹的素材，并通过“源窗口”截取 6~8 s 的视频，置入序列中，对其进行二级调色。注意确认对序列中的剪辑开启“缩放为帧大小”功能。

练习素材 10–2：二级调色练习

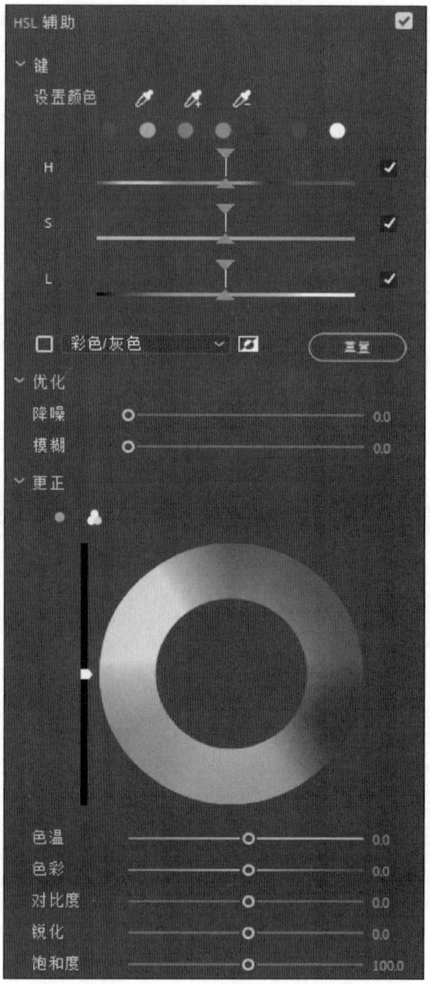

图 10-69　HSL 辅助

(1) 键

键就是色键,所以这个功能与键控非常相似。首先通过吸管选取画面中要调节的颜色,并可以通过“吸管加”和“吸管减”两个按钮来增加和减少颜色区域,以精准确定所选颜色。此时下方的 HSL,即色相、饱和度、亮度三个指示条会显示为所选颜色的范围。本案例中用吸管吸取荷花的主色调,如图 10-70 所示。

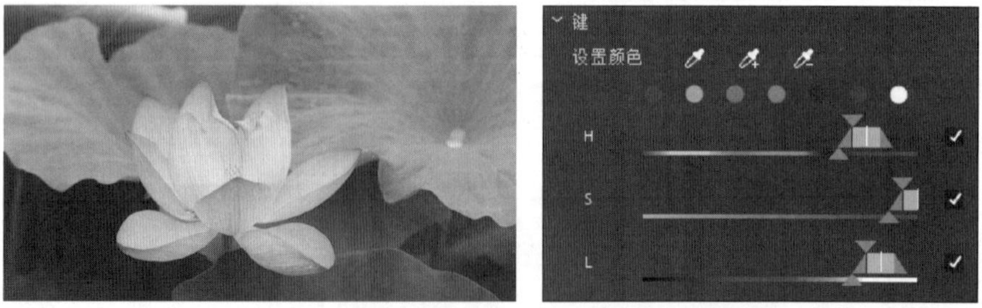

图 10-70　吸取荷花颜色时 HSL 指示条的状态

提示: 吸管下方的 7 个单色圆形可以直接选择,以进行该颜色的调节。

后续仍可通过手动自主调节三个指示条上的区间范围,以精准确定所选颜色。其中▼可控制实质参数区间,▲可控制渐变范围区间。

提示: 一般来说,H 一定要准确,可以将 S 和 L 的范围区间扩大一些,以保证颜色的可控范围。

观察画面选取内容时,可以利用下方的下拉菜单选择三种模式,如图 10-71 所示。

图 10-71　三种查看模式

三种模式勾选后,画面显示如图 10-72 所示。

可以选择自己观感最佳的方式来确认选择范围是否准确。

(2) 优化

对于选取的画面部分,可以进行以下优化处理。

图 10-72　三种模式的画面显示

降噪: 可以清除所选画面部分的噪点。

模糊: 将所选画面部分模糊化,以柔化边缘,可以更好地融合原画面。

(3) 更正

色轮: 此处有单一色轮和三级色轮两种模式。单一色轮调节的是中间调区域,三级色轮可以调节阴影、中间调和高光三个级别的颜色。色轮调节方式与前面介绍的相同。通过色轮调节,可以将所选颜色进行一定程度的调整。本案例中将所选颜色在色轮上向橘黄色移动,效果如图 10-73 所示。

图 10-73　通过色轮调整所选颜色

也可以利用下方的"色温""色彩""对比度""锐化"和"饱和度"几个参数来对所选颜色进行调节。这几个参数的用法请参照本节前文讲解内容。

6. 晕影

“晕影”分区的功能比较简单，主要是让画面的边框产生亮或暗的晕影来塑造一种画面效果，如图 10–74 所示。

数量：设定晕影的黑白和浓度。数量大于 0 则边框越来越白，数量小于 0 则边框越来越黑。

中点：晕影范围的半径。数值越小，晕影越接近画面中心。

圆度：设定晕影的形状。数值大于 0 则晕影越来越趋近竖向椭圆，数值小于 0 则晕影越来越趋近横向椭圆。

羽化：晕影的边缘柔化程度。

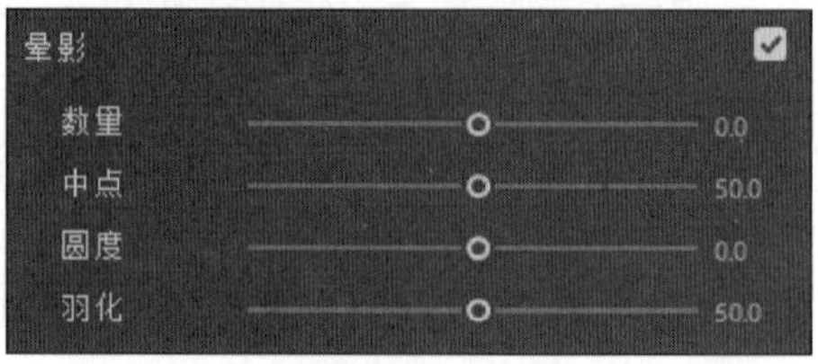

图 10–74　晕影

晕影效果示例如图 10–75 所示。

图 10–75　黑色晕影和白色晕影

思考与练习

1. 调色有什么意义？
2. 简述 RGB 的概念。
3. 简述 HSL 的概念。
4. 如何应用调色相关视频效果？
5. 如何调整“颜色”工作区？
6. 如何改变“Lumetri 范围”窗口的显示内容？
7. “Lumetri 颜色”窗口包含哪几个分区？
8. 如何调整影像画面的明暗？
9. 如何为影像画面套用现有调色预设？
10. 曲线调色的原理是什么？应该如何使用？
11. 色轮是什么？应该如何使用？
12. 什么是二级调色？
13. 如何控制好二级调色的取色区间？
14. 晕影有什么作用？应该如何使用？

第 11 章　文字的应用

本章学习要点

① 了解字幕在影视节目中的功能。
② 掌握文字工具的使用方法。
③ 掌握字幕的创建和应用方法。
④ 掌握标题的创建和应用方法。
⑤ 掌握“字幕编辑器”的使用。
⑥ 掌握动态字幕的设计与应用。
⑦ 结合各种方法制作特效字幕。

文字是一种经过高度抽象后的信息传达和情感传达完美结合的表意符号，具有极强的思想表现力。在影视节目中，除了图像与声音之外，还需要文字的配合。因为文字有其他媒体无法比拟的表现特点：一是表意的准确性，用文字可以高效地解释晦涩难懂的画面内容，也可以快速地交代事件发生的时间与地点，比用画面内容展示更简捷；二是给人以丰富的想象空间，通过文字的描述，一景一物、一形一色仿佛都可以生动地展现在人们的面前，可以深深地打动和感染观者。

本章将讨论非线性编辑中的文字呈现和设计，包括字幕、标题和文字工具等的应用。

11.1　认 识 字 幕

影视画面中呈现的文字一般被称作“字幕”。早在声音媒体进入影视领域之前就有字幕的使用，在早期的无声片中，字幕就常作为画面中的连接与解释出现在电影中。

字幕因其高度抽象的语言表达作用而有别于画面中的其他内容，也因呈现环境和扮演角色的不同而有别于书本上的文字。非线性编辑中的影视节目是声像并重的视听艺术，其中视像可分为“图”和“文”两种，字幕作为抽象的符号和图形图像的补充出现在画面中。

从艺术表现角度看，字幕分成两大类：标题性字幕、说明性字幕。标题性字幕的字号相对较大，字体艺术性强，常用于片名或时间地点的交代等。著名新闻节目《新闻联播》从很久前就开始使用字幕作为开场标题，如图 11–1 所示。而说明性字幕则相反：字号小，字体一般不要求艺术性，但要求清晰、便于阅读，常用于说明、叙述及构成演职员表等，如图 11–2 所示。

图 11–1　标题性字幕

从字幕的呈现方式看，字幕分为静态字幕和动态字幕两种。静态字幕即固定不动的字幕，仅在出现和消失过程运用特效；动态字幕有向上滚动、左右游动的效果，要求控制运动速度和方向，既要有动感刺激力度，又要让人欣赏到运动中的细节。

随着影视编辑艺术与技术的发展，字幕的表现手段和功能也在发生着变化。在默片时期，它是剧作构成的元素，是表现时间地点和叙述故事情节等不可缺少的表现手段；有声片、彩色片出现后，字幕仍然是影视片的重要组成部分，与背景图像、声音等艺术因子共同完成表现影视片内容的任务。尤其在非线性编辑技术应用后，大量的字幕特效出现在影视片中，如图 11–3 所示。

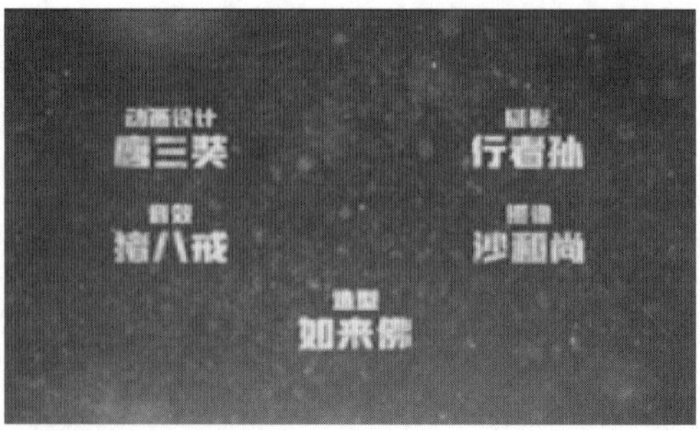

图 11–2　说明性字幕

图 11–3　特效字幕

11.2 创建字幕

在了解了字幕的相关知识后，本节介绍如何创建字幕。在 Premiere 中，有三种方式可以创建字幕，分别是使用文字工具、字幕和旧版标题。

11.2.1 利用文字工具

Premiere 的工具栏中，有一个专门制作文字的工具T，按住T可以在弹出的列表中选择竖排文字工具IT。利用这两个文字工具可以快速在屏幕上直接添加文字，同时会在上层空白轨道上自动生成一个新素材“图形”，如图 11–4 所示。

(a) 用文字工具添加文字

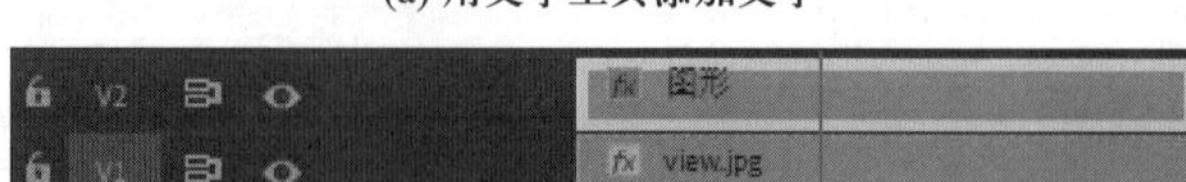

(b) 生成“图形”素材

图 11–4　利用文字工具添加文字并生成素材

注意：文字工具创建的文字属于Premiere中的“图形”类型。轨道上自动生成的“图形”素材是不出现在项目窗口的，即没有实质的素材本体只在轨道上出现并使用。可以在此基础上进行任何轨道上可完成的操作。

1. 创建文字

创建文字有两种形式：点文字和段落文字。

(1) 创建点文字

顾名思义，在屏幕上点一下，在闪烁的光标处输入文字即可。点文字的特点是文字和文本框边框绑定，可以理解为点文字的属性类似于一张图片。在输入文字后，用选择工具拖动文字的边框时，产生的效果是直接将这段文字放大缩小，如图 11–5 所示。

图 11–5　点文字

(2) 创建段落文字

段落文字就是在文字处理软件中常见的文本框形式。先在屏幕上按下并拖动鼠标划出一个文本区域，然后在里面输入文字。一行文字输入至文本区域最右端会自动换行。段落文字的特点是文字和文本框并无边框绑定，因此可以更好地进行大段文字的换行和布局。在输入文字后，用选择工具拖动段落文字的边框时，产生的效果是改变文本框的大小，并影响内容文字的布局，如图 11–6 所示。

图 11–6　段落文字

2. 文字工具属性

利用文字工具创建的字幕，如果想修改其属性，需要在效果控件中进行。选中轨道上的文字素材，效果控件中会出现“图形”效果，即其属性，如图 11–7 所示。

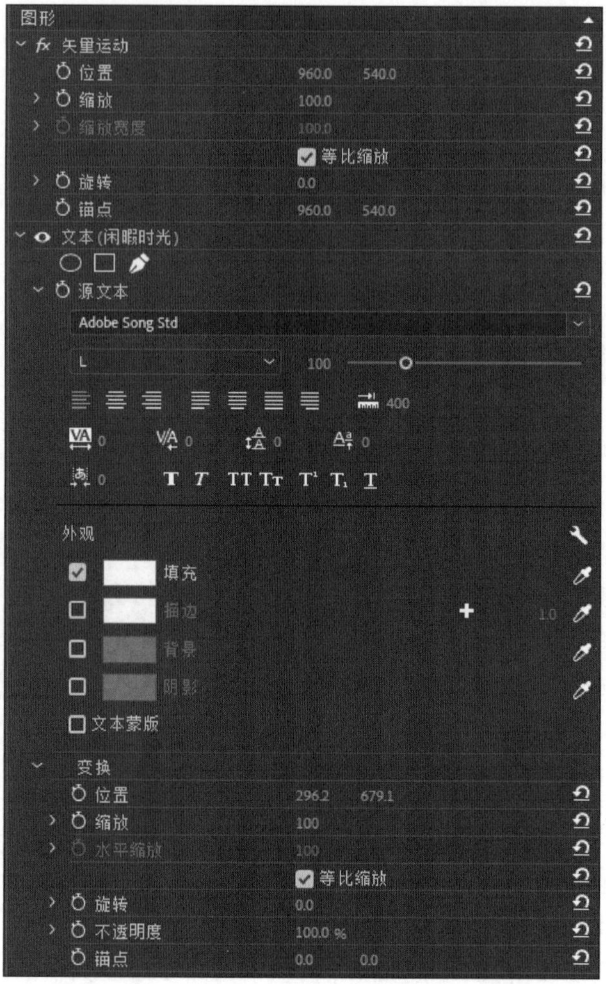

图 11-7　文本属性参数

(1) 矢量运动

矢量运动中包含“位置”“缩放”“旋转”“锚点”等参数,这几个参数与视频固定效果中的“运动”效果中的同名参数使用方式完全一致。在此不再赘述。

注意: 矢量运动属于“图形”素材的内部固定效果,其参数独立设定。虽然与“运动”效果基本一致,但是设置时要区别对待。

(2) 文本

文本中包含“源文本”和“变换”两类参数。“源文本”对文字的字体、排版、风格等样式进行设置,“变换”是文本内部的运动属性。

“源文本”的上部有一些快捷控件,可以调节文字的字体、大小、对齐、字距、行距以及粗体、斜体、下画线、角标和英文大小写转换等。

提示: 文字的字体需要从计算机操作系统中获取,默认只有系统自带的字体,如果用户安装了字体库,则会有更多字体可供选择。

文本的样式设计是一项重要的工作,在“外观”中可以对“填充”“描边”“背景”和“阴影”进行设置,如图 11–8 所示。

填充:文字的基本颜色。

描边:文字轮廓边缘的颜色和粗细,可以添加多个描边效果。

背景:文本框内的背景填充色。可修改背景的不透明度和大小。

阴影:文字的投影效果。可修改阴影的不透明度、角度、距离、大小和模糊程度。

变换效果中包含“位置”“缩放”“旋转”“不透明度”和“锚点”等参数,这几个参数与视频效果中的“变换”效果的参数使用方式完全一致。

提示:变换主要针对文字的文本框设置参数,与“矢量运动”和“运动”虽然参数相似,但目标完全不同。

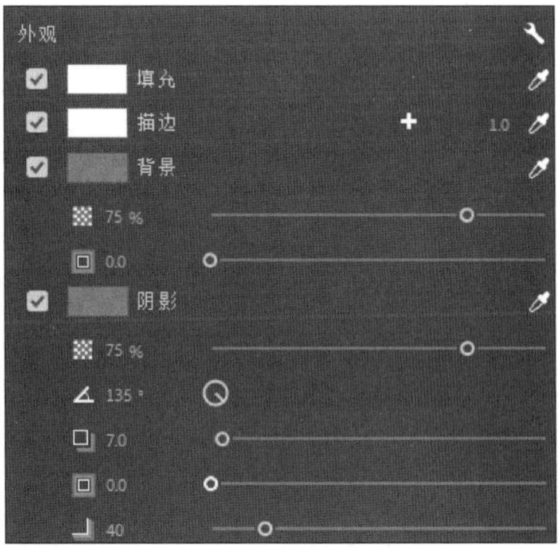

图 11–8　文本外观

11.2.2　利用新建字幕

Premiere 提供了一种在电视广播节目中常用的字幕形式。这种字幕形式会根据时间码顺序出现,常用于叙述性字幕,如台词、歌词等。

注意:此处的“字幕”一词来自英文 caption,是较新版 Premiere 提供的一种新形式字幕。Premiere 老用户所了解的“字幕”是来自英文 title,在较新版 Premiere 中被翻译为“旧版标题”,不过也常被习惯性称作“字幕”。因此在应用字幕时,要清楚新版 Premiere 中“字幕”和“旧版标题”的区别。

通过菜单命令“文件”→“新建”→“字幕”或项目窗口右下方的“新建项”按钮,都可以创建此种字幕,如图 11–9 所示。

新建字幕时会弹出对话框,选择字幕的应用标准,如图 11–10 所示。

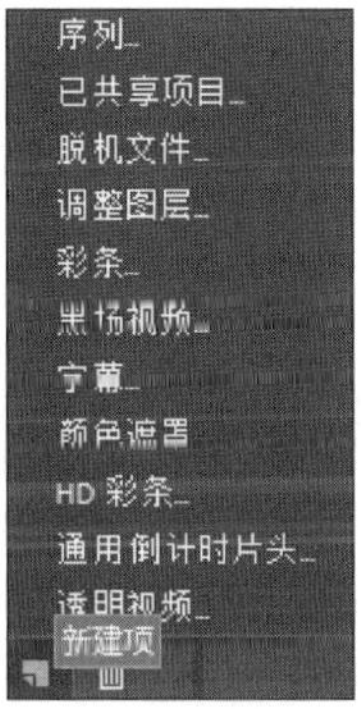

图 11–9　新建字幕

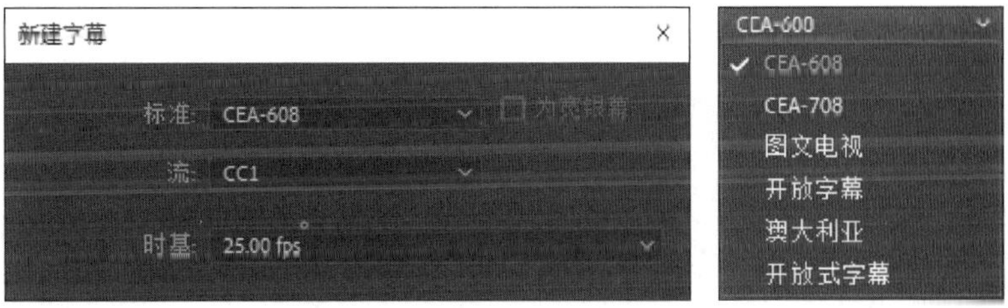

图 11–10　新建字幕的应用标准

其中,CEA–608 是模拟广播最常用的标准,CEA–708 是数字广播常用的标准,图文电视常用于使用 PAL 广播标准的地区。开放式字幕是始终可见的,其他的都属于隐藏式字幕,需要观众来启用才可看到。

此种字幕创建后，在项目窗口会出现字幕文件，即可以作为实质性素材，在后面的制作中随时调用。双击该素材会出现“字幕”窗口，在其中可以按影片播放的时间码流程来添加多条字幕。示例如图 11–11 所示。

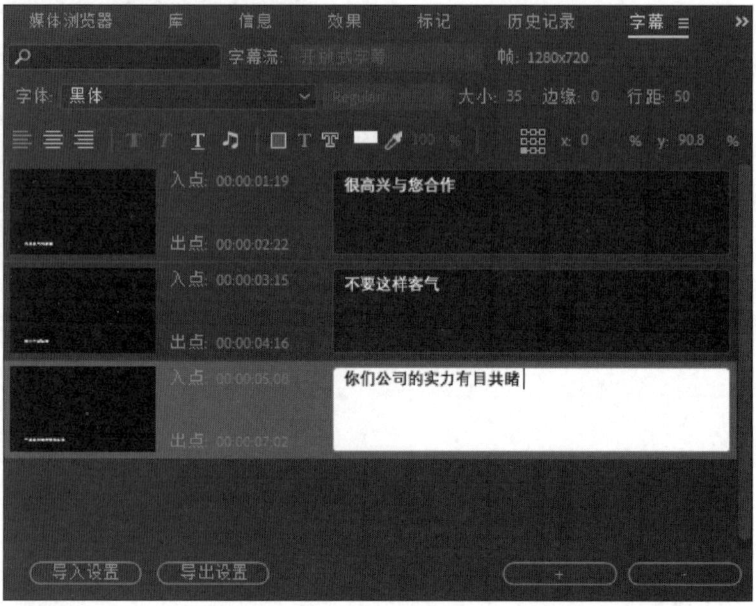

图 11–11　创建字幕示例

在此窗口中，可以按时间码分段添加多条字幕，并修改字幕出现的类型、版式、样式、在屏幕上显示的位置等设定。

将字幕素材拖动到轨道上，放置在对应视频素材的上层轨道，如图 11–12 所示。在节目窗口可查看合成字幕后的画面效果，如图 11–13 所示。

注意：只有开放式字幕可以在屏幕上直接看到合成效果，隐藏式字幕需要在输出时选择将字幕一起录制，才可以在作品中看到。

此类字幕的应用优点是快捷方便、批量生产，缺点是形式单一、缺乏设计。因此在选择时，要考虑到制作需求。

提示：Premiere 可以将此类字幕导出成 .stl 文件，并在需要时导入到其他项目中。

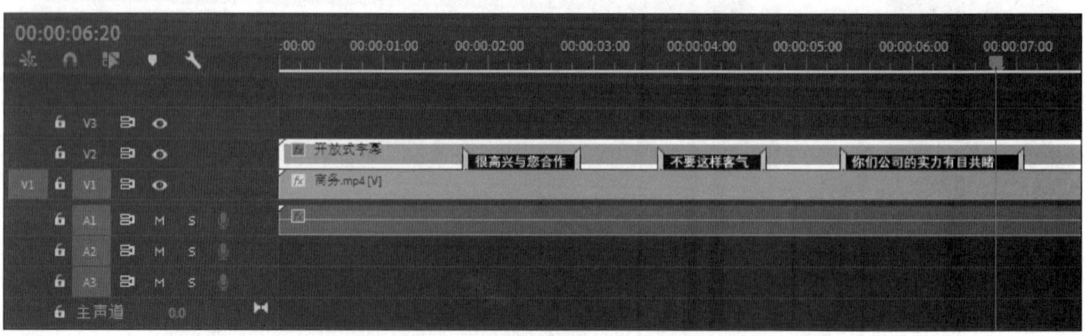

图 11–12　将字幕素材放置在上层轨道

图 11–13　画面中呈现字幕

11.2.3　利用新建旧版标题和字幕编辑器

Premiere 传统意义上的字幕是利用自有的、有着独立编辑界面的“字幕编辑器”来创建的。在较新版 Premiere 中，此种字幕更名为“旧版标题”。虽然名字中提到旧版，但是如今此类字幕依然是 Premiere 中最常用的字幕。因此在很多情况下，字幕编辑器还是 Premiere 的主要文字处理手段。

提示：随着 Premiere 版本的更新和文字编辑技术的发展，字幕逐渐与文字、图形绘制等方式融合，旧版标题和字幕编辑器可能会逐步退出舞台，更换为新形式。请读者按自己使用的 Premiere 版本来了解当下字幕的编辑和处理方式。

1. 新建旧版标题

选择菜单命令“文件”→“新建”→“旧版标题”，弹出“新建字幕”对话框，如图 11–14 所示。可以对字幕文件做一些基本设定，一般默认匹配当前序列的相关参数。单击“确定”按钮，打开“字幕编辑器”界面。

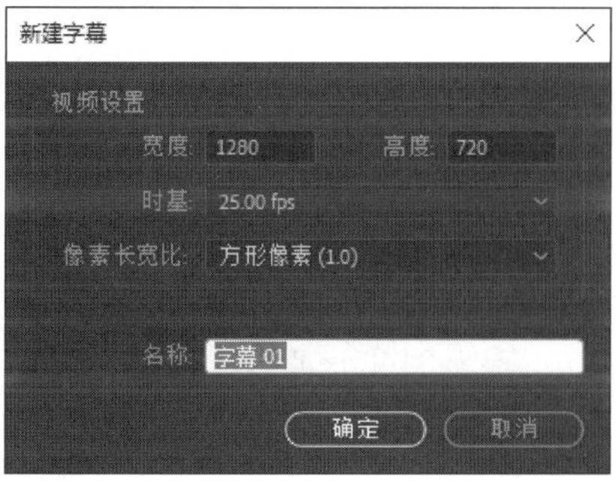

图 11–14　“新建字幕”对话框

2. “字幕编辑器”界面

字幕编辑器从界面上主要分为图文编辑区、主工具栏、工具箱、布局区、样式库和属性区几个部分，如图 11–15 所示。

① 图文编辑区：位于中间，是用于添加文字和图形的区域，类似一般图形图像软件中的工作区。

② 快捷工具栏：位于中上部，在工具栏中可以设置文字的运动状态、基本排版、背景视频显示等。

③ 工具箱：位于左上部，类似其他图形图像软件，是用来创建与修改文本及图形的工具组合。

④ 布局区：位于左下部，对文本框和图形进行位置对齐和分布处理。

⑤ 样式库：位于中下部，是文字或图形样式的存储库，选中对象后，单击某样式可以直接套用该样式。样式主要与属性区的设定有关。Premiere 自带了一些样式，用户也可以将编辑的效果存储为样式，以提高工作效率。

⑥ 属性区：位于右部，包含“变换”“属性”“填充”“描边”“阴影”和“背景”几项。主要用于调整文字和图形的相关参数以设计其风格外观。

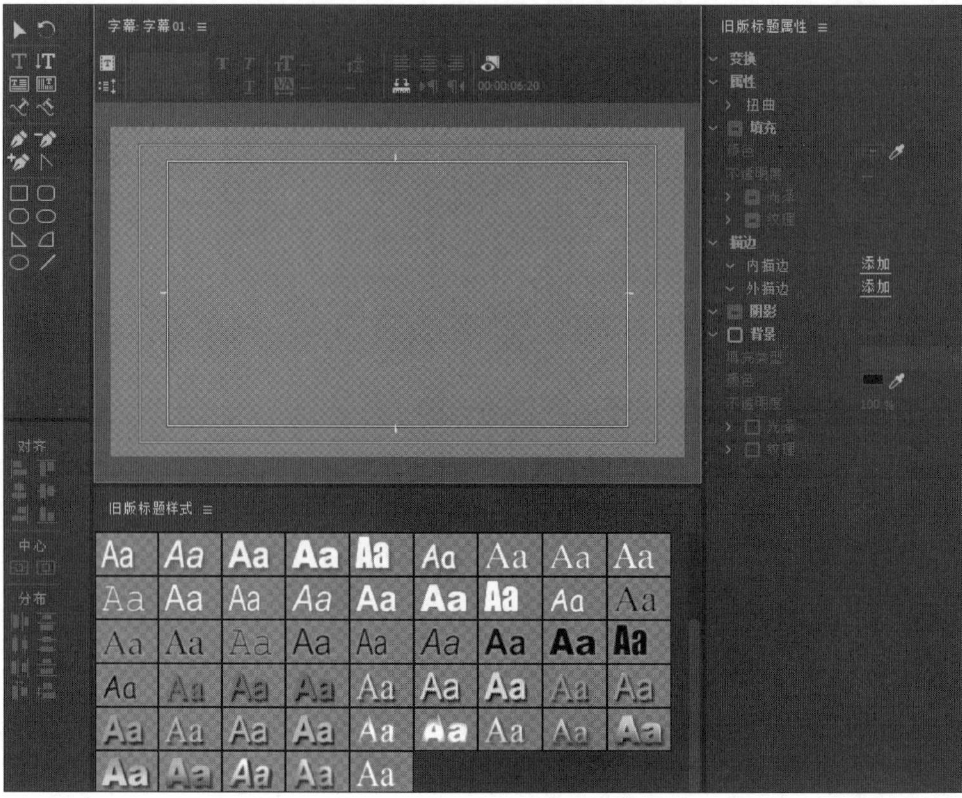

图 11-15 “字幕编辑器”界面

3. 添加文字

在字幕编辑器中可以直接进行文字的输入与编辑。

工具箱中的、、、、、工具均是文字的输入与修改工具。

为创建水平字幕工具，为创建垂直字幕工具。利用这两个工具添加文字的方法，与使用文字工具的方法完全一样，也包含点文字和段落文字两种创建方式。

为水平段落字幕工具，为垂直段落字幕工具，也称文本框工具。在图文编辑区按住鼠标不放，拖动一个区域，即文本框，在区域内输入文字。

提示：、工具也具有创建文本框的功能，往往可以取代段落字幕工具直接使用。

用水平段落字幕工具定义出的文本框，字幕在区域内水平向右延伸，当到达右边界时，自动跳转到下一行的左边界继续，直到选区内填满文字。垂直段落字幕工具则创建竖直行文的文本框，垂直段落字幕排列方向从右至左。

为水平路径文字工具，为垂直路径文字工具。

选择路径文字工具，在工作区域中创建路径，单击可以创建点，按住拖动可以创建平滑曲线（曲线相关内容请参见后面的“添加图形与图像”部分），随后输入的文字将沿路径排列。

上述任何一种方法输入的文字均可通过文字工具单击或选择工具双击来再次进入编辑模式。

4. 修改文字

修改文字除了编辑文字内容以外，还包括对其格式与风格的设置。在设置之前需要先选中需要设置的文字（或图形）对象。其中又分为部分选择与整体选择，部分选择可以使用文字工具用鼠标选中需要设置的文字，如图 11–16 所示（浅色区域为选中）；整体选择除了使用部分选择的方法选中所有的文字之外，还可以使用选择工具选中文本框，等同于选中全部文字。

图 11–16　使用文字工具选中文字

在选择文本之后，可以在属性设置区域中设置文字对象的格式与风格的参数，如图 11–17 所示。

在属性设置区域中共有 6 项，包含“变换”“属性”“填充”“描边”“阴影”和“背景”。

（1）变换

变换所对应的是文本框的变化调整，其中包括不透明度、位置、宽高和旋转。其设置基本上与视频固定效果中的“运动”一致，只是把参数单独列出，可直接参考“运动”效果。

与“运动”效果类似的是，也可以利用鼠标直接调整文本框的形状变化。通过选择工具选中需要调整的对象，并使用该工具拖动文本框或其边缘进行大小与位置的调整，在选中后使用旋转工具调整其旋转方向。

用户在使用中不难发现，当使用工具调整时，变换的参数也在实时地随着调整而改变，所以两种方法在实质上是相同的，在实际工作中则常常将工具调整高效与参数调整精细的优点结合使用。

注意： 文字有点文字和段落文字两种形式，其文本框的状态也有所不同。点文字的文本框和图形的状态一样。

提示： 段落文字形式中的文字是默认自动换行的，如果在变换中调整文本框的宽高，有可能会导致一些文字超出文本框下沿而无法显示。这时要适当调整文本框的高度以显示全部文字。

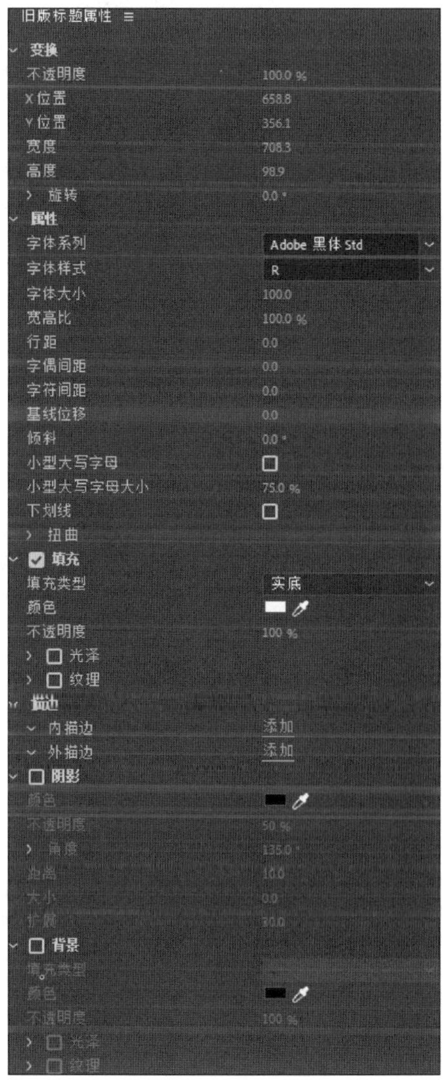

图 11–17　设置文字对象的格式与风格参数

(2) 属性

属性是对应文字字体版式的设定，选项很多，基本上与大部分文字处理软件的功能一致。

字体系列：由于字幕编辑器没有中西文自动辨识功能，用户首次输入中文有可能发现类似乱码的形式，如图 11-18 所示。这时需要选择中文字体。文字的字体需要从计算机操作系统中获取，默认只有系统自带的字体，如果用户安装了字体库，则会有更多字体可供选择，如图 11-19 所示。

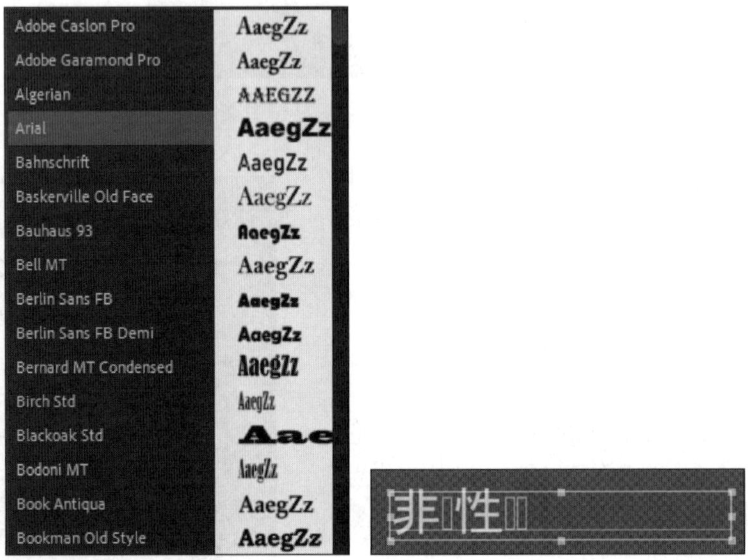

图 11-18　中西字体不匹配会出现乱码

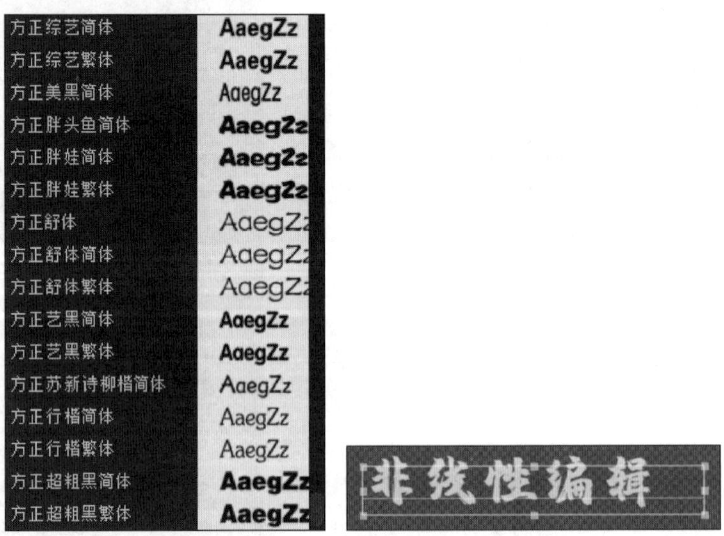

图 11-19　从字体库选择字体

字体样式：有一些字体是可以选择多种字体样式的，如特粗、加粗、加粗斜体、斜体、变窄、常规等风格，如图 11-20 所示。可以给字体选择合适的展示样式。

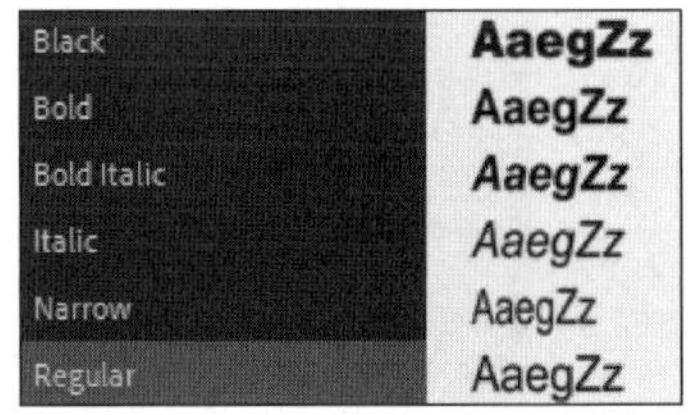

图 11-20　多种字体风格样式

字体大小：选中文字的大小设定。

宽高比：设置文字宽度与高度的比率，默认情况为 100%，表示宽高相同，方形文字。大于 100% 则越大文字越宽，小于 100% 则越小文字越窄。示例如图 11-21 所示。

行距：有多行文字时，行与行之间的间距可以在此调节。

字偶间距：调整每个文字与左右相邻的文字之间的间距。原理是保持首字符位置不变，向右平均分配字符间距。

字符间距：与字偶间距相似，原理是平均分配所选的每个相邻字符的位置。

基线位移：在文字当前位置基础上，提高或降低当前其位置。

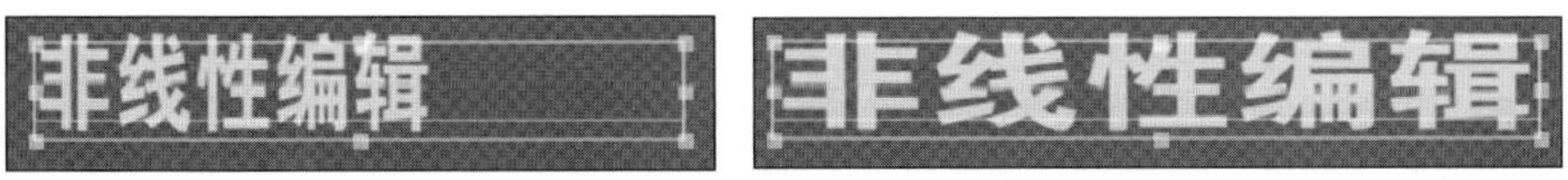

图 11-21　改变字体宽高比

倾斜：产生左右倾斜的效果。

小型大写字母：勾选则将文字中的小写字母全部转换为大写。

小型大写字母大小：与上一个选项配合使用，调整大写后字母的大小。

下划线：在文字下方产生一条下划线。

扭曲：通过调整 X、Y 轴坐标值改变字符形状，如图 11-22 所示。

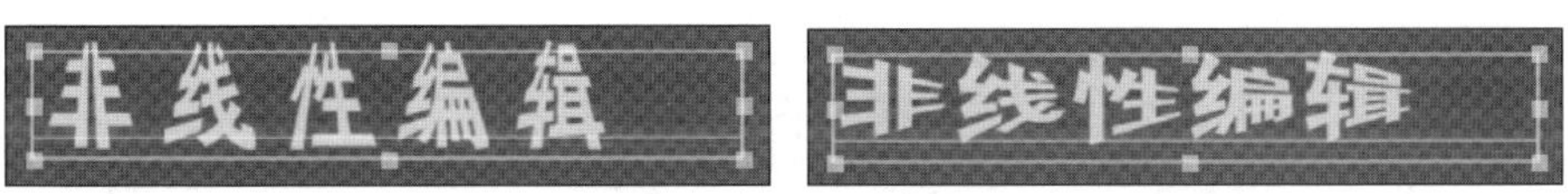

图 11-22　字体扭曲效果

注意：如果选择文本框中部分文字修改属性，则更改属性的只有选中部分，其他文字不变。只有选中全部文字，或选中文本框，才可以全部文字一起修改属性。

(3) 填充

填充用于文字与图形的颜色填充，也是文字样式的主要要素。注意，填充前面的复选框（默认为选中）需要勾选才有作用，否则文字（与图形）为透明效果，无法看到，如图 11-23 所示。

填充类型：下拉菜单形式，共有 7 种类型，如图 11-24 所示。

提示：随着类型选择的不同，其下方的颜色和不透明度选项内容也有所不同。

① 实底：选择一种颜色定义给文字，可以调整该颜色的不透明度。

② 线性渐变：在两种颜色之间制作直线方向的渐变，可调整每种颜色的位置、不透明度和渐变角度，还可以增加重复数值以创造条纹效果。示例如图 11-25 所示。

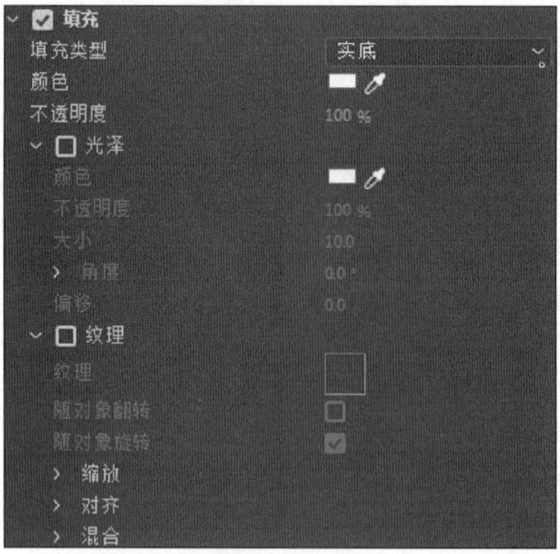

图 11–23　填充

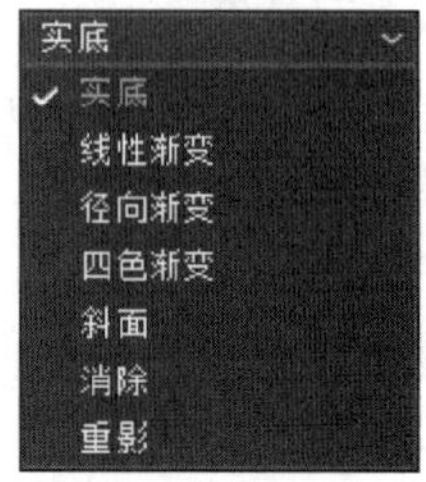

图 11–24　“填充类型”下拉菜单

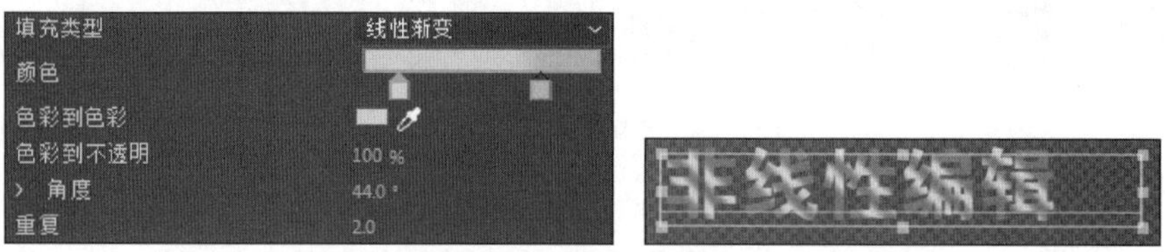

图 11–25　线性渐变填充效果

③ 径向渐变(radial gradient):两种颜色之间产生从中心向外辐射状的渐变,形成环状发射效果。示例如图 11–26 所示。

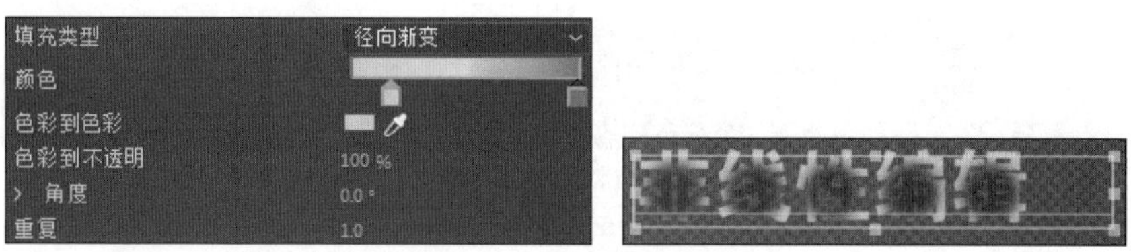

图 11–26　径向渐变填充效果

④ 四色渐变:可以在文字的 4 个角设置 4 种颜色的渐变过渡效果。示例如图 11–27 所示。

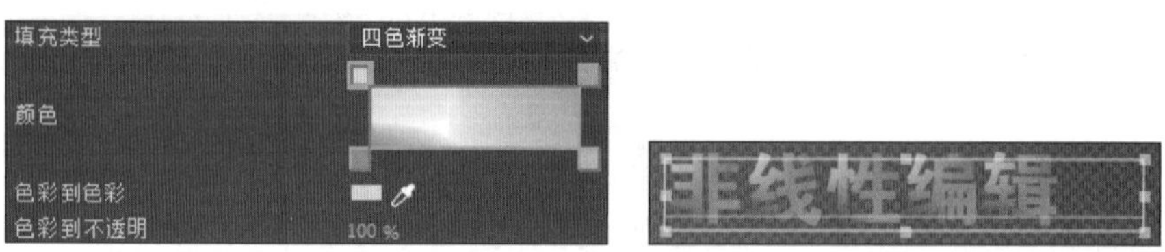

图 11–27　四色渐变填充效果

⑤ 斜面:文字的边缘呈现立体斜面的效果,一般文字的字体较粗时用此效果较好。示例如图 11–28 所示。

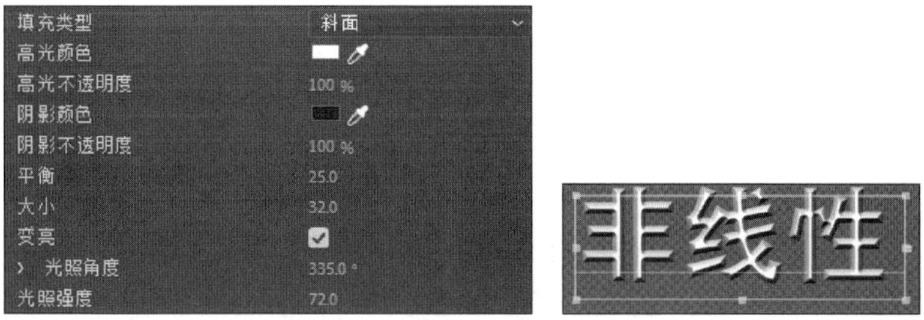

图 11-28　斜面填充效果

⑥ 消除：使文字透明，仅保留描边效果。示例如图 11-29 所示。

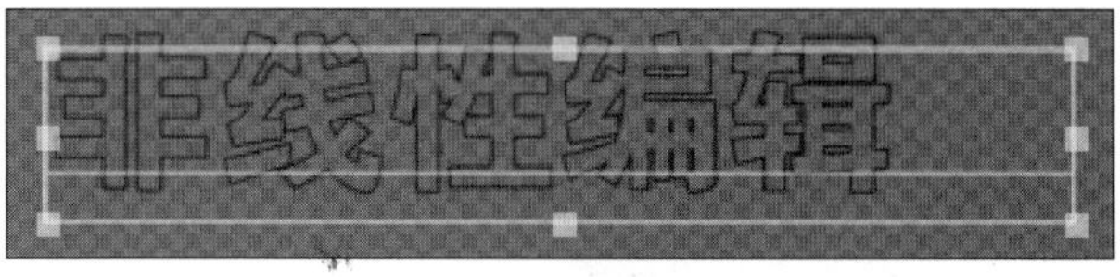

图 11-29　消除填充效果

⑦ 重影：使文字透明，保留描边效果和阴影效果。示例如图 11-30 所示。

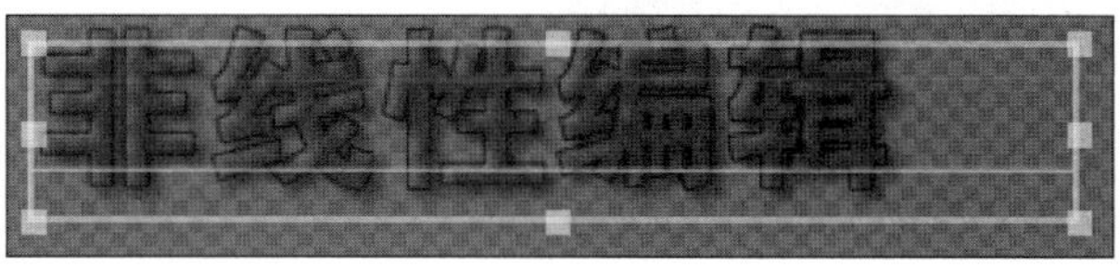

图 11-30　重影填充效果

光泽：可为对象（文字与图形）表面加一道光条。应用光泽效果需要勾选。示例如图 11-31 所示。

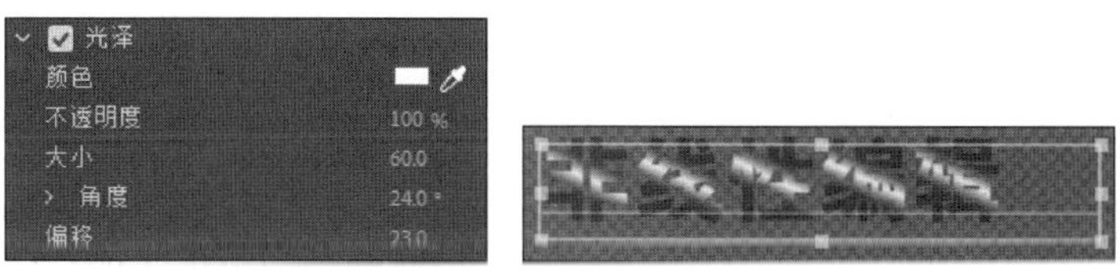

图 11-31　光泽效果

纹理：可以选择导入外部图片作为对象的纹理，可理解为贴图，以增加表现力。示例如图 11-32 所示。

图 11-32　纹理效果

(4) 描边

描边是以一种填充方式为对象(文字或图形)建立边缘效果。以对象边际为界限分为内描边和外描边两类。由于参数一样,在此以外描边为例。

类型:描边类型有 3 种,即深度、边缘、凹进。示例如图 11–33 所示。

图 11–33　三种外描边类型

大小:描边的粗细程度。

角度:在深度和凹进两种类型中,可以调节描边的角度。

以下的参数与“填充”完全一致,只不过是在边缘上继续设计样式。示例如图 11–34 所示。

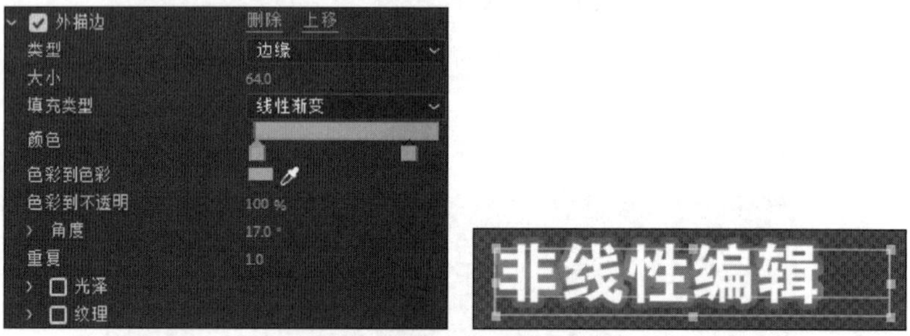

图 11–34　描边的填充效果

(5) 阴影

阴影可以为对象添加投影效果以增强空间感觉。虽然可以使用外描边中的某种类型来呈现阴影效果,但直接利用阴影选项可以“一步到位”地为对象制作理想的阴影,比使用描边制作不仅效率高而且效果好。

颜色:阴影的颜色。

不透明度:阴影的不透明度。

角度:阴影呈现的角度。

距离:阴影与对象之间的距离。

大小:阴影的范围。

扩展:阴影的羽化度。

阴影示例如图 11–35 所示。

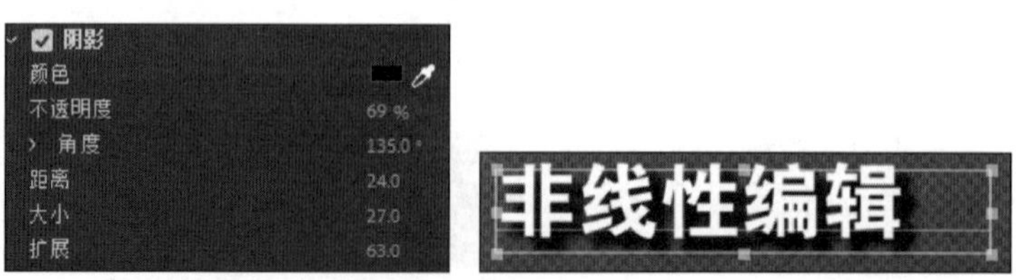

图 11–35　阴影效果

提示：将阴影的颜色选为浅色，并提高大小和扩展参数，可以制作出荧光效果。示例如图 11–36 所示。

图 11–36　利用阴影制作荧光效果

（6）背景

背景是为整个字幕编辑区添置一个背景图层，其永远处于最底层，即最后面。

背景的参数与“填充”完全一致，示例如图 11–37 所示。

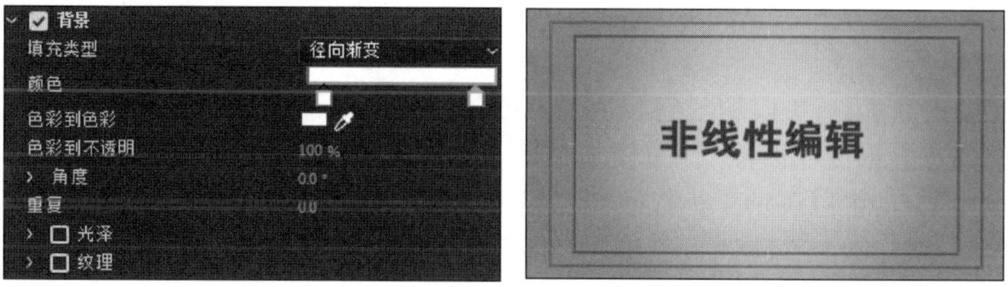

图 11–37　字幕的背景

5. 添加图形与图像

在字幕编辑器中，图形绘制分为贝塞尔曲线与基本形状两种方法。

在工具箱里，是贝塞尔曲线的创建与编辑工具，可以直接绘制出任意形状的图形。

是钢笔工具，用来绘制图形。

使用钢笔工具在不同位置顺序单击，会连续产生锚点，锚点之间自动连接直线，反复操作可绘制折线。如果是最后一点，点回到最开始的首个锚点上，则创建出封闭的多边形。示例如图 11–38 所示。

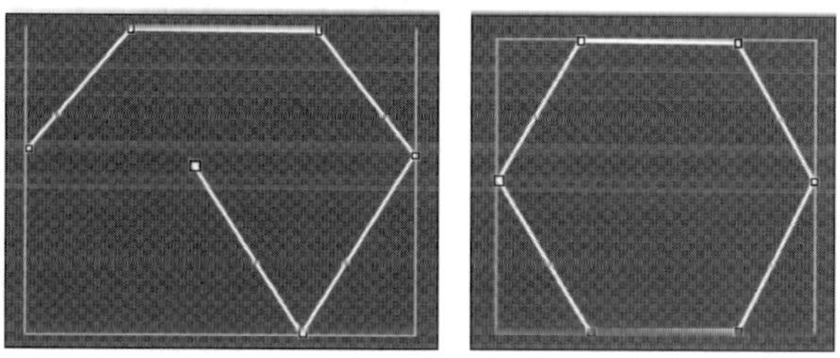

图 11–38　不封闭和封闭的图形

使用钢笔工具绘制时，按住鼠标同时拖动鼠标，在当前锚点上会产生手柄，以生成贝塞尔曲线。手柄越长，线段曲度越大，如图 11–39 所示。反复连续操作可以绘制波浪线，如首尾相连则可创建闭合贝塞尔曲线。

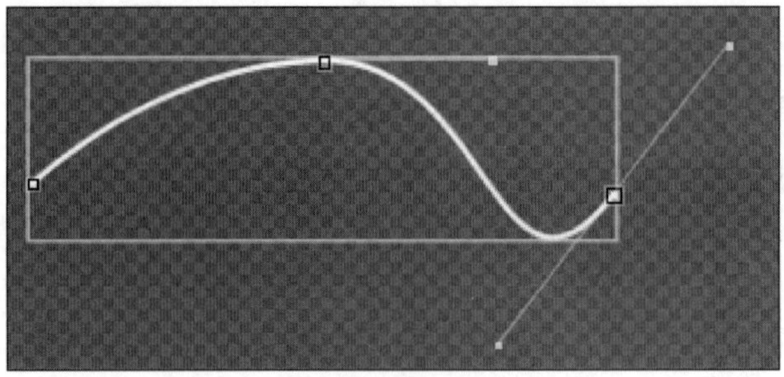

图 11–39　绘制曲线

在绘制好的图形上，依然可以使用钢笔工具移动锚点的位置以修改图形。

是添加锚点工具，使用该工具可在绘制好的线上增加新的锚点。

是删除锚点工具，使用该工具可删掉锚点，并将其前后相邻的两个锚点连接上。

提示： 工具实际包括添加删除锚点的功能，通过在线上或锚点上双击可以起到增、删锚点的作用。

是转换锚点工具，可以通过它转换锚点的几种类型，以构成几种类型的曲线。利用直接单击一个锚点会形成线性锚点；按住某个锚点并拖动鼠标，可以拽出手柄，此时形成连续贝塞尔曲线类型锚点，可以调整手柄以改变曲线形状；在连续贝塞尔曲线锚点的基础上，继续利用拖动手柄顶点，则改变此锚点为贝塞尔曲线类型，锚点两边的手柄可以分别调节；在连续贝塞尔曲线锚点的基础上，继续利用拖动手柄顶点，锚点类型不变，锚点两边手柄呈一条线，以保障经过点的曲线平滑。关于不同的贝塞尔曲线类型，可参见 8.3.2 节。

提示： 以上工具也可以用来调整路径文字工具创建的路径。

此外还有 8 个基本几何图形的绘制工具，如图 11–40 所示。可以以对角线的方向拖动，随着拖动的方向产生图形。绘制时，按住 Shift 键，创建宽度和高度等比例的图形；按住 Alt 键，可创建以绘制起点为中心的图形。

基本图形的属性栏内容与文字基本一致，只有“图形类型”一项是独有的，可以更改图形的类型。在图形上右击，也可以从弹出的快捷菜单中选择图形类型中的其他几何形状，以直接改变当前图形，如图 11–41 所示。

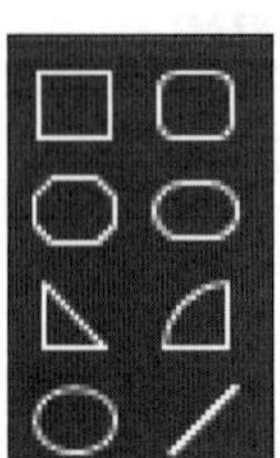

图 11–40　基本几何图形工具

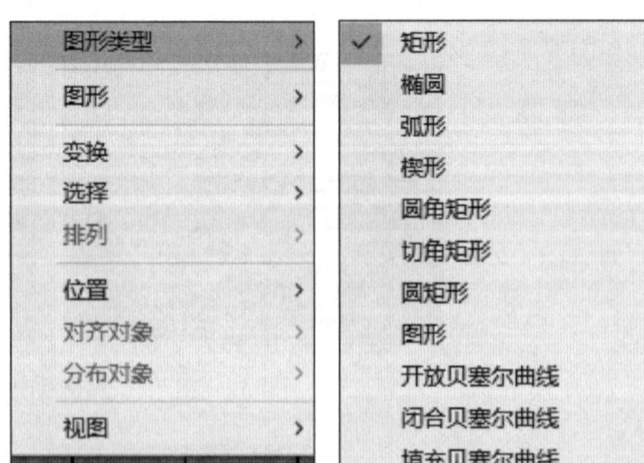

图 11–41　图形类型选项

其中除了基本图形以外，有一个单独称为“图形”的形式。实际上这里是英文的 Logo，当选择此选项时，会出现“图形路径”选项，可以从外部导入一张图片，作为字幕的一部分。示例如图 11–42 所示。

图 11–42　引入外部图形 Logo

提示： 如果导入的图片含有 Alpha 通道，是可以带着图片的透明部分直接使用的。

“开放贝塞尔曲线”和“闭合贝塞尔曲线”指的是首尾不连接的曲线和首尾连接的曲线两种形式。而“填充贝塞尔曲线”并不是直接绘制出来的，它指的是将选中的贝塞尔曲线图形直接转化为填充颜色的实心图形，即从线条转化为平面效果。示例如图 11–43 所示。

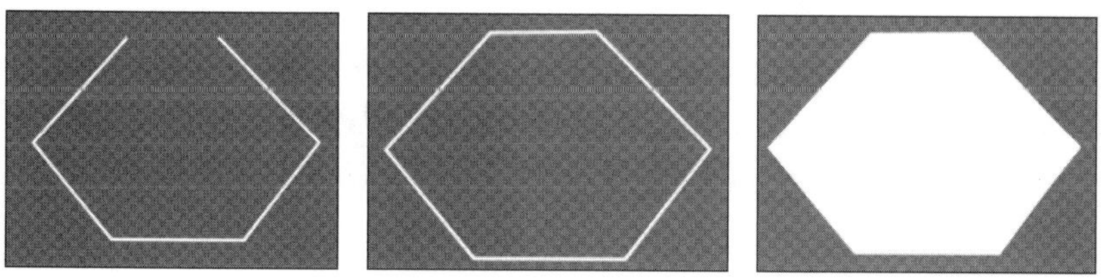

图 11–43　线与面的转换

只有线条的两种贝塞尔曲线，即开放和闭合贝塞尔曲线，有自己的几个属性参数，可调整线条粗细、锚点连接处的形状和程度等，如图 11–44 所示。

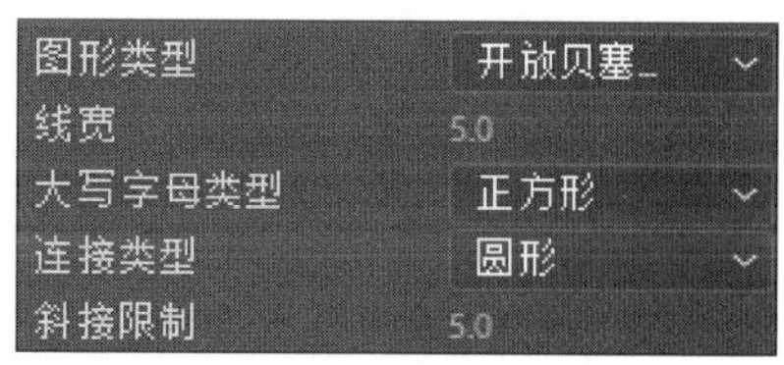

图 11–44　贝塞尔曲线参数

6. 样式库

使用字幕编辑器设计了一种满意的文字风格（包括字体、填充、描边、阴影效果等）之后，考虑到会经常使用到该风格，将其保存为固定的样式，可以随时套用是最便捷的。样式库就可以满足上述要求，用户可以将编辑的文字风格存储为样式文件，以提高工作效率，也有利于批量编辑。

(1) 套用样式

选中对象（文字或图形），再单击样式库中的任何一种样式，即可将选中的样式赋予选中的对象，如图 11–45 所示。

图 11–45　套用一种现有样式

(2) 保存现有样式

单击样式库区域的菜单键，选择“新建样式”命令，并在“新建样式”对话框中输入自己命名的样式，即可将现有字幕的样式保存添加到样式库中，如图 11–46 所示。

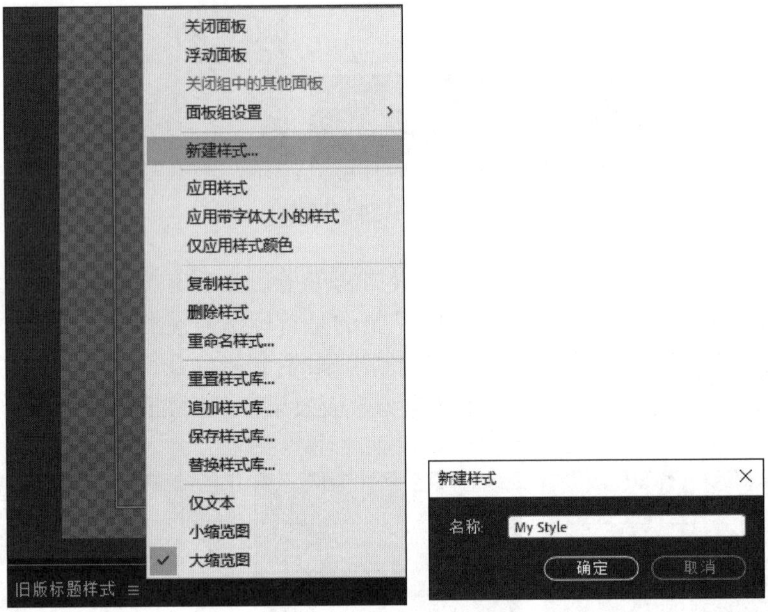

图 11–46　建立保存新样式

此菜单中还包括样式库的管理功能，包括特殊应用样式模式、复制、删除、替换及查看方式等。

7. 其他常用功能

(1) 显示字幕背景视频

单击工具栏最右端的按钮，会将当前时间轴窗口的画面作为背景呈现在图文编辑区，作为字幕设计的参照。这样可以更加精确地调整字幕与画面的结合。按钮右侧的时间码用作保持字幕与时间线视频同步的参考，如图 11–47 所示。

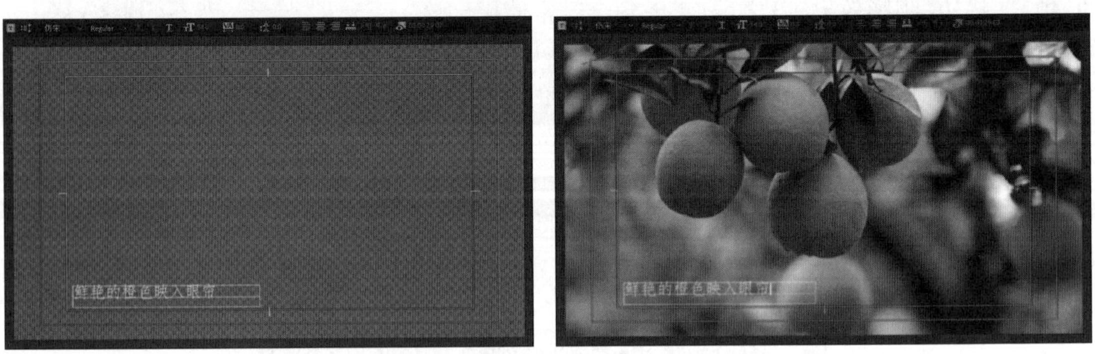

图 11–47　显示视频背景

注意：此功能只为体现字幕与画面的结合情况，并不代表字幕已经与画面合成。必须将字幕素材放置于序列轨道之上，才算是正式应用字幕。

(2) 基于当前字幕新建字幕

单击工具栏最左端的按钮，会弹出“新建字幕”对话框，等同于创建一个新字幕，但是字幕内容全部保留。这个做法相当于将当前字幕“另存为”新字幕素材。当需要大量同样风格、位置、样式的多个字幕素材时，可以先做好一个字幕作为样本，后面的字幕都利用来创建。

(3) 字幕安全区和动作安全区

在图文编辑区右击，选择“视图”命令，在关联菜单中可以设置字幕安全区和动作安全区，这样在编辑区会出现矩形的参考线，如图 11–48 所示。

图 11–48　安全区域

字幕安全区与动作安全区是指在信号输出到监视器时看到的有效区域。外面的白色线框是动作安全区，视频画面如果有运动效果最好显示在此区域内。内部的白色线框是字幕安全区，它为字幕提供参照，字幕应该尽量放在安全区内。

由于电视溢出扫描的技术原因，在计算机中制作的图像有一少部分可能在输出到电视时被切掉，所以在制作字幕时要参考安全区，防止字幕显示不完全。如果制作的节目用于数字媒体播出，这个安全区域是不需要的，因为输出到这种载体时，不会发生部分画面裁剪的现象。

8. 动态字幕

影视编辑中经常用到动态字幕，除了利用关键帧动画为字幕添加运动特效的方法外，在字幕编辑器中可以直接创建动态字幕。根据运动方向不同，动态字幕分为两种，即游动与滚动。游动字幕指横向行进的字幕，可以向左和向右；滚动字幕是纵向行进的字幕，只可以从下向上。

工具栏左数第二个按钮可以将普通字幕转化为动态字幕。单击该按钮，会弹出“滚动 / 游动选项”对话框，如图 11–49 所示。

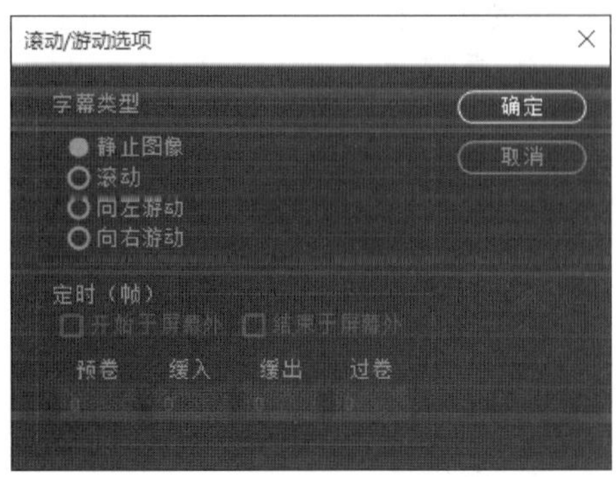

图 11–49　“滚动 / 游动选项”对话框

字幕类型：默认是静止图像，即普通字幕。可以选择“滚动”“向左游动”“向右游动”三种动态模式。

定时（帧）：动态字幕时，可以选择是否开始和结束于屏幕外。只选开始则从屏幕外运动到全部显示；只选结束则最后移动出屏幕；两者都选，则从一侧屏幕外移动到另一侧屏幕外；若两项均不选，则以动态字幕的第一帧位置和最后一帧位置为准。

① 预卷：字幕开始运动前，持续显示第一帧的

帧数。

② 缓入：设定滚动字幕开始时，由静止到正常运动的加速帧数，加速起到缓冲作用，平滑运动效果。

③ 缓出：设定滚动字幕在结束时，由运动到静止的减速帧数。

④ 过卷：字幕滚动结束后，持续显示最后一帧的帧数。

动态字幕的运动速度取决于字幕位置改变的长度和持续时间。在轨道上应用字幕时，可以直接使用“选择工具”对字幕素材的入点和出点进行调节。时长越长，字幕运动速度越慢；时长越短，字幕运动速度越快。

注意：动态字幕的运动属于内置运动，虽然在素材类型上标注为视频，但本质仍可以理解为静止图像。调节其播放速度时，也不必使用“比率拉伸工具”或“速度 / 持续时间”选项，只需要改变入点出点即可。另外，在用“剃刀工具”切割动态字幕素材时，并不是中途截断，而是重新再开始一次，相当于多使用一次字幕素材。每一个动态字幕素材都要完整播完。

11.3 设计字幕

中文字幕的字体有行书、草书、美术体等。各种外文的印刷体、书写体也经常用到。其表现手段有书写、浮雕、动画、线画等。出现形式则有单排、多排，单幅字幕、长条字幕等。运动形式有竖滚、横滚之分。字幕中字体选择、构图、色彩，因内容题材、风格、内容不同而各异，以影视片的创作意图和整体风格设计为依据。

11.3.1 字幕设计的原则

由于目前多媒体教材的制作者大多是一些专业教师和专业技术人员，对于文字在屏幕上呈现的规律和各种字体的特征与用法不甚了解，因此在字体的选用上带有极大的盲目性。本节介绍字体选用的几个原则，可能对此有所帮助。总体说来，字体设计应遵循适配性、易读性、艺术性并重的原则。

1. 适配性

字体设计必须从文字的内容和应用方式出发，形象而生动地体现文字要表达的主题思想。字体、字形、字号及呈现方式的选用，要与正文的要求和屏幕显示的特点相适配。例如，章、节标题及重点的字体选用，菜单字体的选用，说明图形的字体选用等。符合适配性原则地选用字体，会使正文在屏幕上变得醒目和丰富多彩，减少阅读的疲劳感。

2. 易读性

文字有别于图形的特点之一，就是易读性差。用文字表示教学内容时，不如图形、图像那样直观、生动，一费眼，二费脑。尤其是在屏幕上，用文字表述教学内容时，按照易读性原则选用字体显得十分重要。

为了保证屏幕上的文字易读，一般需要注意两点：一是合理选用字体、字号及字间距、行间距，使之符合大多数人的阅读习惯；二是合理选用色彩和明度，确保文字在背景上清晰、醒目，一目了然。

3. 艺术性

现代设计中，文字因受其历史、文化背景的影响，可作为特定情境的象征。因此在具体设计中，字体可以成为单纯的审美因素，发挥着和纹样、图片一样的装饰功能。在兼顾实用性的同时，可以按照对称、均衡、对比、韵律等形式美的法则，适当调整字形大小、笔画粗细，甚至字体结构，使文字在表达内容的同时，也为画面增添一些艺术因子。

此外，学习字体设计，还需要了解汉字和拉丁文字母（包括阿拉伯数字）这两种作为东、西方文化代表的文字体系。在区别两种文字的字形结构和设计特点的基础上，应用美学规律，相互借鉴，对于文字的选用也是会有帮助的。

11.3.2　字幕设计应用

接下来对几种典型的字幕设计应用进行练习。

1. 开场标题

练习操作：

新建项目，并命名为“第 11 章练习”。创建一个标准 720p 序列，并将“11–1”文件夹中的素材导入到项目中。

练习素材 11–1：开场标题制作练习

通过选择菜单“文件”→“新建”→“旧版标题”命令，创建名为“标题”的字幕。在字幕编辑器中，利用文本工具创建标题文字，如“金色盛典”，并选择比较大气的字体并居中显示，设置好文字的大小、字距等参数，如图 11–50 所示。

在右侧属性区，勾选并展开“填充”下的“纹理”选项，单击“纹理”导入“烫金”图片素材。此时标题文字呈现烫金效果，如图 11–51 所示。

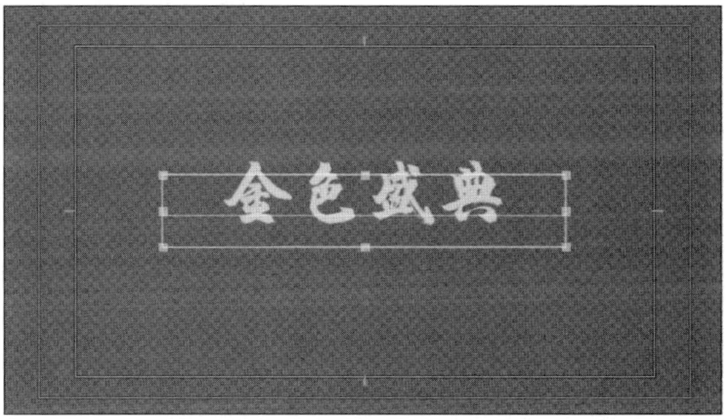

图 11–50　输入文字标题

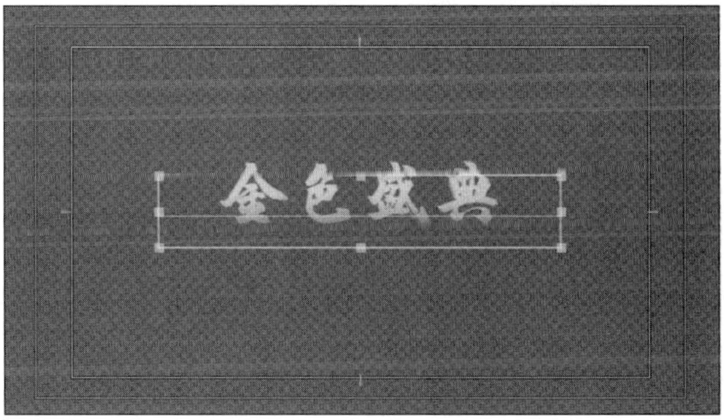

图 11–51　添加“烫金”纹理效果

关闭字幕编辑器，将素材按“背景”“底光”“标题”“光点”“爆炸火焰”的顺序，分别置于视频轨道 1 至视频轨道 5 上。注意确认所有剪辑均开启“缩放为帧大小”功能。从素材“爆炸音效”包含的三段音效中截取第一段音效，置于音频轨道 1 上，如图 11–52 所示。

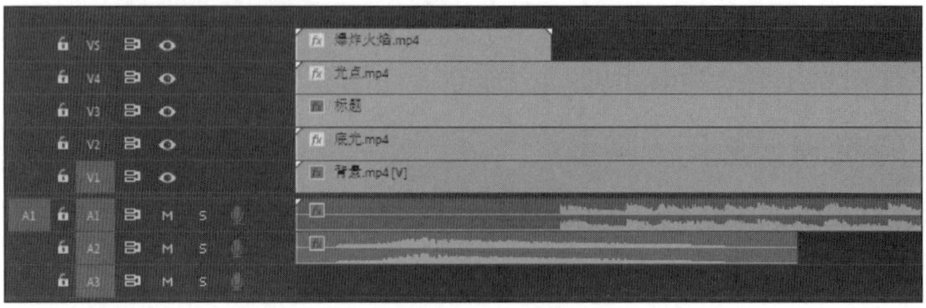

图 11–52　按层次排列素材

将“底光”“光点”和“爆炸火焰”三个剪辑的“不透明度”效果下的“混合模式”改为“滤色”，使这几个剪辑均可以只保留光效，不影响下层画面的展示。这样所有轨道的剪辑画面可以合成展示，如图 11–53 所示。

调整各个剪辑的位置，使“爆炸火焰”和“爆炸音效”在最高潮处，与主音乐响起的时间点对应，如图 11–54 所示。

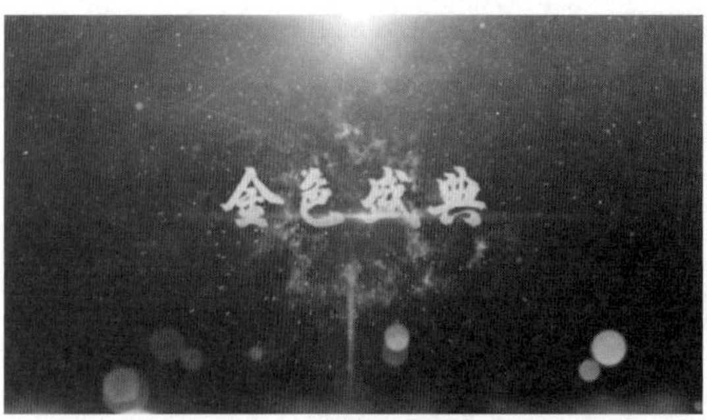

图 11–53　开场标题合成画面

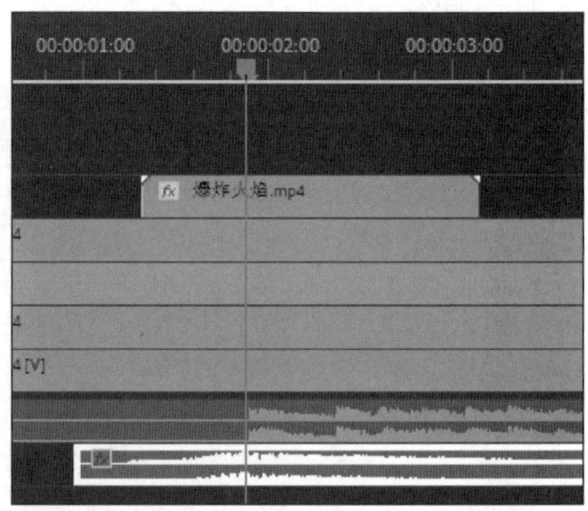

图 11–54　音乐与画面的时间配合

对“标题”字幕添加“运动”效果下的“缩放”关键帧动画，配合“爆炸火焰”效果的过程。共设置 4 个关键帧，参数设定爆炸开始时设为 0，爆炸高潮点为 100，高潮点后 2 帧位置为 90，影片结束时为 110。这样就构成了标题文字随爆炸展开并震动，最后逐渐放大的动画效果，如图 11–55 所示。

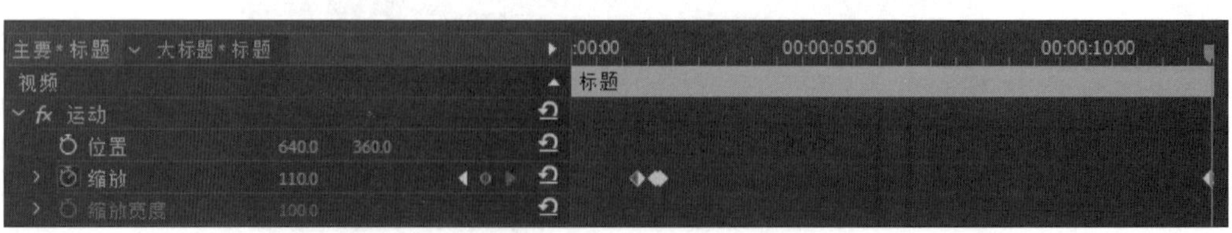

图 11–55　为标题文字设置关键帧动画

为“光点”添加“不透明度”关键帧动画，配合标题文字出现的效果，共设置 2 个关键帧，标题出现前设为 0，标题出现后设为 100。这样光点将在标题出现后呈现在文字上装饰。调整光点的位置，出现于标题的中间处。

最终为主音乐的结尾处添加“音频过渡”效果的“指数淡化”，使其逐渐降低音量而淡出。

至此本例完结。

2. 星球大战形式滚动字幕

著名科幻电影《星球大战》开场的一个大幅字幕滚动效果，创造了经典的创意滚动字幕形式，如图 11–56 所示。

图 11–56 《星球大战》字幕滚动效果

本例模仿此效果创建一个消失于星空深处的透视角度滚动字幕。

练习操作：

练习素材 11–2：滚动字幕制作练习

创建一个标准 720p 的序列，命名为“星球大战字幕”。导入“11–2”文件夹中的素材，并置于视频轨道 1 上。

通过选择菜单“文件”→“新建”→“旧版标题”命令，创建名为“滚动”的字幕。在字幕编辑器中，利用改为“滚动字幕”形式，并勾选“开始于屏幕外”和“结束于屏幕外”复选框，如图 11–57 所示。

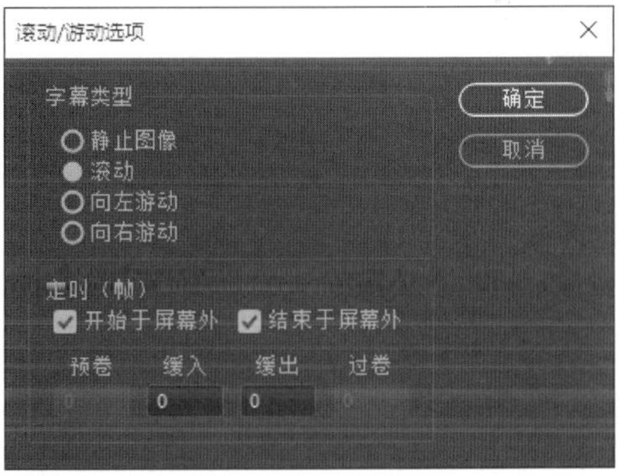

图 11–57 “滚动 / 游动选项”对话框

利用文字工具添加一段足够高度的文本框，输入一段文字，本例选择一段诗词《念奴娇·赤壁怀古》。注意调整文字的字体、大小和字距、行距以及填充颜色，看起来美观大方即可，如图 11–58 所示。

将“滚动”字幕置于视频轨道 2 上，并将其入点置于音乐开始处。调节其持续时间，观察播放速度合理即可。与太空背景合成画面如图 11–59 所示。

为“滚动”字幕添加“扭曲”视频效果下的“边角定位”效果，在“效果控件”窗口调整参数，将字幕的四角塑造出梯形造型，以改变画面的透视角度，如图 11–60 所示。

为“滚动”字幕的“不透明度”效果添加 4 点多边形蒙版，并调整顶点以配合字幕的造型，提高“蒙版羽化”参数，以便远端字幕消失时可以柔化边缘，如图 11–61 所示。

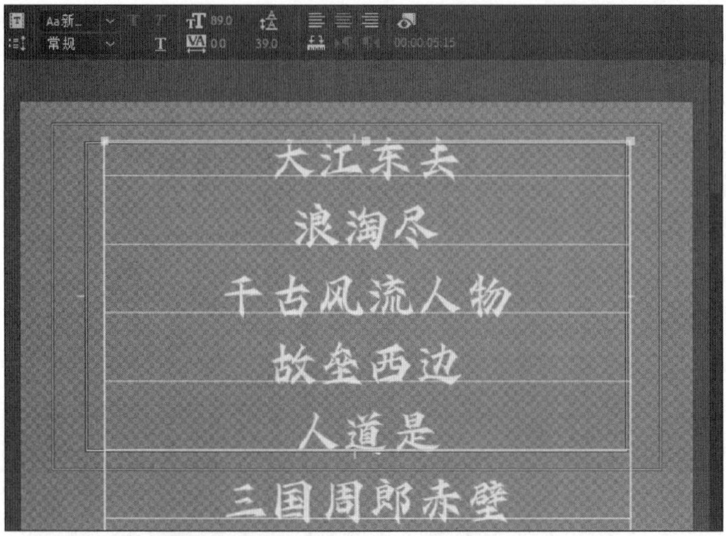

图 11-58　输入滚动字幕的文字

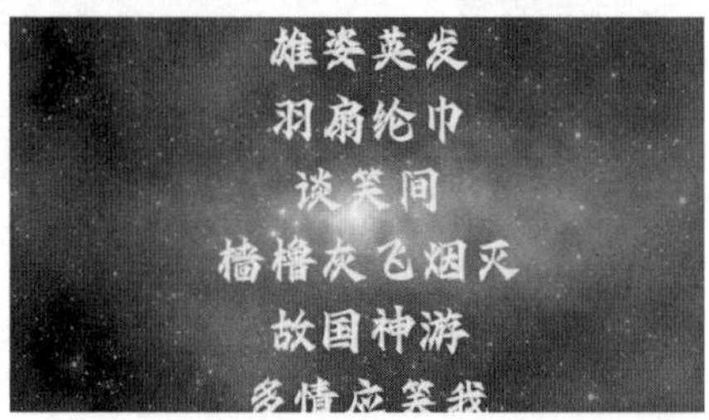

图 11-59　合成字幕与背景

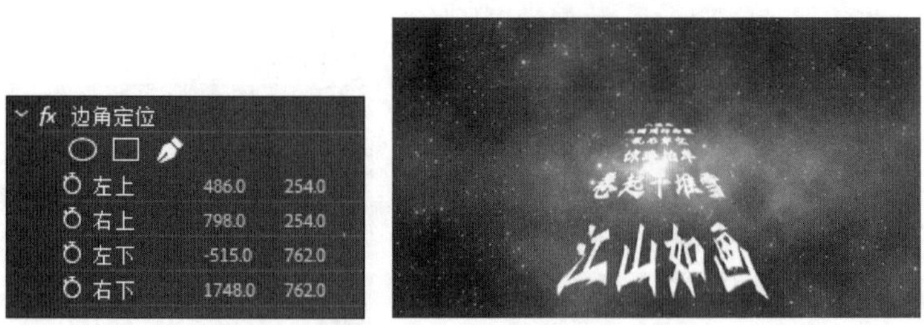

图 11-60　添加“边角定位”效果

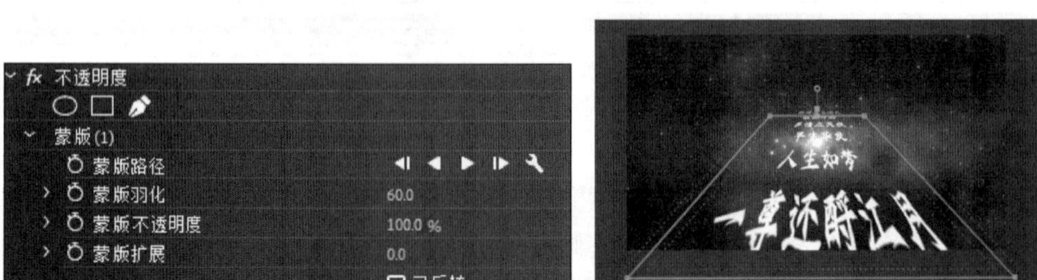

图 11-61　滚动字幕边缘的羽化

"太空"剪辑的星空运行方向与字幕滚动是反向的，因此要对其进行倒放，通过勾选其"速度 / 持续时间"选项的"倒放速度"来更改。注意在倒放之前，要将其音视频取消链接，保持音频的音乐声正向播放。

对音乐声音频添加"音频过渡"效果中的"指数淡化"，使其逐渐降低音量而淡出。

至此本例完结。

3. 镂空字幕

镂空字幕指以一个文字作为轮廓，填充为视频画面的特殊文字效果。在电视节目和电影片头中常见此类效果，给人一种动静结合的视觉感受。此类文字效果的原理是利用文字做视频的遮罩。

练习操作：

练习素材 11-3：镂空文字制作练习

创建一个标准 720p 的序列，并导入"11-3"文件夹的素材，新建一个"黑场视频"备用。

通过选择菜单"文件"→"新建"→"旧版标题"命令，创建名为"镂空"的字幕。在字幕编辑器中，利用文本工具输入文字"你好大自然"，调整相应的属性，可以随意创意排版，如图 11-62 所示。

提示：由于此字幕要作为遮罩使用，因此尽量选择稍粗一些的字体，使其展示面积足够，不会将填充画面压缩得过窄。

在项目窗口，将"镂空"字幕素材复制一份，命名为"标题"，并双击，打开字幕编辑器，调整其属性，设置填充为纯白色并添加阴影效果，如图 11-63 所示。

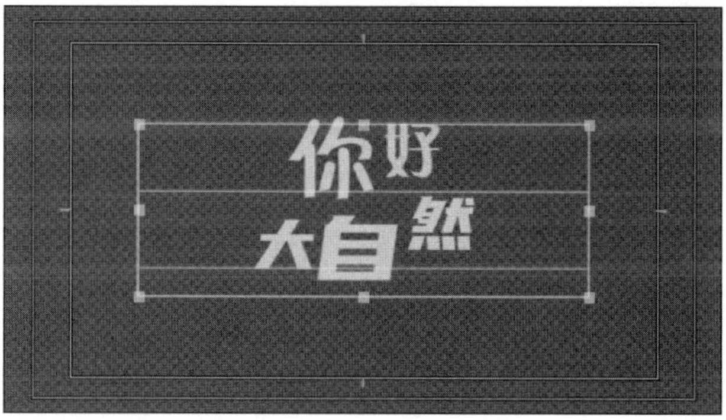

图 11-62　输入设计好的文字

图 11-63　设置文字为白色

将“黑场视频”“风景”“镂空”字幕和“标题”字幕按顺序分别置于视频轨道 1 至视频轨道 4,其中“标题”置于 4 s 左右的时间点。“轻快音乐”素材从 18 s 截取一段置于音频轨道 1,如图 11–64 所示。

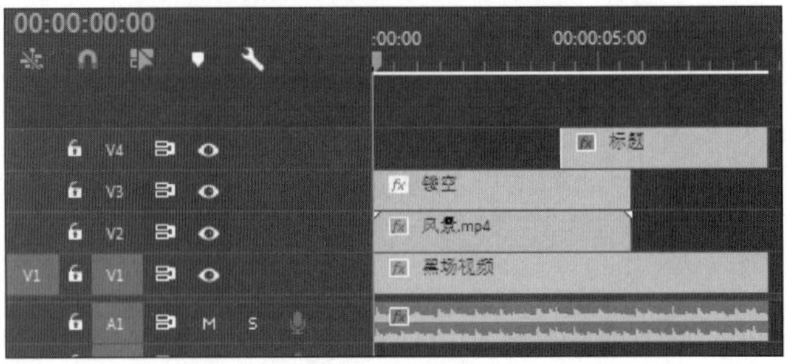

图 11–64　按层次和顺序排列好素材

为“黑场视频”添加“生成”视频效果下的“渐变”效果,调整参数,作为背景,如图 11–65 所示。

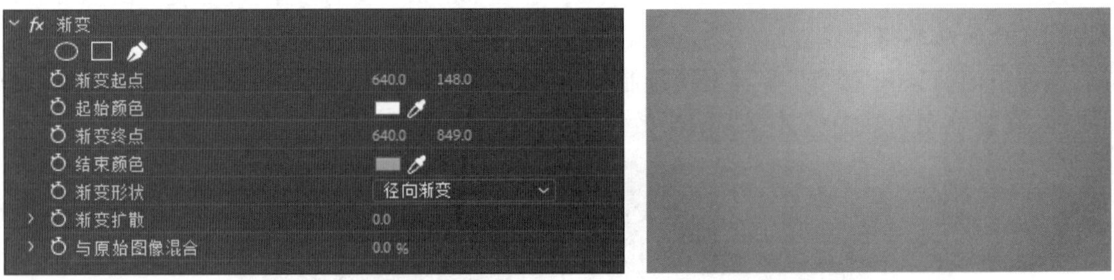

图 11–65　利用“渐变”制作背景

为“风景”剪辑添加“键控”视频效果下的“轨道遮罩键”效果,并选择“镂空”字幕所在的轨道作为其遮罩轨道,合成方式为“Alpha 遮罩”,如图 11–66 所示。

图 11–66　利用“轨道遮罩键”制作镂空字幕

为“镂空”字幕添加“运动”效果下“缩放”和“位置”的关键帧动画。分别在 0 秒和 3 秒处各添加一个关键帧,塑造出字幕由大至小的变化过程,如图 11–67 所示。

图 11-67　为镂空字幕添加关键帧动画

镂空字幕将产生一个动态出现的效果，如图 11-68 所示。

图 11-68　成片效果

为轨道上的“标题”字幕入点处添加视频过渡效果“交叉溶解”，并为“轻快音乐”添加音频过渡效果“指数淡化”。这样标题会逐渐显示为白色，而音乐则会逐渐音量降低淡出。

为“黑场视频”剪辑的“渐变”效果添加“起始颜色”和“结束颜色”的关键帧动画。分别添加 2 帧，位于“标题”字幕的“交叉溶解”效果的起点和终点，更改两个颜色设定，如图 11-69 所示。这样在标题转为白色的同时，画面背景转化另一种颜色，如图 11-70 所示。

图 11-69　为背景添加关键帧动画并更改颜色

图 11-70　画面最终效果

至此，本例完结。

思考与练习

1. 字幕对影视作品有什么意义?
2. 点文字和段落文字有什么区别?
3. 简述文字工具的使用方法和参数调节。
4. “字幕”和“旧版标题”有什么区别?
5. 字幕编辑器有哪几个分区? 各有什么作用?
6. 如何添加路径文字?
7. 如何添加图形? 如何让图形的长宽比例相同?
8. 如何利用钢笔工具调整图形的形状?
9. 文字的填充有哪几种形式? 各有什么效果?
10. 文字的描边有哪几种形式? 各有什么效果?
11. 文字的阴影如何添加?
12. 如何套用已有的文字样式?
13. 动态字幕有哪几种形式?
14. 如何调整动态字幕的播放速度?
15. 如何利用文字作为遮罩? 有什么注意事项?

第 12 章　音频编辑和应用

本章学习要点

① 了解音频轨道的类型。
② 掌握音频编辑的基本方法。
③ 了解音频剪辑混音器窗口。
④ 了解音轨混音器窗口。
⑤ 掌握音频过渡效果。
⑥ 了解音频效果的作用。
⑦ 了解音频的应用规律。
⑧ 掌握文字工具的使用方法。

最初的电影本身是没有声音的，俗称“默片”，播放时请乐队来伴奏。1926 年，华纳公司推出了世界上第一部有声片《爵士歌王》（或译为《爵士歌手》）。从此开始，声音作为影视艺术中的重要组成部分，为其添加了无穷的魅力。大约在 20 世纪 40 年代中期，影视艺术家创造了大量至今仍在使用的声音元素编辑的方法与技巧。这些技法在非线性编辑中也被普遍采用。本章将主要介绍 Premiere 中的音频编辑功能，并探讨非线性编辑中音频处理的方法与技巧。

12.1　音 频 编 辑

在 Premiere 中，与视频素材编辑类似，音频素材需要在音频轨道（简称“音轨”）上进行编辑。音频轨道类型可以根据音频信号的走向和编组功能划分为普通音轨、子混音轨和主输出音轨；也可以根据听觉效果，按照声道的多少划分为单声道、立体声道（默认标准音轨声道模式）和 5.1 环绕声道。

其中，普通音轨类似视频轨道，可以放置音频素材并对其进行编辑。不同声道的音轨播放效果各有不同。一般来说，单声道音频素材需要放置在单声道普通音轨中（带有标志），立体声音频素材要放置在立体声音频轨道中（带有标志），5.1 声道音频素材只能放置在环绕声道音频轨道中（带有标志）。

提示：较新版的 Premiere 中，单声道和立体声均可以放入标准音频轨道中。在新建轨道时，也可以创建自适应音轨，带有标志。

子混音轨道不可以放置音频素材，可以通过子混音轨道对多个普通音轨或子混音轨共同编辑。

主输出轨道是所有音频轨道的最终输出通道，也不可以放置音频素材。主输出轨道决定整体节目输出的声道模式（主输出轨道可以与其他轨道有不同的通道数），用户可以通过主输出轨道对所有音频轨道进行编辑。

音轨的类型和标识如图 12-1 所示。

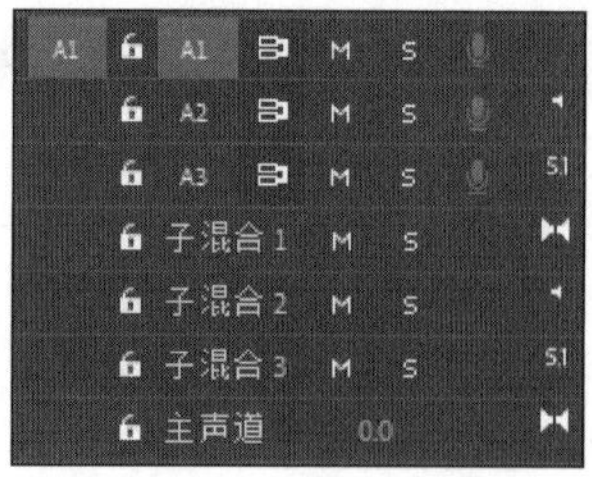

图 12–1　音频轨道的不同类型

12.1.1　利用时间轴窗口

一般来说,用户可以使用时间轴窗口进行音频持续时间和速度调整,音频信号的声调高低调整等音效处理,这是处理音频素材的常用基本方法。

1. 音频剪辑

实现音频剪辑的方法很多,可以在音频轨道上使用工具箱的各种工具进行剪辑,也可以结合源窗口和节目窗口的功能进行剪辑,由于此类操作与视频素材的剪辑完全相同,此处不再赘述。

提示: 一部影片的音频通常包含内容类型不同的多个音轨,如背景音乐、音效、人声等。建议同一类别的音频放到同一个音频轨道上,将多种类别的音频区分轨道,后期编辑处理时可以提高效率。

2. 播放速度

右击时间线中音频轨道上的素材,从弹出的快捷菜单中选择“速度 / 持续时间”命令,可以对音频的速度和持续时间进行调整。“剪辑速度 / 持续时间”对话框中有一个重要选项与音频息息相关,就是“保持音频音调”,如图 12–2 所示。

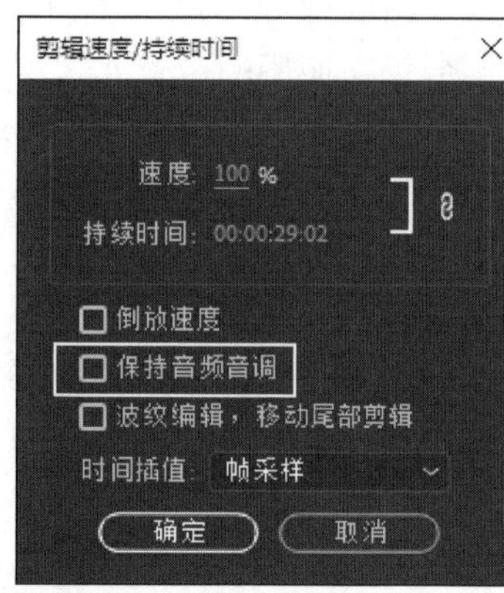

图 12–2　“剪辑速度 / 持续时间”对话框

改变音频的播放速度会影响其音调,音调会因速度提高而升高,因速度的降低而降低。因此调节音视频播放速度时,往往会影响音频的音调。这时候需要勾选“保持音频音调”复选框,只对速度调节,并不改变音调。

此外,工具窗口中的比率拉伸工具也可以改变音频的播放速度。

3. 关键帧调整

相比视频编辑,音频编辑对声音的入、出、衔接都要处理得更加得当。这就要求善于利用关键帧进行调整。

双击音频轨道头部空白处,可以将音频轨道显示成完全信息状态。此时轨道头部会出现关键帧相关控件,轨道上也可以显示音频的波形。轨道波形上,有一条横向直线,即关键帧显示线,如图 12–3 所示。

图 12–3　关键帧查看模式

关键帧显示线可以通过按钮更改为多种关键帧的显示模式，可选择所需关键帧显示。默认显示为“剪辑关键帧”，可理解为音频剪辑的音量，如图 12–4 所示。

选中这个剪辑后，就可以在此处正常添加关键帧了。首先确定时间指示线的位置，然后单击“添加 / 删除关键帧”按钮，给该时间点位置添加（或删除）关键帧，出现关键帧后，可以拖动关键帧点到合适的高度上，以设定当前关键帧的音量。可以设置多个关键帧，以控制不同阶段音频剪辑的音量变化。关键帧显示线上也会出现多个关键帧点，如图 12–5 所示。

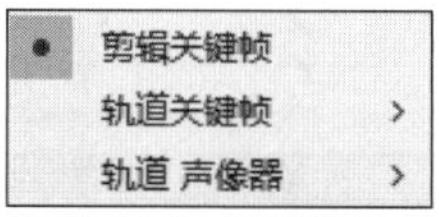

图 12–4　显示关键帧类型

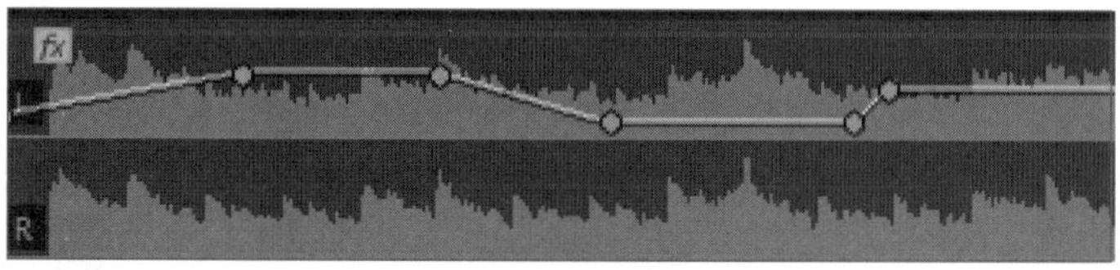

图 12–5　关键帧的显示

提示：一部影片中，音频素材的音量调节是根据画面内容及其他音轨内容而随时进行的。比如，背景音乐就要在人声出现时稍降一些音量，人声结束后再提升回来。音频往往都不是全程采用固定音量的，要适时而动。

练习操作：

练习素材 12–1：音乐衔接效果练习

新建项目，命名为“第 11 章练习”，创建任意预设的序列，包含标准音频轨道即可。将“12–1”文件夹中的音频素材导入到项目中。

将“音乐 1”拖入源窗口，标记出点到 26 秒 10 帧的位置，放入音频轨道 1。将“音乐 2”拖入源窗口，标记出点至 20 s 后的任意位置均可，放入音频轨道 2。“音乐 1”的尾部和“音乐 2”的开头有一段重叠，如图 12–6 所示。

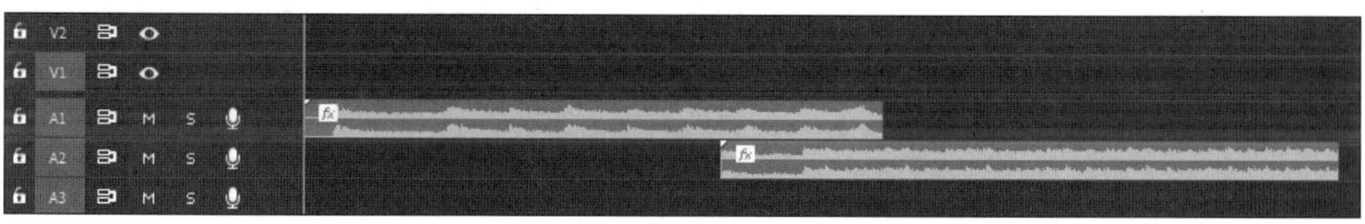

图 12–6　两段音频素材的放置

分别双击两个音轨头部，以扩展轨道可查看关键帧显示线。为“音乐 1”的尾部添加关键帧，使其音量逐渐变小；为“音乐 2”的头部添加关键帧，使其音量逐渐变大。调整关键帧的位置，使得音乐的过渡更加融洽，如图 12–7 所示。

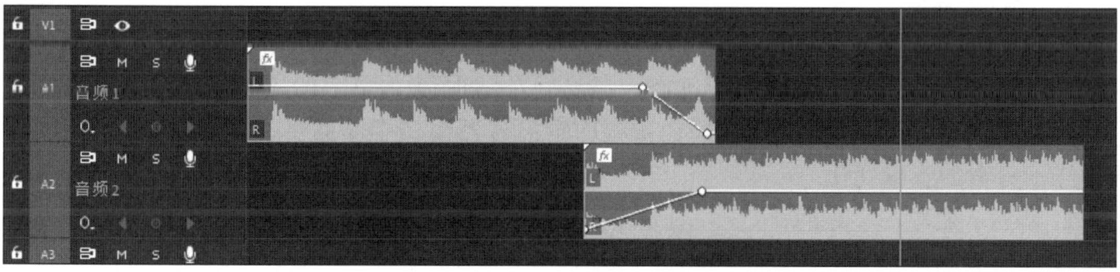

图 12–7　为音频剪辑添加关键帧

实际上，一段音频的结束和另一段音频的开端，通过淡入淡出的方式衔接，可以采用音频过渡效果，直接在同一个轨道上完成。但是分成两个轨道添加关键帧的方式，不仅可以更直观地把握音频的时间对应关系，还可以有效控制淡入和淡出的时长和时间位置。这样会更加精细地调整好音频的过渡。

至此，本例完结。

4. 音频增益调整

多个音频素材在导入时，可能音量标准不一致，有的音量较大，有的音量较小。但是在编辑中，最终要求输出的音频控制在一个比较一致的音量尺度上。这时候需要用到音频增益的调节。

在音轨的剪辑上右击，选择“音频增益”命令，弹出“音频增益”对话框，如图 12–8 所示。

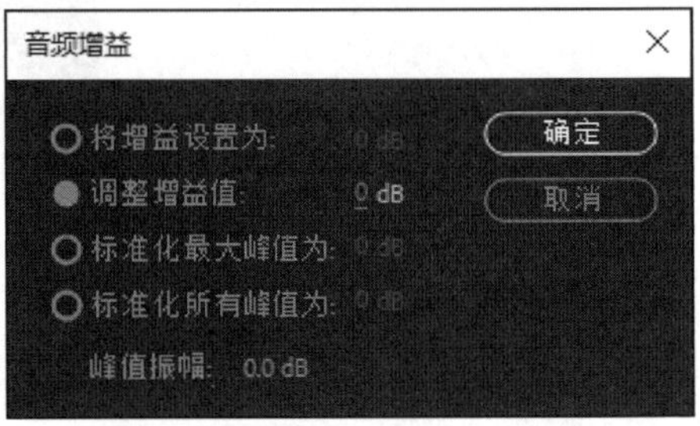

图 12–8 “音频增益”对话框

通过音频增益的调节，可以控制当前选中剪辑的音频信号大小，反映为音量。

将增益设置为： 输入数值以调整所选剪辑的音频增益。

调整增益值： 输入数值以针对所选剪辑的音频增益值进行增减调整。

后两个选项常用于针对不同音量的多个剪辑进行音量匹配，以保证音频标准化。

标准化最大峰值为： 输入数值以针对所选剪辑的最大信号值进行调整。

标准化所有峰值为： 输入数值以针对所选剪辑，调整其音频增益为统一数值。

12.1.2 利用音频剪辑混音器

使用传统调音台方式工作的音频编辑工作者，常常不习惯用鼠标、键盘控制菜单和窗口的操作方式，在 Premiere 中提供了一个虚拟调音台样式的操作窗口，即音频剪辑混音器窗口。此窗口默认出现在源窗口的子窗口位置。音频剪辑混音器窗口应用了调音控制台界面设计，便于用户对操作的理解，也能直观地表现音量、平衡等功能控制，是在编辑音频工作中的常用工具，如图 12–9 所示。

音频剪辑混音器用于对单个剪辑调整音频。在播放节目时，可以实时对当前时间点对应的音频剪辑进行调节。

注意： 音频剪辑混音器只影响当前时间点的单个剪辑，并不对音频轨道产生影响。12.1.3 节介绍的音轨混音器则会影响一整条音频轨道。

1. 音轨的对应

音频剪辑混音器窗口与时间轴窗口中的音频轨道之间是相互对应的。时间轴窗口中的每一条音轨在音频剪辑混音器窗口中都有一条音轨（一列操作单元）与其对应，在两个窗口中同一条音轨的名称相同。节目播放时，在音频剪辑混音器窗口中会通过音量指示条明确显示出每个当前剪辑的音量变化。

2. 静音 / 独奏 / 写关键帧

在音频编辑工作中，经常需要只听某一音轨或部分音轨的声音，音频轨道头部有“静音”按钮、“独奏”按钮，音频剪辑混音器中也有同样的按钮。

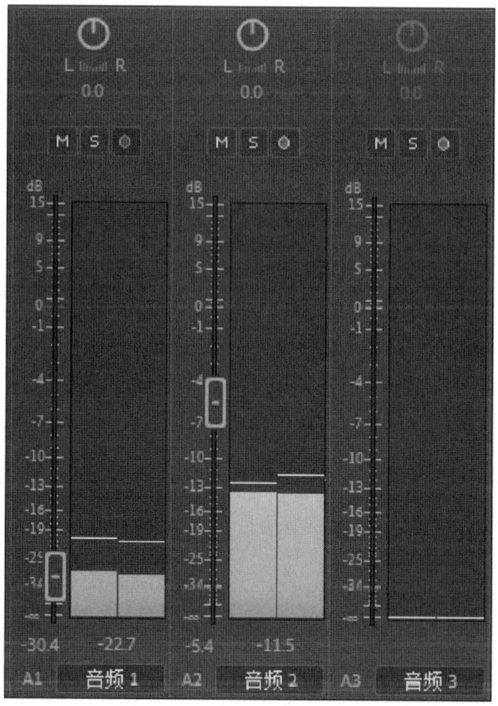

图 12-9　音频剪辑混音器

M是静音按钮，按下表示该音频剪辑不发声。

S是独奏按钮，按下后只有该音频剪辑发声，其他音轨的剪辑都静音。

是写关键帧按钮，按下后，就开启了对当前剪辑音频部分的关键帧自动记录功能。每当进行调整操作时，都会在当前剪辑的音频部分添加关键帧，每两个相邻的关键帧之间则会形成音频效果的变化过程。

3. 调节平衡

在音频播放中，可以通过平衡控件实时调整当前音频剪辑的声音平衡，即左右声道的均衡。

4. 调节音量

用户可以在播放声音的同时拖动音量推子来调整声音的大小。在每个普通音轨中，默认的音量为 0 dB，可以增大到 15 dB 及减小到负无穷。

12.1.3　利用音轨混音器

音轨混音器与音频剪辑混音器很相像，但是有着本质的不同。音轨混音器针对的是整条音频轨道的整体调整。音轨混音器窗口需要手动打开，通过选择菜单“窗口”→“音轨混音器”命令，可以打开音轨混音器窗口。此窗口默认出现在源窗口的子窗口位置。音轨混音器窗口应用了调音控制台界面设计，便于用户对操作的理解，也能直观地表现音量和平衡等功能控制，是在编辑音频工作中的常用工具，如图 12-10 所示。

1. 音轨的对应

音轨混音器窗口与时间轴窗口中的音频轨道之间是相互对应的。时间轴窗口中的每一条

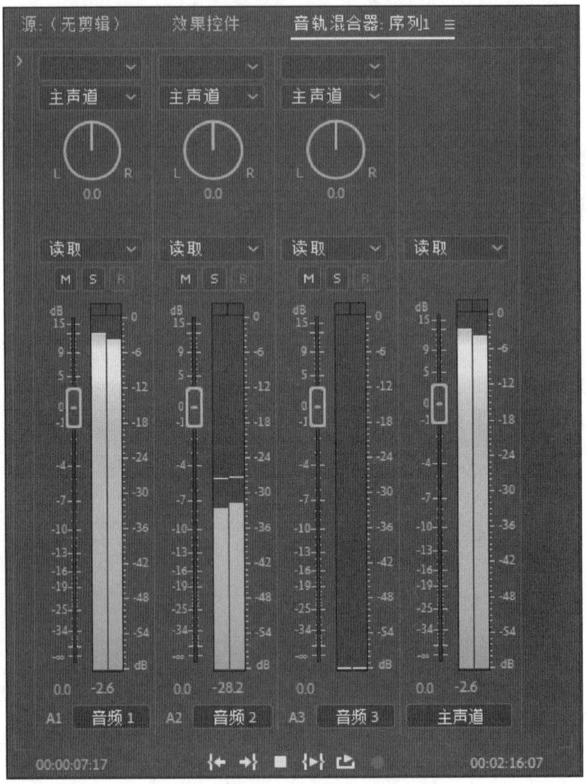

图 12–10　音轨混音器

音轨在音轨混音器窗口中都有一条音轨(一列操作单元)与其对应,在两个窗口中同一条音轨的名称相同。节目播放时,在音轨混音器窗口中会通过音量指示条明确显示出每个音轨的音量变化。

2. 静音 / 独奏 / 录音

音轨混音器中的控制按钮有以下几种。

是静音按钮,按下表示该音轨不发声。

是独奏按钮,按下后只有该音轨发声,其他音轨都静音。

是录音按钮,仅在单声道和立体声普通音轨中出现,按下后可以实现音轨实时录制声音。但是要提前打开音轨混音器窗口最下面的“录制”功能按钮。

实际上,在音频轨道上,也包含这三种功能按钮,只不过录音按钮是。在开启录制功能以后,可以选择任意已有的普通音轨,在音轨混音器按下按钮或是在轨道头部按下按钮,均可以开始画外音录制。注意,在录制之前,要在“首选项”对话框的“音频硬件”界面中选择录制所用的输入音频硬件,比如麦克风,如图 12–11 所示。

开始录制画外音时,影片会自动开始播放,此时在选中的音轨上,将开始自动录制音频。此时节目窗口下方会出现“正在录制”字样。录制期间看不到录制音轨显示内容,再次单击或按钮或者直接停止播放影片都会结束录制,之后音轨上会出现一条新的音频素材,同时项目窗口中也保存下了一个新的音频素材文件,如图 12–12 所示。

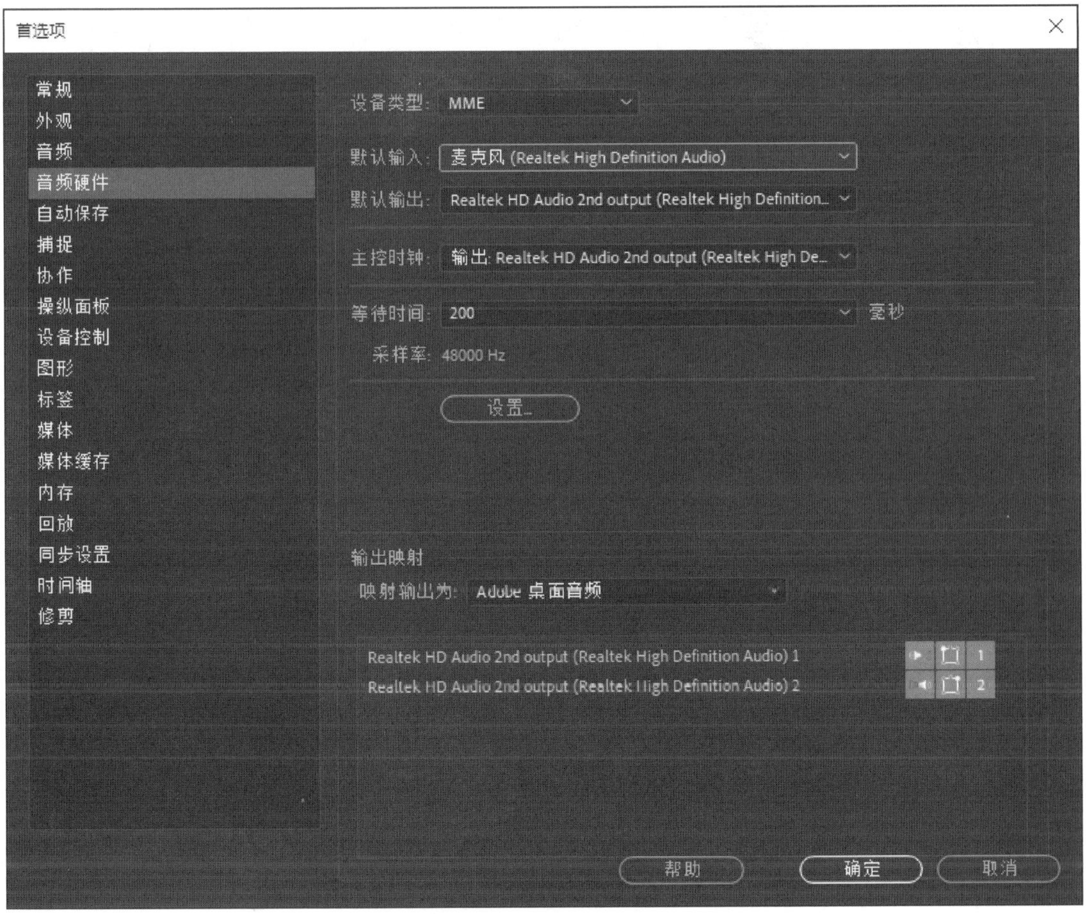

图 12–11　首选项的音频硬件菜单

(a) 录制时节目窗口的预览

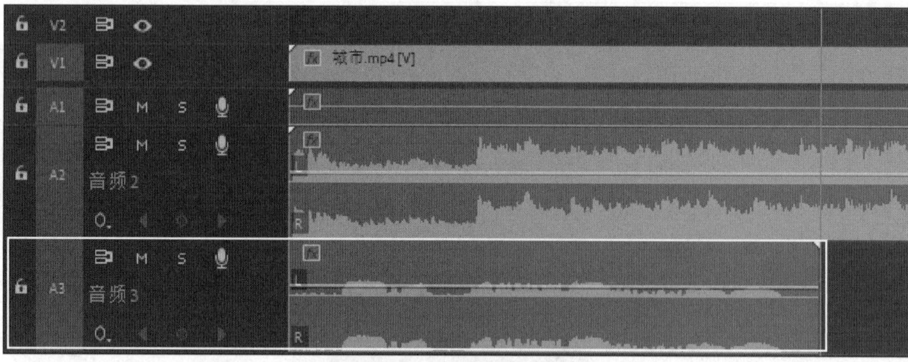

(b) 录制时音轨上实时增加音频内容

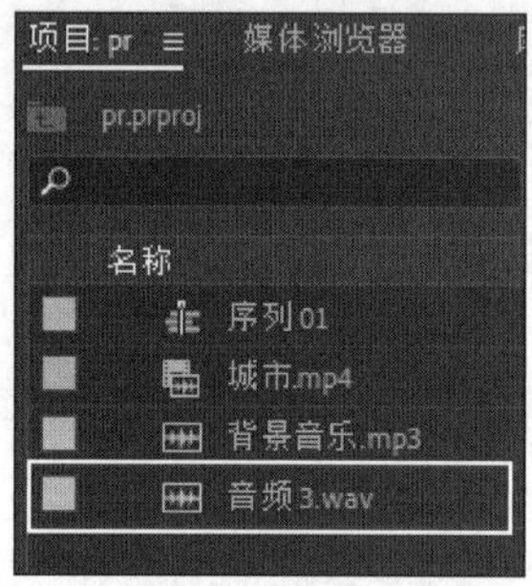

(c) 录制后项目窗口出现新的音频素材

图 12-12　录制音频

提示：此方法非常适合解说、旁白、配音等人声录入工作。

3. 自动模式

使用音轨混音器窗口编辑声音的便捷之处是可以在播放声音的同时调节多轨音量大小(使用音量推子)和声音位置平衡(使用摆动旋钮)。Premiere 将自动记录混音过程与数据。

在使用音轨混音器窗口进行音频编辑之前，用户需要先熟悉其提供的各种自动模式的相应功能。在自动模式下拉菜单中包含“关”“读取”“闭锁”“触动”和“写入”5 种模式，如图 12-13 所示。

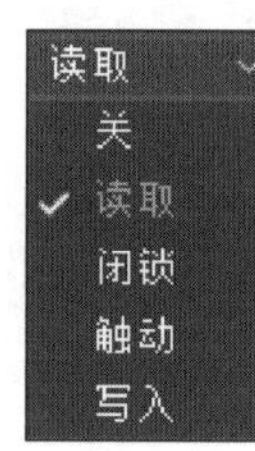

图 12-13　自动模式选择

这 5 种模式分别定义了在播放音频文件时调整音量及平衡的效果，每种模式都能实时调节音量与平衡，具体功能详见表 12-1。

其中，“关”仅允许调节音量及平衡，但调整后各项参数控制保持调整位置(鼠标松开后推子与旋钮等控制器保持调整位置不动)；“读取”则读取前次编辑设置的参数(按照前次编辑设置参数播放声音)，不记录本次调整，当鼠标松开后控制器恢复继续读取前次设置；“闭锁”与“触动”两种模式与“读取”类似，均读取前次编辑设置的参数，并记录调整后的新参数，两者的区别是当鼠标从控制器上松开后，在“闭锁”中控制器保持调整后的位置，“触动”中控制器返回到上次设置的参数位置；“写入”不读取前次设置，调整后松开鼠标，控制器也保持调整后位置不变化，所以也称重新记录。

表 12-1 自动模式

自动模式	是否读取前次编辑设置的参数	是否允许实时调节音量及平衡	是否记录本次调整	调整后（松开鼠标）控制器保持调整位置还是继续读取前次设置
关	不读取	允许	不记录	保持调整位置
读取	读取	允许	不记录	读取上次设置
闭锁	读取	允许	记录	保持调整位置
触动	读取	允许	记录	读取上次设置
写入	不读取	允许	记录	保持调整位置

注意：使用“写入”模式，即使不做任何调整也会将前次设置的参数全部更改。

4. 调节平衡

在音频播放中，可以通过平衡控件实时调整当前音频轨道的声音平衡，即左右声道的均衡。这种调节被称作“摆动”。

摆动是立体声中的声道变化技术，又称虚声源或感觉声源。双声道分左声道和右声道，用左右分布的两个音箱分别播放两个声道的声音时，由于人的双耳效应，听者会根据同一声音在两个音箱中强弱不同而产生位置的感觉印象，俗称立体声。摆动技术就是调整一个音轨中的声音在左右两个声道中的均衡。在实际应用中，左右两个音箱距离越大，摆动变化效果越明显。

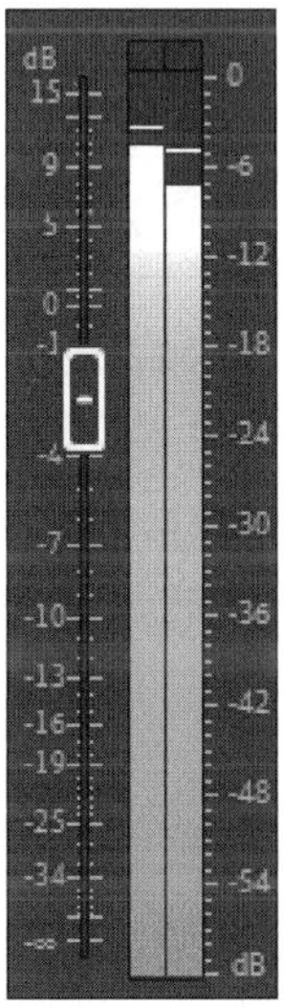

图 12-14 调整音量

5. 调节音量

了解每种自动模式的功能后，用户就可以在播放声音的同时拖动音量推子来调整声音的大小。在每个普通音轨中，默认的音量变化为 0 dB，可以增大到 15 dB 及减小到负无穷，如图 12-14 所示。

如果用户使用自动模式中的“闭锁”“触动”和“写入”之中的一种来进行音量调整，调整后可以在时间轴窗口中将关键帧显示模式更改成“轨道关键帧 / 音量”，看到调整中自动记录下的音量关键帧，如图 12-15 所示。

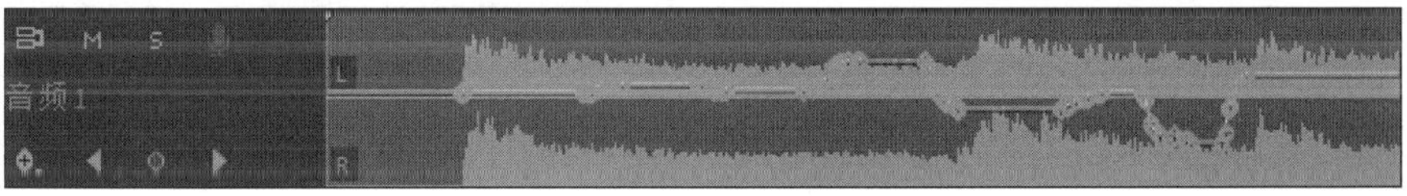

图 12-15 轨道音量关键帧的显示

注意：关键帧显示模式的后两种模式均是对应轨道的，也就是不管该轨道上放置任何音频素材，在设定好的关键帧位置，其音量、声道等变化都要根据轨道设定好的关键帧来变化。即使把音频素材删除，轨道上的关键帧也依然保留，如图 12-16 所示。

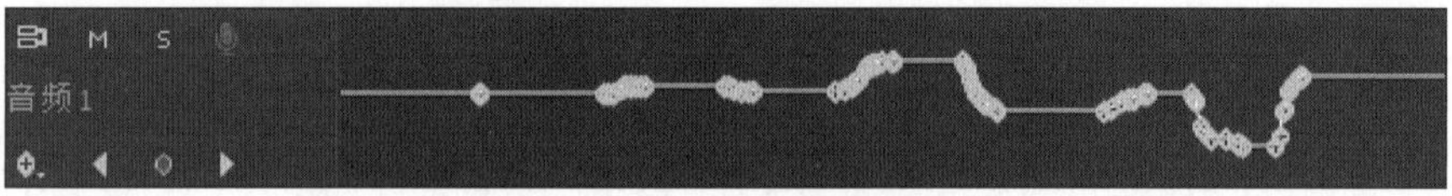

图 12–16　轨道音量关键帧保留

由于主输出音轨对整个项目中所有的音轨均有效，一般使用每个普通音轨来调整该音轨中的音量变化，使用主输出音轨制作整个节目中声音的淡入和淡出。

相比时间轴窗口，使用音轨混音器窗口调节音量可以根据内容要求实时进行，对轨道较多、内容复杂的音频编辑尤为便捷。如影视片中常见的画外音的处理：当画外音未插入时，各种音效的音量可以逐渐加强营造气氛，在插入画外音前，则需要逐渐降低各音轨声音的音量；当画外音说完时，又需要恢复音效的音量并将背景音乐的音量从负无穷逐渐增大来烘托气氛。在音频编辑中，音量调节是使用频率最高的编辑技术。

12.2　音频过渡效果

音频过渡效果在本书的 6.4 节介绍过，在此再做回顾。

音频过渡效果与视频过渡效果非常相似，只有一个效果组“交叉淡化”。其中包含“恒定功率”“恒定增益”和“指数淡化”3 个效果，如图 12–17 所示。

音频过渡效果同样可以添加在单个音频素材片段的首或尾处以及同轨道上相邻音频素材片段之间，以实现音量的交叉淡化。

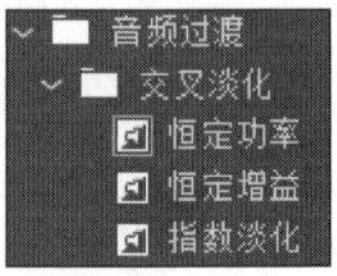

图 12–17　音频过渡

恒定功率：默认音频过渡效果，前一段音频音量逐渐降低，同时后一段音频音量逐渐升高，形式是两段音频素材的淡化线按照抛物线方式进行交叉。

恒定增益：效果与恒定功率很相似，形式是将淡化线性交叉。

指数淡化：效果与恒定功率较为相似，形式是将按对数曲线进行淡入和淡出。

提示：最常用的音频过渡效果是前两个。一般认为恒定功率转场更符合人耳的听觉规律，恒定增益则缺乏变化，显得机械。图 12–18 中分别是两种转场在效果控制窗中的不同显示。

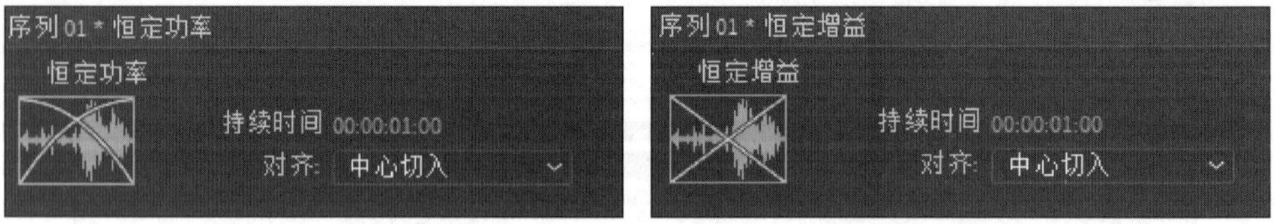

图 12–18　音频过渡的区别

在菜单中选择“编辑”→“首选项”命令，选择“时间轴”选项，可以设置默认的音频过渡时间，如图 12–19 所示。

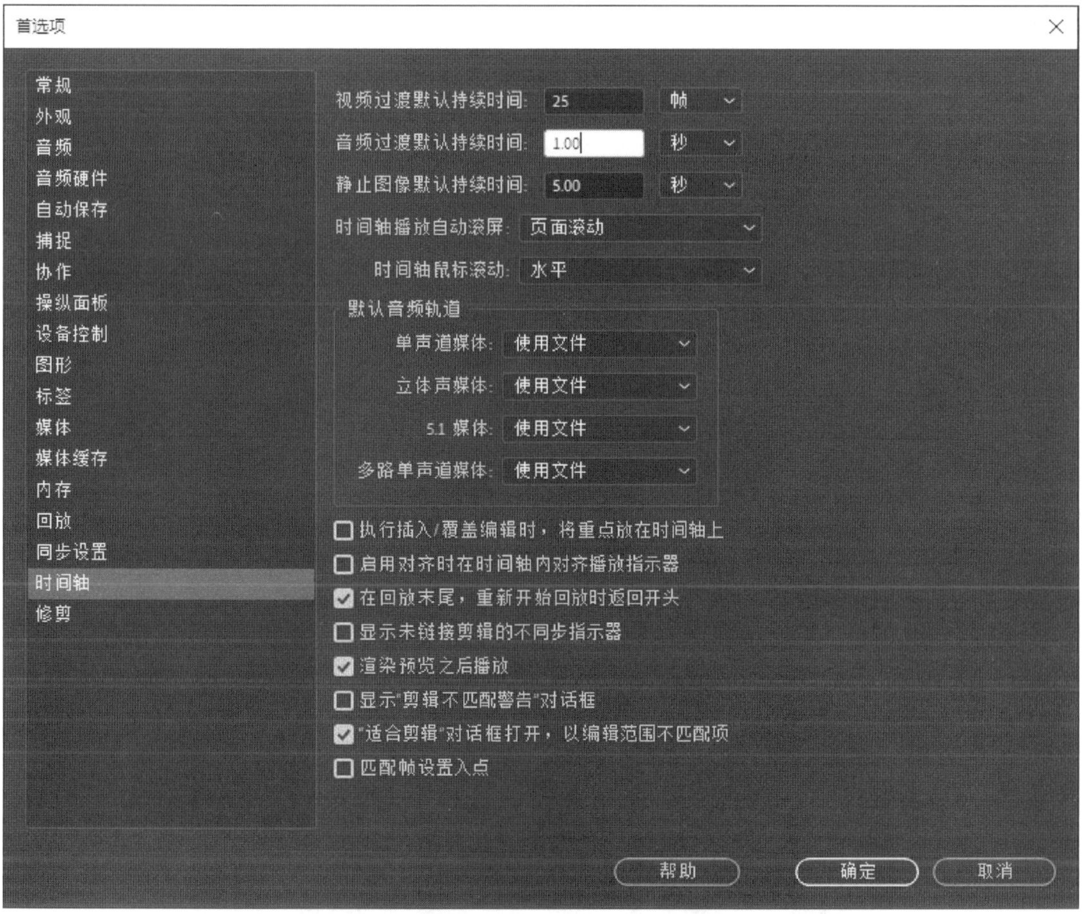

图 12-19　设置默认的音频过渡时间

12.3 音 频 效 果

音频效果与视频效果在应用方式上是一样的，也有固定效果和标准效果。固定效果是音频素材或影片素材放置到序列中，默认自带的效果。标准效果则需要从“效果”窗口中的音频效果中，通过鼠标将所需效果拖动到轨道的素材上或“效果控件”窗口中来应用。

12.3.1 音频固定效果

音频固定效果有三个，即音量、声道音量、声像器，如图 12-20 所示。

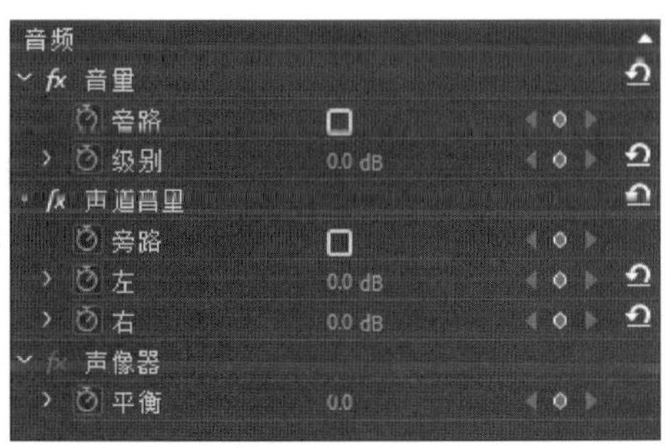

图 12-20　音频固定效果

音量：调整音频的所有声道组合音量，即总音量。

声道音量：调整音频中各个声道的音量。

声像器：调整立体声的左右声道均衡。

注意：音频固定效果所有参数均为开启关键帧

动画的状态,即可以随时通过参数数值的调整自动生成关键帧。编辑时,如果只是单纯一次性更改参数,最好先关闭关键帧动画开关,防止后面再次修改时误产生新关键帧。

提示: 音频效果中基本都有一个参数"旁路",其勾选与否决定该效果是否生效。

12.3.2 音频标准效果

在音频标准效果中,Premiere 把早期版本中的一些音频效果集中到一个称为"过时的音频效果"效果组中。不过虽然被称为"过时",其中也有一些比较好用的效果,在应用它们时,Premiere 会提示有新效果可以替代。在音频处理能力上,Premiere 能做到应对基本音频编辑处理,不过相比起 Adobe 系列的专用音频处理软件 Audition,还是后者更强大。Premiere 的音频效果如图 12-21 所示。

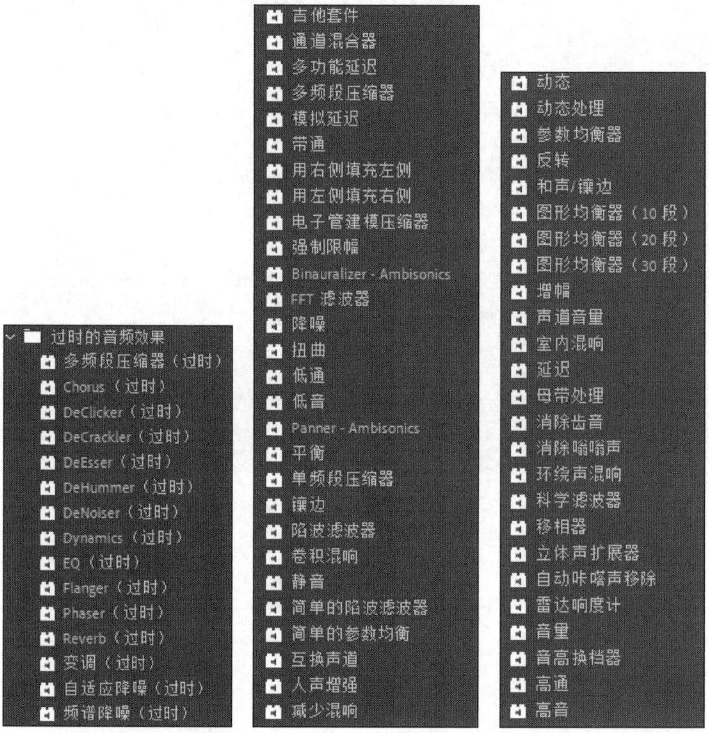

图 12-21　音频标准效果

由于音频效果种类繁多,在此介绍几种较为常用的音频效果。

Dynamics/ 动态: 对音频中某一范围的信号增强或减弱,精准处理音频中各部分的发声效果。

DeNoiser/ 降噪: 可以去除音频中不需要的本底噪声,即空环境声。

消除嗡嗡声: 这里的"嗡嗡声"形象地描绘了一种电子设备线路干扰声响。此效果可以消除这种频率范围的噪声,如电灯、电线等设备与音频线距离过近产生的电磁感应杂音。

消除齿音: 齿音就是那种听上去人耳很难接受的高频声音。此效果可以消除这种频率范围的噪声,如用粉笔刮黑板、用汤匙刮瓷碗等。一般这种噪声是声音录制质量不好,或麦克风摆放位置不佳等导致的。

提示：Audition 中的降噪功能比较完善且效果更佳，可以选择将音频剪辑联动 Audition 进行实时修整再利用。

EQ/ 参数均衡器：均衡器能够平衡整个音频中不同频率的发声效果。可以选择某个特定频率范围，对其音量进行增减操作。尤其是对高音或重低音等人耳不易听到的部分进行调整，使整个音频更加饱满。

提示：很多音频处理软件甚至调音台上都有 EQ 处理功能。它可以改善录制音频时由于环境产生的某些缺陷，也可以使各种不同风格的音乐发挥其独特的音响艺术效果，是改善音频质量的利器之一。

Reverb/ 室内混响：可以模拟房间中发声的效果。混响是非常常用的效果，可以更改音频的来源，模拟出不同尺寸房间的声学特性，如空旷场所、隔音空间等。

卷积混响：预设了一些不同场所、不同位置发声的效果，可供应用。

变调 / 音高换挡器：可以将音频的音调提高或降低，产生加速或减速后的声音效果。

多频段压缩器：压缩器可以提升或衰减音频的相对电平，让声音变得有冲击力且更有力度。多频段压缩器则可以将音频中不同频段的部分分开单独处理。

用右侧填充左侧：将右声道的声音信息复制并粘贴到左声道。

用左侧填充右侧：将左声道的声音信息复制并粘贴到右声道。

提示：以上这两个效果看似简单，但是应用频率却比较高。前期录制声音的状况有时会导致左右声道有一个效果不佳，此时可以选用另一个声道来填充。另外，此功能也常用于把录制的单声道音频改造成立体声。

低通：去除高于指定频率的声音频率，保留低频声音。可以产生声音来源被包裹、遮挡的声音效果。

高通：去除低于指定频率的声音频率，保留高频声音。可以产生类似收音机、电话听筒发声的效果。

低音：将音频的低频部分提高或降低。可以分离出音频的低音部分。

高音：将音频的高频部分提高或降低。可以分离出音频的高音部分。

人声增强：使音频中的人声部分更加突出。

延迟：可以将声音按照一定时间间隔反复播出，产生类似回声的效果。

模拟延迟：预设了一些不同环境、不同情况下的发声延迟效果，可供应用。

雷达响度计：可以在音频播放时读取其响度信息。尤其是用于广播电视方面的音频，有着一定的响度标准，可以以此工具作为参考来调节。

音量：虽然音频固定效果中已有音量调节参数，但是由于音量最大增益是 15 dB，因此如果前期录制音量过小，还需要继续增加音量，可以选取“音量”效果，多次提高增益上限。但注意增益过高会产生爆音，影响声音质量。

练习操作：

创建任意预设的序列，命名为“音效小剧场”，并添加多条标准音频轨道。将“12-2”文件夹内的音频素材导入项目中，可以自己按声音出现的顺序命名。

练习素材 12-2：音乐小剧场练习

本练习以声音作为载体，以纯音频的形式，讲述了一个男人清晨起床后上班路上的经历。

在序列上的音频剪辑编排如图 12-22 所示。

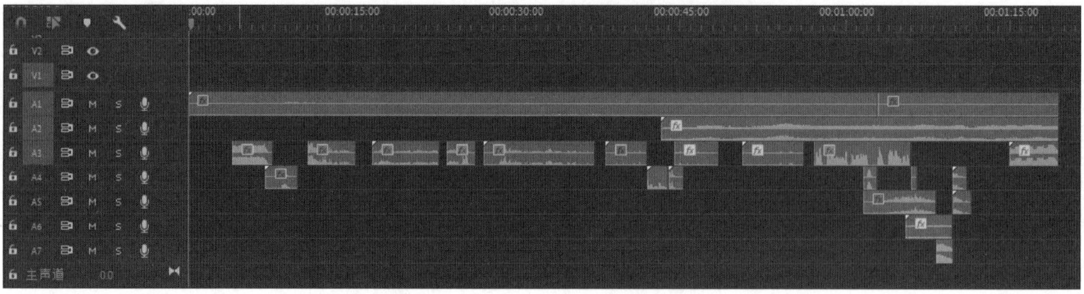

图 12-22　音频素材的剪辑

由于本例较复杂，此处不赘述，请读者参照本案例“音效小剧场”的项目样本自行练习。练习中请留意以下几个注意事项。

① 相比起视频素材，音频素材更需要在进入序列之前先进行截取。要有意识地先把音频素材拖入源窗口，利用入点出点截取合适的部分，再置入序列轨道上。

② 在音频剪辑中，要养成良好习惯，将同类型的素材放置在同一个或相邻的几个轨道上。比如，音乐、背景环境音、主音效、次音效、人声、点缀音等。

③ 有的音效开始和结束处过于突然，因此对待这种音效，要在开始和结束处加上合适的音量关键帧动画，以平缓音效的发声。

④ 音频元素的使用，节奏非常重要，是否停顿、间隔或衔接以及音频之间的重叠，需要根据影片情节需要进行剪辑。例如，有时一些短音是从长音中截取并变调形成的，要灵活运用。

⑤ 附加的音频效果和关键帧动画的使用，要与剧情紧密相关。例如，本例中“刷牙漱口”的声音添加了“浴室内”的特效；“穿衣服”的声音添加了“更衣室”的特效；门内和门外的脚步声音量有所不同；电话里的声音添加了“高通”特效，以模仿听筒发声；汽车行驶的声音添加了声道平衡的关键帧动画，塑造出从左至右的行进过程等。

⑥ 对于多个音频素材来说，由于其原音的音量均不相同，因此在剪辑过程中，要注意调节每个音频的音量和增益，以达到均衡，防止声音忽大忽小。

12.4　音频素材的应用规律

声音元素是影视语言的基本构成元素之一，强化了影视语言的艺术表现力和感染力。特别是在现代影视节目制作中，声音的作用尤其不可忽视。从技术层面上，相比图像编辑，音频编辑并不复杂，但从美学层面上探讨声音的处理并非是一件容易的事情，因为声音中的每一个元素都有其自身的声学空间位置，同时还要注意彼此之间的平衡。进行音频编辑的工作人员需要了解音频素材的应用规律，有助于灵活使用各种编辑技术，提高节目的整体水平。

12.4.1　声音元素的分类

影视创作中的声音元素可以分为三类：人声、音乐和音效。

1. 人声

人声包括对白、旁白、独白。人声和镜头的画面结合，能起到叙述内容、刻画人物性格、扩大画面容量、展开故事情节的作用。

对白，是画面中人物之间的对话。

旁白，代表剧作者或剧中人物对剧情进行介绍或评述的解释性语言。解说词也是一种旁白，在教学媒体编辑中经常用到解说词。在以画面为主的情况下，旁白应该做到源于画面，不重复画面；概括画面，不脱离画面。

独白是人物内心活动的语言阐述，发自于画面中某一个角色的内心，是角色思想活动的表现。

2. 音乐

音乐包括器乐与声乐。在使用音乐素材时有两种情况：一种是画面上有声源，另一种是画面上无声源。

3. 音效

音效（也称音响、效果音）是人声和音乐之外所有的声音的统称。它的范围很广，几乎包括了自然界所有的声音，如风吹、雷鸣、犬吠、器具、车辆等。

12.4.2 声音元素的作用

声音元素的作用主要分为两大类，即结构上的作用和内容上的作用。

1. 结构上的作用

（1）省略作用

声音在作品结构上发挥的作用是省略，即运用声音代替画面引发观众想象，从而可以节省很多视觉画面。比如，当画面上的人物去火车站送人时，画外传来火车启动的声音，观众即可知道火车开走了，而不必出现火车的形象。掌握了声音元素的省略作用可使一些过于刺激性的场面通过侧面或者间接描写的方法来处理。运用声音的省略艺术，一方面可以使画面语言极为精简、经济，另一方面可以拓展画外空间，丰富作品内容，给观众想象的余地。

（2）连贯作用

声音在结构方面的另一作用是连贯。在画面与画面，或镜头与镜头的衔接上，由于声音的连贯性，可使观众感到非常流畅自然，察觉不出剪接的痕迹。以持续连贯的声音作为线索或背景，可以将不同的时间、地点，不同的短镜头贯穿起来，以突出统一主题，可使观众造成完整统一的印象和感受。

2. 内容上的作用

在影视作品中，各种声音元素的作用是相互配合，补充映衬，又各有侧重的。

（1）人声的功能

在影视作品中，人声的作用在于叙事，有些不易于画面表现的内容，可用话语加以补充，使内容表达更明确、更清楚、更感人。人物语言还具有塑造形象、强化矛盾冲突、推动故事情节、讲述故事、表现主题等作用。

（2）音乐的作用

音乐也是构成影视艺术的元素之一，具有十分重要的作用。

画面内容的表达经常需要借助于音乐的艺术感染力，音乐在影视节目中，起到显示主题、渲染情节段落之间的间隔作用。

此外，主题音乐贯穿整个故事情节也是影视节目制作中常用的表现手法，根据影片的需要，将主题音乐在不同时间以不同形式加以重复。

音乐可以配合画面，创造气氛，演绎各种波折，揭示人物心理，深化作品主题；也可以强化某个段落的内涵,加深作品的深度,强化作品结构。

音乐在电视中更是不可缺少的重要元素。其功能也是综合性的。它可以辅助画面和解说词,烘托环境背景,创造气氛,抒发感情,强化节奏,揭示主题,体现时代特点等。并且具有吸引观众注意,强化观众记忆,唤起心理表象和愉悦观众等作用。

(3) 音响的作用

音效在电影、电视中主要能起到增强画面形象的真实感、丰富生活信息、烘托气氛、扩大视野和加强画面表现力等作用。

音响的作用,归纳起来可以分成再现与表现两类。

再现性作用: 即再现银幕上的人或物及自然界发出的各种声音,以烘托环境气氛,强化生活气息和地方色彩,增强作品的逼真性和现实感。例如,在电影中,当特警在排除定时炸弹时,计时器的"滴滴"声相比实际音量被放大了几倍,造成时间的紧迫感和危机感。

表现性作用: 通过音响元素的各种不同处理,借助于艺术的假定性,可以揭示人物的内心世界,创造出各种心理效果。

音响还可以用来表现来自回忆或幻觉中的声音、人物主观对声音的歪曲等。其次,音响还可以用来表现隐喻、象征性含义,以体现创作者的主观意念。

12.4.3 声画蒙太奇

影视语言的语法修辞规律,除了画面、镜头之间的对列组接外,随着声音元素进入影视片中,又形成了一套声音和画面对列组合的原则和规律,这就是"声画蒙太奇"。声画蒙太奇包括声音与声音的对列组合与声音与画面的对列组合,这里主要介绍声音与画面的对列组合。

声音与画面的对列组合,分为声画合一、声画对位、声画分立三种类型。

1. 声画合一

声画合一,也叫声画同步。即画面声音与发声体同时呈现,声音形象与视觉形象是互相吻合的、一致的。观察通过屏幕既可以看到发音体(人或物),又能听到他们发出的声音。如电视实况转播、新闻同期声等,一般都是声画合一的关系。这是影视艺术中最普遍、用得最多的剪辑方法。

2. 声画对位

指声音与画面都是单独录制的,它们在各自独立的基础上,又进行有机结合的剪辑,声音的含义与画面的内容是相互吻合的,但又有异于单纯的声音和画面本身的效果。在科教片中的大部分描述、分析、解释性的语言与画面之间就属于声画对位的关系。

3. 声画分立

画面内容是一回事,声音又是另一回事,内容各不相同,画面与声音各自独立,相互对立,通过声音和画面的对立、冲撞产生特定的含义。

在音频编辑工作中,掌握影视语言的构成、特色以及语法修辞规律,合理运用声画蒙太奇,就能使音频在节目中发挥应有的作用,将音频运用得恰到好处。

思考与练习

1. 音频轨道有哪几种类型?区别是什么?

2. 如何调节音频的音量?
3. 如何使音频轨道静音?
4. 如何只听某个音频轨道的声音?
5. 如何为音频剪辑添加关键帧?
6. 如何使多个音频剪辑的音量标准化。
7. 尝试利用音轨混音器为影片录制画外音。
8. 音轨混音器的“自动模式”有哪几种? 有什么区别?
9. 音频过渡包含哪几种效果? 有什么区别?
10. 消除音频噪声的方法有哪几种? 有什么区别?
11. 如何调整音频在不同场景环境的发声效果?
12. 简述音频的应用规律。

第 13 章 作品预览与输出

本章学习要点

① 了解预览与渲染的方法。
② 掌握作品的输出方法。
③ 把握合理的输出格式和设定。
④ 掌握 Adobe Media Encoder 的使用。
⑤ 了解队列导出的方法。

非线性编辑的目的是让观者可以看到我们的作品，因此对影视作品的预览和输出是必不可少的。在编辑状态下的项目，除了在 Premiere 中预览，别无他法。编辑完毕后，只有输出成媒体文件，才可以进行播放和传播。本章将介绍非线性编辑作品的预览以及输出的方法。

13.1 作品的预览

预览是在编辑过程中不生成文件而浏览节目实际效果的一种播放方式。在编辑工作中使用预览可以检查素材之间的剪接关系和特技的合成效果。预览可以采用较低的画面质量，速度比最终输出节目要快，便于随时对节目进行修改，提高编辑效率。在进行预览时，可以将节目显示在节目窗口、外接显示器和电视监视器（需要计算机有视频导出功能）上，方便对节目的调整和纰漏检查。

在 Premiere 中对节目的预览有两种方式：实时预览和渲染预览。

实时预览支持所有的特效、过渡、关键帧动画和字幕。如果应用了比较复杂的特效，实时预览过程将不能达到正常的帧速率，可以通过降低画面品质或降低帧速率来调整。使用实时预览不需要进行任何渲染工作，可节省时间。

渲染预览需要对时间轴窗口中的所有内容与特效进行渲染，其时间与序列中编辑操作的复杂程度有关。使用渲染预览播放质量较高，便于检查细节的纰漏，通常选择剪辑中的一部分内容进行渲染预览。

13.1.1 设置预览文件的存储路径

实时预览和渲染预览在预览时都会生成预览文件，选择菜单 “文件” → “项目设置” 命令，打开 “项目设置” 对话框，可以对预览文件的存储路径进行设置，如图 13–1 所示。

用户可以在视频预览和音频预览选项中设置视频和音频预览文件的保存路径。默认是 “与项目相同”，即预览文件将与项目文件保存于同一路径中。另外也可以自定义存储位置。若项目文件未被保存，在退出 Premiere 后，预览文件将被自动删除。

提示：由于预览文件保存在硬盘中，为了提高预览的质量与速度，尽可能选择转速快、空间大的本地硬盘保存预览文件。

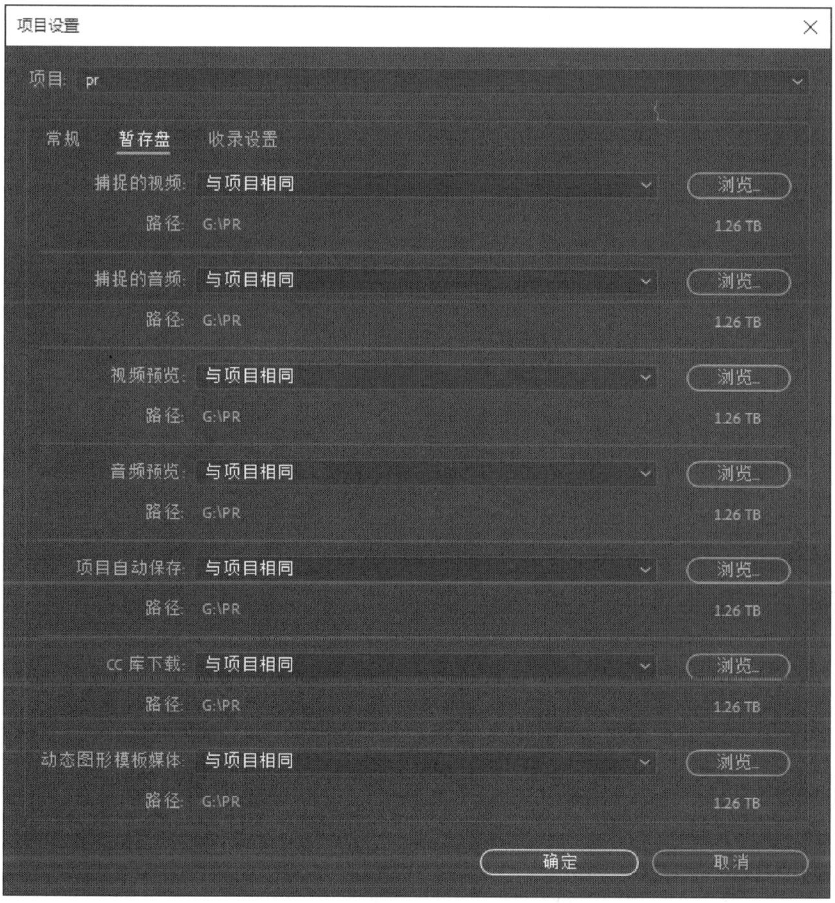

图 13–1　预览文件的存储设置

13.1.2　渲染工作区

实时预览是一种快捷的预览形式。不过在编辑较为复杂或原画质过于高清以及特效处理较多的某一段序列区域时，直接进行实时预览可能会造成播放卡顿，无法流畅观看。此时序列上该段内容的时间码下沿会产生红色线条，如图 13–2 所示。这种情况最好进行渲染预览。

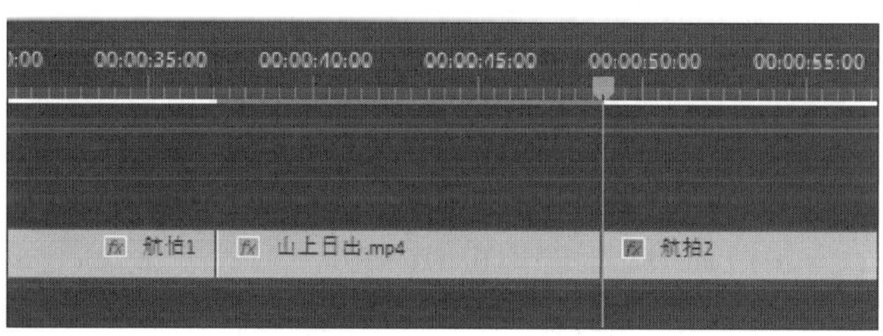

图 13–2　未渲染区域

在完成编辑工作后，对需要渲染的编辑区域标记上入点和出点，之后选择菜单“序列”→“渲染入点到出点的效果”命令，快捷键是 Enter，可以对当前区域进行渲染。此时会弹出“渲染”对话框,需要耐心等待渲染过程,此时正在生成渲染预览文件,如图 13-3 所示。

(a) 选择需要渲染的范围

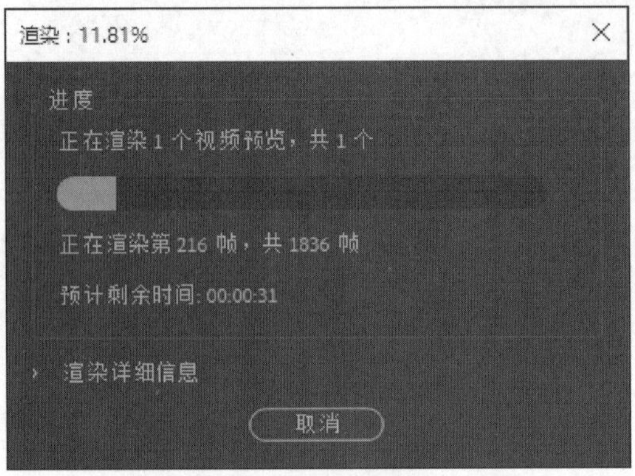

(b)“渲染”对话框

图 13-3　渲染预览

待预览文件生成后,在该区域时间码下沿的红色线段会变为绿色,表明已经生成了预览文件。此时可以流畅播放该区域影片内容,如图 13-4 所示。

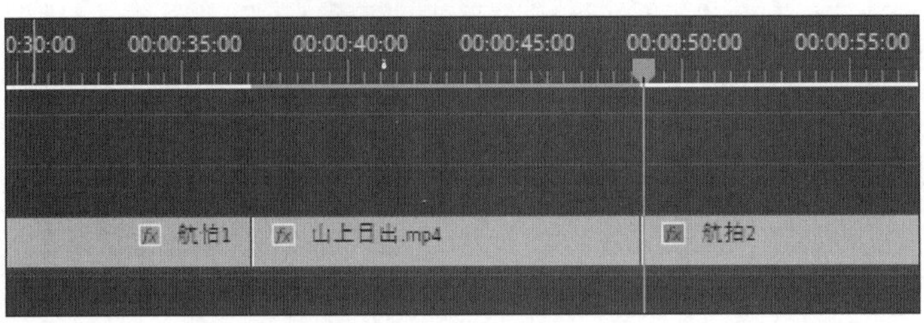

图 13-4　已渲染区域

注意: 如果对该区域再次进行了新的编辑工作,则需要重新进行渲染操作才可以再次渲染预览。

13.2　作品的输出

在完成了各种编辑工作并通过预览,对整个影片基本满意后,就需要对最终作品进行输出,即进入项目导出阶段,使编辑的节目脱离 Premiere 软件成为独立的媒体文件,便于播放和传播。项目导出的模式选择直接影响着影片的质量和效果,用户需要在 Premiere 提供的多种导出模式中进行选择。

13.2.1　导出媒体

一般来说，Premiere 一次只能导出一条序列的内容，因此要在时间轴窗口切换选择需要导出的序列，或在项目窗口直接选择需要导出的序列。

提示： 在编辑作品的最后阶段，最好设立一个所谓的“最终输出”序列，在这条序列上呈现的是完整影片，便于作品的导出。

选择菜单“文件”→“导出”→“媒体”命令，在弹出的“导出设置”对话框中进行设置，并最终导出。此对话框分为左侧的预览区和右侧的设置区，如图 13-5 所示。

图 13-5　“导出设置”对话框

1. 预览区

预览区有两个子窗口：“源”和“输出”。

“源”用来对要导出的影片进行最后的画面裁剪处理，如图 13-6 所示。

注意： 裁剪工作最好在序列编辑过程中完成，不要等到导出阶段再处理。另外，除非影片画面自身包含黑边，否则在此处预览时出现了黑边，一定是导出设置选择得不对，需要认真核对，尽量不要通过“源”窗口的裁剪强行改变比例。

图 13-6　在“源”窗口进行画面裁剪

“输出”用来观察影片的最终输出画面效果，包含几种缩放选项，如图 13-7 所示。一般选择默认选项“缩放以适合”即可。

图 13-7　在“输出”窗口观察输出画面

预览区的下部是导出范围设定，主要可以自定义影片的输出部分，如图 13-8 所示。

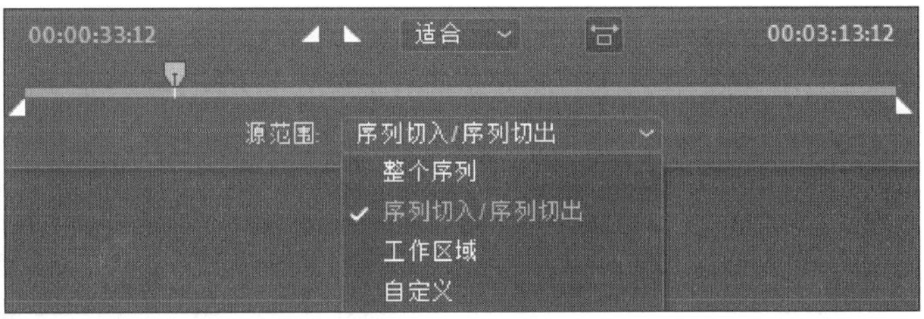

图 13-8　输出范围

一般局部输出可以采取两种做法，一种是在输出的序列中提前设定好入点和出点，类似渲染预览的做法；另一种是在预览区直接设定输出入点和输出出点来限制输出区域，如图 13-9 所示。

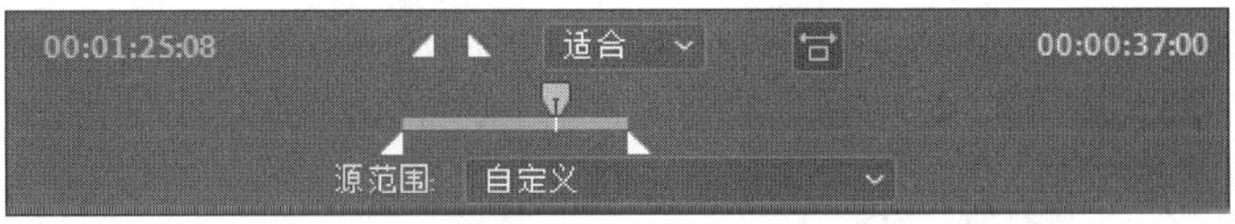

图 13-9　设定输出的入点和出点

提示：如果在序列中提前标记了入点和出点，在导出对话框中，输出范围会自动设置输出入点和出点到对应的时间点位置上。

2. 设置区

设置区是导出阶段的重点，关系到影片输出的质量和规格以及保存位置。

(1) 格式

首先要设定输出的格式，即编码，如图 13-10 所示。

这里可以选择图片、视频、音频等不同类型的多种输出格式。格式的选择取决于输出影片的用途和传播方式。比如，要上传到网络视频平台、通过电视广播平台播出、传输到某些设备(如手机、播放器)或者刻录到光盘中等。目前来说，输出高清影片，主要的格式选择是 H.264。这种编码既有着较好的质量，也有着较高的压缩比率，是很适合传播用的一种主流编码格式。

(2) 预设

接下来要选择一种合适的预设，即各类输出参数的设定，来规范输出的配置，如图 13-11 所示。

一般来说，如果没有应对特殊情况的输出，都可以选择“匹配源”作为预设。这样可以输出与序列编辑时规格一样的影片。

提示：可以在下方的调整区域中，对各类参数做自定义的设置，再保存成自己的预设，可供随时调用。

(3) 输出名称

单击“输出名称”后面的蓝色文字，可以打开对话框，选择合适的存储位置及命名文件，让导出的文件保存于此路径。此路径更改后，下一次导出将会沿用。

此外，还可以对导出视频和导出音频做出选择，如图 13-12 所示。

(4) 摘要

摘要部分会列出输出配置的基本信息,包括输出和源。用户通过对比,可以得知自己输出的配置与源设定上的区别,并在下方的调整区域中做出设置,如图 13-13 所示。

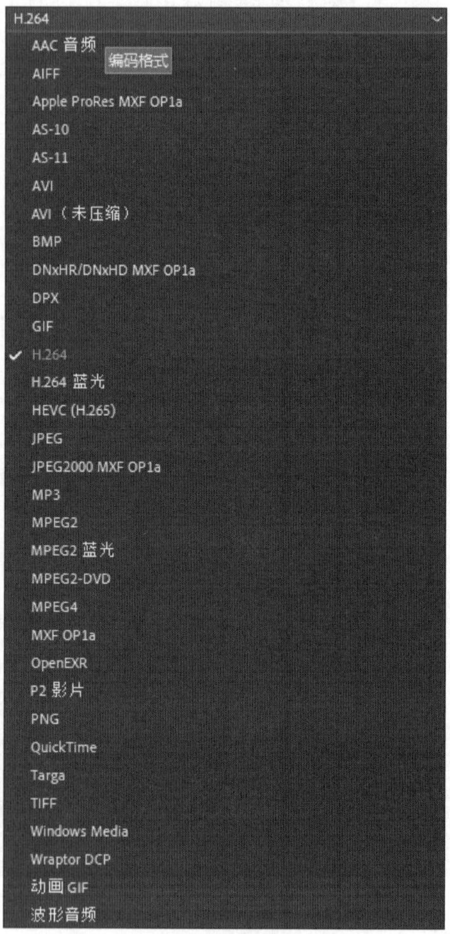

图 13-10　输出编码格式

图 13-11　输出预设

图 13-12　输出选项

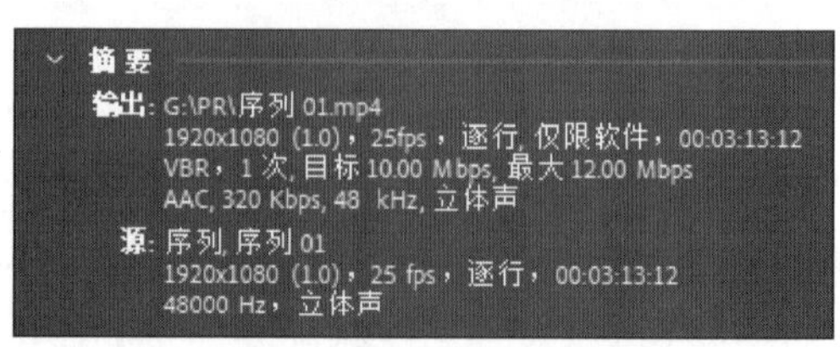

图 13-13　输出摘要

(5) 调整区域

调整区域有多个标签，分别是“效果”“视频”“音频”“多路复用器”“字幕”和“发布”。

效果：可以在输出时添加应用多种效果以及信息叠加。

视频：非常重要的调整内容，主要用于调节输出画面的分辨率、帧速率、比特率等。主要调节项如图 13–14 所示。

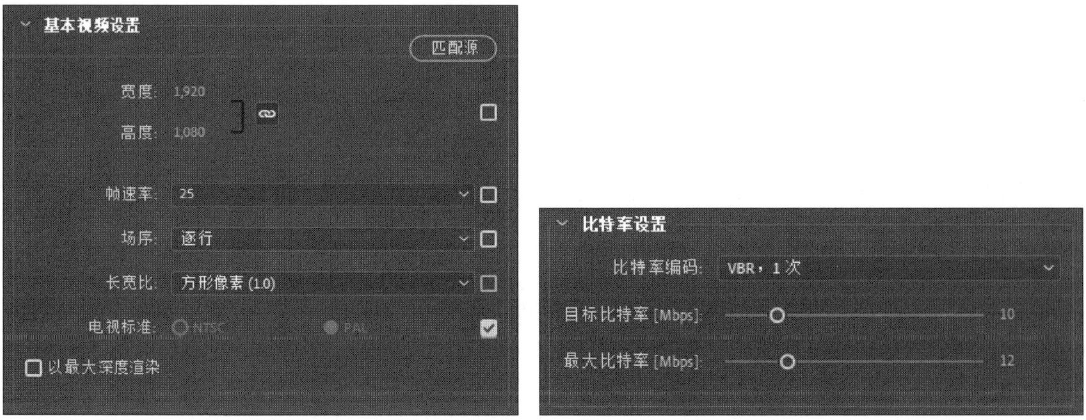

(a) 基本视频设置　　(b) 比特率设置

图 13–14　视频调节项

基本视频设置与序列的基本参数设定基本一样，在输出阶段依然可以进行修改。

注意：输出分辨率虽然可以再次调整，但是如果调大分辨率，会造成画面放大变虚，影响画面质量。因此此选项虽然自由设置，但一般不要修改成大于序列分辨率的大小。

视频中的比特率表示每秒的数据量，比特率越高，画质就越好，输出文件的容量也就越大。在输出阶段，要根据所需修改目标比特率的参数。另外，可以选择比特率编码的 3 种形式：“CBR”“VBR 1 次”和“VBR 2 次”。

CBR 指输出从头到尾都是一种比特率，输出的文件会较大，比较适合输出流式媒体。

VBR 指动态比特率，就是会根据影像内容来更改比特率，如果画面动态内容较多，则比特率会分配大一些，如果画面趋于静止，则比特率会分配小一些。VBR 比较适合输出存储用媒体。

VBR 2 次会需要更长的时间输出，不过质量上也会有更大的提升。

音频：可以调节音频的编解码器和比特率。

多路复用器：可以控制编码的兼容性。

字幕：在序列中有字幕文件的情况下，可以设定字幕是否永久合并在影片中。

发布：可以设置在编码结束后，输出的文件要上传到社交媒体平台，分享该作品。

(6) 其他设置

设置区下方有多个选项，可以对导出做更多的设定，如图 13–15 所示。

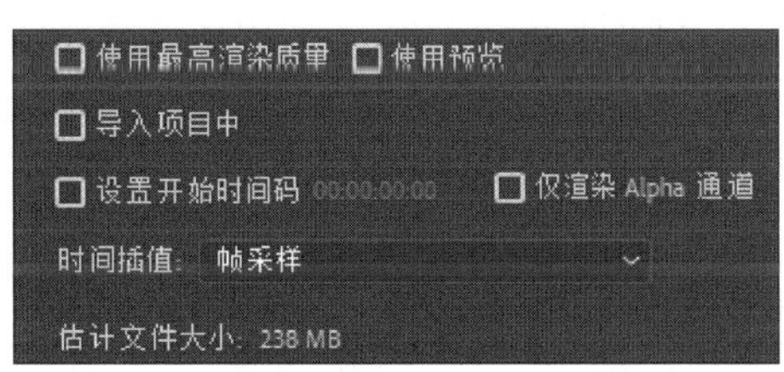

图 13–15　其他设置

使用最高渲染质量：源图像尺寸较大，而输出的图像尺寸较小时，可勾选此复选框，保证输出质量。

使用预览：在编辑时的预览文件可以用作导出的源文件，节省再次渲染消耗的时间，不过输出质量可能不佳。

导入项目中：输出后的文件将作为素材，再次导入到本项目中，供再次编辑使用。

设置开始时间码：可以指定一个新文件的开始时间码，一般用于广播环境中。

仅渲染 Alpha 通道：可以生成一个只表示 Alpha 通道的灰度文件。

时间插值：如果导出的文件与源序列的帧速率不一样，则可以选择几种渲染方式。

估计文件大小：在选择某些格式的情况下，Premiere 会自动估算出按目前的输出设置，导出文件的存储容量大小。一般调整视频比特率对此数值影响较大。

(7) 导出按钮

设置区最下方是导出部分，其中包含两种导出模式，即“队列”和“导出”，如图 13–16 所示。

输出区域和设置都调整好后，可以直接单击“导出”按钮，进入到 Premiere 的导出过程中，此时会弹出“编码”对话框，显示导出的进度，如图 13–17 所示。

图 13–16　队列与导出

图 13–17　编码中

在进度条未完之前，Premiere 将始终处于导出过程中，无法再进行任何编辑操作，需要耐心等待导出结束。

如果希望在导出过程中，依然控制 Premiere 进行其他编辑操作，或有多条序列需要连续导出，可以选择“队列”导出模式。此模式将利用到 Adobe 的输出专用软件“Adobe Media Encoder”，即媒体编码器，详情请参见 13.2.2 节。

接下来介绍除视频外的几种常用媒体类型的导出操作。

练习素材 13–1：导出单帧图片练习

3. 导出单帧图片

练习操作：

新建项目，命名为“第 13 章练习”，将“13–1”文件夹中的素材导入到项目中。直接将素材拖入空白时间轴窗口，以创建适配序列。现要求导出序列上 5 秒 5 帧的单帧图片。

(1) 通过“导出”→“媒体”命令导出

将节目的时间指示器移至 5 秒 5 帧处，通过选择菜单“导出”→“媒体”命令打开“导出设置”对话框。将导出的格式选择为图片相关格式即可，如 JPEG，如图 13–18 所示。

图 13–18　导出图片格式

注意，如果导出单帧图片，需要在“视频”

选项卡中，取消勾选“导出为序列”复选框，如图 13–19 所示。

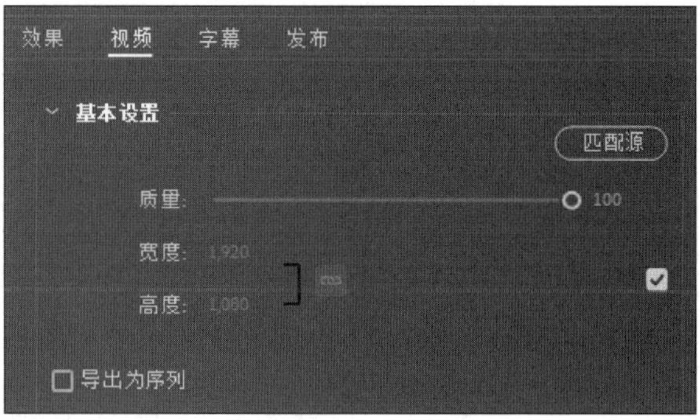

图 13–19　只导出一帧图片

单击“导出”按钮即可导出该帧图片。

(2) 截屏导出

这种方法相比第一种更加便捷高效。只需要将节目的时间指示器移至 5 秒 5 帧，并单击节目窗口的“导出帧”图标即可。此时会弹出“导出帧”对话框，如图 13–20 所示。

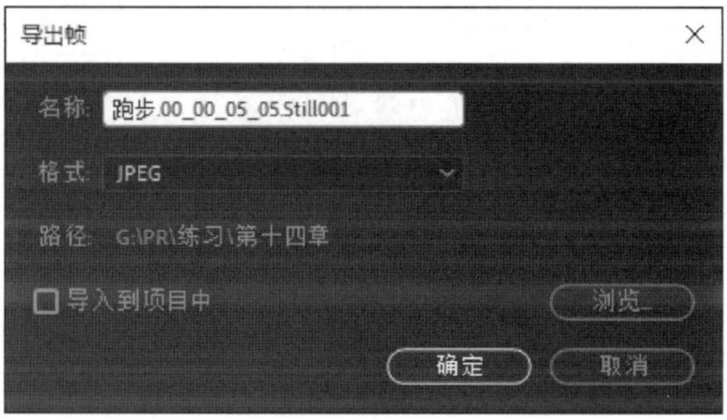

图 13–20　“导出帧”对话框

在对话框中可以为图片命名、选择图片的格式、选择保存路径以及导出后选择再导入回项目中直接作为素材使用。对于导出单帧图片来说，这种方法是最常用的。

提示：源窗口也有“导出帧”按钮，用于导出源窗口当前帧的静帧图片，也可以加以利用。

4. 导出序列图片

练习操作：

将“13–2”文件夹中的素材导入项目中，并将素材拖入空白时间轴窗口，以创建适配序列。现要求将序列的 3 秒至 6 秒导出为序列图片，即按顺序导出这个时间区间的每一帧图片。

练习素材 13–2：导出序列图片练习

在序列的 3 秒处和 6 秒处，分别标记入点和出点，以限定导出范围。通过选择菜单“导出”→“媒体”命令打开“导出设置”对话框，将导出的格式选择为图片相关格式，如 JPEG，如图 13–21 所示。

提示：导出的时间范围也可以在“导出设置”对话框中标记。

由于序列图片数量比较多，建议在保存位置提前建立文件夹。

图 13–21　将限定时间范围的视频导出成序列图片

注意，如果导出序列图片，需要在“视频”选项卡中，勾选“导出为序列”复选框，如图 13–22 所示。

图 13–22　勾选“导出为序列”复选框

单击“导出”按钮即可开始导出，将按时间顺序把每一帧画面保存成一张图片，形成序列。会自动保存为“文件名 + 编号”（编号自动加 1）的多个图片文件，如图 13–23 所示。

提示： Premiere 无法导出带 Alpha 通道的视频，因此可以通过导出带 Alpha 通道的序列图片，如 PNG 格式，在其他软件中再导入这些序列图片形成视频，即可达成要求。大部分软件导入序列图片的方法比较类似，可以参见 3.4.1 节。

图 13-23　导出为序列图片

13.2.2　利用 Adobe Media Encoder 输出

Adobe Media Encoder 是 Adobe 公司提供的专供编码使用的软件，可联合 Adobe 系列中的音视频编辑软件使用。它是一个独立运行的软件，因此不会影响 Premiere 等其他编辑软件的使用。而且它可以收录来自多个编辑软件的多个编码任务，顺序执行，也就是"队列"模式，便于批量输出。用户不必在屏幕前留守，逐一操作每个输出任务，比较节省精力和时间。

提示： Adobe Media Encoder 不仅用来输出，在代理素材时进行转码也会用到。代理相关知识请参见 3.4.3 节。

Adobe Media Encoder 的界面分为"媒体浏览器""预设浏览器""队列""监视文件夹"和"编码"几个子窗口，如图 13-24 所示。

1. 媒体浏览器

媒体浏览器用于观看系统中的各类媒体文件，与 Premiere 中的"媒体浏览器"窗口一样，拥有软件内部可以调用在各处存储的媒体素材的功能。

通过媒体浏览器找到的合适媒体素材，可以直接拖动到队列中准备导出，可以选择作为单独的源添加，也可以选择将剪辑串联在一起，如图 13-25 所示。

2. 预设浏览器

预设浏览器提供了多种供用户选择的输出预设，针对各种用途列出常用预设，如图 13-26 所示。

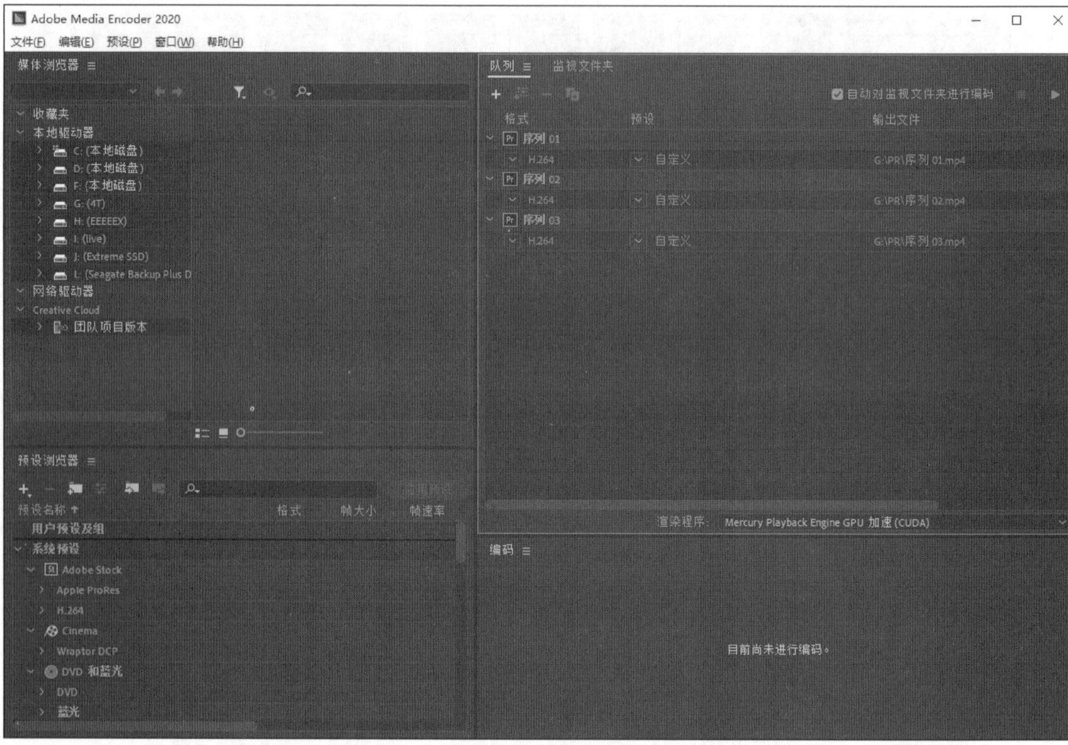

图 13–24　Adobe Media Encoder 界面

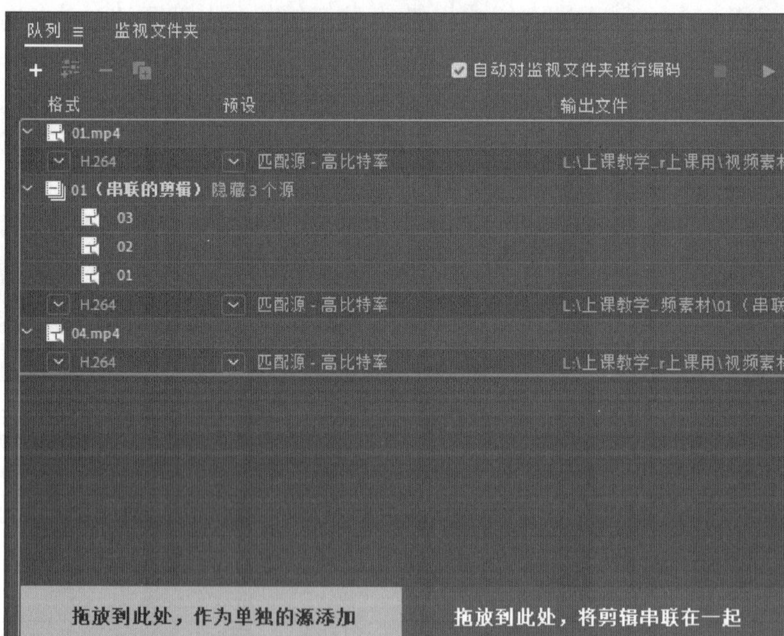

图 13–25　媒体浏览器

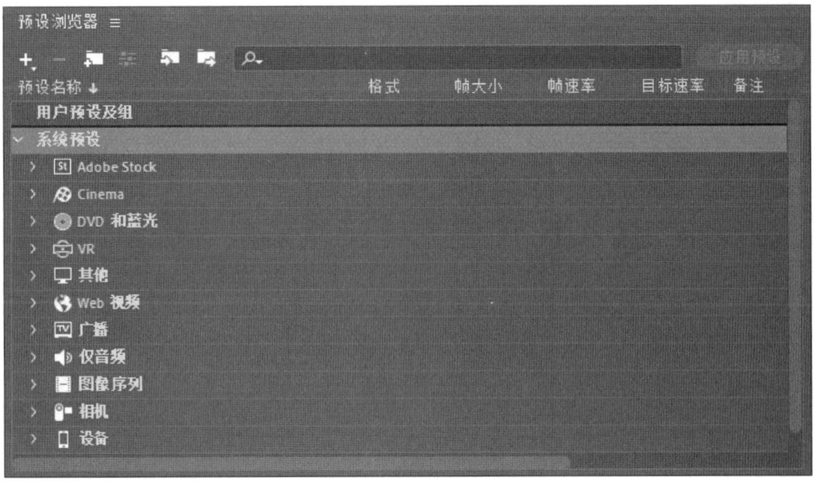

图 13–26　预设浏览器

3. 队列

在队列中，会列出准备进行编码的输出任务。主要是通过 Premiere 等软件中的“队列”功能引导过来的，也可以通过队列窗口左上角的加号，直接添加源文件或项目中的序列等。单击右上角的▶按钮，按顺序开始执行输出任务，也可以单击⏸按钮暂停输出，单击■按钮结束输出，如图 13–27 所示。

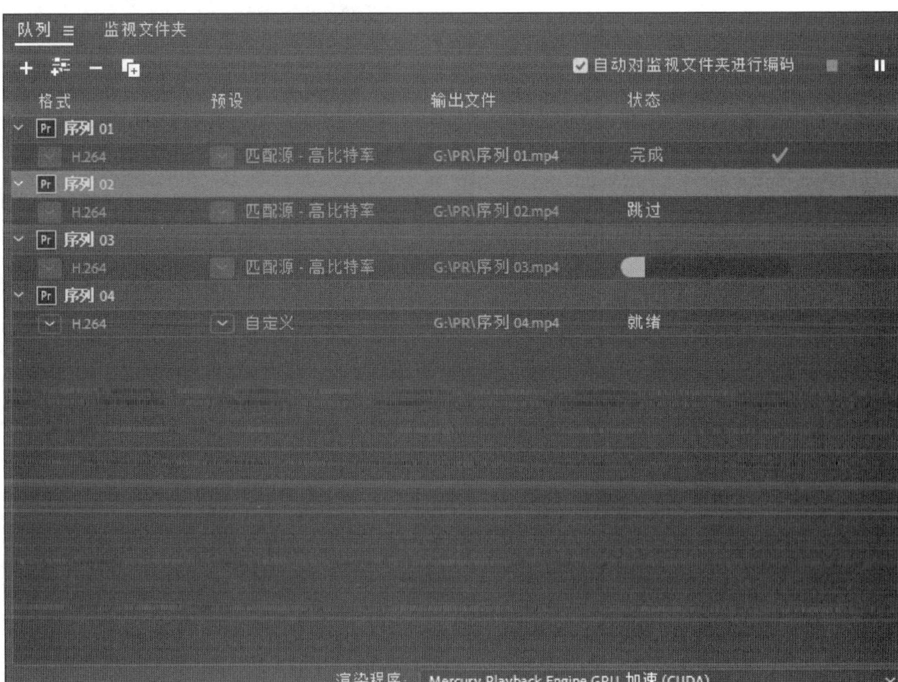

图 13–27　队列

提示：队列中的任务是可以通过直接拖动任务名称处，上下移动来调整顺序的。

队列中输出任务的状态包括几种:“就绪”,即准备好可以开始输出;“跳过”,即暂时不输出该项而输出其他项;“完成”,即已经输出结束;“进度条”,即正在输出中。如果某个任务没有输出理想的效果,需要重新输出,在该任务上右击,选择“重置状态”命令即可,如图 13-28 所示。

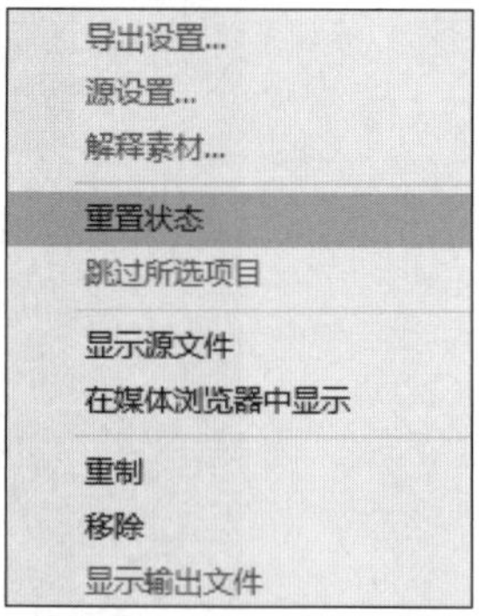

图 13-28　队列操作菜单

常用的功能还有“跳过所选项目”,即跳过该任务直接执行下一条;“重制”,即复制一个副本任务;“移除”,即删除该任务。

在“就绪”状态下,还可以再调整该任务的输出格式、设置和文件名称位置,只需单击各项参数即可。单击格式和预设任一项,均会打开“导出设置”窗口,如图 13-29 所示。

4. 监视文件夹

监视文件夹与队列很相似,可以一次性导入一整个文件夹的媒体文件以进行输出。

图 13-29　通过 Adobe Media Encoder 打开“导出设置”界面

5. 编码

“编码”窗口中可以展示当前输出任务的进度、预览画面和文件信息,直观地了解任务的输出过程,如图 13-30 所示。

图 13-30 编码过程

Adobe Media Encoder 可以联动 Adobe 系列的多个编辑软件,甚至可以跨软件输出。它不仅可以使批量输出成为可能,更是为输出工作提供了自动化的流程,提高工作的效率。

在非线性编辑工作的结尾,静待作品的输出,内心的成就感油然而生。

思考与练习

1. 如何预览节目?
2. 如何能使预览更加流畅?
3. 什么是工作区? 如何渲染工作区?
4. 如何输出完整影片的局部时间区域?
5. 选择哪种编码格式进行输出更有利于媒体文件的网络传播?
6. 如何输出与序列设置一样的作品?
7. 如何导出单帧画面?
8. 如何将视频输出成序列图片?
9. 如何将输出任务添加到队列?
10. 如何调整队列的先后顺序?
11. 如何在输出作品的同时,继续进行项目的编辑工作?

参考文献

[1] [美]鲍比·奥斯汀.看不见的剪辑[M].北京:北京联合出版公司,2016.

[2] [美]Jeff I.Greenberg 等.Premiere Pro CC 完全剖析[M].北京:人民邮电出版社,2015.

[3] [英]罗伊·汤普森.剪辑的语法[M].北京:北京联合出版公司,2017.

[4] [日]蓝河兼一.分镜——视频剪辑的基础[M].北京:中国青年出版社,2022.

[5] 曹茂鹏.Premiere Pro 2020 完全案例教程[M].北京:水利水电出版社,2020.

[6] 傅正义.电影电视剪辑学[M].北京:中国传媒大学出版社,2018.

[7] 姜自立.Premiere Pro CC 数字影视剪辑[M].北京:人民邮电出版社,2020.

[8] 刘蔚.Premiere Pro 2020 从入门到精通[M].北京:人民邮电出版社,2020.

[9] 温培利.Premiere Pro CC 视频编辑从入门到精通[M].北京:清华大学出版社,2018.

[10] 宋晓明,朱琦.Premiere Pro 2020 视频编辑标准教程[M].北京:清华大学出版社,2020.

[11] 赵建.Premiere Pro CC 影视编辑剪辑制作实战从入门到精通[M].北京:人民邮电出版社,2018.

[12] 周建青.新媒体视听节目制作[M].北京:北京大学出版社,2014.

[13] 岑俊慷;章祖华;刘卫.基于 Premiere Pro 2020 制作宣传片的方法探析[J].电脑知识与技术,2023(10).

[14] 陈波迪.视频剪辑软件 Premiere 在电视台剪辑工作中的应用[J].现代信息科技,2021(03).

[15] 陈小东.数字影视后期编辑与特效合成制作分析[J].新闻文化建设,2020(13).

[16] 丁雪伟.数字技术在影视广告后期制作中的运用研究[J].新闻研究导刊,2020(12).

[17] 弓丽娜.论数字技术在影视后期制作中的具体运用[J].新闻研究导刊,2023(01).

[18] 郭智鸿.浅谈 Adobe Premiere 中切换特技的应用方法[J].信息记录材料,2019(12).

[19] 康若熙.影视动画后期制作中数字媒体技术的应用分析[J].信息与电脑(理论版),2019(05).

[20] 李国荣.影视后期制作中特效的合理应用初探[J].新闻研究导刊,2018(19).

[21] 李明.计算机多媒体技术在影视后期制作中的应用探讨[J].电子世界,2021(23).

[22] 李志强.影视后期制作中校色技术的应用研究[J].科技传播,2012(02).

[23] 梁蕾.Premiere 技术在现代电视动漫设计中的发展运用[J].电视技术,2018(09).

[24] 刘宁;杨新琴;忻萍萍.视频编辑 Premiere 软件的应用技巧探索[J].产业与科技论坛,2021(15).

[25] 刘倩倩.Premiere 视频编辑课程教学模式探讨[J].电脑知识与技术,2021(28).

[26] 刘馨洋.剪辑在影视艺术中的运用研究[J].艺术评鉴,2021(20).

[27] 刘志成;曾勇;陈彪.浅谈 Premiere Pro 软件在视频编辑中的应用[J].数字通信世界,2022(11).

[28] 彭思媛.数字调色技术要点及其在影视后期制作中的实践探讨[J].文学艺术周刊,2023(18).

[29] 强斌.Premiere 软件在视频制作中的应用实践及图像质量提升方法研究[J].新媒体研究,2016(07).

[30] 秦琴.Premiere 视频编辑课程教学方法研究[J].当代教育实践与教学研究,2017(02).

[31] 苏圆婷.计算机多媒体技术在影视后期制作中的实践分析[J].电声技术,2021(05).

[32] 孙竹.媒体融合时代电视导演的创作技巧探究[J].明日风尚,2023(20).

[33] 王蕊.影视剪辑节奏的表现形式探究[J].戏剧之家,2019(08).

[34] 王旭;徐亮.数字技术在影视后期制作中的应用探索[J].中国科技论文,2020(05).

[35] 徐启军.论新媒体时代电视画面编辑的创新路径[J].新闻传播,2021(16).

[36] 徐小东．论新媒体时代影视剪辑的艺术特点和发展[J]. 记者观察，2022(03).
[37] 徐忆新．影视后期制作阶段的创作技巧研究[J]. 电视技术，2021(12).
[38] 宣广宇．浅析影视后期制作中画面合成的基本原则[J]. 民营科技，2014(10).
[39] 叶贞凤．影视后期制作与编辑问题探讨[J]. 新闻传播，2022(04).
[40] 尹珊．浅析影视后期制作中的剪辑艺术[J]. 记者观察，2022(03).
[41] 于妙千．当代影视艺术的审美特征分析[J]. 艺术评鉴，2023(08).
[42] 于子淇．影视剪辑中声音画面与剪辑节奏之间的影响研究[J]. 现代交际，2018(23).
[43] 袁静．电视编导创新思维对电视节目质量的影响[J]. 西部广播电视，2023(08).
[44] 张登．高校影视后期制作课程教学改革路径剖析[J]. 美术教育研究，2020(05).
[45] 张苗苗；侯冠琪．基于 Adobe Premiere 的视频编辑技巧[J]. 电子技术与软件工程，2022(21).
[46] 张濡恒．非线性编辑系统在综艺类电视节目制作中的应用[J]. 中国传媒科技，2020(09).
[47] 赵晨旭．电视纪录片剪辑的节奏把握分析[J]. 西部广播电视，2021(15).
[48] 郑小燕．广播电视节目编辑制作的艺术技巧[J]. 科技传播，2019(12).
[49] 周丽．大数据时代影视剪辑的艺术特点及发展方向[J]. 记者摇篮，2021(06).
[50] 陈琳娜．数字技术电影美学的当代建构[D]. 南京艺术学院，2020.
[51] 丁蕾．数字媒体语境下的视觉艺术创新[D]. 南京艺术学院，2013.
[52] 高阳．数字媒体艺术下视听语言呈现形式的美学价值研究[D]. 东北电力大学，2020.
[53] 宫春洁．数字时代电影美学嬗变研究[D]. 吉林大学，2019.
[54] 蒋轶玮．视频 / 图像压缩域编辑技术的研究[D]. 北京交通大学，2010.
[55] 刘亭宇．数字化时代背景下我国高校影视编导课程体系优化探索[D]. 四川美术学院，2021.
[56] 倪强．数字电视非线性编辑及其相关技术的研究与实现[D]. 上海交通大学，2007.
[57] 孙玉洁．数字媒体艺术沉浸式场景设计研究[D]. 中国艺术研究院，2021.
[58] 王琨．科学技术对影视艺术影响研究[D]. 广西师范大学，2021.
[59] 张平．人工智能时代数字媒体艺术创新发展研究[D]. 湖南工业大学，2023.